TRÄGER SEINER GEGENWART

Jeden Tag

Bill Johnson

IMPRESSUM

Originally published in English under the title:
„Hosting the presence - *Every day*"
published by DESTINY IMAGE® PUBLISHERS, INC.
P.O. Box 310, Shippensburg, PA 17257-0310
All rights reserved

Deutsche Ausgabe:
© 2017 Grain-Press GmbH, Marienburger Str. 3
71665 Vaihingen/Enz
eMail: verlag@grain-press.de
Internet: www.grain-press.de

2. Auflage 2019

Übersetzung aus dem Englischen: Marion Berger & Horst-Günter Herold
Satz: Grain-Press
Cover: Grain-Press, Adaption der Originalvorlage.
Druck: CPI 25917 Leck

Bibelzitate sind, falls nicht anders angegeben,
der Schlachter Bibel 2000 entnommen.

Das Buch folgt den Regeln der Deutschen Rechtschreibreform.
Die Bibelzitate wurden diesen Rechtschreibregeln angepasst.

ISBN 978-3-944794-815
Best. Nr. 3598481

(Amerikanische Originalausgabe: ISBN 13 HC: 978-0-7684-0524-8)

INHALT

ÜBER DIESES ANDACHTSBUCH

Die Suche nach Gottes Gegenwart beginnt nicht mit Formeln oder Prinzipien. Sie beginnt mit einem zunehmenden Bewusstsein darüber, wer in dir lebt.

Bei unserer Wiedergeburt wurden wir zum Tempel des Heiligen Geistes (siehe 1.Korinther 6,19). Jesu Blut hat es möglich gemacht, dass Gott uns begegnet und in der Person des Heiligen Geistes Wohnung in uns nimmt.

Obwohl diese Wahrheit absolut atemberaubend und gleichzeitig verwirrend ist, ist es doch die Realität für jeden, der das entscheidende „Ja" zu Jesus gesagt hat.

Durch das Kreuz haben wir den Zugang zum Königreich Gottes erhalten. Jetzt ist es an der Zeit, zu lernen, wie man die Gegenwart des Einen empfängt, der uns zeigt, wie wir ein authentisches Christsein leben können.

Der Geist, der in dir lebt, will auch auf dir ruhen. Er lebt in dir um deinetwillen, aber er ruht auf dir um der anderen willen.

Während du entdeckst, wie du jeden Tag seine Gegenwart tragen kannst, wirst du Schritt für Schritt lernen, wie du in deinem Alltag das Königreich Gottes in praktischen Schritten demonstrieren kannst.

Es geht nicht darum die richtigen Königreichsprinzipien anzuwenden, um ein gewünschtes Ergebnis zu erzielen. Das Ziel ist ein Lebensstil tiefer Vertrautheit mit einer Person. Es geht nur um ihn. Er ist der Durchbruch.

TÄGLICHE BIBELLESE

Diese Verse und Passagen der Schrift vertiefen das Thema des jeweiligen Tages. Es kann sein, dass sich einige Verse aus dem Thema des Tages in der Bibellese wiederholen; das ist beabsichtigt. Der Schlüssel ist nicht, die Bibel nur zu studieren oder gar auswendig zu lernen; es geht um Meditation.

Das Ziel ist es, die Schrift zu verinnerlichen und schließlich diese biblische Wahrheit auszuleben. Denke daran, seine Worte sind Geist und sie sind Leben! (Siehe Johannes 6,63.)

GEBET

Die Gebete sind Werkzeuge, um dir zu helfen, dem eine Stimme zu geben, was du jeden Tag entdeckt hast. Sie decken nicht alles ab. Stattdessen sind sie eine Startrampe, die dir helfen kann mit dem Heiligen Geist darüber zu sprechen, was du Neues über die Beherbergung seiner Gegenwart entdeckt hast.

Januar

DEINE LETZTENDLICHE AUFGABE

*Die Atmosphäre, die den Apostel Petrus umgab, war
nicht mehr dieselbe. Nach seiner Taufe im Heiligen
Geist veränderte sich sein Leben dramatisch.*

Für einen Moment stand Petrus ängstlich, verschüchtert und zitternd vor
einer Magd und leugnete, Jesus überhaupt gekannt zu haben. Es geschah
kurz nachdem ihn die Gegenwart verwandelt und seine wahre Identität zum Leben erweckt hatte, sodass er zu dem Felsen wurde, als den Jesus ihn in Matthäus
Kapitel 16 sah.

Wenn wir von der Gegenwart Gottes bevollmächtigt werden, dann erweckt
der Himmel unser wahres Potenzial, sodass wir vorwärts gehen und die Person
sein können, zu der wir von Gott berufen sind. Wir sind eine völlig neue Schöpfung – ein menschliches Wesen, welches Gott gehört. Allein diese Wahrheit sollte
uns bereits den Mut schenken, vorwärts zu gehen, und zwar mit dem absoluten
Vertrauen, dass der, welcher größer ist, in uns lebt. Und dass wir alles, was wir
nach seinem Willen verkörpern sollen und alles, was sein Wort über uns sagt, die
Wahrheit ist. Vergessen wir nicht: Der, der uns definiert, der lebt auch in uns.

Heutige Bibellese

Matthäus 26,69-70; Apostelgeschichte 5,15

Gebet

*Heiliger Geist, deine Mut bringende Gegenwart hat mich zu einem bestimm-
ten Menschen gesalbt. Komm und zeige mir, wie dieser Mensch aussieht.*

Die Menschen wurden nicht nur geheilt, wenn er für sie betete, sondern erholten sich bereits, wenn sie in seiner Nähe waren.

Der **Schatten des Petrus** setzte die Gegenwart des Einen frei, der ihn überschattete. Dieser Apostel hatte den Heiligen Geist in sich, aber es war ihm nicht genug. Es verlangte ihn, sich in einer Dimension zu bewegen, in der diese Gegenwart, die *in* ihm wohnte, auch *auf* ihm ruhte und seine Umgebung veränderte. Deshalb war der Schatten des Petrus mit übernatürlicher Heilungsenergie aufgeladen. Auch wir können in dieser Wirklichkeit leben, weil wir den gleichen Zugang zum Heiligen Geist haben wie Petrus.

Das Herausfordernde daran ist: Sind wir bereit, die Schritte zu tun, die Petrus tat, um einen solchen Wandel zu durchlaufen? Alle Gläubigen haben den Heiligen Geist in sich. Er macht die Errettung möglich und ist die Gabe, die wir bei unserer Wiedergeburt empfangen. Dennoch ist es ein Unterschied, ob der Geist lediglich in uns wohnt oder mit seiner bevollmächtigenden Gegenwart auf uns ruht.

Heutige Bibellese

Apostelgeschichte 5,15

Gebet

Heiliger Geist, ich will mehr. Ich weiß, dass du in mir lebst. Bitte zeige mir aber, wie es aussieht, wenn deine Gegenwart und Kraft auf mir ruhen.

Die Salbung ist eine Person.

Die Gegenwart Gottes bzw. die Salbung ist keine abstrakte Sache. Sie ist lebendige Realität für jeden einzelnen Gläubigen. Bevor man in der Gegenwart Gottes wandeln kann, muss man zunächst wissen, wer die Gegenwart tatsächlich ist. Sie ist kein weiteres Glied der Dreieinigkeit, und wir diskutieren auch nicht über eine Kraft, einen Wind oder gar eine physikalische Manifestation. Die Gegenwart Gottes ist die Person des Heiligen Geistes.

In der Apostelgeschichte, wo der Schatten des Petrus die übernatürliche Heilungskraft besaß und freisetzte, lief der Apostel nicht einfach unter dem Einfluss irgendeiner Energie umher. In ihm wohnte eine göttliche Person namens *Heiliger Geist*. Diese Person ist genauso Gott wie der Vater und der Sohn es sind. Sie ist keine „Sache". Der Heilige Geist ist der Allmächtige Gott, der das Versprechen wahrmacht, das er in Hesekiel 36,27 gegeben hat: „*Und ich werde meinen Geist in euer Inneres geben.*"

Heutige Bibellese

Hesekiel 36,24-28

Gebet

Vater, fördere mein Bewusstsein für den Einen, der in mir lebt, und schenke mir die Fähigkeit, Jesus in der Welt auf gute Weise zu repräsentieren.

Denn er bleibt bei euch und wird in euch sein.

Mit einem tieferen Verständnis dafür, dass Gottes Salbung in uns wohnt, werden wir mehr und mehr erkennen, dass die Gegenwart in Wirklichkeit die Person Gottes ist, sprich *der Heilige Geist*. Als Jesus uns den Heiligen Geist und dessen Aufgabe vorstellte, bezeichnete er ihn als einen „*Er*" und nicht als ein „es". *Er* würde bei uns sein, in uns wohnen und uns in eine größere Offenbarung darüber führen, wer der Vater ist. *Inwiefern?* Weil die Person des Heiligen Geistes genau genommen die Person Gottes ist und Gott sich selbst am besten offenbaren kann!

Je mehr wir Gott kennenlernen – seine Eigenschaften studieren, mit seinem Wesen in Berührung kommen und seine Besonderheiten betrachten – umso tiefer offenbart sich uns, wer der Eine, der in uns wohnt, wirklich ist. Denn Gott der Vater, Gott der Sohn und Gott der Geist sind eins. Die Mission des Heiligen Geistes in uns lautet – Jesus haargenau zu repräsentieren, im Wort und in der Demonstration. Dies bringt unserem Vater im Himmel große Herrlichkeit ein.

Heutige Bibellese

Johannes 14,15-18

Gebet

Herr, öffne meine Augen für die wunderbare Realität, dass
du – der Schöpfer des Himmels und der Erde – in mir lebst
durch die Person und Gegenwart des Heiligen Geistes.

Jesus war dafür bekannt, dass er die Menschen mit und ohne Gebet heilte. Manchmal sah es so aus, als wäre er an dem Wunder, welches durch ihn geschah, gar nicht beteiligt gewesen.

Denke an die blutflüssige Frau in Markus, Kapitel 5. Als sie sich Jesus näherte, um geheilt zu werden, versuchte sie es weder mit einer Wunderformel, noch befolgte sie eine Lehre, die sie über die „Fünf Schlüssel zu deiner Heilung" gehört hatte.

Sie sagte sich lediglich: *„Wenn ich nur seine Kleider anrühre, so werde ich geheilt werden."* (Markus 5,28). Der besondere Schwerpunkt dieser Geschichte liegt nicht auf dem Gewand, das Jesus trug, sondern auf dem, was sein Gewand zum Anknüpfungspunkt für die Frau machte. Sie glaubte nicht an den Saum eines Kleidungsstücks, sondern an den Einen, dessen ureigene Gegenwart das Gewand mit Heilungskraft auflud.

Heutige Bibellese

Markus 5,25-34

Gebet

Danke, Heiliger Geist, dass deine Gegenwart deine Kraft freisetzt. Mehr als alles andere hungert es mich nach deiner Gegenwart und Nähe. Nach dir, und nur dir allein, will ich am meisten streben.

Außergewöhnliche Wunder finden auf einem höheren Level des Mysteriums, der Salbung und der Autorität statt.

Johannes 14,12 dehnt eine unglaubliche Einladung auf alle Gläubigen in allen Generationen aus. Jesus sagt: *„Wahrlich, wahrlich, ich sage euch: Wer an mich glaubt, der wird auch die Werke tun, die ich tue, und wird größere als diese tun, weil ich zum Vater gehe."* Der Heilige Geist hat den Leib Christi so positioniert, dass die Werke Jesu wieder aufgenommen und neu erlebt werden können. Aber da ist auch der Ruf, größere Werke zu tun. Obwohl es unserem natürlicher Verstand schwerfallen mag, diese Worte zu verarbeiten, macht es sie nicht weniger relevant für unser Leben heute. Als ein Volk, erfüllt von Gott, sind wir dazu befähigt, dieselben Werke zu tun, die Jesus tat – und ja, sogar noch größere – *weil* derselbe Heilige Geist, der Jesus mit übernatürlicher Kraft gesalbt hat, auf uns gefallen ist.

Heutige Bibellese

Johannes 14,12

Gebet

Heiliger Geist, du lädst mich ein, nicht nur die Werke Jesus zu tun, sondern noch größere als diese zu erwarten und nach ihnen zu streben. Danke für diese wunderbare Einladung.

**Im Dienst des Apostels Paulus gab es eine Zeit, in der er von
Wundern zu außergewöhnlichen Wundern überwechselte.**

*„Und nicht gemeine Wunderwerke tat Gott durch die Hände des Paulus, so
dass man sogar Schweißtücher oder Schürzen von seinem Leibe weg auf die
Kranken legte, und die Krankheiten von ihnen wichen und die bösen Geister
ausfuhren.“* (Apostelgeschichte 19,11-12).

Diese Bibelstelle ist eine Vorausschau auf die größeren Werke und wie
sie tatsächlich aussehen! Lukas, der Autor der Apostelgeschichte, wertet
sie als außergewöhnliche Wunder.

Warum werden diese Wunder als *außergewöhnlich* bezeichnet? Betrachten wir
Jesus. Bei ihm berührten die Kranken den Saum seines Gewandes und wurden
gesund. In Apostelgeschichte Kapitel 19 aber nahmen die Leute, was Paulus am
Leibe trug, legten es auf die Kranken und Besessenen und erlebten, wie diese
völlig geheilt wurden. Auch hier hat das alles nichts mit Paulus oder dessen Kleidung zu tun. Es gab nichts Besonderes an dem Stoff, den er trug. Er war einfach
nur ein Mensch, der völlig mit der Gegenwart Gottes gesättigt war. Aufgrund
dieser Salbung war jeder Bereich seines Lebens davon imprägniert – inklusive
sein physischer Leib.

Heutige Bibellese

Apostelgeschichte 19,11-12

Gebet

*Heiliger Geist, komm und sättige jeden Bereich meines Lebens mit deiner Gegen-
wart. Stelle mich an den Platz, wo ich die außergewöhnlichen Wunder tun kann, die
dein Wort verheißt, nicht weil ich sie tue, sondern aufgrund deiner Salbung, die auf
mir liegt.*

Es ist erstaunlich, dass der Wunderbereich so normal werden kann, dass Lukas, unter der Inspiration des Heiligen Geistes, für die Beschreibung der neuen Wunder eine eigene Kategorie schaffen musste.

Dass die Werke Jesu für uns immer normaler werden, macht absolut Sinn. Wenn wir sein Leben und seinen Dienst studieren und unseren Auftrag verstehen, das abzubilden, was er tat, kommen wir nicht um das Mandat herum, den Bereich der Wunder als etwas Normatives zu betrachten – und nicht als Ausnahmefall. Wir können keinen übernatürlichen Lebensstil führen ohne den Einen, den Jesus *the Advantage*[1] nennt – den Heiligen Geist (siehe Johannes 16,7).

Als Jesus über diesen *Gewinn* sprach, hörten die Jünger, davon bin ich überzeugt, schockiert und ungläubig zu. Schließlich erklärte Jesus – die Inkarnation Gottes –, dass es *besser* für sie wäre, wenn er diese Welt verließe und ginge. Sie konnten es einfach nicht begreifen, aber Jesus wusste, dass der Wechsel, der aufgrund des Kreuzes stattfinden würde, unabdingbar war, damit sie seinem Beispiel folgen und am Ende in jenen Bereich der außergewöhnlichen Wunder eintreten konnten.

Wenn Jesus uns aufruft, dieselben Werke zu tun, die er tat, und noch größere dazu, dann ist dieses Konzept untrennbar mit seiner Rückkehr zum Vater verknüpft (siehe Johannes 14,12). Sein Weggang bedeutete nur, dass ein Anderer kommen würde – *Heaven's Advantage* – die Gegenwart und Kraft des Heiligen Geistes.

Heutige Bibellese

Johannes 16,5-7

Gebet

Vater, ich danke dir, dass du den Heiligen Geist gesandt hast. Er ist mein Gewinn und verleiht mir die Fähigkeit, die Werke Jesu zu tun. Er ist eine glorreiche Person und deine bevollmächtigende Gegenwart in meinem Leben.

---

1 Dt. Bibelübersetzungen haben in Johannes 16,7 die Begriffe „Beistand", „Sachverwalter" oder „Tröster" stehen. Das engl Original hat hier den Begriff „Advantage" = Vorteil, Nutzen, Gewinn.

In dem, was bereits geoffenbart ist, müssen wir erst noch leben.

Jesus gab uns ein Vorbild, das jeder, der von der Sünde gereinigt und mit dem Heiligen Geist erfüllt ist, erreichen kann. Das ist genau das, wozu der Leib Jesu berufen ist. Das Beispiel eines normalen christlichen Lebens, das Jesus Christus uns präsentierte, ist das Erbe eines jeden Gläubigen.

Wer Fragen hat oder unsicher ist bezüglich des Willen Gottes muss nur auf Jesus schauen, und schon erhält er alle Antworten, die er braucht. Abgesehen von den individuellen Unterschieden, die für jedes einzelne Leben gelten, gibt es eine eindeutige Blaupause, an die wir uns halten müssen, ganz gleich wo wir sind oder wie unsere Aufgabe aussieht. Geschäftsmann? Pastor? Banker? Arzt? Anwalt? Hier ist Gottes geoffenbarter Wille für dein Leben:

Gehet aber hin, prediget und sprechet: Das Himmelreich ist nahe herbeigekommen! Heilet Kranke, weckt Tote auf, reiniget Aussätzige, treibet Dämonen aus! Umsonst habt ihr es empfangen, umsonst gebet es!
(Matthäus 10, 7-8).

Heutige Bibellese

Matthäus 10, 7-8

Gebet

Danke, dass ich Jesus als Vorbild habe und dass ich durch ihn weiß, was dein Wille für mein Leben ist. Das ist mein Erbe als Glaubender. Ich weiß, dass es gewisse Besonderheiten gibt, die noch hinzukommen werden, aber ich vertraue dir und folge heute in meinem Leben einfach dem Vorbild Jesu.

Glaube sieht unsichtbare Realitäten und reagiert auf sie

Im Glauben zu wandeln und nicht danach zu gehen, was man vor Augen hat, ist der Lebensstil eines Gläubigen. Unser Blick muss auf das Unsichtbare eingestellt sein, damit wir auf das Sichtbare entsprechend reagieren. Mit anderen Worten, wir müssen lernen, den Heiligen Geist zu beobachten, um seinen Bewegungen folgen zu können.

Die ungewöhnlichen Methoden, die der Heilige Geist anwendet, vermitteln uns einen Eindruck davon, wie er arbeitet und handelt. In dem einen Fall befreit er einen Menschen durch die gesalbte Kleidung eines Paulus von Dämonen. Im anderen Fall musst du einem Kranken die Hände auflegen und um Heilung beten. Oder es genügt ein Wort der Erkenntnis und ein Leiden oder eine Not ist gebrochen. Das Problem ist, dass wir dazu neigen, Systeme und Formeln zu entwickeln, mit deren Hilfe wir glauben, die gewünschten Resultate erzielen zu können. Stattdessen sucht der Heilige Geist Beziehung und will unsere geistlichen Ohren auf seine Frequenz einstellen.

Die unterschiedlichen Wirkungsweisen dienen dem Zweck, dass wir uns nicht an eine bestimmte Methode oder Strategie binden. Es soll uns vielmehr daran erinnern, dass wir in jedem Augenblick in Beziehung zum Geist Gottes stehen müssen, um mit ihm zusammenarbeiten zu können. Er wird sich immer wieder anders bewegen - und bisweilen ziemlich seltsam – aber er wird immer derselbe bleiben.

Heutige Bibellese

2. Korinther 5,7

Gebet

Heiliger Geist, schärfe meine Augen für deine Bewegungen und stelle meine Ohren auf deine Stimme ein. Schenke mir die Gnade, dir gehorsam zu sein, mich von Dir lenken zu lassen und mit dir zusammen zu arbeiten, um deine Ziele zu erreichen.

*Glaube kommt nicht aus dem Verstand, er kommt aus
dem Herzen. Dennoch unterstützt ein erneuerter Verstand, der das Unsichtbare versteht, unseren Glauben.*

Glaube wird im Herzen durch den Heiligen Geist geboren. Wie wir wissen, ist er eine Gabe Gottes (siehe Epheser 2,8). Dennoch, wenn unser Verstand erneuert und durch die Gegenwart Gottes verändert wird, beginnen wir zu verstehen, wie der unsichtbare Bereich funktioniert. Tatsächlich hat der Glaube einen transformierenden Effekt auf unser Denken, sofern wir es zulassen. Was Gott bei unserer Errettung in unser Herz gelegt hat, soll nicht einfach dort bleiben, sondern jeden Bereich unseres Lebens verändern – insbesondere unsere Denkweise. Wenn der Glaube in meinem Herzen meine Gedankenwelt formt, dann ist das ein sicheres Zeichen dafür, dass mein Verstand erneuert wird.

Für den erneuerten Verstand ist das Unmögliche etwas ganz Logisches. Das liegt daran, dass wir beschlossen haben, unseren Verstand unter den Einfluss des Einen zu stellen, der in uns wohnt. Sobald wir die natürlichen Hindernisse aus unserem Denken entfernen und uns auf die Gedankenwelt Gottes einlassen, werden Sachverhalte, die uns bisher Furcht eingeflößt, Sorgen gemacht oder zum Unglauben verführt haben, zu Chancen für die Wunderinvasion Gottes.

Heutige Bibellese

Römer 12,1-2

Gebet

Heiliger Geist, erneuere meinen Verstand. Verändere meine Denkweise, sodass die Umstände, die mir bisher Angst, Kummer und Sorgen bereitet haben, mich näher zu deiner bevollmächtigenden Gegenwart ziehen.

Es ist Zeit, dass diese Geschichten keine Ausnahme mehr darstellen.
Es ist Zeit, dass sie zur Regel werden. - Die neue Norm

Im Umfeld der Evangelien und der Apostelgeschichte waren Wunder etwas Normales. Ein Entwurf war geschaffen, wie das christliche Leben aussieht und funktioniert. Heute wirkt der Heilige Geist weiterhin mit großer Kraft durch die Gläubigen. Die Menschen sehen seine übernatürlichen Werke und stempeln sie als etwas Neues ab.

Sie sind lediglich deshalb neu, weil es so lange her ist, dass Zeichen und Wunder das normale christliche Leben definiert haben. Der Heilige Geist hat seit dem Pfingsttag nie aufgehört, in der Gemeinde zu wirken. Seine Kraft war immer da. Der Frage ist, wer kehrt zu dem ersten Entwurf der Gemeinde zurück und glaubt tatsächlich, dass das, was die Bibel im Leben Jesu und in der Apostelgeschichte offenbarte, immer noch für uns verfügbar ist?

Jesus sendet dich genau so, wie er vom Vater ausgesandt wurde! Dies lädt uns dazu ein, zu seinem Leben und Dienst zurückzukehren und zu fragen: *Wie wurde Jesus ausgesandt?* Auf diese Weise erhalten wir die Vorlage dafür, wie unser Leben heute aussehen sollte.

Heutige Bibellese

Johannes 20, 21-22

Gebet

Wie du Jesus gesandt hast, so sendest du mich! Schenke mir eine klare Vorstellung davon, wie das Leben und der Dienst Jesu ausgesehen haben, damit der übernatürliche Lebensstil, den er möglich gemacht hat, durch die Kraft des Heiligen Geistes gelingt.

Die Apostel lernten am Beispiel Jesu, dass der auf ihm ruhende Heilige Geist der größte Schatz war.

Die Gegenwart des Heiligen Geistes, die auf dem Sohn Gottes ruhte, wurde wie der kostbarste Schatz gehütet. Jesus wusste, dass seine Worte und Taten, zu denen er vom Geist befähigt war, kontinuierlich eine Vorlage für alle künftigen Generationen liefern würde. Das Erlösungswerk von Golgatha ist das exklusive Werk Jesu, denn er allein ist das würdige Lamm. Aber auf das Vorbild, das er uns während seines Lebens und Dienstes gab, müssen wir sorgfältig achten. Dieses Vorbild ist nichts Exklusives, sondern gilt für alle, die zum Glauben an ihn kommen.

Während Jesus auf das Kreuz zuging, gewährte er der Menschheit einen flüchtigen Blick auf das Leben, das *nach* dem Kreuz möglich werden würde. Weil er ohne Sünde war, ist Jesus bis heute der einzige Mensch in der Geschichte, der mit der Gegenwart des Heiligen Geistes erfüllt werden konnte. Aufgrund seines Erlösungswerkes kann jeder, der die Gabe der Errettung angenommen und Vergebung von seinen Sünden erlangt hat, letztlich mit demselben Geist erfüllt werden.

Heutige Bibellese

Johannes 1:32-34

Gebet

Vater, schenke mir Augen, die sehen, was du tust. Danke, dass mich der Heilige Geist dazu befähigt, dem Vorbild Jesu zu folgen und der Welt dadurch zu zeigen, wer du bist.

Die erste Priorität im Leben von Jesus war im
Geschäft seines Vaters mitzuarbeiten.

Schon in jungen Jahren war Jesus treu, wenn es darum ging seinen Auftrag auszuführen. Seine Augen waren auf eine andere Welt gerichtet, in der er den Vater sah und seine Stimme hörte. Wieder und wieder offenbarte Jesus die erste Priorität eines jeden Gläubigen: Jemand zu sein, der im himmlischen Bereich sehen und hören kann. Während Jesus den Willen des Vaters vollbrachte, repräsentierte er das Herz, die Natur und den Willen Gottes einer verlorenen Welt. Er wird zurecht der *treue und wahrhaftige Zeuge* genannt (Offenbarung 3:14), was bedeutet, dass Jesus die letztendliche, ultimative Aussage über den Vater ist. Während Jesus auf der Erde war, hatte er die Mission, der Welt zu zeigen wie Gott wirklich ist. Dieselbe Welt schaut nun verzweifelt auf dich um einen flüchtigen Blick auf den Vater zu bekommen. Weil die Gegenwart auf dir ruht, bist du jetzt auch Mitarbeiter im Geschäft deines Vaters. Und wenn du unter dem Einfluss des Heiligen Geistes die Werke von Jesus vollbringst, offenbaren diese Werke präzise den Vater.

Heutige Bibellese

Johannes 5,19

Gebet

Vater, gib mir Augen die sehen, was du tust. Danke für den Heiligen Geist, der mir dabei hilft, dem Vorbild Jesu zu folgen. Ich bitte dich, dass ich in deiner Nachfolge der Welt zeige, wer du bist und wie dein Wesen ist.

Es gibt kein größeres Privileg, als Gott selbst bei sich aufzunehmen. Und keine größere Verantwortung.

Freunde oder Familie im eigenen Haus aufzunehmen, ist eine Sache. Sich mit der Realität zu befassen, dass man Gott aufnehmen kann, spielt sich auf einem völlig anderen Level ab. Dies ist eine der biblischen Wahrheiten, die wir oft zitieren, rezitieren und diskutieren, aber ich bin mir nicht sicher, ob wir uns der letztendlichen Bedeutung dieser Wahrheit bewusst sind.

Dein Körper ist eine Stiftshütte – ein Tempel für Gott auf der Erde (siehe 1. Korinther 6,19). Mit seinem kostbaren Blut bezahlte Jesus einen überaus hohen Preis, damit du frei von Sünde *und* eine Wohnstatt für Gottes Gegenwart sein kannst. Mit einem so hohen Privileg geht eine ebenso große Verantwortung einher.

Wenn wir Gäste in unser Haus einladen, übernehmen wir eine gewisse Verantwortung – nämlich eine einladende Atmosphäre zu schaffen, damit sie sich wohlfühlen. Dieselbe Verantwortung haben wir auch, wenn wir den Heiligen Geist, einladen, denn er ist der wichtigste Gast. Er kommt nicht einfach zu Besuch. Er kommt, um für immer mit uns zu leben (siehe Johannes 14,16).

Heutige Bibellese

1. Korinther 6,19

Gebet

Erhöhe mein Bewusstsein dafür, was es heißt, deine Gegenwart mit meinem Leben zu beherbergen. Danke, Heiliger Geist, dass du meinen Körper zu deiner Wohnstätte machst. Zeige mir, wie ich dir in jeder Hinsicht Unterkunft bieten kann. Bei jedem meiner Schritte soll mir deine Gegenwart im Gedächtnis sein.

Wenige nur wissen, dass es unsere Aufgabe ist, ihn zu be-
herbergen. Und noch weniger haben „Ja" dazu gesagt.

Gott aufzunehmen ist keine Entscheidung, die man leicht nehmen
kann.Vielmehr nimmt es dich völlig in Beschlag und erfordert alles. Und
dennoch, was immer wir auch dafür aufgeben, das Erlebnis, sich der bleibenden
Gegenwart des Geistes immerzu bewusst zu sein, ist jedes Opfer wert. Der Siegespreis ist ein Mensch, der vollständig im Besitz Gottes ist und dessen Leben in
jedem Bereich vom Heiligen Geist geprägt und geformt wird. Nichts ist davon
ausgeschlossen. Jeder Gedanke, jedes Wort, jede Emotion, jedes unserer Motive
und selbst unser Körper verströmt seine Gegenwart. Dies ist das, was passiert,
wenn die Gegenwart des Geistes *auf* einem Menschen ruht.

Das sah auch Simon der Zauberer bei den Aposteln und in seinem Unver-
stand versuchte er die bleibende Gegenwart und Kraft des Heiligen Geistes mit
Geld zu kaufen (siehe Apostelgeschichte 8, 18-19). Es gibt keine natürliche Währung, die ein so herrliches Geschenk bezahlen könnte. Manche Menschen nehmen an, dass dieses Geschenk exklusiv für ganz bestimmte, ausgewählte Christen
wäre. Nein, diese großartige Einladung ist auf alle ausgedehnt worden. Die Frage
ist nur: *Wer wird auf die Einladung mit einem „Ja" antworten?*

Heutige Bibellese

Apostelgeschichte 8, 18-19

Gebet

Heiliger Geist, ich bitte dich, auf mir zu ruhen, genauso wie du auf Jesus ruhtest und
deine Gegenwart so kraftvoll auf den Jüngern war. Zeige mir, wie ich mit derselben
Kraft leben kann.

Er hat uns für ein ganz bestimmtes Ziel hierher gepflanzt.
Doch dieses Ziel erreichen wir nur mit ihm.

Wir sind hier auf der Erde für einen göttlichen Zweck. Tatsächlich bist du in diesen Moment, diese Generation und diese Zeit hineingesetzt worden, um eine einzigartige Berufung zu erfüllen. Was du nach Gottes Plan in dieser Welt freisetzen sollst, ist aus strategischen Gründen für eben diesen Moment in der Geschichte bestimmt.

Worin also liegt der Schlüssel, um in deine Bestimmung hinein zu kommen und als beständige Antwort auf Gottes innewohnende Gegenwart zu leben? Seine Gegenwart ist der Schlüssel für dich und deine Bestimmung. Du bist mit dem übernatürlichen Gott verknüpft, indem er dich zu einer Wohnung für sich selbst formte. Das bedeutet, egal was du in dieser Welt erreichen sollst, es ist mit deiner Identität verlinkt, die eine Herberge für seine Gegenwart ist, denn es ist seine Gegenwart, die uns dazu befähigt, göttliche Bestimmungen zu erfüllen.

Heutige Bibellese

Apostelgeschichte 1,24-28

Gebet

Danke, dass ich in zu dieser Zeit und an diesem Ort leben darf. In dir lebe und webe und bin ich. Erfülle mich ganz mit deiner Gegenwart und verleihe mir die Fähigkeit, meine Bestimmung auf diesem Planeten zu erfüllen.

Unsere wahre Natur und Persönlichkeit wird sich ohne seine
manifeste Gegenwart niemals vollständig entfalten.

Weil **wir von Gott** und für Gott geschaffen wurden, wird das, wer wir wirklich sind, erst dann seinen endgültigen Ausdruck finden, wenn wir als Männer und Frauen leben, die seine Gegenwart ganz bewusst aufnehmen. Schließlich war es seine Gegenwart, die uns das Leben in Fülle geschenkt hat. Der Heilige Geist ist derjenige, der die Errettung für uns möglich gemacht hat. Er öffnete unsere Augen und Ohren für die Herrlichkeit des Evangeliums. Der Geist brachte unsere toten Herzen dazu, auf den Ruf Jesu mit „Ja" zu antworten.

Kann es sein, dass es viele Gläubige gibt, die schlafwandeln und sich nicht der vollen, lebendigen Realität bewusst sind, in die sie bei ihrer Wiedergeburt hineingeboren wurden? Früher oder später müssen wir in vollem Umfang an das glauben, was bei unserer Errettung stattgefunden hat. Unsere Sünden wurden vergeben, sodass die Gegenwart des Heiligen Gottes in uns einziehen konnte. Wir leben, weben und sind in ihm, und durch seine Gegenwart gehen wir als Männer und Frauen über diese Erde, die das *volle Leben* in Christus haben.

Heutige Bibellese

Psalm 16

Gebet

Gott, in dir finde ich Freude die Fülle, und in dir werde ich die beste Version dieses Menschen, der ich nach deinem Willen sein soll. Ich weiß, dass du immer bei mir bist, aber hilf mir bitte, ein größeres Bewusstsein für deine Gegenwart zu entwickeln.

Lernen, ihn zu beherbergen, steht im Zentrum unseres Auftrags

Wenn wir über unseren Auftrag nachdenken, sind wir schnell dabei, etwas *tun* zu wollen. Aber bevor wir mit irgendetwas anfangen, müssen wir unsere ganze Aufmerksamkeit auf den Gott richten, den wir beherbergen, sogar mehr noch als auf die Ziele, die wir in seinem Namen erreichen wollen.

Das ist ein ganz wesentlicher Schritt, denn es gibt in der Welt so viele Gläubige, die versuchen, sehr hart *für* Gott zu arbeiten. Sie sind überzeugt, je mehr sie tun, umso effektiver wirkt es sich auf ihr Leben aus. Aber der Dreh- und Angelpunkt unseres Auftrags ist nicht, *was* wir für Gott erreichen, sondern *wer* das Zentrum unserer Aufmerksamkeit ist. Es ist nur allzu wahrscheinlich, dass wir in einen Teufelskreis geraten, in dem wir aus eigener Kraft arbeiten, anstatt aus der Gegenwart des Einen zu schöpfen, dem wir mit unserem Leben Herberge geben. Aus diesem Grund ist es so wichtig, die Gegenwart Gottes zum Zentrum unserer Mission zu machen. Wenn unser Bewusstsein in erster Linie auf den Heiligen Geist gerichtet ist und nicht auf unser Handeln, werden unsere Werke eine weit größere Wirkung entfalten als bisher. Dann haben wir die Beherbergung Gottes zu unserem primären Streben gemacht und gelernt, uneingeschränkt auf die übernatürlichen Ressourcen zurückzugreifen, die seine transformierende Gegenwart bereithält.

Heutige Bibellese
Lukas 10, 38-42

Gebet

Heiliger Geist, danke dass du mich nicht für das liebst was ich tue, sondern dafür, wer ich bin. Ich möchte ein guter Gastgeber für dich sein, indem ich Zeit mit dir verbringe und mich von dir lieben lasse. Hilf mir, wie Maria zu deinen Füßen zu sitzen, anstatt wie Martha zwanghaft Dinge für dich tun zu wollen, um die du mich nie gebeten hast. Schenke mir eine größere Offenbarung deiner Liebe für mich als Sohn / Tochter.

In einem Moment tanzen wir voller Freude mit erhobenen Armen und dem Blick nach oben. Im nächsten Moment beugen wir uns tief, nicht weil jemand gesagt hat, dies sei nun die richtige Haltung, sondern weil die Furcht Gottes den Raum erfüllt.

Wenn seine Gegenwart kommt, verändert sich alles. Wir wissen, dass Gott immer bei uns ist. Der Heilige Geist lebt in uns, weil Christus sein Werk am Kreuz vollbracht hat. Dies gilt für alle Gläubigen. Aber wie wir immer wieder festgestellt haben, bewegt sich der Eine, der in seinem Volk wohnt, auch unter seinem Volk.

Zur Erinnerung, die Gegenwart ist keine Kraft oder Sache – die Salbung ist eine Person. Der Heilige Geist ist eine Person mit Gefühlen, Emotionen und einem Plan. Er ist kein statisches Wesen und seine Wege sind keine endlosen Wiederholungen. *Heute* wirkt er vielleicht so und morgen wieder anders. Das Schlüsselwort hierfür ist *anders*, nicht entgegengesetzt. Das heißt nicht, dass Gott sich ständig ändert. Es bedeutet schlicht, dass dieser herrliche Gott, dessen Charakter und Wesen in jeder Hinsicht unermesslich ist, dich in diesem Moment an dem, was er gerade empfindet und tut, teilhaben lässt.

Manchmal scheint in einer Versammlung alles ganz normal abzulaufen, und dann *kommt Er.* Obwohl *Er* schon da war, weil Gott omnipräsent ist, spürt man, dass sich die Atmosphäre merklich ändert. Etwas Unübersehbares findet in diesem einzigartigen Moment statt. So eine Veränderung kann überall eintreten, sei es in der Gemeinde oder in einem Restaurant, in dem wir uns mit Freunden treffen. Alles scheint in eine Richtung zu laufen, und dann *taucht Er auf.* Er bewegt sich auf unterschiedliche Weise und seine Methoden können variieren, aber am Ende hat derselbe Herrliche uns das überwältigende Privileg geschenkt, auf sein momentanes Handeln zu reagieren. Mögen unsere Herzen stets darauf vorbereitet sein, sein Wirken zu empfangen und willkommen zu heißen.

Heutige Bibellese

Offenbarung 1,9-18; Offenbarung 4

Gebet

Heiliger Geist, hilf mir, mich so auf dich einzustellen, dass ich merke, wenn du kommst, und ich angemessen auf dich reagieren kann.

Gott ist eine Person und keine Maschine.
Er sehnt sich nach Gemeinschaft

Wenn du Christ bist, ist Gemeinschaft mit Gott dein Erbe. Denn die Gegenwart Gottes lebt in dir und es ist deine Entscheidung, ob du dich an dieser wundervollen Intimität, die er dir durch den Heiligen Geist schenkt, erfreust oder nicht.

Wir leben nicht in der Herrlichkeit, wenn wir das Christsein auf prinzipienbasierte Formeln reduzieren. Es gibt zwar bewährte biblische Prinzipien, die wir lehren und einhalten müssen, doch Jesus hat uns nicht erkauft, damit wir anschließend einem Protokoll folgen. Sein Blut führte uns direkt in die Gegenwart Gottes und sorgte dafür, dass die Herrlichkeit Gottes in uns Wohnung nahm.

Tatsächlich hält sich gerade derjenige, der dieses unbezahlbare Geschenk begreift, an die Prinzipien. Nur bestehen diese Prinzipien nicht aus Gesetzen, nach denen wir dann versuchen, uns die Gnade Gottes zu verdienen. Nein, seine Gnade brachte uns in die innige Gemeinschaft mit ihm. Alles, was wir tun, tun wir *aus Liebe*. Wir arbeiten nicht, um von Gott geliebt und angenommen zu werden, denn wir sind es schon. Einer der größten Beweise dafür, dass Gott uns angenommen hat, ist das Siegel des Geistes. Denke darüber nach. Gottes Gegenwart in uns ist der Beweis, dass uns vergeben ist, dass wir geliebt und vom Vater angenommen sind!

Heutige Bibellese
Epheser 1, 13-14; 2. Korinther 13,14

Gebet

Danke für das Siegel des Heiligen Geistes, durch das ich Gemeinschaft mit dir haben kann. Danke, dass du nicht fern bist und ich nicht alles mögliche tun muss, um dich zu beschwichtigen oder zu überzeugen, dass du mich nicht strafen musst. Es ist erstaunlich, wenn ich daran denke, wie sehr du mich liebst und eine Beziehung mit mir haben möchtest. Hilf mir, die Tiefe deiner Liebe besser zu verstehen.

Gott zu beherbergen bringt viel Ehre und Freude mit sich, aber auch Kosten und viele Rätsel. Er hat ein sanftes und zartes Auftreten und manchmal spricht er kein Wort. Er kann auch mal extrem deutlich werden, aggressiv und überaus zielstrebig.

Früher oder später muss klar sein, dass Gott tatsächlich in seinem Volk wohnt. Zwar geht für uns einiges weit über unser natürliches Begriffsvermögen hinaus – wie Gott im Himmel und gleichzeitig in uns sein kann – dennoch sind wir dazu eingeladen, dieses Abenteuer im Glauben und nicht im Schauen oder mit unserer natürlichen menschlichen Logik anzunehmen.

Abenteuer sind nie vernünftig. Es hat nichts mit Vernunft zu tun, den Mount Everest zu erklimmen, in das Weltall zu reisen oder in die Tiefen des Ozeans hinabzutauchen. Solche Aktivitäten sind riskant, und weil sie *nicht* der Norm entsprechen, laden sie zu einer neuen Dimension der „Vernunft" ein. Ebenso lädt Gott sein Volk zu dem Abenteuer ein, seine Gegenwart wie einen Gast bei sich aufzunehmen. Ein solches Leben in der Gegenwart Gottes muss allerdings jeden irdischen Thrill wie eine vollkommene Gähn-Nummer erscheinen lassen, da es ein unvergleichliches Abenteuer darstellt, mit dem sich nichts auf Erden messen kann. Es gibt nichts Vergleichbares! Es ist, als würde man das Erlebnis, den Mount Everest bestiegen zu haben, in unseren Körper einpflanzen, sodass es uns nun auf Schritt und Tritt begleitet. Doch greift dieser abstrakte Vergleich immer noch entschieden zu kurz, weil der Eine, der in uns wohnt, die höchsten Berggipfel auch noch selbst geformt und gestaltet hat.

Das ist unser Erbe. *Das* ist unser Abenteuer! Lasst uns das, was uns zur Verfügung steht, niemals auf die Ebene unseres aktuellen Erfahrungsstandes reduzieren. Nur weil wir vielleicht momentan nicht jeden Segen dieses unvergleichlichen Abenteuers erleben, heißt das *nicht*, dass wir davon ausgeschlossen sind. Je mehr wir uns auf dieses Abenteuer einlassen, umso tiefer geraten wir hinein.

Heutige Bibellese

Philipper 3,10-14

Gebet

Heiliger Geist, hilf mir, dass ich immer besser verstehe, wer du in mir bist, damit ich alles, was du mir als Erbe gegeben hast, nutzen kann.

Er ist ein Gast mit einer Agenda –
Vater und Sohn. Himmel und Erde.

Gott aufzunehmen ist aus vielen Gründen ein einzigartiges Abenteuer. Die Aufgabe etwa, die Gott uns übertragen hat, ist absolut umwerfend: *Wie im Himmel so auf Erden.* Diese Aufgabe ist *deine* Aufgabe, und *deine* Aufgabe wird letztendlich von der Agenda des Himmels gestützt.

Was will Gott? Er will, dass diese Welt durch seine Welt transformiert wird. Gott wünscht sich von Herzen einen Planeten, der von seiner Herrlichkeit erfüllt ist (siehe 4.Mose 14,21). Seine Agenda ist unsere Aufgabe. Welche größere Bedeutung könnte es für unser Leben geben als mitzumachen und Gottes Absicht in die Tat umzusetzen? Viele Leute – auch Christen – suchen nach einer Lebensaufgabe und lassen dabei genau den Auftrag außer Acht, der jedem einzelnen von uns gilt. Natürlich ist dieser Auftrag sehr vielschichtig. Es gibt Orte zu besuchen, Menschen zu treffen und Arbeiten zu erledigen. Im Zentrum von alledem jedoch steht der Schöpfer des Himmels und der Erde, der mit *dir* als Botschafter ein neues himmlisches Klima auf der Erde schaffen möchte.

Der Heilige Geist ist wirklich ein Gast mit einer Agenda, weil er der Eine ist, der uns die Kraft schenkt, in unserer Welt Zeugen von den Wegen und der Welt Gottes zu sein (siehe Apostelgeschichte 1,8).

Heutige Bibellese
Matthäus 6, 9-13

Gebet

Vater, danke für das Privileg, dass ich dein Botschafter auf der Erde sein darf und dass du mich mit deinem Heiligen Geist bevollmächtigst. Lass deinen Willen geschehen, wie im Himmel so auf Erden, und gebrauche mich auf jede Weise, die mir möglich ist, um das zu erreichen. Zeige mir, auf welche Weise ich den Himmel täglich auf die Erde bringen kann ... ab heute.

Welche Generation wird ihn beherbergen, bis das Reich dieser Welt das Reich unseres Herrn und Christus geworden ist?

Es gibt einen Tag, an dem Jesus Christus sichtbar und körperlich auf unseren Planeten zurückkehren wird. Jeder einzelne von uns sehnt sich nach dieser letzten und endgültigen Verschmelzung der beiden Welten Himmel und Erde, wenn es heißt, dass alle Reiche dieser Welt unter der Einwirkung von Christus stehen. Jedoch, dieser letzte Tag repräsentiert den Schlusspunkt, keinen Entwicklungsprozess.

Momentan befinden wir uns noch im Entwicklungsprozess und spielen eine wichtige Rolle bei der Vorbereitung des abschließenden letzten Tages. Bis dahin leben wir in einer Zeit, die als die *letzten Tage* verstanden wird (siehe Apostelgeschichte 2,17). Man beachte, dass diese Tage nicht im Singular sondern im Plural stehen. Sie verkörpern einen Zeitabschnitt, während der letzte Tag einen klaren, abschließenden Moment bezeichnet. Der Himmel ist unser Ziel, aber die Erde – in die wir einst in jenem einzigartigen Augenblick hineingeboren wurden – ist unser Auftrag. Die Logistik des abschließenden „letzten Tages" dürfen wir Gott vertrauensvoll überlassen, aber um den Auftrag, den wir bekommen haben, müssen wir uns kümmern.

Heutige Bibellese

Offenbarung 11, 15-19; Apostelgeschichte 2, 16-21

Gebet

Ich will ein Leben führen, das Dir die Ehre gibt, die du verdienst. Ich will dir mein ganzes Sein hinlegen für den Rest meiner Tage. Ich kann es kaum erwarten, dir im Himmel von Angesicht zu Angesicht gegenüber zu stehen und dass dein Reich in seiner ganzen Fülle kommt. Und bis dahin hilf mir, die kurze Zeit, die ich auf der Erde habe, um deines Namens willen gut zu nutzen.

Er sehnt sich nach Gemeinschaft. Er liebt es, zu lieben.

Dass Gott in uns lebt, demonstriert seine Sehnsucht nach inniger Verbundenheit *mit* uns. Näher kann er uns nicht kommen. Im Alten Testament erhielten die Menschen für eine bestimmte Aufgabe eine vorübergehende Salbung durch den Geist oder göttliche Vollmacht. Doch bei diesen begrenzten Gnadenerweisen ist von Verbundenheit oder inniger Beziehung nur wenig die Rede. Unter dem Alten Bund wurden die Menschen aus praktischen Gründen gesalbt. Sie hatten eine Aufgabe zu erfüllen, die sie ohne die übernatürliche Bevollmächtigung seiner Gegenwart nicht zu Ende bringen konnten. Doch nun ist alles anders.

Jesus beschrieb den Heiligen Geist ganz klar als jemand, der sowohl bei als auch in uns sein würde. Zu jener Zeit waren die Jünger möglicherweise nicht in der Lage, die gewaltige Bedeutung der Aussage – Gott in uns – vollständig zu erfassen, aber so sah der Plan aus. Man kann sich leicht in der wundervollen Demonstration der Kraft verlieren, die die Gegenwart des Geistes mit sich bringt, doch dürfen wir dabei niemals die tiefe innige Beziehung zu Gott aus den Augen verlieren, zu der wir nun Zugang haben. Der Eine, der lange Zeit nur *mit* seinem Volk wohnen konnte, lebt jetzt *in* uns. Ich bete, dass wir eine frische Offenbarung über die wundervolle Freundschaft empfangen, in die uns der Heilige Geist hineingebracht hat.

Heutige Bibellese

Richter 14, 6, 19; 1. Johannes 2, 27

Gebet

Jesus, danke, dass ich durch dich in ständiger Gemeinschaft und Salbung durch den Heiligen Geist leben darf. Verhilf mir zu einer größeren Offenbarung über die innige Beziehung, die du uns gewährst.

Der Eingriff Gottes in aussichtslose Situationen geschieht durch ein Volk, das Kraft aus der Höhe empfangen und gelernt hat, sie in Lebensumstände hinein freizusetzen.

Wir empfangen die Gegenwart des Geistes, um seine Kraft und Macht zu erleben und in unserem Umfeld freizusetzen. Seine Kraft dient also einem bestimmten Zweck. Tatsächlich ist es so, dass diejenigen, die sich in größeren Demonstrationen der Reich-Gottes-Kraft bewegen, im Grunde die Gegenwart verwalten, die sie bereits empfangen haben.

Viele rufen nach *mehr* und versäumen es gleichzeitig, das zu verwalten, was sie bereits haben. Da stellt sich doch die Frage: *Wozu empfangen wir?* Nun ja, weil der Geber uns liebt, aber auch, weil die Gabe unserer Umwelt zugute kommen soll. Und gibt es eine größere Gabe, als Gott selbst? Denn genau ihn haben wir empfangen, als die Gegenwart des Heiligen Geistes in unser Leben kam. Es ist ein unbezahlbares Geschenk, mit dem man entsprechend ernsthaft und sorgfältig umgehen muss.

Heutige Bibellese

Lukas 11, 9-13

Gebet

Heiliger Geist, ich lade dich mit offenen Armen ein, mit Macht in mein Leben zu kommen. Ich lade dich mit offenen Armen ein, in mir und auf mir zu sein … sei es, wenn ich alleine bin oder in Gesellschaft mit anderen Menschen. Ich will dich nicht für mich selbst behalten. Ich will dich weitergeben, so gut ich kann. Zeige mir, wie man das Schritt für Schritt verwirklicht.

Wenn ich eine kraftvolle Begegnung mit Gott habe, der wir ja nachjagen sollen, dann bin ich dafür ausgerüstet, seine Kraft an andere weiterzugeben.

Kraftvolle Begegnungen in der Gegenwart Gottes dienen mehreren Zwecken. Was wir erleben, können wir weitergeben. Wenn wir Gott persönlich begegnen, dann können wir der Welt eine Begegnung mit Gott anbieten. Wir können nichts weitergeben, was wir nicht zuvor selbst empfangen haben. Aber was wir empfangen haben, müssen wir weitergeben. Das ist absolut wichtig. Wir freuen uns alle, wenn wir im Strom der Gegenwart Gottes schwimmen dürfen, aber gleichzeitig erinnert uns ein solcher Strom mit Macht daran, was wir in uns tragen.

Im christlichen Leben geht es nicht allein darum, auf den erfrischenden Wellen der Gegenwart Gottes zu reiten, sondern auch darum, zu lernen, wie man diese Wellen *in Gang* setzt. Obwohl ein solches Konzept die bequeme Analogie verlässt, ist es das Reich-Gottes-Privileg, das jeder Geist erfüllte Gläubige erhält, um sich daran zu erfreuen. Die Wellen seiner Gegenwart, die wir erleben, sollen uns nicht nur an seine Liebe zu uns erinnern, sondern auch an seine Liebe zu den anderen. Was wir während einer Begegnung erleben, ist immerhin ein flüchtiger Blick auf das, was wir als solche, die das Privileg besitzen, den Heiligen Geist zu beherbergen, in uns tragen.

Heutige Bibellese

Römer 15, 17-19

Gebet

Gott, überschwemme mich mit Wellen deiner Gegenwart. Schenke mir eine frische Berührung vom Himmel. Danke für die Manifestation dessen, was ich in mir trage. Zeige mir, wann es richtig ist, im Strom deiner Gegenwart zu schwimmen und wann es richtig ist, sie in Gang zu setzen.

Wir sind dazu bestimmt, zu herrschen, wie Gott herrscht –
großzügig und freundlich, nicht eigennützig, sondern stets auf
das höhere Wohl anderer bedacht.

Was ist unsere Aufgabe als Botschafter Jesu? Die Versöhnung. Der Heilige Geist verleiht uns die Fähigkeit, Diener der Versöhnung zu sein, um Menschen, Systeme und Reiche dieser Welt in eine transformative Begegnung mit Jesus, dem König, zu bringen. Dies geschieht nicht, indem man die Herrschaft an sich reißt – sondern indem man dient.

Die ersten Jünger waren auf einen militärischen Sieg aus, und Jesus musste ihnen den Charakter ihres Auftrags erst erklären. Durch Liebe und Dienen sollte eine andere Form von Eroberung stattfinden. Die Dunkelheit würde aus den Städten getrieben werden, Krankheiten geheilt, Qual und Pein beseitigt, Familien wiederhergestellt. Das ist der Weg, auf welchem die Reiche dieser Welt zu Reichen des Herrn Jesus Christus werden. Bis zum letzten Tag ist dies unsere Mission von Gott - die Finsternis durch Menschen zu besiegen, die lieben und unseren Städten dienen und die Gegenwart des Heiligen Geistes mit sich führen. Unser Erlöser war der allergrößte Diener, deshalb schenkt uns der Geist die Fähigkeit, zu dienen.

Heutige Bibellese

2. Korinther 5, 17-21; Johannes 13, 1-17

Gebet

Jesus, du bist das beste Beispiel eines dienenden Leiters. Schenke mit die Haltung eines demütigen Dieners, wenn ich mit Kraft hinausgehe, um deine verlorenen Söhne und Töchter mit dir zu versöhnen. Hilf mir, selbstlos zu lieben und zu dienen, so wie du es uns gezeigt hast, als du deinen Jüngern die Füße gewaschen hast.

Gott möchte von ganzem Herzen in eine Partnerschaft mit seinem
von ihm geschaffenen Ebenbild treten. Er ist der höchste König, der es
liebt, uns mit Vollmacht auszustatten.

Da **Gott in uns wohnt,** ist ein effektives Zusammenwirken zwischen ihm und uns möglich. Dienen im Reich Gottes bedeutet nicht ausschließlich, für Gott zu *arbeiten.* Wir werden zwar nie über die Position eines Dieners hinaus gelangen, gleichzeitig hat uns Jesus aber in eine Freundschaft mit Gott geführt, ohne damit unsere Position als Diener aufzuheben. Vielmehr ist diese innige Beziehung zu Gott der Motor unseres Dienstes. Wir arbeiten also *aus Liebe* und nicht, um *geliebt* zu werden. Wir dienen Gott nicht, um seine Freunde werden zu dürfen. Wir dienen ihm, weil wir seine Freunde sind. Ebenso sind wir keine einfachen Diener mehr. Als bloßer Diener weiß man nicht, womit der Herr sich gerade beschäftigt. Jesus brachte uns in jene einzigartige Dienstposition, in der wir als Freunde eine intime Kenntnis davon haben, was der Meister gerade tut.

Wir sind Gottes Partner, um seine Ziele auf Erden zu verwirklichen. Der König ist souverän. Nichtsdestoweniger hat er ein System geschaffen, durch welches seine Absichten innerhalb einer aus Vertrautheit und Freundschaft geborenen einzigartigen Partnerschaft ausgeführt werden sollen. Als intime Freunde erhaschen wir einen flüchtigen Blick auf das, was der Meister gerade tut, und als Diener bauen wir mit ihm zusammen sein Reich auf Erden. Es ist der Heilige Geist, der die Freunde Gottes auf einzigartige Weise in die Lage versetzt, sein Werk zu vollenden. Aber Gottes Gegenwart bedeutet nicht nur Vollmacht für uns – sie bedeutet auch, dass er mit uns zusammenarbeiten möchte, sein aktuelles Pulsieren durch unsere Hände, Füße und Lippen. Er schenkt Vollmacht, ja, aber gleichzeitig wirkt er auch *durch* uns. Mir fällt keine intimere Partnerschaft ein als die, die wir mit dem Heiligen Geist erleben.

Heutige Bibellese

Johannes, 15,12-17

Gebet

Gott, danke dass du mich zuerst erwählt hast und mir erlaubst, dein(e) Freund(in) zu sein. Danke dass du mich dazu ermächtigst, dein Reich auf die Erde zu bringen. Es ist mir eine Freude, mit dir auf einer partnerschaftlichen Ebene zusammenarbeiten zu dürfen.

Es ist ganz wichtig, dass wir das „Eine" finden, an dem sich alle übrigen Themen unseres Lebens orientieren können. Dieses Eine ist die Gegenwart des auf uns ruhenden Allmächtigen Gottes.

Wenn wir uns die Gott-in-uns und Gott-auf-uns Realität stets vor Augen halten, erfährt das Leben eine beständige Umorientierung. *Gott in uns* ist bereits selbstverständlicher Bestandteil unserer Theologie und Lehre, aber *Gott auf uns* ist eine Dimension, die wir in ihrem vollen Ausmaß erst noch erfahren müssen. Der Heilige Geist möchte alle Bereiche unseres Lebens berühren und verwandeln, bis sie dem Ebenbild Jesu Christi entsprechen. Viele von uns widersprechen dem nicht, in der Theorie, doch wenn es darum geht, genau zu bestimmen, wie das in einer messbaren, praktischen Weise tatsächlich aussieht, haben wir eher eine unklare Vorstellung.

Auch wenn die Gegenwart Gottes mit dem Moment der Erlösung in uns einzieht, schmecken wir doch erst im weiteren Verlauf unseres Lebens, welche Vollmacht uns seine Gegenwart verleiht. Dies ist der Prozess, bei dem die Gabe, die wir bei unserer Neugeburt empfangen haben, eine Serie von „Neugeburten" in unserem Leben zu erzeugen beginnt. Nein, damit meine ich keineswegs, dass wir immer und immer wieder errettet werden müssen. Vereinfacht gesagt, während wir jeden Bereich unseres Lebens unter die liebevolle Kontrolle des Geistes stellen, möchte Gott sein Wesen, seinen Charakter und seine Kraft in unser Leben gebären. Gott möchte neue Denkmuster und Grundhaltungen hervorbringen, neue Perspektiven in Bezug auf das Unmögliche und neuen Mut. So und nicht anders schöpfen wir unser auferstandenes Leben aus. Sobald wir entdecken, was es heißt, Gottes Gegenwart mit unserem Leben zu beherbergen, und den Geist, der in uns wohnt, *auf* uns ruhen lassen, wird es für immer schwierig bleiben, „das Thema zu wechseln". Das „Eine", was uns dann antreibt, wird das Verlangen sein, zu sehen, wie der herrliche Heilige Geist Gottes jeden Bereich unseres Lebens transformiert, sodass wir immer mehr wie Jesus schauen, klingen, handeln und vorgehen. Schließlich ist es *genau das*, was uns ein Leben in der Gegenwart anbietet.

Heutige Bibellese

Römer 8, 28-29

Gebet

Herr, ich gebe mich dir noch einmal ganz neu hin. Mache mich Jesus ähnlicher. Ich bin lernfähig. Ich unterstelle dir alle Bereiche meines Lebens, die noch nicht so sind, wie sie sein sollten, und bitte dich, mich übernatürlich zu verändern.

Je mehr Menschen die Gegenwart Gottes in die Welt hinein tragen, als fröhliche Diener des Allerhöchsten, umso mehr nähern wir uns einem der Hauptziele des Himmels – wie die „Herrlichkeit des Herrn die Erde bedeckt".

Man stelle sich einmal vor - ein ganzer Planet voller Menschen, die die Gegenwart Gottes beherbergen und mit sich führen. Weil der Himmel möchte, dass niemand zugrunde geht, sondern *alle* in die Familie Gottes aufgenommen werden, ist das die Realität, zu der wir berufen sind. Dies muss die Vision Gottes sein, da er selbst gesagt hat: *„Doch aber, so wahr ich lebe, soll von der Herrlichkeit Jahwes erfüllt werden die ganze Erde;"* (4. Mose, 14,21)

Er sehnt sich danach, dass niemand verloren geht, sondern alle das ewige Leben empfangen. Wenn wir dieses Leben durch das Erlösungswerk Christi annehmen, haben wir den Schlüssel in der Hand, um miterleben zu können, wie seine Herrlichkeit die Völker verwandelt und den Planeten bedeckt. Indem wir unsere Knie vor dem Kreuz beugen und ein ultimatives Ja zum sühnenden Werk Christi abgeben und Ihm nachfolgen, begeben wir uns in eine Position, von der aus wir die Erde mit seiner Herrlichkeit bedecken können. Diese Position richtig zu verwalten, ist der Schlüssel. Aus Gnade sind wir vollständig und ganz und gar errettet. Selbst an seinen „besten Tagen" schafft man es nicht, sich die Gegenwart Gottes durch eigene Anstrengung zu verdienen. Nur das Werk Gottes qualifiziert einen Menschen dafür, mit Gott erfüllt zu werden. Auf genau diese Weise ist eine Gemeinschaft von Menschen entstanden, deren Sünden vergeben sind, die erfüllt sind mit dem Heiligen Geist und berechtigt, Gottes Gegenwart in alle Nationen hinein zu tragen und die Erde mit seiner Herrlichkeit zu *bedecken*.

Heutige Bibellese

Habakuk 2,14; Psalm 2,8

Gebet

Ich sage Ja zu deiner die ganze Erde bedeckenden Herrlichkeit. Ich will mich an deiner Vision beteiligen und Menschen in deine Familie hineinbringen. Bitte zeige mir praktische Strategien auf, wie ich das für deine Herrlichkeit sowohl in meiner Stadt als auch in anderen Ländern umsetzen kann.

Februar

WIEDERHERGESTELLT VON SEINER GEGENWART, UM DEN VATER ZU REPRÄSENTIEREN.

Die nach dem Ebenbild Gottes Geschaffenen sollten über die Erde herrschen und ihn mit allem, was sie sind und tun, repräsentieren.

Am Anfang wurde der Mensch nach dem Ebenbild Gottes geschaffen. Die Sünde führte dazu, dass wir nicht in der Lage waren, in diesem Ausmaß der Herrlichkeit zu leben. Das ist einer der Gründe, warum Jesus auf die Erde kam. Seine Mission war, „zu suchen und zu erretten was verloren ist". Ja, die Menschen waren verloren, aber es gab auch eine Position, die verloren war, und zwar aufgrund einer Transaktion, die im Garten Eden stattgefunden hatte. Durch die Rebellion Adam und Evas übergab der Mensch dem Teufel die Schlüssel der irdischen Autorität. Als Jesus vom Teufel vierzig Tage versucht wurde, bot ihm der Teufel u.a. die Reiche dieser Welt an. Jesus stellte das Angebot nicht in Frage, da die Autorität über diese Reiche im Garten Eden den Besitzer gewechselt hatte. Laut Paulus ist der Teufel *„der Gott dieser Welt"* (siehe 2. Korinther 4,4).

Doch Jesus befand sich auf einer Mission, bei der er uns in unsere ursprüngliche Position zurückbringen sollte. Wir sind nach dem Bilde Gottes geschaffen, um sein Ebenbild und, ja, seine Herrschaft über die Erde zu repräsentieren. Erlöste Menschen aber, die die einzigartige Weise, wie Gott seine Autorität ausübt, sichtbar machen, drücken damit auch Gottes einzigartiges Wesen aus. Vergessen wir nicht: Er herrscht in Liebe und Gerechtigkeit. Er ist vollkommen gut, ganz und gar vertrauenswürdig und in alle Ewigkeit derselbe. Der souveräne König ist gleichzeitig der Diener aller. Nachdem wir durch unsere Erlösung aus der Finsternis freigekauft und an den Platz unserer ursprünglichen Autorität zurückgebracht wurden, ist es nun unsere Aufgabe, das Muster des Erlösers beispielhaft wiederzugeben. Er ist und bleibt der einzige Mensch in der Geschichte, der qualifiziert war, die Tyrannei des Teufels über die Völker zu beenden. Anschließend forderte er die Schlüssel der Autorität vom Feind zurück und händigte sie an dich und mich aus.

Heutige Bibellese

Matthäus 16,19

Gebet

Jesus, danke, dass du mir die Schlüssel der Autorität gegeben hast. Ich will dich auf der Erde gut repräsentieren und mit der Autorität, die du mir gegeben hast, Jünger aus allen Nationen machen. Hilf mir, meine Position der Autorität zu verstehen und wie man sie optimal einsetzt.

*Adam und Eva sowie alle ihre Nachkommen sollten Gott
vor dem Rest der Schöpfung repräsentieren.*

Wie sieht ein Leben in Autorität aus? Wenn Eden den Tausch zwischen dem gefallenen Menschen und dem Bösen verdeutlicht, dann kennzeichnet das Kreuz den Tausch zwischen Christus und dem erlösten Menschen. Durch die Sünde verlor der Mensch in Eden die Schlüssel der Autorität an den Teufel. Am Kreuz nahm Christus diese Schlüssel wieder an sich und gab sie dem Menschen *zurück*. Bis zum Zeitpunkt der Erlösung besaß der Mensch nicht die Qualifikation dafür, einen mit Autorität verbundenen Auftrag wie in Matthäus 18-20 zu übernehmen. Das ist deshalb so, weil der Mensch nicht in der Lage war, Gott gewissenhaft zu repräsentieren, bis Gott in ihm Wohnung nahm. Das war der große Plan des Vaters. Jesus erduldete das Kreuz für die Freude, die vor ihm lag - eine neue Realität, in die sein Opfer die Menschen hineinführen würde. Seine Freude lag im Gehorsam gegenüber dem Vater, aber auch in der Vision von einer menschlichen Gemeinschaft, die mit demselben Geist, der in ihm wohnte, erfüllt ist. Nach der Qual von Golgatha mussten Vorkehrungen getroffen werden für die Herrlichkeit von Pfingsten.

Um Gott auf Erden repräsentieren zu können, benötigte der Mensch mehr als eine zeitliche oder aufgabenspezifische Bevollmächtigung. So etwas hatte unter dem Alten Bund funktioniert, hauptsächlich für konkrete Tätigkeiten. Das Werk Christi ermöglichte es der Menschheit, Gott wirklich zu gehören und von ihm in Besitz genommen zu werden. Als unheilvolle Barriere hatte die Sünde stets eine tiefe Intimität zwischen Himmel und Erde, Gott und Mensch verhindert. Jesus zerstörte diese Barriere, sodass wir heute mit seinem Heiligen Geist erfüllt sein können. Der Vorhang im Tempel zerriss in der Mitte und ließ die Gegenwart, die so lange dahinter festgehalten worden war, nun frei. Ein Werk war vollendet, das der Gegenwart die Möglichkeit schuf, aus dem alten System auszusteigen und sich in einem komplett *neuen* Tempel niederzulassen. Ein neues Haus: Erlöste Männer und Frauen durch alle Jahrhunderte hindurch.

Heutige Bibellese

Hebräer 12, 1-2; Lukas 19,10

Gebet

Jesus, danke, dass du am Kreuz gestorben bist und ich nun deswegen eine Beziehung zu Gott haben darf und der Heilige Geist in mir ist.

*Wir können das Gute an der Herrschaft Gottes, die durch uns fließt,
lediglich in dem Maße freisetzen, wie seine Herrschaft über uns ist.*

Gott vertraut seine Autorität keinem Rebellen an. Wir können erst dann gut regieren, wenn wir uns selbst gut regieren lassen. Das ist kein Aufruf zur gedankenlosen Unterwerfung unter eine kontrollierende oder negative Autorität, sondern in erster Linie eine notwendige Erinnerung an die Tatsache, dass der Eine, den wir Erlöser nennen, gleichzeitig unser Herr ist. Er ist unser Gebieter, wir sind seine Freunde. Aber diese Freundschaft setzt die Funktion des Dienens nicht außer Kraft; sie verstärkt sie nur. Da führt kein Weg dran vorbei. Wir dienen Gott, nicht einfach, weil er uns irgendetwas befiehlt, sondern weil er uns sein Herz offenbart. Wie können wir dem Einen, von dem wir sagen, dass wir ihn über alles lieben, den Gehorsam verweigern?

Wer sich *unter* die Herrschaft Gottes stellt, qualifiziert sich dafür, dass Gott *durch* ihn regiert. Zu viele wollen Autorität ausüben und verstehen nicht einmal, wie Autorität funktioniert. Wir beugen uns unter die Autorität Gottes, weil wir ihn in höchstem Maße ehren, aber wir sollten dabei lernen, wie Gott seine Herrschaft durch unser Leben ausübt. Ein großartiges Beispiel hierfür finden wir im Matthäus-Evangelium, wo der römische Zenturio Jesus bittet, seinen Diener zu heilen. Weil der Zenturio sich mit Autorität auskannte, war er in der Lage, einen Glauben zu entwickeln, wie ihn Jesus bis dahin noch nicht erlebt hatte – *selbst nicht in Israel* (siehe Matthäus 8,10). Der Zenturio verstand, wie Autorität funktioniert, und erreichte dadurch einen Durchbruch für seinen Diener, als Jesus nur ein Wort sprach und der Mann gesund wurde (siehe Matthäus 8,13).

Heutige Bibellese

Matthäus 8, 5-13

Gebet

Gott, ich weiß, dass unsere Beziehung zu dir unterschiedliche Facetten besitzt. Hilf mir, von dir völlig abhängig zu bleiben, während ich in der Autorität wachse und deine Kraft auf Erden demonstriere. Ich will niemals überheblich oder egoistisch werden. Ich bekenne, dass du mein Herr und Meister bist.

*Adam wurde als Mitarbeiter in das Schöpfungsszenario
eingesetzt. Er bekam die Aufgabe, bei der Namensgebung
in der Welt, in der er leben sollte, mitzuwirken.*

In 1.Mose 2,19 wird uns die unglaubliche Vision von der Mitarbeit des Menschen und seiner Partnerschaft mit Gott vorgestellt. Gott bringt die Tiere zu Adam, *um zu sehen, wie er sie nennen würde.* Egal, welche Namen Adam wählt, sie drücken alle die einzigartige Natur des jeweiligen Tieres aus. Es scheint, als wollte der Schöpfer die Schöpfung als Co-Schöpfer in den Prozess mit einbinden. War Adam für diese Rolle geeignet? Die Bibel sagt, dass der Mensch nach dem Bilde des Schöpfers geschaffen ist. Somit war das Potenzial zum Schöpferischen in Adams ureigene DNA geschrieben. Dasselbe Potenzial ist gleichermaßen eingestanzt in den Kern unseres wahren Menschseins.

Erlöst oder nicht, die Menschen sind immer noch schöpferisch. Kunst, Schriftstellerei, Filme, Architektur, diese kreative Fähigkeit wurde nicht zurückgenommen. Doch wir, die wir mit der Gegenwart Gottes erfüllt sind, besitzen die beispiellose Gelegenheit, *mit* Gott zu erschaffen. Dies ist ein Schlüsselbereich, in dem wir herrschen sollen – der Bereich der kreativen Künste. Die Herrschaft besteht nicht darin, das zu verwerfen, was wir als „dunkel" oder „unerlöst" betrachten. Vielmehr repräsentieren wir die Herrschaft Gottes durch Kreativität, indem wir mit ihm träumen, in seiner Gegenwart erfinden und mit ihm zusammen Kunstwerke erstellen, die man nur als aus einer anderen Welt kommend beschreiben kann.

Heutige Bibellese

1.Mose 2,19-20

Gebet

Vater, ich möchte mit dir herrschen, indem ich mich kreativ ausdrücke. Erinnere mich daran, auf welche Weise ich das am liebsten tue. Ich bin außerdem offen für neue Ideen. Unter deiner kreativen Inspiration will ich ohne Furcht hinausgehen und versuchen, das zu tun, was du mir zeigst.

Gott hat uns nicht als Roboter erschaffen. Wir sind als Mitarbeiter nach seinem Bilde gemacht, um mit ihm zusammen seine Güte über alles, was er geschaffen hat, zu demonstrieren.

Obwohl Gott den Menschen mit einer Roboternatur hätte ausstatten können, ohne jeglichen freien Willen, nahm er das Risiko auf sich und erschuf freie Mitarbeiter. Es ist unfassbar, wenn man bedenkt, dass Gott alles für eine einzige Kostbarkeit riskierte – nämlich für Anbeter, die ihn nicht wie Roboter oder aufgrund eines Befehls anbeten, sondern aus einer Beziehung heraus.

Der Grund, warum Jesus sich in unseren Gottesdiensten nicht physisch zeigt und seine ganze Herrlichkeit manifestiert, liegt darin, dass ein solcher Akt die Anbetung zu einer unfreiwilligen Angelegenheit machen würde. Einer Anbetung, die aus freien Stücken, aus einer freien Entscheidung heraus dargeboten wird, haftet ein gewisser Wohlgeruch an. Eine solche Anbetung kann nur im Kontext einer innigen Beziehung zwischen Mensch und Gott entstehen.

Heutige Bibellese

1.Mose 2,15-17

Gebet

Danke, Gott, dass du mich mit einem freien Willen ausgestattet hast. Mit meinem Willen entscheide ich mich dafür, dich zu lieben und dir zu dienen, weil du so gut bist! Hilf mir, gute Entscheidungen zu treffen, wenn ich mit dir zusammenarbeite, um den Menschen zu zeigen, wie gut du wirklich bist.

Der Garten selbst demonstrierte den Himmel auf Erden.

Alles im Garten Eden war vom Schöpfer persönlich als „gut" befunden worden. Er bildete die Vorlage Gottes für die gesamte Schöpfungsordnung. Erinnern wir uns, alles, was Gott geschaffen hatte, war in jeder Hinsicht vollkommen. Seine Schöpfung war gut, weil sie die ureigene Essenz des Schöpfers in sich trug. Nicht einmal Gott persönlich konnte ihr Design, ihre Funktionsweise oder ihren Zweck verbessern, weil alles aus ihm selbst gekommen war. Eden war ein Bild für *wie im Himmel so auf Erden.*

Hinter der Platzierung eines solch außergewöhnlichen Ortes des Friedens und göttlicher Ordnung steckte ein extremer Gedanke – aber die Rebellion Satans hinterließ eine Wunde in dem ansonsten perfekten Gebilde. Und nun musste der Friede, ein wesentlicher Bestandteil der himmlischen Atmosphäre, plötzlich eine militärische Funktion übernehmen, denn die Störung der Ordnung hatte einen Schatten auf Gottes Schöpfung geworfen. Nun hieß es Licht gegen Dunkelheit, Ordnung gegen Chaos und Herrlichkeit gegen alles Ungöttliche. Dies erklärt, warum Adam mit einer einzigartigen Mission beauftragt wurde. Desgleichen ist die Welt von Eden ein prophetisches Bild dafür, warum du und ich den Auftrag bekommen haben, alle Nationen zu Jüngern zu machen. *Expansion.* Gott wollte, dass Eden die gesamte Landschaft des Planeten Erde einnimmt, insbesondere die Bereiche, die durch die Finsternis in Unordnung geraten waren. In derselben Weise will Gott, dass seine Botschafter *diese Welt* durch die Kultur *seiner Welt* definieren. Friede, Ganzheitlichkeit, Heilung, Freude, Fülle, Freiheit und Bestimmung.

Heutige Bibellese

1.Mose 1; Römer 14,17

Gebet

Danke, dass ich dein Botschafter bin und überall, wohin ich gehe, Gerechtigkeit, Friede und Freude im Heiligen Geist bringen darf. Erfülle mich, sodass ich von all deiner Güte überfließe und die Finsternis um mich herum mit Licht vertreibe.

Adams unmittelbare Aufgabe bestand darin, den Garten zu pflegen, doch sein letztendlicher Auftrag lautete, die Ordnung dieses Gartens in die restliche Welt zu bringen.

Adam sollte dafür sorgen, dass sich die Kultur und die Atmosphäre von Eden im Rest der Welt ausbreiteten. Aus diesem Grund hatte ihm Gott befohlen, sich die Erde „untertan" zu machen, da es Elemente gab, die noch unter die göttliche Ordnung, die der Schöpfer ursprünglich aufgestellt hatte, gebracht werden mussten. Das lässt darauf schließen, dass außerhalb des Gartens eine andere Ordnung herrschte als innerhalb. Das macht viel Sinn, wenn man sich ins Gedächtnis ruft, dass die Schlange in den Garten kam, um Adam und Eva in Versuchung zu führen.

Die Welt außerhalb des Gartens war unvollkommen; sie litt unter dem Einfluss des Rebellen Satan und dessen Vorsatz, alles, was schön und gut war, zu zerstören. Die Menschheit war nicht nur beauftragt, Eden zu verwalten; sie war berufen, Edens Kultur innerhalb der gesamten Schöpfung hervorzubringen und zu fördern. Das ist die Essenz von *wie im Himmel so auf Erden*.

Heutige Bibellese

1.Mose, 1,26-31

Gebet

Ich kann vielleicht nicht die ganze Erde beeinflussen, aber ich weiß, dass ich auf die Menschen in meinem Alltag einwirken kann. Vater, zeige mir jetzt schon kreative Wege auf, wie ich die Plattform benutzen kann, die du mir geschenkt hast, um das Himmelreich auf die Erde zu bringen.

Gott schuf Ordnung inmitten von Unordnung, damit jene, die in seinem Bilde gemacht sind, ihn gut repräsentieren, indem sie die Grenzen des Gartens ausdehnen, bis durch seine Delegierten der ganze Planet unter der Herrschaft Gottes ist.

den ist der Ort, an dem die Menschheit hervorspross – er war ihr Territorium. Man kann also stark davon ausgehen, dass der Garten Eden das normale Umfeld des Menschen bildete. Alles, was außerhalb dieses Gartens lag, offenbarte eine Welt, die im Gegensatz zu den Strukturen stand, die Gott souverän geschaffen hatte und die Eden ausmachten. Alles, was jenseits der Grenzen des Perfekten lag, musste unbedingt transformiert werden. Das Paradies war nichts Abnormales, sondern etwas Normales, das Perfekte, der Standard, nicht die Ausnahme.

Daher wies Gott den Menschen, Mann und Frau, ausdrücklich an, *die Erde zu füllen und sich untertan zu machen* (1.Mose 1,28). Die Verwendung des Begriffes „untertan machen" erinnert uns daran, dass es einen Feind gab, der besiegt werden musste. Es existierte Finsternis, die auf einem Planeten, der geschaffen worden war, um perfekt zu sein, nichts zu suchen hatte. Angesichts der gegnerischen Kräfte in der Welt hatte Gott seine Erwählten dazu ausgerüstet, in seinem Namen erfolgreich herrschen zu können. Der Mensch war dazu bestimmt, über die Erde zu *herrschen* – nicht nur inmitten des Perfekten, sondern auch inmitten von Chaos und Widerstand. Mit der göttlichen Autorität ist die Menschheit in der Lage, den Sieg über die Finsternis durchzusetzen.

Heutige Bibellese

1.Johannes 5,1-5; Offenbarung 12,10-11

Gebet

Danke, dass du mir durch Jesus Christus den Sieg über den Feind schenkst. Ich erhebe Anspruch auf mein ganzes Erbe als Sohn/Tochter Gottes und erkläre, dass ich ein Überwinder durch das Blut des Lammes bin. Danke für deinen göttlichen Schutz und die Autorität, die du mir gegeben hast.

Satan war zu keiner Zeit eine Bedrohung für Gott. Gott ist in seiner Macht und Kraft, Schönheit und Herrlichkeit unschlagbar. Er ist ewig und in unbegrenztem Maße gut. Niemand hat ihn je erschaffen – er war schon immer da. Satan ist in jeder Hinsicht begrenzt.

Der Teufel ist ein geschaffenes Wesen, über das wir Autorität haben. Satan war für Gott nie eine Bedrohung. Der Himmel lässt sich von den Werken der Finsternis nicht einschüchtern. Und wenn Gott sich vor dem Feind nicht fürchtet, dann sollten wir das auch nicht. Du selbst magst gegen die Mächte der Finsternis nicht ankommen. Aber es ist ja nicht so, dass wir in unserer menschlichen Kraft kämpfen. Natürlich würde dabei immer das Geistliche triumphieren. Doch die Wahrheit ist, dass wir in Christus eine neue Schöpfung sind! Der Siegreiche lebt in uns, und das bedeutet, dass *der, welcher in euch ist, größer ist als der, welcher in der Welt ist* (1. Johannes 4,4).

Gott ist absolut konkurrenzlos. Niemand hat ihn je erschaffen – er war schon immer da. Unser Feind, der Satan, ist in jeder Hinsicht begrenzt und immer unterlegen. Als er von Gott erschaffen wurde, erhielt er seine Gaben und Fähigkeiten. Zwischen Gott und ihm hat es nie einen Kampf gegeben. Ein einfaches Wort genügt, um das gesamte Reich der Finsternis für immer wegzufegen. Aber Gott will ihn durch diejenigen besiegen, die nach seinem Bilde gemacht sind – die ihn aus freien Stücken anbeten.

Heutige Bibellese

1. Johannes 4, 1-4; 5. Mose 33,26-27

Gebet

Gott, es ist erstaunlich für mich, dass du mich in den Kampf gegen den Feind hier auf Erden einbeziehst. Danke, dass ich keine Angst haben muss, weil du mich beschützt, mir deine Engel zur Seite stellst und mich mit der Kraft des Heiligen Geistes ausrüstest. Mit deinem Wort und der Kraft deiner Gegenwart leiste ich dem Feind mit Freuden Widerstand. Du bist der Siegreiche und du lebst in mir.

*Es ist nichts darüber bekannt, dass Gott Adam und Eva in geist-
licher Kampfführung unterwiesen hätte oder darüber, welche Kraft
im Namen Jesu, in ihrem Lobpreis oder im Wort Gottes liegt. Diese
Werkzeuge werden in der Story erst später wichtig. Noch konzentriert
sich in ihrem Leben alles auf die Aufrechterhaltung der göttlichen
Ordnung und deren Ausbreitung durch ihre Beziehung zu Gott und
seiner gewissenhaften Repräsentation.*

Adam und Eva sollten verantwortlich leben und produktiv sein, Kinder
haben und die Grenzen des Gartens ausdehnen, bis der Planet von ihrer
Herrschaft bedeckt wäre. All dies floss aus ihrer Gemeinschaft mit Gott, wenn
sie mit ihm *im Garten wandelten bei der Kühle des Tages.* Das war ihre Kultur – ihr
normales Leben. Wir müssen dieses Bild genau betrachten und sehen, was wir lernen können, um einen neuen Ansatz für die geistliche Kampfführung in unserer
heutigen Zeit zu erhalten.

Ich verstehe, dass, seit Sünde ein Teil der Gleichung wurde, der Satan in den
Fokus gerückt wurde. Seit Jesus die Beziehung zu unserem Schöpfer wieder
hergestellt hat, lohnt es sich aber, den Garten noch einmal anzuschauen. Diese
Beziehung war in der Zeit zwischen Eden und dem Kreuz unterbrochen, und
folglich erwies sich der Garten Eden nicht als die richtige *Vorlage,* um das zu erreichen, was für die Menschen in dieser Ära möglich gewesen wäre. Die Dinge
haben sich seither verändert. Der Autor des Hebräerbriefes betont immer wieder,
dass uns der Neue Bund durch das Blut Christi etwas *Größeres* und *Besseres* gebracht hat.

Heutige Bibellese

Hebräer 8

Gebet

*Danke, Gott, für den Neuen Bund, der mir den Weg freigemacht hat für eine Bezie-
hung mit Dir, wie Adam und Eva sie vor dem Sündenfall zu dir hatten. Ich möchte
mir den ganzen Tag über im Bewusstsein behalten, dass du mir nahe bist, und mit
Dir reden. Erinnere mich während des Tages bitte daran, wie nah du mir bist.*

Auch wenn wir auf die Mittel achten müssen, derer
sich der Feind bedient, liegt unsere Stärke in der
Waffenrüstung Christi. Christus ist unsere Rüstung.

Die Überbetonung, mit der manche das Thema geistliche Kampfführung belegen, bereitet mir Sorgen. Natürlich ist die geistliche Auseinandersetzung eine Realität, die man nicht ignorieren darf. Paulus weist uns darauf hin, dass wir ja die Absichten des Satan kennen (siehe 2.Korinther 2,11).

Aber da wir einen Bund geerbt haben, der sich durch bessere Verheißungen und den Zugang zur göttlichen Gegenwart definiert, versteht es sich von selbst, dass die Überbetonung eines besiegten Teufels nur ein Zeichen dafür sein kann, dass wir noch unterhalb dieses neuen Levels leben. Jesus führte uns mit dem Vater zusammen. In Eden war die Beziehung der bestimmende Faktor. Satan stand für Adam und Eva nie im Mittelpunkt. Das war auch nicht nötig, denn er besaß keine Autorität. Unser Hauptfokus sollte deshalb ebenfalls nicht auf ihm liegen – *Christus muss unser Hauptfokus bleiben!*

Heutige Bibellese

2.Korinther 2,11; 14-15; 2.Korinther 10,3-5

Gebet

Herr, hilf mir, dass ich mich niemals stärker mit dem Teufel beschäftige als mit dir, denn der Teufel ist bereits besiegt. Du bist der auferstandene König, der jetzt und in alle Ewigkeit regiert! Wenn ich meine ganze Aufmerksamkeit auf dich richte, wird deine Gegenwart die Atmosphäre um mich herum durchdringen und die Finsternis vertreiben.

Adam und Eva, die beiden, die mit Gott die direkteste Verbindung hatten, waren nie im Kampf unterrichtet worden, da ihr Herrschaftsgebiet den Feind in derselben Weise zurückdrängte, wie das Licht die Finsternis vertreibt.

Satan konnte Garten Eden nicht betreten und von Adam und Eva gewaltsam Besitz ergreifen. Ein solcher Versuch wäre lächerlich gewesen. Ohne eine entsprechende Vereinbarung besaß er weder Autorität noch Einfluss über den Garten noch über Adam und Eva. Herrschaft bedeutet Macht. Und weil die Schlüssel der Herrschaft über die Erde dem Menschen gegeben worden waren, musste sich der Teufel die Autorität vom Menschen holen. Diese Transaktion finden wir in 1.Mose 3, wo der Mensch die Schlüssel der Autorität an die Schlange aushändigt.

Wir machen einen Sprung zur Auferstehung Jesu und seiner Himmelfahrt. Als Jesus den Missionsbefehl erteilte, ließ er kühn und überzeugend wissen, dass *alle* Autorität Ihm gehöre. *Das* ist genau die Autorität, in der wir die Nationen zu Jünger machen sollen. Jesus machte den Tausch, der im Garten Eden vollzogen wurde, rückgängig, indem er dem Bösen die Schlüssel der Autorität wieder abknöpfte und an jene zurückgab, die dazu bestimmt waren, Gott auf Erden zu repräsentieren. Die ursprüngliche Agenda war nie annulliert worden, doch unter der Tyrannei der Sünde war deren Durchführung unmöglich gewesen. Das heißt, bis Jesus uns die Schlüssel zurückgab!

Heutige Bibellese

Matthäus 28,18-20

Gebet

Danke, Gott, dass du das Unmögliche möglich gemacht hast durch das Opfer Jesu. Ohne Jesus wären wir alle der Herrschaft Satans machtlos ausgeliefert. Aber stattdessen hast du uns einen Weg gebahnt, um wieder eine Beziehung zu dir zu haben und über die Erde herrschen zu können. Danke, dass du es mir leicht machst, über die Einflusssphäre, die du mir gegeben hast, Herrschaft auszuüben.

Ich kann es mir nicht leisten, immer nur auf die Finsternis
zu reagieren. Das würde ja bedeuten, dass die Finsternis den
Themenkatalog meines Lebens bestimmt.

Im ursprünglichen Plan Gottes sollte die Menschheit über die Schöpfung herrschen. Aber dann nahm die Sünde unser Herrschaftsgebiet ein. Aufgrund der Sünde wurde die Schöpfung mit der Finsternis infiziert – Krankheit, Leiden, Armut, Katastrophen, dämonischer Einfluss usw. Unsere Herrschaft über die Schöpfung gilt noch immer. Sie konzentriert sich nun darauf, die Werke des Teufels zu entlarven und ungeschehen zu machen. Das ist der Dienst Jesu, den wir im Missionsbefehl geerbt haben.

Der Schlüssel, um die Werke des Feindes zunichte zu machen, liegt darin, die Blaupause des Himmels im Auge zu behalten. Das ist nicht einfach eine Sache von Prinzipien, an denen man festhält, sondern von einem Leben, das beständig auf die Gegenwart antwortet. Im Vaterunser kommt die Stelle *und erlöse uns von dem Bösen* nach *Unser Vater* – das ist ein klares Statement am Anfang des Gebets. Wir sind die größte Bedrohung für die Werke der Finsternis, solange unser Blick unverwandt auf unseren himmlischen Vater gerichtet ist. So hat es uns Jesus vorgemacht, der Eine, dessen Augen und Ohren stets auf den Vater gerichtet waren. Wenn wir konstant auf die Finsternis reagieren, heben wir genau die Sache hoch, der wir zu widerstehen bzw. die wir zu zerstören wünschen. Die Finsternis sollte keine bestimmende Kraft in unserem Leben sein; für Jesus war sie es nicht. Er zerstörte die Werke des Teufels nicht dadurch, dass er sich in diese Aufgabe vergrub, sondern indem er auf das schaute, was der Vater gerade tat. Wenn wir im Austausch mit dem Vater leben und dem Vorbild Jesu folgen, zerstören wir automatisch die Werke der Finsternis.

Heutige Bibellese
Johannes 5,16-23

Gebet
Vater, hilf mir, dass ich meine Augen stets auf dich gerichtet habe und nicht auf den Feind oder die Umstände um mich herum. Ich will alles aus deiner Perspektive betrachten. Hebe mein Denken auf ein höheres Niveau, damit ich auf derselben Buchseite bin wie du und deine himmlischen Strategien auf die Erde bringen kann.

*Alle unsere Handlungen entspringen zwei grundlegenden Gefühlen –
Furcht oder Liebe. Jesus tat alles aus Liebe.*

Jesus tat alles aus Liebe. Vieles von dem, was man als geistliche Kampfführung bezeichnet, entspringt der Furcht. Ich war öfter davon betroffen,
als ich zugeben mag. Wir würden dem Teufel niemals die Ehre geben oder ihn
anbeten. Aber wie ein Kind, das immer die Aufmerksamkeit im Klassenzimmer
auf sich ziehen muss, will der Feind sie für sich haben, sei es für etwas Gutes oder
Schlechtes. Das dürfen wir nicht vergessen. Er will unser Mittelpunkt und Fokus
sein. Eine der besten Strategien in der geistlichen Kampfführung, die gleichzeitig
am wenigsten in Anspruch genommen wird, ist vielleicht die, dass wir unsere
Augen auf die Liebe des Vaters gerichtet halten. Das ist keine Aufforderung, Kon-
flikte zu ignorieren. Es ist ein Aufruf, die Finsternis von der richtigen Perspektive
aus zu betrachten.

Das Problem ist, dass ein zu großer Anteil des sogenannten geistlichen Konflikts mit einer unglücklichen Verlagerung der Perspektive zu tun hat. Wir verfallen in Furcht, wenn wir uns von der Liebe wegbewegen. Die Bibel sagt, dass
die vollkommene Liebe die Furcht austreibt (siehe 1. Johannes 4,18). Wenn wir
mehr von der Liebe des Vaters erleben würden, hätten wir weniger Angst vor der
Finsternis und wären stattdessen eine größere Bedrohung für sie. Davon bin ich
überzeugt. Der Gott, der uns liebt, beschützt uns auch. Er geht mit uns. Er verlässt
uns nicht und lässt uns nicht im Stich. Tatsächlich ist es so, dass der Eine, der uns
liebt, auch *in* uns wohnt. Er hat uns für den Sieg in jedem Bereich des Lebens gut
ausgerüstet. Der Konflikt darf uns nie von der Liebe des Vaters ablenken. Tut er es
dennoch, ist das der Schritt in die Furcht, und Furcht verzerrt unsere Wahrnehmung. Die Furcht hebt die Finsternis über ihre tatsächliche Position hinaus. Aber
sie wurde entwaffnet, und wir sind mit der Gegenwart ihres Eroberers erfüllt!

Heutige Bibellese

1. Johannes 4, 7-19

Gebet

*Vater, ich begebe mich bewusst in deine liebende Umarmung und weg von der Furcht.
Ich lege meinen Kopf bewusst an deine Brust und empfange deine Liebe. In deiner
Gegenwart verschwindet alle Furcht. Was willst du mir heute über die Furcht sagen,
die an mir nagt?*

Jesus lebte im ständigen Austausch mit dem Vater. Ich muss das eben-falls lernen. Er ist das Vorbild, dem man folgen sollte.

Jesus tat, was er den Vater tun sah. Er sprach aus, was er zuvor den Vater hatte sagen hören. Der Sohn Gottes verbrachte sein Leben nicht damit, auf die Finsternis zu reagieren - sein Handeln bildete immer eine Antwort auf den Vater. Um im Sieg wandeln zu können, müssen wir diesem Beispiel folgen. Man beachte aber, dass dieses Vorbild nicht ausschließlich auf Prinzipien oder einer Formel beruht. Ja, es ist eine Blaupause, doch liegt es ganz und gar begründet in einer innigen Beziehung. Jesus verbrachte nicht einfach Zeit mit dem Vater, um sich die neueste Offenbarung, Strategie oder Formel für ein erfolgreiches Leben abzuholen.

Jesus verkörperte zwar einen Lebensstil des Sieges, aber nicht, indem er sich an ein Sieben-Punkte-Programm hielt. Ein Lebensstil des Durchbruchs ist die naturgemäße Begleiterscheinung eines Lebensstils der innigen Beziehung zum Vater. Da Jesus eng an der Seite des Vaters unterwegs war, konnte er sehen, was dieser gerade tat. Jesus hörte den Klang des Himmels, denn er war in jener Welt mehr zu Hause als in dieser - obwohl er nie „zu himmelwärts gewandt war, um im Irdischen noch etwas zu bewirken". Durch seine innige Verbindung zum Vater im Himmel befand er sich in der Position, um die jenseitige Welt mit der diesseitigen zusammen zu bringen. Wie Jesus können auch wir im direkten Austausch mit dem Vater im Himmel leben, während wir uns einer innigen Kameradschaft und Freundschaft mit ihm erfreuen. Erinnern wir uns, Jesus ist sowohl unser Retter als auch unser Vorbild. Gott wurde Mensch, um dem Menschen zeigen zu können, wie die Beziehung zwischen ihnen wiederhergestellt werden kann. Das ist es, was wir in der Beziehung zwischen Jesus und dem Vater sehen. Er ist und war ewiger Gott, aber er lebte auch als Mensch in der richtigen Beziehung zu Gott, um den Gläubigen zu allen Zeiten ein anschauliches Beispiel davon zu geben, wie die Verbindung zwischen Mensch und Gott aussehen muss.

Heutige Bibellese

Lukas 5,12-16; Matthäus 14,22-33

Gebet

Gott, ich möchte nicht so beschäftigt sein, dass ich mich nicht mehr davon lösen kann, um Zeit mir dir zu verbringen. Hilf mir, die entsprechenden Grenzen in meinem Leben zu ziehen und meine persönliche Zeit mit dir zu wahren, so wie Jesus es tat. Es ist deine Gegenwart, in der ich Leben finde. Du bist mein bester Freund, und ich will Zeit mit dir verbringen.

Der Teufel hat nichts gegen negative Aufmerksamkeit. Es macht ihm nichts aus, wenn wir ihm den lieben langen Tag im Namen der „geistlichen Kampfführung" hinterherjagen. Damit agieren wir aber von einer Position der Schwäche aus. Gott fordert uns auf, einen Platz der Stärke einzunehmen – und unseren Platz im Garten wiederzuentdecken.

Geistliche **Kampfführung muss** stets von einer Position des Sieges aus stattfinden. Wir kämpfen nicht um den Sieg, sondern *aus* dem Sieg *heraus*. Das ist ein maßgeblicher Unterschied. Einen Sieg erringen zu wollen, ist eine beträchtliche Herausforderung. Wenn dann die Gebete, Bekenntnisse, Proklamationen und sonstige Strategien der geistlichen Kampfführung die Finsternis nicht überwinden konnten, reden wir von einer Niederlage. Das Problem ist, dass wir die einzige Bemühung, die tatsächlich von substanziellem Wert ist, umgehen, wenn wir uns zu sehr auf unsere eigenen Bemühungen konzentrieren, und den Sieg Jesu ignorieren. Er hat den Sieg bereits errungen.

Wenn es bei der geistlichen Kampfführung nur darum geht, zu gewinnen, dann schlagen wir von vornherein verlorene Schlachten. Wir besitzen nicht die Macht, um uns gegen die Finsternis durchsetzen zu können. Das ist einer der Gründe, warum Jesus Mensch wurde und auf die Erde kam. Er war und ist der Einzige, der dafür qualifiziert ist, den Sieg über den Teufel zu erringen. Anstatt nun zu versuchen, für etwas zu kämpfen, das wir nie erreichen werden, sollten wir lieber anfangen, den Platz des Sieges einzunehmen, für den Jesus bereits in vollem Umfang bezahlt hat. Diese Sichtweise verändert alles, wenn wir uns mit den Realitäten der geistlichen Kampfführung befassen.

Heutige Bibellese
Römer 8,31-39; Matthäus 11,25-30

Gebet

Jesus, du hast am Kreuz für den Sieg über den Teufel bezahlt. Ich will mich bewusst darauf ausruhen, denn es gibt nichts mehr, was ich diesbezüglich hinzufügen kann, außer dass ich glaube und von dieser Stellung aus tue, was du mir zeigst. Danke, dass du mir keine schwere Last aufbürdest, sondern mir stattdessen dein leichtes Joch auferlegst und eine übernatürliche Verschnaufpause schenkst. Danke für die Freiheit in deiner Gegenwart.

**Ausgangspunkt des wahren geistlichen Kampfes ist
einzig und allein der verborgene Ort.**

Je tiefer unsere Beziehung zu Gott ist, umso klarer erfassen wir, dass der Sieg bereits erkauft ist – und der Sieger in uns lebt. Der Ort der Intimität erinnert uns daran, wie nah der Sieg tatsächlich ist, weil der, der überwunden hat, in uns wohnt. Darüber sollten wir nachdenken. Jesus Christus, der Champion des Himmels, lebt in jedem Gläubigen durch die Kraft des Heiligen Geistes. Sein Sieg ist unser Sieg; seine Auferstehung unsere Auferstehung!

Wenn wir das Kämpfen eintauschen gegen eine freudige, innige Beziehung zu Gott, gelangen wir in eine neue Dimension der geistlichen Kampfführung. Das bedeutet nicht, dass wir die Realität des geistlichen Konflikts ignorieren wollen. Wir befinden uns eindeutig in einem Kampf. Paulus erinnert uns daran, dass uns die Gedanken des Teufels nicht unbekannt sind. Gleichzeitig ist aber nirgends die Rede davon, dass wir uns mit seinen Plänen und Strategien übermäßig beschäftigen sollen. Die geistliche Kampfführung, die aus der innigen Beziehung mit Gott heraus geschieht, ist immer siegreich, weil sie sich auf der Tatsache ausruht, dass der, der in uns wohnt größer ist. Dies legt nahe, dass unsere erste geistliche Kampfhandlung die Korrektur unseres Denkens sein muss. Wir dürfen dem Feind nicht mehr zustimmen, wenn er uns einreden will, dass wir um unseren Sieg kämpfen müssen. Für uns gilt vielmehr, dass wir mit dem Einen übereinstimmen, der gesagt hat: „Es ist vollbracht."

Heutige Bibellese

Johannes 19,28-30; Römer 8,9-11

Gebet

Danke, Jesus, dass du den endgültigen Sieg am Kreuz errungen hast. Danke, Heiliger Geist, dass du in mir lebst. Schenke mir eine größere Offenbarung davon, wer du in mir bist, damit ich dich in meinem Umfeld freisetzen kann.

Am Tisch der Gemeinschaft vertieft sich unsere Beziehung zu Gott
und fließt im Angesicht unserer Feinde über in ein siegreiches Leben.

Gott ruft uns an einen Ort der Stärke – wo wir unseren Platz im Garten wiederentdecken und mit ihm *in der Kühle des Tages wandeln.* Daran erkennen wir, dass der Ausgangspunkt des wahren geistlichen Kampfes die innige Verbundenheit mit Gott ist. Vielleicht hatte David, Israels größter Krieger und König, deshalb geschrieben: *„Du bereitest vor mir einen Tisch im Angesicht meiner Feinde;..."* (Psalm 23,5). Der Ort der Gemeinschaft und Innigkeit mit Gott wird als Tisch des Herrn beschrieben – direkt vor der Nase seiner Feinde.

Das ist in der Tat ein seltsames Bild. Aber solange wir dieses Konzept nicht verstanden haben, heben wir den Teufel, ohne es zu wollen, auf ein Podest, das ihm nicht zusteht. Diese Liebe versetzt das Herz des Teufels und seiner Heerscharen in Angst und Schrecken. Der Feind erträgt es nicht, wenn er die tiefe Innigkeit zwischen dem Vater und den Menschen mitansehen muss. Adam und Eva erlebten Gott in dieser engen Nähe und spiegelten seinen Charakter wider, als sie auf seine Anweisung hin die Herrschaft über die schöpferische Ordnung im Garten Eden übernahmen. Natürlich ärgerte sich Satan unglaublich darüber, schließlich war er wegen seiner Machtgier aus dem Himmel vertrieben und auf die Erde verbannt worden. Er lebt nun als „kriechendes Wesen" unter der Herrschaft des Mannes und der Frau, die nach dem Bilde Gottes geschaffen waren. Der Teufel nahm in naiver Weise an, dass der Sündenfall alles verändern würde. Er versuchte zu verhindern, dass der Mensch nach dem Vorbild Gottes herrschte. Zu seiner großen Enttäuschung aber gewann der Mensch, Jesus Christus, die Schlüssel der Autorität und Herrschaft zurück. Er händigte sie dir und mir aus, damit wir unseren rechtmäßigen Platz als solche einnehmen, die jegliche Ausdrucksform des Bösen auf Erden *unterbinden.*

Heutige Bibellese

Psalm 23

Gebet

Danke, Herr, dass du den Teufel unter meine Füße getan hast, indem du mir im Namen Jesu Autorität über ihn gegeben hast. Wegen deiner großen Liebe zu mir lässt du aus all meinen schwierigen Umständen etwas Gutes entstehen. Hiermit erkläre ich im Namen Jesu, dass der Feind bezwungen ist.

Wir wurden nach dem Bilde Gottes geschaffen, für eine innige Beziehung, damit sich unsere Herrschaft über die Erde durch eine liebevolle Beziehung mit ihm ausdrückt.

Die Schöpfung der Menschheit war in gewissem Sinne der Beginn einer Romanze. Wir wurden nach dem Bilde Gottes geschaffen, *für eine innige Beziehung*, damit sich unsere Herrschaft über die Erde durch eine liebevolle Beziehung zu Gott ausdrückt. Herrschaft durch Liebe - das ist die Offenbarung, aufgrund derer wir lernen müssen, als seine Botschafter zu leben und auf diese Weise den „Fürst dieser Welt" besiegen. Die Weichen waren gestellt, dass Adam und Eva durch ihren göttlichen Einfluss auf die Schöpfung die Mächte der Finsternis zu Fall brachten. Doch stattdessen fielen *sie* selbst.

Jesus wurde Mensch, sodass er auf diesem Wege ein Teil der Menschheit werden und die kontaminierende Kraft der Sünde brechen konnte, die keine innige Beziehung zum Vater zuließ. Er entfernte dieses Hindernis und ermöglichte uns den Zutritt in seine heilige Gegenwart. Mit Gottes Gegenwart in uns besteht unser Auftrag darin, die Herrschaft seines Reiches voranzutreiben. Das geschieht auf einzigartige Weise. In der gleichen Weise, wie die Jünger verwirrt darüber waren, wie das Reich Gottes aussieht, haben viele Gläubige heutzutage unterschiedliche Vorstellungen davon, wie es sich in dieser Welt ausbreiten sollte. Wir drücken unsere Autorität in Christus aus, indem wir jene, die in seinem Bilde geschaffen sind, lieben und ihnen dienen. Diese Liebe kann viele Formen annehmen. Man kann z.B. praktische Hilfe leisten und Lebensmittel verteilen oder sich für Obdachlose und Waisen einsetzen. Damit demonstrieren wir das Reich Gottes auf wundervolle Art − aber es gibt mehr. Wir tragen die göttliche Liebe auch weiter, indem wir erleben, wie Krankheiten geheilt, Leid beseitigt, Bindungen zerbrochen und Gefangene freigesetzt werden. Autorität und Macht sind uns für einen herrlichen Zweck zurückgegeben worden − der Welt zu zeigen, wie gut und liebevoll der Vater *wirklich* ist.

Heutige Bibellese

Markus 16,14-20

Gebet

Danke, dass du mir die Fähigkeit verleihst, dein Reich auszubreiten, indem ich deine Gegenwart weitertrage.

*Wo der Feind keine Zustimmung erhält, besitzt er
auch keine Autorität und kein Machtgebiet.*

Wir müssen verstehen, dass Satan auch heute noch seine Macht durch unsere Zustimmung bezieht. Er kann unser Leben nicht grundlos durcheinander bringen. Wer so denkt, macht sich ein falsches Bild vom Widersacher und gesteht ihm eine Macht zu, die er gar nicht besitzt. Weil der Teufel keine Autorität über Adam und Eva hatte, blieb ihm nur mit ihnen zu reden. Das ist eine Strategie, die er häufig einsetzt, um die gewünschte Zustimmung zu erlangen. Im Garten Eden schlug er ihnen vor, von der verbotenen Frucht zu essen, um wie Gott zu werden. Und sie hörten auf ihn. Adam und Eva wollten auf dem Weg des Ungehorsams sein wie Gott. Und dieser Ungehorsam kostete sie das, was sie eigentlich schon hatten - die Ebenbildlichkeit Gottes. Wenn wir versuchen aus eigener Kraft das zu bekommen, was wir eigentlich aus Gnade schon besitzen, begeben wir uns freiwillig unter die Macht des Gesetzes. Der Teufel wollte Adam und Eva dazu bringen, mit ihm übereinzustimmen und sich gegen Gott zu stellen, um ihn auf diese Weise zu bevollmächtigen. Durch eine solche Übereinkunft ist er in der Lage, *zu stehlen und zu schlachten und zu verderben* (siehe Johannes 10,10). Die mächtige Waffe gegen die Lügen des Teufels ist die Wahrheit Gottes. Während der vierzig Tage, in denen er Jesus versuchte, brachte dieser ihn jedes Mal mit dem Schwert des Geistes – dem Wort Gottes - zum Schweigen. Dieselbe Kraft ist nicht nur in unserem Besitz, sie ist auf unseren Lippen, in unserem Kopf und in uns. Dieselbe Kraft, die Jesus benutzte, um jeden Anlauf einer teuflischen Einigung abzuschmettern, steht uns heute zur Verfügung!

Heutige Bibellese

Lukas 4, 1-13

Gebet

Jesus hilf mir zu erkennen, wenn der Feind wieder seine Ränke schmiedet, um zu stehlen und zu schlachten und zu verderben, und hilf mir, das Wort Gottes zu benutzen, so wie du es getan hast, als du seine Lügen konfrontiertest. Heiliger Geist, bringe mir Bibelverse in Erinnerung, sodass ich mich auf die Wahrheit ausrichte. Danke, dass du mir eine so mächtige Waffe gibst!

Gott hatte das gesamte verheißene Land den Kindern Israel gegeben. Alles davon gehörte ihnen auf einen Schlag. Es war ihr Erbe, das er ihnen versprochen hatte. Aber nur, was sie in der Lage waren zu verwalten, besaßen sie wirklich.

Gottes Herrschaftsstil floss durch die Kinder Israel und richtete sich nach ihrer Fähigkeit zu regieren. Sie regierten so gut, wie sie selbst regiert wurden. Gott erklärte ihnen, warum er ihnen das gesamte Land nicht auf einmal überlassen konnte. Die wilden Tiere würden sich sonst ausbreiten und ihnen gefährlich werden (2.Mose, 23,29; 5.Mose, 7,22). Stattdessen sollten sie langsam in den vollen Besitz ihres Erbes hineinwachsen. Gott bringt sein Volk stückweise voran. Er richtet sich danach, wie gut es ihnen gelingt, das zu verwalten, was sie gerade für sich einnehmen. Es kann vorkommen, dass Gott uns über unsere Fähigkeiten hinaus fordert, weil er weiß, was in uns steckt. Er erkennt, dass das Potenzial in uns stark genug ist, um mit der neuen Position klarzukommen. Wie weit er uns fördert, hängt im Großen und Ganzen immer davon ab, wie gut wir mit dem umgehen, was wir bereits besitzen.

Dasselbe Prinzip gilt für uns heute. Vom Garten Eden über Israel und dem verheißenen Land zu den Gläubigen in dieser Stunde ist alles unser. Aber was wir jetzt besitzen, müssen wir so gut wie wir es vermögen genauso verwalten, wie er es tun würde.

Heutige Bibellese

2.Mose, 23,20-31; 5.Mose 7, 17-24

Gebet

Gott, danke, dass du mir nicht mehr gibst, als ich zu einem bestimmten Zeitpunkt bewältige. Danke für deine Gnade, die mir das Gelingen schenkt. Du weißt, in welche Richtung ich gerade gehe und welcher Plan der beste für mich ist. Ich vertraue dir und danke dir im Voraus für deine guten Pläne für mein Leben. Hilf mir, ein guter Verwalter all dessen zu sein, was in meinem Besitz ist.

Der Kampf zwischen Gott und Satan ist kein Wettkampf.
Im Vergleich zum Allmächtigen ist der Teufel nichts.

Ein Kampf als solcher hat zwischen Gott und dem Teufel nie stattgefunden – in diesem Zusammenhang gibt es keinen echten Kampf. Er wäre auch unfair, da der Teufel bereits bis in alle Ewigkeit besiegt ist. Der Konflikt findet vielmehr zwischen dem Teufel und dem Menschen, dem Abbild Gottes, statt.

Als die Sünde Macht über den Menschen bekam, musste der Sohn Gottes Mensch werden, um den Kampf an unserer Stelle aufnehmen zu können. Es war ein ungewöhnlicher Kampf. Jesus demonstrierte absolute Autorität über die Mächte der Finsternis, indem er jeden Menschen, der zu ihm kam, heilte und befreite. Außerdem führte er ein siegreiches und reines Leben. Er ließ sich von keiner Sünde locken, denn nichts in ihm sympathisierte mit der Sünde. Drittens gebrauchte er seine Autorität und Macht nicht für sich selbst, sondern ausschließlich, um anderen zu dienen. Und schließlich tat er das Undenkbare: er gab sich hin und starb stellvertretend für uns. Das ist eine seltsame Art, eine Schlacht zu gewinnen, aber dies war der Schlüssel. Er gab sich völlig hin, um allen Menschen die Erlösung zu bringen.

Heutige Bibellese

Kolosser 2, 11-15

Gebet

Jesus, danke dass du den Kampf gegen die Hölle für mich gekämpft und gewonnen hast. Du bist der ultimative Sieger. Ich bin so dankbar für meine Position in dir als siegreicher Sohn / siegreiche Tochter und dass ich in der Nachfolge erleben darf, wie du deine volle Belohnung erhältst.

Gottes Volk muss die Schönheit seiner Herrschaft einer ungläubigen Welt nahebringen.

Alles, was Gott geschaffen hat, dient seiner Freude. Er ist ein Gott, der sich überschwänglich freut. Er freut sich an allem, was er gemacht hat. Die Menschheit jedoch, nimmt in seiner Schöpfung einen einzigartigen Platz ein, denn nur sie ist Gott ähnlich. Diese Ebenbildlichkeit dient einem ganz bestimmten Zweck – der Freundschaft und innigen Gemeinschaft. Durch seine Beziehung zu Gott sollte dieser besondere Teil der Schöpfung in Gottes ewige, vollkommene Vergangenheit eingepfropft werden und durch die Verheißung eine ewige, vollkommene Zukunft erhalten. Und er sollte in den Bereich des Unmöglichen vorstoßen, „... *dem Glaubenden ist alles möglich*" (Markus 9,23). Nur Gott kennt diesen Bereich des Übernatürlichen und kein anderer Teil der Schöpfung hat Zugang dorthin.

Das Herz Gottes muss an diesem Punkt gefeiert werden: er sehnt sich nach einer Partnerschaft. Er riskierte alles für diesen einen Schatz – für Menschen, die ihn anbeten, nicht mechanisch oder auf Befehl, sondern aus einer Beziehung heraus. So manifestieren wir die Schönheit seines Reiches auf der ganzen Welt. Wir beten aus eigenem Antrieb an. Nicht weil wir dazu gezwungen werden, sondern weil alles an ihm alles in uns weckt. Zu diesem einen Zweck wurden wir auserwählt. Nicht weil wir besser sind, sondern weil wir uns einem ultimativen Ziel verschrieben haben – nämlich Träger seiner Gegenwart zu sein. Er möchte, dass jeder, der *zur Verfügung steht*, seine Gegenwart mit sich trägt, bis alles verändert ist.

Heutige Bibellese

Markus 9,17-27

Gebet

Vater, du hast alles für eine Beziehung zu mir riskiert. Es ist mir eine große Freude, dich zu loben, zu ehren und zu lieben. Ich will alles für dich tun. Ich glaube daran, dass du alles vermagst und dass ich das Unmögliche tun kann, weil der Heilige Geist in mir wohnt.

Es besteht immer ein Unterschied zwischen
Verantwortungsbereich und Besitz.

Gott hatte Adam und Eva den gesamten Planeten gegeben, um über ihn zu herrschen, aber nur der Garten Eden befand sich in ihrem Besitz. Ihnen gehörte nur, was sie wirklich gut verwalten konnten. Theoretisch besaßen sie zwar alles durch Verheißung, aber sie mussten erst in ihr Erbe hineinwachsen. Ihr Verantwortungsbereich sollte sich in dem Maße ausdehnen, wie sie in ihrer Reife und ihrer Fähigkeit, Gott zu repräsentieren, wuchsen. Dies würde sich an der manifesten Herrschaft über der Erde zeigen.

Heutige Bibellese

Epheser 1

Gebet

Ich preise dich, Vater, für das großartige Erbe, das durch Jesus bereits in meiner Verantwortung liegt. Ich will mehr davon vollständig besitzen und zu deiner Ehre einsetzen. Danke für die Dinge, die du schon durch mich gewirkt hast. Bitte gebrauche mich weiterhin als Bindeglied, um den Himmel immer mehr auf die Erde zu bringen.

Die Menschen waren wegen der Sünde verloren – und
verloren war ihre Herrschaft über Gottes Schöpfung.
Jesus kam, um beides zurückzuerobern.

Jesus kam, um zu suchen und retten, was verloren war, nämlich den Menschen sowie die Sache, die er dem Feind im Garten Eden ausgehändigt hatte – *die Schlüssel der Autorität*. Betrachten wir die Konversation zwischen Jesus und Satan während der 40 tägigen Versuchung in der Wüste. An einem bestimmten Punkt bietet der Teufel Jesus die Reiche dieser Welt an, wenn er ihn dafür im Gegenzug anbetet. Er sagt: *„Ich will dir alle diese Gewalt und ihre Herrlichkeit geben; denn mir ist sie übergeben, und wem irgend ich will, gebe ich sie. Wenn du nun vor mir anbeten willst, soll sie alle dein sein."* (Lukas 4, 6-7). Man beachte die Aussage *„ denn mir ist sie übergeben,… "*. Satan konnte sie nicht stehlen. Sie war an den Feind übergegangen, als Adam das Herrschaftsgebiet Gottes verlassen musste, weil Gott über ihn das Todesurteil ausgesprochen hatte. Später sollte Esau in ähnlicher Weise sein Erbe (langfristig) für ein Essen (sehr kurzfristig) dahingeben (1.Mose 25,29-34). In beiden Fällen handelt es sich um die Preisgabe von Berufung und Erbe.

Der Dialog zwischen Jesus und Satan ist faszinierend. Es schien, als hätte der Teufel zu Jesus gesagt: „Ich weiß, was *du* willst, und du weißt, was *ich* will. Bete mich an, und ich gebe dir die Schlüssel der Autorität zurück." Der Teufel zwinkerte ihm sozusagen zu und gab damit zu erkennen, dass er wusste, warum Jesus gekommen war. Wegen der Schlüssel! Jesus aber behielt seinen Kurs und lehnte jede Abkürzung zum Sieg ab. Er war gekommen, um zu sterben und durch seinen Tod die Schlüssel der Autorität, die Gott einst an Adam übergeben hatte, zurückzufordern.

Heutige Bibellese

Apostelgeschichte 2,22-36; Epheser 1, 20-23; Offenbarung 1,18

Gebet

Jesus, du thronst hoch über allen Fürstentümern und besitzt alle Autorität. Es ist unfassbar für mich, dass du mir die Autorität verleihst, in deinem Namen den Feind auszutreiben und zu erleben, wie hoffnungslose Situationen sich vor dir beugen müssen. Wie soll ich diese Autorität heute einsetzen?

Das Eingreifen Gottes in hoffnungslosen Situationen erfolgt durch ein Volk, das Kraft aus der Höhe empfangen und gelernt hat, sie in den Umständen des Lebens freizusetzen.

Gottes Herz schlägt für eine Partnerschaft mit seinem geschaffenen Ebenbild. Er ist der oberste König, der es liebt, andere zu bevollmächtigen. Vom ersten Tag an wünschte er sich ein Volk, das lebt, liebt, kreiert und herrscht wie er. Vom ersten Tag an war es sein Verlangen, in seiner Schöpfung als *Verwalter* willkommen zu sein und mitverfolgen zu dürfen, wie dieses Volk mit wachsender Herrrscherqualität diese Welt in eine Welt verwandelt, die seiner gleicht. In seiner Welt steht seine Herrlichkeit im Mittelpunkt.

Je mehr Menschen seine Herrlichkeit als fröhliche Diener des Höchsten in alle Welt hinaustragen, umso mehr nähern wir uns dem Ziel des Himmels - eine Erde, die von der Herrlichkeit des Herrn überzogen ist.

Heutige Bibellese

Psalm 46-47

Gebet

Gott, du herrschst über die Völker und bist über alles erhöht. Du hättest über uns herrschen können, ohne in Beziehung mit uns treten oder uns in deine Pläne miteinbeziehen zu müssen. Danke für dein Herz und deine Strategie, mich zu bevollmächtigen und an deiner Herrschaft teilhaben zu lassen. Ich darf miterleben, wie der Himmel auf die Erde kommt, und bete, dass jede hoffnungslose Situation sich vor dir beugen und dir die Ehre geben muss.

Jesus besiegte den Teufel mit seinem sündlosen Leben. Er besiegte ihn in seinem Tod, indem er mit seinem Blut für unsere Sünden bezahlte, und noch einmal in der Auferstehung, indem er sich triumphierend von den Toten erhob, mit den Schlüsseln der Autorität über Tod und Hölle in der Hand. Dieser Sieg umfasst auch alles andere, was Gott ursprünglich dem Menschen zugedacht hatte und was er in den kommenden Zeitaltern offenbaren wird.

Jesus, der Siegreiche, erklärte: *„Mir ist alle Gewalt gegeben im Himmel und auf Erden. Gehet* [nun] *hin ... "* (Matthäus 28,18-19). Mit anderen Worten: Ich habe die Schlüssel wieder! Geht nun hin und fordert mit ihnen die Menschheit zurück.

In dem Moment, als Jesus zu Petrus sagte: *„Und ich werde dir die Schlüssel des Reiches der Himmel geben; "* (Matthäus 16,19), erfüllte sich diese Verheißung für alle seine Jünger. Gott hatte den ursprünglichen Plan nie fallen lassen. Er konnte erst nach der Auferstehung und Himmelfahrt Jesu ein für allemal in Kraft treten. Und was ebenfalls wichtig ist: Wenn Jesus alle Autorität besitzt, dann hat der Teufel gar keine! Dann haben wir vollständig zu unserer ursprünglichen Aufgabe zurückgefunden, die darin besteht, als ein Volk, das nach dem Bilde Gottes geschaffen ist, zu herrschen, als ein Volk, das den Sieg von Golgatha geltend machen wird: *„Der Gott des Friedens aber wird in kurzem den Satan unter eure Füße zertreten. "* (Römer 16,20).

Heutige Bibellese

Lukas 19,1-10, Römer 16,17-20

Gebet

Danke, Jesus, dass du gekommen bist, um mich zu suchen und zu erretten. Du regierst siegreich und du hast mir den Sieg über die Pläne des Feindes gegeben. Ich spreche zu den Situationen in meinem Leben, die eine übernatürliche Berührung durch Gott brauchen, und sage: „Beugt euch vor dem Namen Jesu und passt euch den Plänen des Himmels an. "

Wenn der Teufel gewusst hätte, dass als Frucht aus dem Tod Jesu Christi (dem Gesalbten) Millionen von „Gesalbten" erwachsen und die Erde erfüllen würden, hätte er ihn niemals gekreuzigt.

Eine der schönen, aber gerne übersehenen Wahrheiten ist, dass der Teufel an seinem besten Tag nur in die Hand Gottes spielen kann. So wie er die Menschen und den Sohn Gottes hasste, war es nicht schwierig, ihn dazu zu bringen, Jesus zu kreuzigen. Es ist unglaublich, aber in seinem Versuch, den Sohn Gottes zu zerstören, führte der Teufel seinen eigenen Niedergang herbei. Jede seiner Strategien, die er anwendete, um Jesus zu töten, war von Gott vorhergesehen und entsprechend manipuliert worden.

An dieser Stelle möchte ich darauf hinweisen, dass der Teufel Jesus nicht das Leben nahm. Das würde dem Teufel mehr Macht zugestehen, als er tatsächlich besitzt. Jesus gab sein Leben freiwillig hin (siehe 1. Johannes 3,16). Die religiösen Führer entwickelten mehrere Pläne, ihn zu töten. Aber Jesus hatte die Angewohnheit, einfach zu verschwinden, wenn sie ihn mal wieder verfolgten. Die Zeit zu sterben war für ihn noch nicht gekommen. Als sie dann aber gekommen war, gab er sich hin wie ein Schaf, das zur Schlachtbank geführt wird. Der Teufel hatte sicherlich gedacht, er habe nun einen Sieg eingefahren, als er den Gesalbten eliminierte. Zu seinem größten Entsetzen stieg nicht nur der Prinz der Herrlichkeit aus dem Grab heraus. Aufgrund des göttlichen Planes haben auch du und ich Anteil an seiner Auferstehung. Sein Sieg ist unser Sieg. Sobald wir das Werk Christi am Kreuz zur Erlösung im Glauben annehmen, werden wir in den persönlichen Sieg Jesu über die Sünde, den Teufel, den Tod und das Grab eingepfropft.

Heutige Bibellese

1. Korinther 2,6-8; .Johannes 3,16

Gebet

Gott, du bist die personifizierte Weisheit und Brillanz! Bitte vermittle mir einige brillante Strategien in Bezug auf die Menschen, Besitztümer und Situationen, für die ich heute verantwortlich bin. Ich bin offen für göttliche Ideen. Hilf mir, brillant und demütig zugleich zu sein, so wie Christus es war.

Wenn Jesus seine großen Wunder als Gott tat, bin ich als Beobachter beeindruckt. Wenn ich entdecke, dass er sie als Mensch tat, dann bin ich auf einmal völlig unzufrieden mit dem Leben, das ich bisher kenne. Ich bin nun motiviert, seinem Beispiel zu folgen, bis dieselben Dinge auch in meinem Leben geschehen.

Jesus ist der ewige Sohn Gottes. Er ist kein geschaffenes Wesen, das irgendwie zur Göttlichkeit aufgestiegen ist, wie manche Sekten behaupten. Er ist ganz Gott, ganz Mensch. Aber sein Leben und seinen Tod durchlief er als Mensch. Das bedeutet, dass er seine göttlichen Privilegien beiseite legte, um als Mensch zu leben. Er war ohne Sünde und völlig vom Heiligen Geist abhängig. Auf diese Weise wurde er zu einem Vorbild, dem wir folgen können.

Die übernatürlichen Werke Jesu sind für dich und mich nicht unerreichbar. Wenn er die Wunder aus seiner Göttlichkeit heraus getan hätte, dann wäre die Aussicht, dass wir *dieselben Werke* tun, unvorstellbar. „So etwas kann nur Gott", wäre unsere Standardantwort zu dem, was wir Jesus in der Bibel tun sehen. Und das wäre eine ausgesprochen vernünftige Reaktion, wäre da nicht die Taufe Jesu. Dieses Ereignis ist eines der signifikantesten Beispiele für die Gläubigen in der Geschichte. Jesus *musste* nicht getauft werden, da er ja ohne Sünde war. Er empfing dennoch die Taufe im Wasser und im Heiligen Geist, damit wir ihn nachahmen. Sie leitete seinen irdischen Dienst ein, der von Zeichen und Wundern begleitet war. Obwohl er Gott blieb (und bleibt), konnte er nur wegen des Heiligen Geistes Zeichen und Wunder tun. Der Heilige Geist, der immerfort auf ihm ruhte, ist dieselbe Gegenwart, die an dem Tag in uns Wohnung nimmt, an dem wir von ganzem Herzen unser „Ja" zu Gott sagen. Wir erhalten automatisch die Qualifikation zu denselben Werken, die Jesus tat, weil wir denselben Heiligen Geist empfangen haben!

Heutige Bibellese

Philipper 2,5-11

Gebet

Danke, Vater, für die Offenbarung, dass ich dieselben Werke tun kann, die Jesus tat – in der Kraft desselben Heiligen Geistes! Lass nicht zu, dass mich irgendetwas von dem Versuch abhält, dieselben Dinge zu tun, die Jesus tat.

März

Unsere Bedeutung in der Gegenwart Gottes

*Jedes Mal, wenn wir auf uns selbst schauen, glauben
wir der Lüge, dass wir zu unscheinbar wären.*

Als Gott Mose eine überaus wichtige Aufgabe übertragen wollte, fragte Mose: *„Wer bin ich?"* (2.Mose 3,11). Diese Frage ist seitdem unzählige Male gestellt worden. Gott kommt zu uns mit einer Aufgabe, die unausführbar ist, und wir beurteilen sie im Licht unserer natürlichen Fähigkeiten bzw. danach, wie wichtig wir uns empfinden. Eine Innenschau auf Basis unseres Selbstwertes kann uns auf gefährliche Abwege bringen. Gott ruft uns dazu auf, das Unmögliche zu tun. Anstatt sofort zu gehorchen und darauf zu vertrauen, dass wir mit seinem Ruf auch die Fähigkeit erhalten, schauen wir auf uns selbst und fragen wie Mose: „Wer bin ich?"

Mose wusste, dass ihm jegliche Qualifikation fehlte, um so etwas Bedeutendes tun zu können, wie das Volk Gottes aus der Sklaverei in die Freiheit zu führen. Wenn Gott einen von uns für eine ähnliche Aufgabe erwählt, sollte uns dieselbe Frage durch den Kopf gehen. Sie wird es, wenn wir den Ruf Gottes richtig betrachten. Aber Gott, der Mose aufs Genaueste kannte, sorgte sich weder darum, wer Mose war oder nicht war, und ließ sich nicht davon beeindrucken. *„Ich will mit dir sein"* war Gottes Antwort an Mose (2.Mose 3,12). Dasselbe gilt auch für uns heute. Dieselbe Gegenwart, die Mose begleitete, lebt auch in uns! *Wer bist du?* Du bist jemand, in dem Gott wohnt und der mit dir geht! Diese Wahrheit sollte uns Kraft für die Aufgabe geben, die momentan vor uns liegt.

Heutige Bibellese

2.Mose 3,1-14; Hebräer 12,1-3

Gebet

Danke, Herr, für die Zeugnisse im Wort Gottes, die mir die Gnade geben, den Durchbruch zu wagen. Schenke mir unerreichbare Träume, die sich auf der Erde erfüllen. Nimm mir die Angst vor scheinbar unmöglichen Aufgaben und hilf mir, meine Augen dabei immer auf dich, Jesus, den Anfänger und Vollender des Glaubens, gerichtet zu halten.

Mose mag nicht gewusst haben, wer er war.
Aber Gott wusste, wessen er war.

Zunächst sah es so aus, als würde Gott Moses Frage „*Wer bin ich?*" ignorieren. Aber vielleicht war es doch nicht so. Vielleicht ließ er Mose wissen, dass seine Identität nicht in seinen Fähigkeiten, seiner Ausbildung oder Popularität lag. Auch nicht in seinen Gaben oder gar seiner Salbung, sondern einzig und allein darin: „Du bist derjenige, mit dem ich zusammen sein will." Wer also war Mose? Ein Mensch, mit dem Gott furchtbar gern zusammen war.

Die Bibel zeigt uns, dass Mose ein Freund Gottes war, einer, mit dem Gott *von Angesicht zu Angesicht* sprach. Nach Abraham ist Mose der einzige bis zum Neuen Testament, der als Freund Gottes bezeichnet wird. Jesus führte uns alle in die Freundschaft mit Gott. Dieselbe Gegenwart, mit der Mose Gemeinschaft hatte und die ihm Vollmacht verlieh, um das Unmögliche zu erreichen, lebt in uns. Gott kennt uns, aber nicht in dem, was wir als unsere Fehler, Komplexe und Kämpfe betrachten, sondern in der Bedeutung, die er auf unser Leben gelegt hat. Vergessen wir nicht, Gott ist mit uns genauso gerne zusammen wie einst mit Mose. Dies zeigte sich, als Gott seinen Heiligen Geist sandte, damit er Wohnung in uns nimmt. Wir sollten niemals unsere Bedeutung in Frage stellen. Als Gläubige brauchen wir nicht mehr sehen, als die Gegenwart, die zu unserer Ermutigung in uns wohnt!

Heutige Bibellese
5.Mose 34

Gebet

Gott, danke für das Privileg, dass ich von Angesicht zu Angesicht mit dir sprechen kann. Schenke mir eine klare Vision davon, wie gerne du als mein Freund mit mir zusammen bist. Hilf, dass sich meine Identität nur in dem gründet, wer ich für dich bin, und nicht in dem, was ich für dich tun kann.

Wer bereit ist, etwas zu tun, wofür ihm die
Qualifikation fehlt, der qualifiziert sich damit.

Qualifikation und Bedeutung werden hier auf der Erde anders verstanden als aus der himmlischen Perspektive. So wie Demut zur Erhöhung führt, so qualifiziert uns die Schwachheit für die Stärke. Die Schwachheit versetzt uns in eine Position, in der wir übernatürliche Stärke empfangen können. Wenn wir uns auf unsere eigene Kraft verlassen, kommen wir nur so weit, wie uns die natürlichen Möglichkeiten tragen. Als Menschen erreichen wir bestimmte Dinge mit unseren natürlichen Fähigkeiten, und bestimmte Dinge gehen weit über das Potenzial unserer Fähigkeiten hinaus. Gott sammelt sein Volk, damit es ein Leben über das eigene Vermögen hinaus führt, denn nur so kann es aus der göttlichen Kraft heraus wirken. Was qualifiziert uns dafür, mitzuerleben, was Gott wirklich kann? Die Bereitschaft zu tun, wozu wir natürlicherweise nicht in der Lage sind. Gott hält Ausschau nach einem Volk, das „Ja" zu ihm sagt, auch wenn es nicht ganz begreift, was er von ihm will. Dies demonstriert Vertrauen, der Schlüssel zum Glauben.

Um in göttlichen Fähigkeiten zu wandeln, müssen wir uns der Bedeutung gewiss sein, die er uns gegeben hat. Die Konzentration auf unsere eigene Bedeutung wird uns stets entmutigen, denn wenn wir diese nach unseren Fähigkeiten bestimmen, stoßen wir schnell an unsere Grenzen. Aber Gott hat jedem von uns Bedeutung gegeben, nicht aufgrund dessen, was wir können, sondern aufgrund dessen, wer als Unterpfand in uns wohnt – der grenzenlose Heilige Geist.

Heutige Bibellese

Kolosser 1,9-14

Gebet

Danke, Gott, dass du mich dafür qualifizierst Anteil am Erbe der Heiligen zu haben und dieselben Werke zu tun, die Jesus tat. Ich sage „Ja" zu den Plänen und der Bestimmung, die du für mich hast. Schenke mir deine himmlische Sicht auf das grenzenlose Potenzial und Vermögen, das durch den Heiligen Geist zur Verfügung steht.

Gott erhört die Gebete seines Volkes oftmals dadurch, dass er eine von ihm bevorzugte Person in eine einflussreiche Position hebt.

Viele, wenn nicht die meisten Juden, halten Mose in höchsten Ehren im Vergleich zu anderen Persönlichkeiten ihrer Geschichte. Und das aus gutem Grund. Er brachte ihnen das Gesetz (das Wort Gottes), er führte sie durch die Wüste zu ihrem Erbe und, was aus meiner Sicht ebenso wichtig ist, er lebte in vorbildlicher Hingabe. Seine Begegnungen mit Gott fanden auf einem für immer herausragenden Niveau statt. Dieser Mann Mose war Gottes Antwort auf den Schrei Israels nach Befreiung.

Die Bibel sagt uns, dass die Schöpfung seufzt und sich verzweifelt nach der Offenbarung der Söhne und Töchter Gottes sehnt. Obwohl Mose eine besondere Gunst bei Gott genoss und die einzigartige Erwählung erhielt, Israel zu befreien, haben du und ich Zugang zu demselben Geist Gottes. Tatsächlich lebt ebenjener Geist, der Jesus von den Toten auferweckte, in uns. Daraus schließe ich, dass wir mehr als qualifiziert sind, unseren Platz einzunehmen und auf den Schrei der versklavten Menschheit zu antworten. Diese Versklavung drückt sich in Krankheit, Leid, Hoffnungslosigkeit, Furcht, Streit und einer Unzahl anderer Missstände aus, von denen die Menschen aufgrund der Sünde heimgesucht werden. Der Heilige Geist, der Jesus salbte, um Erlösung, Befreiung und Heilung zu bringen, ist der Geist, der dich und mich bevollmächtigt hat, dieselbe Mission zu erfüllen. Gott erhört auch heute noch Gebete mit Hilfe seines Volkes. Lasst uns mit unserem Leben eine Position einnehmen, in der wir auf diese wundervolle Weise gebraucht werden können.

Heutige Bibellese

Lukas 4, 16-21

Gebet

Heiliger Geist, ich möchte teilhaben an deiner Antwort auf die Gebete der Menschen. Gebrauche mich, den Armen gute Nachricht zu bringen, den Unterdrückten Freiheit, den Verwundeten Wiederherstellung und Heilung und den Kranken Wunder und Zeichen in Jesu mächtigem Namen. Danke im Voraus für die göttlichen Termine, die du für mich arrangieren wirst und die das Leben der Menschen besser machen werden.

Gott erwählt oftmals Menschen, von denen er weiß, dass sie
der Schlüssel zu den Herzen anderer Menschen sind.

Gott ist souverän. Er kann tun und lassen, was er will, und wirken, wie er möchte. Und doch hat der Souveräne eine Struktur geschaffen, in der seine Gegenwart und Kraft durch gesalbte Menschen fließt. Sein Plan scheint zu sein, Menschen durch Menschen zu erreichen. So war es mit David, dem König von Israel. Die Bibel berichtet, dass Gott David um seines Volkes Israel willen erhöhte. Es entstand ein göttlicher „trickle-down" Effekt[2], wo jeder in Israel aufgrund von David gesegnet war. Der Fall des Königs David ist ein Musterbeispiel dafür, wie Gott Menschen als Kanäle gebraucht, um seinen Segen freizusetzen.

Jeder, der diese Worte liest, ist zunächst einmal aufgrund der Liebe Gottes erwählt worden. Dennoch sollten wir uns darüber im Klaren sein, dass wir in dieser Welt nur deshalb eine einzigartige Position bekleiden, weil die Menschen um Hilfe rufen. Seine Gunst liegt auf uns, damit wir als Teil seines Plans diese Gunst an andere austeilen.

Heutige Bibellese

2. Samuel 5,6-12

Gebet

Gott, danke für die Gunst, die auf meinem Leben liegt. Zeige mir, wie ich den Einfluss, den du mir gibst, einsetzen kann, damit er zum Segen für andere Menschen wird. Danke für die Menschen, die du gebrauchst, um in mein Leben zu sprechen und deinen Segen auszugießen. Hilf mir, anderen in derselben Weise zu dienen.

---

2 Ein Begriff aus der Ökonomie, der besagt, dass Wirtschaftswachstum und allgemeiner Wohlstand der Reichen nach und nach durch deren Konsum und Investitionen in die unteren Schichten der Gesellschaft durchsickert. (Quelle: Wikipedia)

Alle bedeutsamen Beziehungen erfordern eine solche Verwundbarkeit.

Mose lebte 120 Jahre – 40 Jahre als Sohn des Pharao, 40 Jahre als Schafhirte in der Wüste und 40 Jahre, in denen er Israel in das verheißene Land führte. Waren die ersten 80 Jahre seines Lebens schon extrem genug gewesen, so waren es die letzten 40 Jahre umso mehr – Erfolg und Versagen, Visionen und Begegnungen mit Gott, gefolgt von schrecklichen Zusammenstößen mit dem dämonischen Reich, der Anbetung falscher Götter und den damit verbundenen teuflischen Aktivitäten.

Allein seine Konversation mit dem Pharao liefert genug Material für ein Buch. Gott sagte zu Mose: *„Siehe, ich habe dich zu einem Gott gesetzt über Pharao"* (2. Mose 7,1). Das ist eine ziemlich starke Aussage. In beispielloser Weise begab sich Gott in eine Position, in der er sich ganz nach Mose richtete. Gott hat sich einem Menschen gegenüber nur selten so verwundbar gemacht. Aber es liegt ihm auf dem Herzen, eine solche Beziehung mit Menschen einzugehen – mit *dir!* Gott vertraut dir, weil er sich selbst vertraut. Mose vermittelt uns ein Bild von der Interaktion, der wir uns heute mit Gott erfreuen können. Gott vertraut denen, an die er sich verschenkt. Er hat uns seine Gegenwart, den Heiligen Geist, gegeben. All dies setzt eine unglaubliche Verwundbarkeit voraus und demonstriert seine überschwängliche Liebe, die weit über jegliche Vernunft hinausgeht.

Heutige Bibellese

2. Mose 7, 1-5; Lukas 10, 1-20

Gebet

Vater, danke, dass du mir vertraust. Danke für die Gabe des Heiligen Geistes in mir, den Sinn Christi und dass ich dich hören kann. Wenn ich gehorche, bevollmächtigst du mich, gute Entscheidungen zu treffen. Ich möchte das Vertrauen, dass du in mich setzt, gut verwalten. Lehre mich weiterhin, deine Stimme zu erkennen und zu unterscheiden, wann du mir den Weg weist und wann ich mich selbst entscheiden soll.

Gott zieht uns in unsere Bestimmung, indem er sich offenbart.

Wenn Gott sich uns offenbart, weckt dies einen Hunger in uns – einen Hunger, der nur durch ihn gestillt werden kann. Die Offenbarung kommt Stück für Stück, Schicht für Schicht und geht von Generation zu Generation. Mose trat in eine Dimension Gottes, die neu war für die Menschheit. *„Und Gott redete mit Mose und sprach zu ihm: Ich bin der HERR und bin erschienen Abraham, Isaak und Jakob als der allmächtige Gott; aber mein Name HERR ist ihnen nicht offenbart worden"* (2.Mose 6,2-3).

Gott offenbarte sich Mose in einer Weise, die nicht einmal Abraham, dem Vater des Glaubens, zuteil wurde. Und Gott ließ Mose wissen, welchen Ort der Gunst er betreten hatte. Jedes Stück Erkenntnis ist sowohl eine Einladung zur Beziehung als auch ein neuer Meilenstein und muss von Generation zu Generation weitergegeben werden.

Heutige Bibellese

2.Mose 6,2-3; 2.Mose 33,7-23

Gebet

Gott, danke für die Herrlichkeit und die Erkenntnis, die mir dank der Heiligen, die vor mir waren, offenstehen. Führe mich zu den höheren Orten der Begegnung und innigen Gemeinschaft mit dir, damit ich es an die nächste Generation weitergeben kann – die eine noch höhere Ebene erreichen wird.

Jede Offenbarung dient zunächst der Beziehung und
schließlich der Transformation unseres Lebens.

Wir sind verwandelt durch die Erneuerung unseres Sinnes (siehe Römer 12,2). Und verwandelte Menschen verwandeln Städte.

Gott hat wenig Interesse an theologischen Erkenntnissen, solange die Beziehung zu ihm dadurch nicht wächst. Wenn Gott uns etwas offenbart, dann möchte
er, dass wir neue Erfahrungen machen – und ihn tiefer und inniger kennenlernen. *„… auch erkennen die Liebe Christi, die doch alle Erkenntnis übertrifft, auf daß ihr*
erfüllt werdet mit allerlei Gottesfülle" (Epheser 3,19). Dieser Vers drückt aus, dass Erfahrungen eine tiefere Art von Wissen vermitteln, die alle Erkenntnis oder, noch
besser, jegliches *Verstehen* übertreffen.

Heutige Bibellese

Epheser 3, 14-21

Gebet

Herr, hilf mir, die großartige Liebe Christi zu erleben und mit der Fülle deiner
Gegenwart erfüllt zu sein! Überwältige mich mit deiner unendlichen Güte. Ich bin so
dankbar, dass du weit mehr vermagst, als ich jemals bitten oder mir vorstellen kann.

Moses Reaktion auf Gott hob ihn aus der „Was ist möglich" –
Position in eine Position, in der er hoch in Gottes Gunst stand.

Die Rolle, die Mose spielte, ist sicherlich herausfordernd. Aber er war ein einzigartiger Mensch – einzigartig in dem Sinne, dass er auf Gott antwortete, wie nur wenige in der Geschichte. Mein Fußballtrainer hätte gesagt, er gab 110 Prozent – mehr als überhaupt möglich ist. Der Vers *„viele sind berufen, aber wenige sind auserwählt"* (Matthäus 22,14) drängt sich in diesem Zusammenhang auf.

Das zusätzliche Maß an Gunst, das wir von Gott erhalten, hängt tatsächlich sehr davon ab, was wir mit der Gunst machen, die wir bereits haben. Mose war berufen worden, aber nun war er auserwählt. Er gehörte zu denen, die mit dem, was Gott ihm anvertraute so umging, dass andere es als *unverantwortlich* und *hemmungslos* empfunden hatten.

Was machen wir mit der Gunst, die Gott uns schon gegeben hat? Die Antwort darauf bestimmt häufig das erweiterte Maß an Gunst, dass er uns geben will.

Heutige Bibellese

Matthäus 25, 14-30

Gebet

Herr, danke für die Gunst und die Einflussmöglichkeit, die du mir anvertraut hast – wie in dem Gleichnis von den Talenten. Ich glaube daran, dass du für mich bist und nicht nur auf einen Fehler von mir wartest, damit du mich bestrafen kannst. Ich will in die Gunst eintreten, die du mir anvertraut hast, und ich will so wie Mose damit umgehen.

Jede Generation hat zu mehr Zugang als ihre Vorgänger.

König David entdeckte manche Dinge über die Reaktionen Gottes auf Anbetung, die zur Zeit Mose noch nicht bekannt waren. Dies zeigt, dass jede Generation mehr Zugang hat als die vorangegangene. Dies entspricht ganz dem Gesetz Gottes vom Zinzeszins. Gott antwortet mit seiner Gegenwart. Israel war von Gott dazu aufgerufen, Ägypten zu verlassen, um ihn anzubeten. Es war auf dem Wege, sich zu einem Volk zu entwickeln, das für seine Gegenwart bekannt war. Gott selbst sollte sein charakteristisches Merkmal sein.

Gott wollte, dass alle aus seinem Volk Priester sein würden. Er befahl Mose deshalb, Israel darüber in Kenntnis zu setzen. *„Und ihr sollt mir ein Königreich von Priestern und ein heiliges Volk sein."* (2.Mose 19,6). Priester dienen Gott. Der Plan Gottes von einem Volk Seiner Gegenwart war voll im Gange. Am Ende erfüllte sich dieser Plan durch das Werk Jesu. Laut Neues Testament sind die Christen ein Königreich von Priestern. Im Rückblick auf Israel erhalten wir ein Bild von der Fülle, in der wir jetzt leben können.

Heutige Bibellese

2. Mose 19,3-6; Offenbarung 1,4-6; Offenbarung 5, 8-10

Gebet

Was für eine Ehre, dass du mich deinen Priester nennst. Danke für das Privileg, dir und den Menschen dienen zu dürfen. Halte mich rein, heilig und untadelig durch das Blut Jesu. Zeige mir, was es heißt, dir jeden Tag und in jedem Augenblick zu dienen.

Der Teufel fürchtet sich sehr vor Menschen, die anbeten.

Anbetung hat aus vielerlei Gründen sehr viel Kraft. Zu den wichtigsten Merkmalen gehört, dass man so wird wie der, den man anbetet. Dies allein hätte Israel schon auf eine neue Ebene gehoben. Aber der Ruf Gottes für die Nation Gottes blieb nicht unbemerkt. Der Feind fürchtet sich vor Anbetern, weil Anbetung etwas mit ihnen macht – sie erleben die Herrlichkeit Gottes und verwandeln sich dadurch zunehmend in sein Bild.

Der Feind stört sich nicht an selbstgefälliger Anbetung, da sie der wahren Sache entgegenwirkt – sie tötet unsere Sensibilität für den Heiligen Geist und steht völlig im Gegensatz zu den Auswirkungen einer sich veräußernden, leidenschaftlichen Anbetung. *Selbstgefällige Anbetung* ist ein Oxymoron[3]. Satans Strategie gegen das Volk Gottes und seiner Berufung als Gottes Vertraute war niemals deutlicher, als in dem Moment, da er sich durch die Worte Pharaos entlarvte: *„Gehet hin, opfert eurem Gott hier im Lande."* (2.Mose 8,25). Mose wollte Israel *aus* dem Land Ägypten *hinaus*führen, während der Pharao einen billigen Kompromiss vorschlug: *Bleibt und betet hier an.*

Bequemlichkeit und Opfer können nicht nebeneinander existieren. Das „Gehet hin" ist ein Opfer, und Menschen, die kein Opfer bringen, sind für den Teufel ohne Bedeutung. Der Feind weiß, dass im Opfer Kraft liegt, und wird alles daransetzen, um uns davon abzulenken.

Heutige Bibellese

2. Mose, 8,25-28; 2. Samuel 24, 18-25

Gebet

Gott, ich habe keine Angst davor, etwas zu opfern, wenn ich es vielfach von dir zurückerhalte. Zeige mir, was es heißt, das Lobpreisopfer zu bringen und in maßloser Anbetung vor dir zu stehen.

---

3 Zusammenstellung zweier sich widersprechender Begriffe in einem Kompositum oder in einer rhetorischen Figur (z. B. bittersüß, eile mit Weile)

Manchmal verpassen wir unsere Bestimmung, weil wir darauf beste-hen, dass sie sich dort erfüllen muss, wo wir uns gerade befinden – in einem vernünftigen Rahmen und ohne große Anstrengungen.

Wir gelangen oftmals erst dann an einen höheren Ort der Anbetung, wenn wir einen neuen Ort in Gott erreicht haben. Ich habe in den vergangenen Jahren so viele Leute sagen hören: „Wenn es Gottes Wille ist, in meinem Leben (oder in der Gemeinde) kraftvoll zu wirken - er weiß, wie groß unser Hunger danach ist und wo er uns findet." Unsinn! Er ist kein kosmischer Hoteldiener, der im Universum herumhüpft und jeden unserer Wünsche erfüllt. Er hat einen Plan. Und wir müssen uns nach diesem Plan richten. Weise Menschen bleiben immer in Bewegung, sowohl im natürlichen als auch im übertragenen Sinn.

Viele glauben fälschlicherweise, dass es nicht nötig ist, die Orte aufzusuchen, an denen Gott gerade wirkt. Schließlich kann Gott überall auf der Welt wirken. Und genau hier liegt das Problem - einer solchen Haltung fehlt schlichtweg der Hunger. Die Sehnsucht nach der Gegenwart Gottes treibt uns stets dahin, wo er gerade wirkt. Das muss nicht immer heißen, dass wir alles hinter uns lassen und die Gemeinde oder den Wohnort wechseln. Wenn es so sein soll, dann steckt in der Regel ein Ruf Gottes dahinter. Unsere Reaktion auf die göttlichen Ausgießungen offenbaren, was tatsächlich in unseren Herzen ist. Solange wir daran festhalten, dass *er ja weiß, wo er uns findet, falls er mal etwas vorhat,* sind wir an dem ersten und wichtigsten „neuen Ort" noch nicht angekommen. Wenn wir neue Orte in der Gegenwart Gottes betreten und seine Kraft auf frische Weise erleben wollen, müssen unsere Herzen zuerst zu einem neuen Ort in Gott kommen – dem Ort der Demut und des Hungers.

Jesus spricht von diesem Ort in der Bergpredigt: „*Selig sind, die da hungert und dürstet*" (Matthäus 5,6).

Heutige Bibellese

Matthäus 5,1-10

Gebet

Gott, rufe mich aus meiner Wohlfühlzone heraus, damit ich an neue Orte komme, wo ich dich in einer ganz neuen Weise kennenlernen und erleben kann ... auch wenn es mich etwas kostet.

Der einzige Weg, wie wir dem Einen nachfolgen können, der am Kreuz
für uns starb, liegt darin, dass wir seine Hingabe widerspiegeln.

Die **Angst vor** Fanatismus hält viele Gläubige davon ab, ihre Bestimmung
aufzunehmen. Der Extreme ruft die Extremen dazu auf, ihm nachzufol-
gen. Denn genau diese Gruppe wird die Welt verändern.

Die Tiefe ruft der Tiefe zu – die Tiefe Gottes hält immer noch Ausschau nach
Menschen, die dieselbe Tiefe in ihren Herzen tragen und ihm entsprechend antworten (siehe Psalm 42,7). Warnt uns nicht Jesus in dem Gleichnis vom Sämann
vor demjenigen, der keine Tiefe in sich besitzt? *„...aber er hat nicht Wurzel in sich,*
sondern ist wetterwendisch; wenn sich Trübsal und Verfolgung erhebt um des Wortes willen,
so ärgert er sich alsbald.“ (Matthäus 13,21).

Gott hat seine Einladung ausgeweitet. Wollen wir unsere Identität als seine
(extremen) Kinder annehmen und auf seinen extremen Ruf antworten? Nur so
werden wir die normale Realität erleben, wie seine Welt die unsrige transformiert. Wir dürfen nicht vergessen, dass das, was wir als extrem empfinden, etwas
ganz Normales für Gott ist. Was er als „im vernünftigen Rahmen" ansieht, nennen wir extrem. Indem wir Gottes Einladung zu diesem vernünftigen Rahmen
folgen, lassen wir uns auf seine Version des Normalen ein.

Heutige Bibellese

Psalm 42

Gebet

Gott, ich werde dir in allem folgen. Ich habe keine Angst davor, in meiner Anbetung
zu Jesus als ausschweifend oder übertrieben zu gelten. Führe mich mit anderen zu-
sammen, die brennen und dir nachfolgen, egal was es kostet, auf dass wir uns gegen-
seitig ermutigen und zusammenarbeiten, um dein Königreich kommen zu sehen.

Kein Gegner tritt so erbittert gegen die Mächte der
Finsternis auf, wie das gemeinschaftliche Opfer, das von
vielen Generationen Gott dargebracht wird.

Dies ist einer der Punkte, wo das Geheimnis des Zinseszins in geistlichen Dingen in Kraft tritt. Die Tatsache, dass der Teufel alles daran setzt, um die Familie auseinander zu bringen und die Generationen zu spalten, sollte uns vor Augen führen, welche Bedeutung das hat.

Es ist nur allzu üblich geworden, dass sich ein Mitglied der Familie geistlich hervorhebt, während der Rest der Familie für seine Selbstzufriedenheit bekannt ist. Tragischerweise wird dieses Mitglied oftmals hochmütig vor Stolz oder fährt seine Leidenschaft so weit herunter, dass es sich dem kleinsten gemeinsamen Nenner der Familie anpasst. Doch weder das eine noch das andere ist effektiv.

Das Ziel des Himmels ist die Verbundenheit unter den Generationen. Dies ist das Mittel, durch das Erweckung aufrechterhalten wird – und von einer Generation zur nächsten weitergeht. Was eine Generation als Offenbarung empfängt, wird für die nächste zur Realität.

Heutige Bibellese

Psalm 145

Gebet

Herr, ich will keine Spaltung in meiner Familie, in meiner Gemeinde oder überhaupt im Leib Christi. Ich bete, dass wir alle von einem Geist der Einheit und Demut durchdrungen werden, sodass die Stärkeren die Schwächeren mitziehen können. Ich will von der Generation, die vor mir war, profitieren, damit ich nicht bei Null anfangen muss. Führe mich zu Menschen und ihren Ressourcen, die vor mir gelebt haben, damit ich aus deren Offenbarungen schöpfen kann.

*Wenn wir zu einem Volk, das unter sich und mit den Absichten
Gottes eins ist, die übernatürliche Kraft des auferstandenen Christus hinzufügen, wird diesem Volk nichts mehr unmöglich sein.*

Brenne vor Leidenschaft, egal was passiert, aber bewahre dabei stets Demut und sei der Diener aller. Das Momentum, das entsteht, wenn Generationen zusammenarbeiten, schafft einen geistlichen Reichtum, der den Gläubigen alles möglich macht. Selbst die Einheit *außerhalb* von Christus hat Kraft. Betrachten wir den Turm zu Babel. Die Menschen sagten:

„Los! Bauen wir eine Stadt und einen Turm, der bis an den Himmel reicht! ... Da sagte er: „Es ist offensichtlich: Sie sind ein einziges Volk ... Und was sie jetzt begonnen haben, zeigt, dass ihnen künftig nichts unmöglich sein wird. Sie werden alles tun, was sie sich ausdenken. " (1.Mose 11,4,6).

Betrachten wir nun die Kraft der Einheit *in* Christus. Es war die Einheit, die einhundertzwanzig Menschen im Obersaal so positionierte, dass sie die Landschaft der damals bekannten Welt veränderten. Natürlich gab es auch Unstimmigkeiten zwischen ihnen. Ich kann mir nicht vorstellen, dass einhundertzwanzig Menschen immer und in allem derselben Meinung sind. Aber irgendetwas verband ihre Herzen so stark miteinander, dass es ihnen möglich war, die nötige Demut zu bewahren, um ihren Hunger aufrecht zu erhalten und das zu empfangen, was Jesus prophezeit hatte.

Diese Leute warteten voller Sehnsucht und Erwartung auf die Verheißung des Vaters, von der Jesus gesprochen hatte. Zweifellos plagten sie auch Ängste, Zweifel, Bedenken und Fragen. Aber diese Einheit brachte ihnen Ermutigung, Erbauung, man stärkte sich gegenseitig, und Eisen schärfte Eisen. Die Einheit hielt ihre Gemeinschaft aufrecht und bereitete sie darauf vor, Kraft zu empfangen für die übernatürliche Aufgabe, die vor ihnen lag.

Heutige Bibellese

Apostelgeschichte 1-2

Gebet

*Gott, ich bitte dich um übernatürliche Einheit innerhalb
meiner Familie, Gemeinde und meiner Dienstgruppe.*

*Wahre Anbetung kommt aus dem ganzen Sein, aus dem Körper,
Geist, Verstand, der Seele und den Finanzen.*

Mit einem Opfer aus Bequemlichkeit wahren wir die Form, das Ritual und unser Image. Keiner dieser Punkte stellt für den Teufel eine Gefahr dar. Versammlungen, in denen solche Prioritäten vorherrschen, werden sogar von ihm besucht, komischerweise unbemerkt. Wahre Anbetung ist allumfassend. Sie schließt meine Beziehungen und meine Familie mit ein und hat einen entscheidenden Einfluss auf den Rahmen, den ich für mich gezogen habe.

Anbetung konzentriert sich vollständig auf Gott und seinen Wert. Es geht ausschließlich um ihn, um seine Gegenwart. Israel, bis zu seiner Befreiung aus Ägypten eine Generation von Sklaven, war zu etwas Großartigem berufen. Und der erste Schritt dahin bestand in verschwenderischer Anbetung! Sie konnten nicht auf die Einladung des Pharaos eingehen und sich auf eine genormte Anbetung einlassen. Es war einfach unmöglich, denn der Eine, der Israel aus der Gebundenheit herausrief, war der Eine, der dies alles wert war. Mose hatte das erkannt. Er war zu keinem Kompromiss mit dem Pharao bereit. Die Anbetung, die Gott von Mose und dem Volk Israel forderte, verlangte alles. Er rief sie in jeder Hinsicht aus Ägypten heraus. Physisch, geistlich, seelisch, mental. Israels Kultur und Gesellschaft sollte sich durch den Exodus dramatisch ändern. Auch wenn die Geschichte unbestreitbar von Befreiung und Freiheit handelt, spricht sie ebenso sehr von opferbereiter Anbetung. Wie wir wissen, ging es für Israel nicht nur um das Verheißene Land. Zuerst wurde es zum Berg Sinai gebracht, um dort anzubeten.

Heutige Bibellese

Johannes 4,21-24; Römer 12,1

Gebet

Herr, ich lege dir alles hin. Alles kommt von dir, deshalb lege ich alles zurück zu deinen Füßen. Ich möchte dich nicht nur sonntagmorgens anbeten. Ich will dich 7 Tage lang 24 Stunden anbeten. Schenke mir kreative Einfälle, wie ich dich jeden Tag meines Lebens über die Maßen anbeten kann.

Mose war ein Prototyp für einen Lebensstil,
der über das Gesetz hinausging.

Mose stand nicht in dem Sinne *über dem Gesetz*, dass das Gesetz nicht für ihn gegolten hätte. Aber er stand insofern über dem Gesetz, als dass er einen Zugang zur Gegenwart Gottes hatte, der vom Gesetz her verboten war, auch für den Stamm der Priester, den Leviten. Es gibt also etwas an Moses Lebensstil, das dir und mir ein prophetisches Bild von dem liefert, was, zu Moses Zeiten, unter dem noch ausstehenden Neuen Bund möglich sein würde.

Wenn ich mir im Alten Testament Israels Wanderung und die Erfahrungen der vielen Führer mit Gott anschaue, dann stellt Exodus 33 aus meiner Sicht ein herausragendes Kapitel in der Bibel dar. Mose stand Gott mehrmals von Angesicht zu Angesicht gegenüber. Aber nur ein einziges Mal leuchtete sein Angesicht von der Gegenwart Gottes, als er nach einem Treffen mit ihm vom Berg herabstieg. Die Gegenwart strahlte buchstäblich von ihm ab (siehe 2.Mose 34,30). Diesem Phänomen begegnen wir erst wieder bei Jesus auf dem Berg der Verklärung (siehe Matthäus 17,2).

Dieser Mann, mit dem Gott von Angesicht zu Angesicht sprach, bringt das zum Ausdruck, wovon Paulus im 2. Korintherbrief schreibt: *„Und wir alle spiegeln mit aufgedecktem Gesicht die Herrlichkeit des Herrn wider. Dabei werden wir selbst in sein Bild mit ständig zunehmender Herrlichkeit verwandelt. Das alles geschieht durch den Herrn, den Geist.“* (2.Korinther 3,18). Bis zu dem Zeitpunkt, als Jesus auf der Bildfläche erschien, konnte das Volk Gottes aufgrund des Gesetzes nicht in die Gegenwart Gottes treten und eine Gemeinschaft von Priestern sein. Mose war ein flüchtiger Blick auf das, was später durch das Kreuz zur Verfügung stehen würde. Erlöste Männer und Frauen, in denen Gott wohnt, haben zentralen Zugang zur alles verwandelnden und strahlenden Gegenwart des Herrn. Es ist verblüffend, wie Gott Mose „über das Gesetz hinweg“ an sich heranließ, damit wir sehen, wie unser Leben heute aussehen kann.

Heutige Bibellese

2.Mose, 34,29-35; 2.Korinther 3,7-18

Gebet

Danke, Gott, dass wir heute denselben Zugang zu deiner Gegenwart haben wie einst Mose. Erfülle mich in meiner stillen Zeit mit dir. Ich will dich in deiner vollen Herrlichkeit erleben und allen, denen du begegnen willst, deine Herrlichkeit zeigen.

Eine Offenbarung über die Güte Gottes
wird unser Antlitz verändern.

Die Begegnung zwischen Mose und Gott in 2.Mose 33 führte zu einem ganz besonderen Ergebnis. Mose bat darum, die Herrlichkeit Gottes sehen zu dürfen, und Gott ließ all seine Güte vor seinen Augen vorbeiziehen (siehe 2.Mose 33,19). Nachdem Mose Gottes Güte gesehen hatte, leuchtete sein Angesicht. Gott möchte das Gesicht seiner Gemeinde noch einmal durch eine Offenbarung seiner Güte verändern.

Wenn wir Gottes Güte anschauen verändert das auch heute noch alles für uns. Wer aber aus einer Perspektive heraus lebt, dass Gott sehr verärgert und jederzeit bereit ist, das Urteil über ihn zu fällen, dessen Antlitz spiegelt diese Offenbarung wider. Man hört es aus seinen Worten und es beeinflusst seine Gedanken. Wenn wir andererseits anfangen, den Gott zu erkennen, der gut ist, wird alles an uns seine Natur auf diejenigen abstrahlen, mit denen wir ständig zu tun haben. Er muss als der Gute Vater gesehen werden, der er tatsächlich ist.

Heutige Bibellese

Römer 8,15-16; Matthäus 7, 7-11; Johannes 3,1

Gebet

Gott, danke dass du ein besserer Vater bist als alle Eltern auf der ganzen Welt. Du bist freundlicher, großzügiger und liebevoller als irgendein Mensch. Bitte schenke mir eine größere Offenbarung davon, wie gut du bist.

Gott sehnt sich danach, ein Volk hervorzubringen, das
die Gute Nachricht nicht nur mit Worten hinausträgt.
Er sehnt sich nach einem Volk, das die Gute Nachricht
in Kraft hinausträgt, und diese Kraft ist eine Person.

Das Evangelium ist unbestreitbar eine Botschaft, die durch Worte vermittelt wird, aber es ist gleichzeitig auch eine Demonstration von Kraft. Der Apostel Paulus wusste das. Er konnte Predigt und Kraftdemonstration nicht voneinander trennen. Er erklärte den Korinthern, dass seine Verkündigung des Evangeliums nicht auf natürlicher Sprachfertigkeit oder überragender Kommunikationskunst beruhe. Es war die Demonstration von übernatürlicher Kraft, die bestätigte, dass seine Botschaft von einer anderen Welt und einem anderen Reich handelte (siehe 1.Korinther 2,1-5).

Die Korinther waren es gewöhnt, dass immer wieder irgendwelche Philosophen oder Poeten durch ihre Stadt zogen. Aber Paulus gehörte nicht zu ihnen. Er kam nicht mit prosaischer Rhetorik, sondern mit der übernatürlichen Demonstration der Kraft, die nur durch die Gegenwart des Heiligen Geistes kommt. Dies machte aus dem Evangelium weit mehr als eine in Worte gefasste gute Neuigkeit. Die Gute Nachricht wurde mit Worten verkündet und anschließend in Kraft demonstriert. Vor ihren eigenen Augen verwandelte sich das Wort vom Evangelium zur Realität des Evangeliums.

Heutige Bibellese

1.Korinther 2,1-5

Gebet

Gott, ich will ein Botschafter sein, der die Gute Nachricht des Evangeliums bringt, aber ich will nicht nur intellektuelle Diskussionen haben. Ich will, dass die Gute Nachricht von Demonstrationen deiner Kraft und Liebe begleitet werden, sodass die Menschen wirklich sehen, wie wunderbar und real du bist. Ich erlaube dir, jederzeit durch mich zu fließen, damit dein Reich Realität wird.

Wir müssen größere Dinge von einem größeren Bund erwarten.

Viele, die an den Neuen Bund glauben, schwelgen gerne in Erinnerungen an die Realitäten des Alten Bundes, die sie selbst nie erlebt haben. Sie gehen davon aus, dass das, was *in alten Zeiten* geschah, heutzutage nicht erreicht – oder gar übertroffen – werden kann. Als Resultat davon erwarten sie weniger, als Gott im Neuen Bund tatsächlich für uns bereithält.

Solange das Erbe des Neuen Bundes für uns nur schöne Worte auf dem Papier sind, werden unsere Erwartungen diesbezüglich immer zu gering bleiben. Schöne Worte mögen für einen Augenblick oder auch einen längeren Zeitraum inspirierend auf uns wirken, aber sie werden uns niemals in eine höhere Realität heben. Gottes Wort ist voller Kraft; der Mangel liegt niemals auf seiner Seite, sondern vielmehr darin, wie der Mensch die herrlichen Verheißungen des Neuen Bundes betrachtet und damit umgeht.

Ich bin sicher, dass Paulus alles tat, um den Gläubigen in Korinth und in den kommenden Generationen die unermessliche Herrlichkeit zu vermitteln, die Jesus zugänglich gemacht hat.

„So aber das Amt, das durch die Buchstaben tötet und in die Steine gebildet war, Klarheit hatte, also daß die Kinder Israel nicht konnten ansehen das Angesicht Mose's um der Klarheit willen seines Angesichtes, die doch aufhört, wie sollte nicht viel mehr das Amt, das den Geist gibt, Klarheit haben!"
(2.Korinther, 3,7-8)

Wir müssen unsere Erwartungen aufrecht erhalten und nach mehr drängen!

Heutige Bibellese

Lukas 22,14-20; Hebräer 12,18-24; 2.Petrus 1,1-4

Gebet

Gott, danke für all die kostbaren Verheißungen, auf die ich durch das Blut Jesu im Neuen Bund zugreifen kann. Hilf mir, genau zu verstehen, was mir in dieser höheren Wirklichkeit des Neuen Bundes zur Verfügung steht. Ich bitte um mehr von dir!

Wenn du dir eine Sache aussuchen könntest, für die man dich kennen soll, eine Sache, die dich von allen anderen abhebt, was wäre das?

Wie sollen dich die Menschen in Erinnerung behalten? Die Menschen arbeiten sehr hart an ihrem Image und ihrem Ruf. Bei manchen ist es das gute Aussehen oder ihr Können. Bei anderen ist es die Stellung oder der Platz innerhalb der Gesellschaft. Und wieder andere beziehen ihr gutes Image aus den geistlichen Gaben, die sie haben. Sogar die Bibel lehrt uns, wie wertvoll ein guter Ruf ist (siehe Sprüche 22,1).

Gott bestimmte die Reputation Israels selbst. Zumindest wusste er, was er sich diesbezüglich wünschte. Sie waren die Geringsten und die Unbedeutendsten und das schwächste Volk unter allen Völkern. Sie besaßen keine natürlichen Qualitäten, die sie von anderen Menschen unterschieden. Und dennoch gab es etwas, durch das sie sich von allen anderen abhoben. *„Und er sprach: Mein Angesicht wird mitgehen, und ich werde dir Ruhe geben."* (2.Mose, 33,14). Es war die Herrlichkeit Gottes – seine manifeste Gegenwart – die ihr besonderes Kennzeichen sein sollte. Israel hatte durch die Gegenwart Gottes an Bedeutung gewonnen. Gott will, dass dieselbe Herrlichkeit uns in gleicher Weise von allen anderen abhebt. Wir erinnern uns, die Gegenwart, die *mit* Israel *ging*, lebt *in* uns. Das ist die Herrlichkeit unseres Erbes im Neuen Bund.

Heutige Bibellese

2.Mose, 33,12-17

Gebet

Gott, danke für die Gabe deiner Gegenwart, die in mir lebt und mich überallhin begleitet. Lass deine Gegenwart das besondere Merkmal meines Lebens sein, das die Atmosphäre und die Menschen um mich herum transformiert.

Die **Kirchengeschichte** ist voller Menschen, die die Gunst des Herrn auf ungewöhnliche Weise erlangten. Die meisten von uns haben ihre besonderen Lieblinge unter ihnen, die sie bewundern, aus Gründen, die oftmals auch mit dem eigenen Background zu tun haben. Wir sehnen uns danach, denselben Stand vor Gott zu erreichen, den unsere Glaubenshelden einnahmen. Ihre Durchbrüche setzten neue Maßstäbe, und ihr Beispiel lädt uns ein, Gott in gleicher Weise nachzujagen. Gottes Einladung gilt nach wie vor allen.

Heutige Bibellese

Hebräer 11-12,1

Gebet

Herr, danke für das wunderbare Vermächtnis, das die Glaubenshelden dem Leib Christi hinterlassen haben. Hilf mir, ihre Siege nicht als etwas Unerreichbares zu betrachten, sondern als eine leicht zu erreichende Plattform, auf der ich weiterbauen kann. Schenke mir die Gnade, alles aus den Siegen der Heiligen herauszuholen, damit das Momentum, das sie angestoßen haben, in Bewegung bleibt. Was für ein unglaubliches geistliches Erbe, in das du mich hineingebracht hast.

Kathryn Kuhlman gehört zu den Glaubenshelden, die ich am meisten bewundere. Als junger Mann hatte ich mehrmals das Vorrecht, sie bei verschiedenen Gelegenheiten zu erleben. Ich habe größten Respekt vor ihr, aus vielen Gründen. Die Wunder, die in ihren Versammlungen geschahen, ist auf jeden Fall einer davon. Aber darüber will ich im Moment nicht sprechen.

Ich möchte vielmehr, ohne respektlos erscheinen zu wollen, darüber sprechen, was Kathryn nicht war. Sie war keine große Bibellehrerin oder Predigerin, auch wenn sie durchaus dazu in der Lage gewesen wäre. Sie war keine Schönheit, was ihr vielleicht Gunst bei den Menschen verschafft hätte, noch ehe die Zeit ihres Dienstes begonnen hätte. Sie war keine Sängerin, die die Massen mit einer erstaunlichen Stimme berührt. Die Liste ließe sich noch weiter fortführen.

Was aber war sie? Es sieht so aus, als ob sie einfach die Person war, mit der Gott sehr gerne Gemeinschaft hatte. Sie ist bekannt für seine Gegenwart. Es war seine Gegenwart, die die Wunder und die Massenbekehrungen bewirkte. Auch das hohe Niveau der Anbetung in ihren Versammlungen ist nur diesem einen Umstand zu verdanken.

Sie war eine Frau seiner Gegenwart.

Heutige Bibellese

Philipper 3, 1-11

Gebet

Jesus, es ist so ermutigend zu wissen, dass ich nicht viele außergewöhnliche Fähigkeiten aufweisen muss, dass es vielmehr schon genügt, wenn ich die außergewöhnliche Fähigkeit besitze, dich aufzunehmen, damit du kommen und tun kannst, worin du am besten bist. Hilf mir, jemand zu sein, der mehr Wert auf deine Gegenwart legt als auf alle irdischen Qualitäten oder Zertifikate. Dann werden gewaltige Dinge passieren, weil dein Heiliger Geist seinen angestammten Platz in meinem Leben einnimmt.

Wer alles aus sich herausholen will,
muss sich von Gott abhängiger machen.

Meine Augen werden immer noch feucht, wenn ich mir das Video von Kathryn Kuhlman anschaue, in dem sie über die absolute Hingabe an den Heiligen Geist spricht. Es ist ein wahrhaft ernüchternder Moment. Sie nennt den genauen Zeitpunkt und Ort, an dem sie Gott ihr endgültiges „Ja" gab. Solche Momente zeugen nicht gerade von Stärke. Sie führen uns vielmehr vor Augen, wie schwach wir tatsächlich sind und dass wir die Gegenwart Gottes brauchen.

Sobald wir unsere völlige Abhängigkeit von seiner Gegenwart akzeptieren und einen Hunger danach entwickeln, trifft seine Kraft auf unsere Schwachheit – eine wunderbare Kollision. Viele versuchen, diese Abhängigkeit zu verdrängen, weil sie die eigene Schwachheit entlarvt. Aber anstatt sich dafür zu schämen, sollten wir uns darüber freuen. In unserer Schwachheit haben wir Anspruch auf seine Gegenwart. Wir sind alle schwach. Die Frage ist, wie wir damit umgehen. Werden wir aus eigener Kraft weitermachen, im verzweifelten Bemühen, wesentliche Defizite vor der Welt zu verbergen? Oder wird die Konfrontation mit unserer Schwachheit uns an den geheimen Ort treiben, wo wir nach seiner Kraft rufen, die uns in unserer Schwachheit vollkommen macht?

Wir können unsere Defizite nicht vertuschen. Unser größtes Defizit besteht darin, dass wir ohne seine Salbung nichts Erwähnenswertes zustande bekommen. Das heißt nicht, dass wir unwürdig sind. So finde ich es zum Beispiel überaus erstaunlich, dass Gott uns für würdig erachtet, seinen Heiligen Geist zu empfangen. Der Heilige riss am Pfingsttag die Himmel auf und entließ seine Gegenwart in einen neuen Tempel – mit Fehlern behaftete Menschen aus Fleisch und Blut. Die Frage lautet: Wollen wir von seiner Gegenwart, die durch uns wirkt, abhängig sein, oder werden wir weiterhin alles aus eigener Kraft machen?

Heutige Bibellese

2. Korinther 12, 1-10; Jeremia 9, 23-24

Gebet

Heiliger Geist, ich möchte nie mit meinen Fähigkeiten prahlen oder stolz darauf sein, was ich ohne dich hinbekomme. Ich brauche dich unbedingt jetzt und werde dich immer brauchen.

So viele ziehen sich eine Saul-Rüstung über, weil sie unbedingt in einer Gabe dienen wollen, die sie nicht haben.

Erkenne, wer du nicht bist. Das ist ein kraftvoller Schlüssel zur eigenen Salbung, weil Gott dich dazu geschaffen hat, auf deine einzigartige Weise *du* zu sein. Je länger wir versuchen, jemand anders zu sein, desto länger verhindern wir damit, dass wir uns völlig auf die bevollmächtigende Gegenwart Gottes in uns verlassen. Entweder wir vertrauen auf Gott oder auf unsere eigene Stärke und versuchen, jemand zu werden, der wir nicht sind. Das ist die falsche Antwort auf Schwachheit.

Kann es sein, dass dein größter Schwachpunkt genau der Bereich ist, durch den Gott den größten Durchbruch freisetzen möchte? Wir spüren, dass wir unsere eigenen Bereiche haben, durch die Gott wirken will. Gleichzeitig stoßen wir auf die Tatsache, dass dies genau die Bereiche sind, in denen wir schwach sind. Wir sind ineffizient. Wir sind nicht ausgebildet. Wir sind ungelernt. Wir sind unqualifiziert. Wir schaffen es nicht. Deshalb schauen wir auf andere Menschen, wie sie in ihren Gaben aufblühen. Wir sehen, wie sie von Gott gebraucht werden und wünschen uns, auf dieselbe Art gebraucht zu werden. Der Wunsch, von Gott gebraucht zu werden, ist gesund; die Annahme, dass der Weg dahin in der Nachahmung anderer besteht, ist gefährlich. Es bedeutet, „Sauls Rüstung anzuziehen". Als David sich auf seinen Kampf mit Goliath vorbereitete, wollte man ihn in Sauls Rüstung losschicken, aber sie passte nicht. Gott wollte sich durch David auf andere Weise manifestieren. Es sollte eine einzigartige Demonstration seiner Macht werden, durch einen Hirtenjungen mit einer Steinschleuder und ein paar glatten Steinen.

Wir treffen häufig auf Menschen, die wir bewundern und nachzuahmen bzw. zu übertreffen versuchen. *Jeder, der weiß, wie Gott ihn geschaffen hat, wird nie jemand anders sein wollen.*

Heutige Bibellese
1. Samuel 17,31-54

Gebet
Danke, Gott, dass du mich so einzigartig gemacht hast.

*Man kann von einem schwächeren Bund
keinen höheren Segen .*

Moses Leben lädt heute alle zu einer tieferen Beziehung mit Gott ein. Erstaunlich dabei ist, dass er alle seine Abenteuer innerhalb eines unvollkommenen Bundes erlebte. Jesus errichtete einen neuen und besseren Bund (siehe Hebräer 8,6). Es ist wichtig, dass wir verstehen, wie Altes und Neues zusammenwirkt. Zum einen wird das Alte durch das Neue nicht abgeschafft. Jesus kam nicht, um das Gesetz und die Propheten aufzuheben. Er kam, um sie zu erfüllen (siehe Matthäus 5,17). Wir haben die Lizenz, in der Substanz weiterzuführen, was Mose schemenhaft erlebte. Der alte Bund sollte nicht als die Hochwassermarke der christlichen Erfahrung schlechthin betrachtet werden, sondern als ein wichtiger Zwischenschritt.

Kommen wir noch einmal auf Mose zurück. Die Gemeinde sollte seine Errungenschaften und Erfahrungen stets hochachten. Es wäre töricht, wenn sie es nicht täte. Genauso töricht wäre es aber auch, die Hochwassermarke des Alten Testaments auf das Neue Testament übertragen zu wollen. Es hieße, einen höheren Segen von einem geringeren Bund zu erwarten. Das heißt nicht, dass wir uns von dem, was die Schlüsselfiguren des Alten Bundes mit Gott erlebten, distanzieren dürfen. Dann hätten wir nämlich keine Erkenntnis von der herrlichen Überlegenheit des Bundes, in den uns Jesu Blut hineingebracht hat.

Unsere Glaubenshelden des Neuen Testaments verstanden dies. Und das gab ihnen das Recht, nach mehr zu streben.

Heutige Bibellese

Matthäus 5,14-20; Psalm 78

Gebet

Gott, du hast wirklich großartige Dinge bei den Kindern Israels getan, trotzdem bin ich froh, dass ich im Neuen und nicht im Alten Bund lebe. Danke, dass nicht der Gehorsam mich vor dir gerecht macht, sondern das Blut Jesu. Danke, dass du nicht böse auf mich bist und es auch nie sein wirst. Deine Liebe wird mich nie enttäuschen.

Durch das Blut Jesu können wir ein Volk seiner Gegenwart sein.

Das Blut Jesu bringt uns in die Gegenwart Gottes. Gleichzeitig sorgt es dafür, dass seine Gegenwart in uns einzieht und uns bevollmächtigt, ein Leben der Auferstehung zu führen. Das ist absolut wichtig, um ein christliches Leben führen zu können. Das Kreuz ist das Tor zum christlichen Leben, das in der Auferstehung seine Veranschaulichung findet. Ohne das Kreuz kann es nicht begonnen und ohne die Auferstehung nicht *gelebt* werden.

Pfingsten ist nicht einfach nur ein feierlicher Gedenktag. Pfingsten macht die Auferstehung Jesu zu einem Lebensstil, den jeder von uns haben kann. Der Geist, der Christus von den Toten auferweckte, hat auch uns von den Toten auferweckt (siehe Römer 8,11). Das bedeutet, dass dieselbe Gegenwart Gottes, die für die Auferstehung Jesu verantwortlich ist, in uns wohnt und uns ein Leben der Auferstehung nach dem Vorbild des Erlösers ermöglicht. Wir sind gemäß Kolosser 3,1 *mit* Christus auferstanden. Infolgedessen müssen wir mehr denn je damit beginnen, als auferstandene Menschen zu denken und zu leben.

Heutige Bibellese

Kolosser 3, 1-17

Gebet

Heiliger Geist, ohne deine Bevollmächtigung wäre es mir nicht möglich, so zu leben, wie Jesus es tat. Ohne deine Gegenwart könnte ich nicht richtig lieben, vergeben oder ein reines Leben führen. Das alles geht nur wegen dir. Danke, Heiliger Geist, dass du in mir wohnst.

Die Erkenntnis, wer Gott ist, setzt die Parameter für unseren Glauben.

Der Tor spricht *in seinem Herzen: Es ist kein Gott!"* (Psalm 14,1). Trotzdem bezweifeln viele Menschen Gottes Existenz, und von den restlichen haben die meisten ihre Zweifel an seinem Charakter. Man kann daran glauben, dass es Gott gibt, und gleichzeitig nicht wissen, *wer* dieser Gott tatsächlich ist. Der Verfasser des Hebräerbriefes, der das Wesen des Glaubens und das entsprechende Dilemma kannte, schrieb: *„… wer Gott naht, muß glauben, daß er ist, und denen, die ihn suchen, ein Belohner ist."* (Hebräer 11,6).

Das Vertrauen in seine Existenz *und seinen Charakter* ist wichtig für den aktiven Glauben. Der Glaube blüht auf, wenn diese beiden Aspekte stimmen. Es geht dabei nicht einfach darum, zu wissen, dass es ihn irgendwo da draußen gibt. Es geht darum zu wissen, dass er hier und jetzt präsent ist. Wer das weiß, verhält sich entsprechend – und *sucht Gott gewissenhaft.* Genau das bestimmt die Parameter unseres Glaubens. Wie weit unser Glaube reicht, hängt von unserer Offenbarung über Gottes Wesen ab.

Heutige Bibellese

Apostelgeschichte 17,27; Epheser 1,15-21; Epheser 3,14-19

Gebet

Gott, du weißt, wo mein Glaube steht und wie ich den nächsten Level erreichen kann. Zeige dich mir, damit ich dein Wesen verstehe und dich in einem noch größeren Maße lieben kann.

Es ist kein Gerücht; Gott ist wirklich gut, und zwar immer. Diese Entdeckung schenkt mir die Gnade, ihm mit unbekümmerter Hemmungslosigkeit zu dienen.

Mose hatte eine Reihe von lebensverändernden Begegnungen mit Gott. „Die bemerkenswerteste unter ihnen war die, als er die *Güte* Gottes in ihrer gesamten Fülle sah. Wenn es um das Begreifen der Natur Gottes geht, die ja auch mit seiner Güte zusammenhängt, gibt es kein größeres Vakuum in den Herzen und Köpfen der Menschen. Man kann anscheinend nicht einmal von seiner außerordentlichen Freundlichkeit sprechen, ohne dass jemand gleich besorgt vor einer „rührseligen Agape" oder einem „Erlaubt ist, was gefällt"-Christentum warnt. Leider hat die Furcht vor einer Überbetonung seiner Güte dazu geführt, dass viele Herzen die Freiheit, die er für sie erkauft hat, nicht erleben. Aber man kann in Bezug auf seine Güte nicht übertreiben. Sie ist nun einmal extrem. Diese Wahrheit soll keineswegs zu einem sündigen und ungehorsamen Leben auf Kosten von Gottes Güte ermutigen. Ein solches Verhalten auch nur zu erwägen, würde bedeuten, dass man diese lebensverändernde Offenbarung gründlich missverstanden hat.

Sobald wir die Güte Gottes entdecken, können wir nicht anders als ihm die völlige Kontrolle zu überlassen. Unser Verlangen ist, ihm nachzueifern, denn wir haben in die Augen einer reinen und unbefleckten Güte geblickt. Wir dienen ihm von ganzem Herzen, weil wir absolutes Vertrauen in die Natur des Einen haben, dem wir unser Leben gegeben haben.

Heutige Bibellese

Psalm 34

Gebet

Du bist ein so guter Gott! Ich habe geschmeckt und gesehen, wie gut du zu mir bist, und ich sage Danke. Du überbietest dich kontinuierlich, je mehr ich mich deiner rühme und dir danke. Deine Güte hat kein Ende. Ich weiß, dass ich dir stets vertrauen kann, und bin zuversichtlich, dass du gute Pläne für mich hast.

Alle wollen einen König wie Jesus.

Jesus wird in Haggai 2,7 „*das Ersehnte aller Nationen*" bezeichnet. Daraus entnehme ich, dass alle – letzten Endes - einen König wie Jesus haben wollen. Tatsächlich ist der Mensch dazu geschaffen, zu regieren und regiert zu werden. Auch wenn die Sünde ins Spiel kam und den Menschen zum Sklaven eines rebellischen Herzens machte, blieb die Sehnsucht, von absoluter Güte regiert zu werden, in den tiefsten Orten unseres Seins bestehen. Nur Gott selbst kann diese Lücke füllen. Die Erfahrung der Wiedergeburt sorgt dafür, dass die blinden Augen des Menschen schließlich den Einen anschauen, der würdig ist, jeden Lebensbereich zu regieren.

Nach Jesus sehnen sich alle und zweifeln doch daran, ob er überhaupt existiert. Die Gemeinde repräsentiert Jesus, was ja im Grunde ihn wieder–präsentieren bedeutet. Das ist unsere herrliche Verantwortung als Träger seiner Gegenwart. Wenn es uns gelingt, ihn zu beherbergen und während des Prozesses zu werden wie er, dann wird die Welt vielleicht tatsächlich die Erfahrung machen, wie „… *die Güte Gottes dich zur Buße leitet*" (Römer 2,4). Oh, wenn sie sein Bild durch unser Leben manifestiert sähen, wären sie in der Lage auszurufen: „*Ich habe geschmeckt und gesehen, wie freundlich der Herr ist!*" (siehe Psalm 34,8).

Heutige Bibellese

Haggai 2, 1-9

Gebet

Herr, ich möchte, dass jeder dich kennenlernt und deine wundervolle Güte erlebt! Es ist mein Privileg, den Menschen zu erzählen und zeigen, wer du wirklich bist. Beweise deine Liebe durch mein Leben in einer Art und Weise, die die Menschen tief berührt und ihnen zeigt, wie sehr du sie liebst.

Der Tod Christi erfüllte die Forderungen des Alten Bundes und entzündete die Feuer des Neuen.

„Dieser Kelch ist *der neue Bund in meinem Blute; dies tut, so oft ihr trinket, zu meinem Gedächtnis.* " (1.Korinther 11,25). Als Jesus starb, öffnete er dem Menschen den täglichen, direkten Zugang zur Gegenwart Gottes. Zu Moses Lebzeiten war dies undenkbar. Der Hohepriester war der einzige, der die Gegenwart, also das Allerheiligste, betreten durfte, und das auch nur einmal im Jahr am großen Versöhnungstag.

Dabei steht außer Frage, dass der Neue Bund im Blut Jesu uns in höhere Segnungen hineingeführt hat. Der uneingeschränkte Zugang zu Gottes Gegenwart ist wahrscheinlich die größte Gnade dieser neuen Realität. Jene Gegenwart, die einst strikte Einhaltung des Protokolls forderte, steht nun allen offen, die ihre Erlösung durch Christus annehmen. Im Alten Bund galt, dass sündige Menschen, die unwürdig in seine Gegenwart kamen, sterben mussten. Jesus hat dafür gesorgt, dass dieselbe Gegenwart unwürdige Sünder berührt und zu Gottes Gerechtigkeit in Christus Jesus macht (siehe 2.Korinther 5,21).

Heutige Bibellese

Hebräer 9-10,25

Gebet

Danke Jesus, dass du das vollkommene Opfer für meine Sünden bist, sodass ich keine Opfer mehr bringen muss. Dennoch möchte ich dir etwas opfern, und zwar mich selbst - meinen Leib, meine Seele und meinen Geist - und dir in allem, was ich sage, tue und denke, die Ehre geben.

April

GOTTES VOLLMACHT SCHENKENDE GEGENWART

**Im Alten Testament waren die Propheten die Menschen,
die am meisten gefürchtet und respektiert wurden.**

Um eine genaue Vorstellung vom Maß der Vollmacht zu bekommen, die wir im Heiligen Geist haben, müssen wir zeitlich zurückgehen und uns kurz die Propheten des Alten Testaments anschauen.

Ihr Umgang mit Gott erzeugte eine sehr gesunde Gottesfurcht, die oftmals das Denken und Leben der Menschen stark prägte. Aber wenn *der Geist Gottes auf sie kam,* hoben sie sich plötzlich von der Masse ab. In diesem Augenblick änderte sich alles. Sie verwandelten sich von respektierten Bürgern einer Stadt zu gefürchteten Bürgern des Himmels. Zweifellos besaßen sie eine ungewöhnliche *Gabe* von Gott. Sie konnten *sehen.* Doch die größte Wirkung ging vom *Geist Gottes* aus, der *auf ihnen* war. Gott sprach durch sie und bekräftigte sein Wort mit Zeichen und Wundern. Diese ungewöhnlichen Menschen schufen die bizarrsten Momente in der Geschichte. Und sie sind eine Bereicherung für uns.

Heutige Bibellese

1. Könige 18; Amos 1, 1-2

Gebet

Gott, gewöhnliche Menschen, die zu außergewöhnlichen Propheten des Alten Testaments wurden, machten deine originäre Kraft sichtbar. Es ist erstaunlich, dass dieselbe Kraft, in der sie prophezeiten und Zeichen und Wunder taten, durch Jesus auch auf mir liegt.

Die Propheten waren deshalb so gefürchtet,
weil der Geist des Herrn auf ihnen war.

Der Geist Gottes, der den Himmel mit sich selbst, mit seiner Gegenwart sättigt, ruht auf Menschen, und sobald er das tut, passiert etwas. Diese Realität ist selbst im Zusammenhang mit dem Alten Testament absolut verblüffend.

Die Propheten des Alten Testaments trugen die Gegenwart Gottes in einer Weise, die selten war, besonders für die damalige Zeit. Doch bis auf den heutigen Tag wird ihre Funktion oftmals falsch eingeschätzt. Sie spielten eine entscheidende Rolle in dem zunehmenden Wechselspiel zwischen der bleibenden Gegenwart Gottes und der Bestimmung des Menschen auf Erden. Wenn wir die Entwicklung dieser großen Männer und Frauen Gottes verstehen und das Momentum, das durch sie geschaffen wurde, werden wir unsere eigene Aufgabe noch motivierter angehen.

Unsere Zeit wird noch wunderbarer werden, denn Gott versprach: *„Die letzte Herrlichkeit dieses Hauses wird größer sein als die erste"* (Haggai 2,9). Darüber hinaus profitieren wir von den früheren Generationen, indem ihre Siege uns mehr Klarheit im Herzen und im Denken schenken.

Heutige Bibellese

Jona 3; Sacharia 1,1-6; 1.Petrus 1,20-21

Gebet

Herr, lass mich besser verstehen, was es heißt, deine Gegenwart auf mir zu haben, so wie sie auf den Propheten des Alten Bundes geruht hat. Zeige mir den Unterschied, wie du dich und dein Wort in ihnen manifestiert hast und wie du dich in und durch mich manifestieren möchtest.

Für das Volk Gottes gibt es einen eindeutigen Fortschritt in der Offenbarung Gottes und eine Zunahme seiner manifesten Gegenwart und Herrlichkeit.

Gott meinte es ernst, als er sagte: *„Die Mehrung der Herrschaft und der Friede werden kein Ende haben"* (Jesaja 9,7). Seit jenen Worten hört die Mehrung nicht mehr auf. Wie im Himmel so auf Erden wird immer mehr zur Realität in unserer Mitte. Wir müssen unseren Blick und unser Denken auf die Ausbreitung seiner Herrschaft richten, damit wir sehen, was Gott tut und mit ihm darin kooperieren. Sein Königreich kennt nur Zunahme und Expansion. Das wird solange weitergehen, bis 4.Mose 14,21 eintritt: *„... soll von der Herrlichkeit Jahwes erfüllt werden die ganze Erde".*

Wiederum sagt die Schrift über uns: *„Aber der Pfad der Gerechten ist wie das glänzende Morgenlicht, das stets heller leuchtet bis zur Tageshöhe"* (Sprüche 4,18). Wir sollen und müssen davon ausgehen, dass es vorwärtsgeht. Schließlich sind wir Bürger eines unerschütterlichen Königreiches, das nie enden wird. Die eigentliche Bestimmung unseres Lebens ist eng damit verflochten, dass das Reich Gottes hereinbricht und der Schleier von seiner Herrlichkeit fällt. Wo immer du dich aufhältst und was immer du auch tust, *du* spielst eine entscheidende Rolle in der Mehrung *seiner* Herrschaft.

Heutige Bibellese

Jesaja 9,1-7

Gebet

Vater, danke, dass ich bei der Erweiterung deines Reiches mitmachen darf. Zeige mir, wie ich das mit meinem Leben heute tun und deine Güte, Liebe, Freude, Heilung, Gerechtigkeit sowie deinen Frieden in meinem Einflussbereich verbreiten kann.

Zu viel wird unter den Teppich namens Souveränität Gottes gekehrt.

Gott wird aufgrund eines falschen Verständnisses von seiner Souveränität oftmals für alles verantwortlich gemacht, was im Leben passiert. Die Menschen glauben, dass hinter jeder Sache sein Wille stecken muss, da er ja Gott ist. Sie bedenken weder den Austausch, der in Eden stattfand, noch rufen sie sich Jesu Worte in Erinnerung, die er während seiner Versuchung zum Teufel sprach. Es gibt einen Feind mit einem eigenen Plan. Er ist nicht allmächtig, aber ganz sicherlich gerissen. Er sucht immer nach Verbündeten. Er redet solange auf uns ein, bis wir auf seinen Schwindel hereinfallen. Vieles von dem, was wir als die *Souveränität* Gottes bezeichnen, ist in Wirklichkeit der dämonische Einfluss, unter dem sich die Welt dreht. Von Krankheit bis Unheil - bei allem, was stiehlt, tötet und zerstört, müssen wir prüfen, wie wir es einordnen sollen.

Es ist problematisch und schlichtweg falsch, solche Dinge mit *Gottes souveränem Willen* gleichzusetzen. Gott will nicht, *„daß jemand verloren gehe, sondern daß jedermann Raum zur Buße habe."* (2.Petrus 3,9). Aus diesem Grund betone ich gerne die Rolle, die wir in Bezug auf den Ausgang der Geschehnisse spielen. Von Anfang an war der Mensch für eine Zusammenarbeit mit Gott gedacht. Daraus entnehme ich, dass wir in der Umsetzung der himmlischen Pläne einen wichtigen Part haben. Gott ist nicht machtlos, dass er darauf warten würde, sich vom Menschen seinen nächsten Schritt diktieren zu lassen. Das ist genauso falsch. Gott, der Allmächtige, hat in seiner Souveränität ein System geschaffen, durch das der von seiner Gegenwart bewohnte Mensch in seine Position der Autorität wieder eingesetzt wird. Es ist an der Zeit, nun erst recht in diese Identität einzutreten und einer Welt, die durch die Folgen der Sünde ruiniert ist, die erneuernden Lösungen Gottes zu bringen.

Heutige Bibellese

2.Petrus 3,8-9

Gebet

Herr, lehre mich, welche Dinge ich zum Besseren wenden kann, indem ich bete, proklamiere oder aktiv werde. Danke, dass du mir durch Zeugnisse und Gebetserhörungen Mut machst, wenn ich meinen Teil dazu beitrage, den Himmel auf die Erde zu bringen. Das stärkt meinen Glauben und motiviert mich, immer wieder Risiken einzugehen.

Ich habe gelernt, dass Gott nicht gegen sein Wort verstößt.
Aber er scheint sich nicht davor zu scheuen, gegen das Ver-
ständnis, das wir von seinem Wort haben, zu verstoßen.

Wir **können nicht** davon ausgehen, dass unser natürlicher Verstand das Wort Gottes voll und ganz erfasst. Das wäre arrogant und würde nur zu einem Leben ohne Demut und geistlichen Hunger führen. Nein, Gott handelt nicht im Widerspruch zu seinem Wort, das letztendlich seine Natur enthüllt. Aber er ist dafür bekannt, dass er das Verständnis, das *wir* von seinem Wort haben, abklopft. Vielleicht dachten wir, hundertprozentig zu wissen, was Gott in welchen Situationen tut – bis er plötzlich ganz anders handelte. Er blieb zwar derselbe, aber sein Wirken entsprach nun nicht mehr dem, was wir kannten und verstanden.

Ich sprach einmal auf einem YWAM-Stützpunkt in Colorado. Kris Vallotton, der zu diesem Zeitpunkt noch als Geschäftsmann arbeitete, war mitgekommen, um mich zu unterstützen. (Er ist heute ein bewährter Prophet auf internationaler Ebene und Teil unseres Mitarbeiterstabs in der Bethel-Gemeinde). Wir konnten beobachten, wie der Geist Gottes wundervoll und kraftvoll auf viele Menschen kam. Vor allem aber auf eine junge Frau, die in Bezug auf Geistesgaben, insbesondere die Prophetie, völlig unbedarft war. Tatsächlich glaubte sie nicht einmal, dass sie überhaupt existierten. Gott ruhte in einer Weise auf ihr, die alle erschreckte. Er wollte durch sie reden, doch ich kann nicht gerade behaupten, dass sie das auch wollte. Sie hatte keine Ahnung, was mit ihr und durch sie geschah, bis es vorbei war. Es war so herrlich und dennoch ernüchternd. Das Wort, das der Herr durch sie sprach, war kraftvoll und rein. Ihr streng konservativer Hintergrund hatte dafür gesorgt, dass sie von vielen Dingen unbefleckt geblieben war, welche diese Generation verunreinigen. Wir führten sie durch den Raum, damit sie für andere Menschen betete (die Salbung dafür lag eindeutig auf ihr und nicht auf uns). Jeder, der von ihr Gebet empfing, erlebte eine starke Berührung durch den Herrn. War es wundervoll? Ja. Herrlich? Ja, und zwar so sehr, dass man es mit Worten nicht mehr ausdrücken kann.

Heutige Bibellese
Jesaja 55,8-11

Gebet
Gott, gib mir Augen, die sehen, wie du wirkst, auch
wenn ich nicht schlau daraus werde.

So viele Menschen haben niemanden, zu dem sie gehen
können, wenn Gott sie auf ungewöhnliche Weise berührt.

Das allgemeine Verhalten in den Gemeinden geht dahin, dass viele versuchen, durchschnittlich zu bleiben, sodass ihre Gotteserfahrung auf den kleinsten gemeinsamen Nenner heruntergeschraubt wird. Oftmals wenden sich die Menschen von der Salbung in ihrem Leben ab, um sich ihr Gefühl der Kontrolle zu bewahren. Das andere Extrem ist, dass sie manchmal denken, sie werden verrückt, weil sie Erfahrungen machen, die sich scheinbar sehr von den üblichen unterscheiden. Der Feind arbeitet daran, uns zu isolieren, und das ist einer seiner Tricks. Das führt dazu, dass wir irgendwann das aktuelle Wirken Gottes sabotieren. Menschen, die sich in solch einer Lage befinden, brauchen Hilfe, damit sie ihre Gabe kennenlernen und entwickeln können.

Wir müssen eine Kultur schaffen, die versteht, wie der Geist Gottes wirkt. Desgleichen müssen wir belehrbar bleiben (belehrbar vor allem für den Heiligen Geist). Eine Vorbedingung dafür ist Hunger. Wer seinen Hunger nach Gott bewahrt, ist am ehesten vor geistlicher Arroganz gefeit. Die entscheidende Mischung ist Hunger und Demut. Demut erkennt an, dass Gott Gott ist und dass es noch eine Menge an Wissen und Offenbarung über ihn zu entdecken gibt. Der Hunger setzt unsere Herzen darauf an, diesen Gott so gut wie möglich kennenzulernen, selbst um den Preis, dass Gott unsere Theologien persönlich in Frage stellt. Demütig und hungrig werden wir sichere Räume schaffen, zu denen die Menschen kommen können, wenn sie von Gott berührt werden.

Heutige Bibellese

Psalm 86,1-13

Gebet

Heiliger Geist, erkläre mir deine Worte und Taten, während du in mir, durch mich
und in meinem Umfeld Dinge tust, die aus dem Rahmen fallen. Schenke mir Begeg-
nungen mit Menschen, die in den Dingen des Geistes mehr Weisheit und Erfahrung
besitzen als ich und mich darin weiterbringen können. Ich will vor dir demütig und
hungrig bleiben.

Lies deine Bibel. Gott macht, was ihm gefällt. Er ist Gott
und wird sich in keine unserer Schubladen pressen lassen.

Ich weiß, dass viele denken, bestimmte Erlebnisse können nicht von Gott sein, da der Heilige Geist doch ein Gentleman ist. Zumindest wurde mir das in den wundervollen Jahren der Charismatischen Erneuerung in den 1960ern, –70ern und frühen –80ern immer wieder gepredigt. Ein Gentleman? Meine Antwort darauf lautet, falls ja, dann gemäß seiner eigenen Definition des Begriffes. Ich möchte nur daran erinnern, dass dieser *Gentleman* z.B. Saulus vom Esel stieß (siehe Apostelgeschichte 9).

Es gibt viele, die große Angst davor haben, dass Gott bei ihnen etwas Ähnliches tun könnte, sie anschließend aber irgendwie versagen und Gott mit ihrer Reaktion enttäuschen. Und es gibt viele andere, die glauben, sobald Gott sie auf diese Weise berührt, lösen sich all ihre Probleme in Luft auf. Gott kennt uns in- und auswendig. Er weiß, was wir am dringendsten brauchen und was wir uns am meisten wünschen. Als vollkommener Vater sehnt er sich danach, uns das zu geben, was uns auf die nächsthöhere Stufe hebt. Aber er weiß auch, was uns von unserer Bestimmung und Weiterentwicklung ablenken würde. Wir müssen darauf vertrauen, dass er diesen Teil unseres Lebens in die Hand nimmt und dafür sorgt, dass wir nach allem hungern und eifern, was er uns zur Verfügung stellt.

Heutige Bibellese

Psalm 115

Gebet

Gott, ich brauche keine körperliche Manifestation, um zu glauben, dass es dich gibt und du in meinem Leben wirkst. Ich vertraue dir, dass du mich auf den nächsten geistlichen Level hebst, und ich gebe dir mein Leben noch einmal ganz neu hin. Ich erlaube dir, mich zu berühren, wann, wo und wie immer du willst. Tu in und durch mich, was du willst.

*Ich wünsche mir so sehr, dass wir unterscheiden lernen, wann
der Heilige Geist tatsächlich an einem Menschen wirkt.*

In den nächsten Tagen werden wir uns ein wenig mit dem Leben König
Sauls befassen. Saul fing als guter König an. Er war voller Eifer für den Herrn
und empfand rechtschaffenen Zorn, wenn die Feinde Israels die Sicherheit seines Volk bedrohten. Aber daran erinnert man sich nicht. Man erinnert sich an
sein späteres Scheitern, nachdem er sich zu einem bösen König gewandelt hatte,
und zwar zu einem sehr bösen. Obwohl Gott von vornherein wusste, wie es in
Sauls Herzen aussah, bot er ihm alle Chancen, seiner Aufgabe gerecht zu werden.
Gleich zu Beginn seiner Herrschaft bekam er vom Propheten Samuel ein Wort,
in dem es um eine alles verändernde Begegnung ging:

*Danach wirst du zu dem Hügel Gottes kommen, wo Aufstellungen der Phi-
lister sind; und es wird geschehen, sowie du daselbst in die Stadt kommst, wirst
du einer Schar Propheten begegnen, die von der Höhe herabkommen, und vor
ihnen her Harfe und Tamburin und Flöte und Laute, und sie werden weissagen.
Und der Geist Gottes wird über dich geraten, und du wirst mit ihnen weissagen und wirst in einen anderen Mann verwandelt werden. (1.Samuel 10,5-6)*

Der Geist des Herrn lag bereits auf den Propheten, und als Saul in ihren
Dunstkreis kam, sprang der Geist auf ihn über. Auch heutzutage erleben viele
eine starke Berührung durch die Gegenwart Gottes. Leider hält die Erfahrung
nicht lange an. Das liegt weder an einer mangelnden Bereitschaft Gottes noch an
einem Mangel in der Begegnung, sondern eher an der Nachfolge. Um zu einer
effektiven Nachfolge zu gelangen, müssen wir lernen, das Wirken Gottes im Leben anderer zu erkennen, und ihnen helfen, die Aktivität seines Geistes richtig
zu verwalten. Und vielleicht könnten wir ja das, was er gerade in und durch sie
tut, respektvoll für uns nutzen und seine Gegenwart bewusster auf uns einwirken
lassen.

Heutige Bibellese

1.Samuel, 10,1-16

Gebet

*Heiliger Geist, hilf mir, die Durchbrüche anderer Men-
schen ebenfalls zu feiern und von ihnen zu profitieren.*

Zwei sind mehr als einer, sofern sie eins sind. Zwei sind weniger als einer, sobald sie uneins sind.

Liegt der Geist Gottes auf einer Person, erzeugt er hier und jetzt eine himmlische Atmosphäre. Im Falle des Königs Saul handelte es sich um eine Gruppe von Propheten, sodass wir eine exponentielle Zunahme haben, die nur durch Einheit entstehen kann. Zwei sind besser als einer, wenn sie eins sind. Zwei sind weniger als einer, sobald sie uneins sind. Dies zu erkennen ist unerlässlich, wenn wir seinen Plänen folgen wollen. Man nennt es *gemeinschaftliche Salbung*.

Einheit schafft die Infrastruktur für eine gesteigerte Demonstration der Gegenwart. Das ist die Botschaft von Psalm 133, der die Salbung mit dem *„köstliche(n) Öl auf dem Haupte, das herabfließt auf den Bart, auf den Bart Aarons"* vergleicht (Psalm 133,2). Die Bibel preist das gemeinschaftliche Einvernehmen unter den Gläubigen, wenn der Psalmist sagt: *„Siehe, wie gut und wie lieblich ist es, wenn Brüder einträchtig beieinander wohnen!"* (Psalm 133,1). Wo zwei oder mehr in Einheit zusammen sind, da schaffen sie die beste Voraussetzung für diese gebündelte Freisetzung von Salbung, während zwei oder mehr, die in Zwietracht miteinander leben, schlimmer sind als eine einzelne Person.

Heutige Bibellese

Psalm 133

Gebet

Herr, ich bitte dich, verstärke die Einheit unter den Menschen in meiner Familie, meinem Dienst und meiner Gemeinde. Ich weiß, dass der Feind durch Spaltungen einen Fuß in die Tür bekommen will. Ich bete, dass unsere geistlichen Augen geöffnet werden, damit wir jeden Vorstoß in diese Richtung erkennen und ihm nicht zum Opfer fallen. Wenn wir Ärger verspüren, beleidigt, verletzt oder genervt sind, dann hilf uns, dass wir diesen Gefühlen nicht nachgeben, sondern dem Feind erklären, dass hier kein Platz für ihn ist, und den entgegengesetzten Geist proklamieren. Schaffe ein Umfeld der Liebe und Ehrlichkeit, anstelle von Bitterkeit und Klatsch. Wenn ich jemandem sagen muss, wie verletzt ich bin, dann hilf mir, es in Liebe zu tun und mutig zu kommunizieren.

Geschenke sind umsonst; Reife ist teuer.

Sauls Begegnung mit den Propheten sollte ihn auf das Amt eines Königs vorbereiten, wie Israel ihn brauchte. Als der Geist Gottes auf ihn kam, verwandelte er sich in einen völlig anderen Menschen. Diese Begegnung veränderte wahrhaftig alles bei ihm. Gott machte den Anfang; nun war es an Saul, zu reagieren. Er sollte sich „um den neuen Garten kümmern", den Gott in sein Herz gepflanzt hatte. Wir arbeiten immer auch selbst an unserer Entwicklung mit.

„*Und es soll geschehen, wenn dir diese Zeichen eintreffen, so tue, was deine Hand finden wird; denn Gott ist mit dir.*" (1.Samuel 10,7). Saul brauchte diesen Bereich des Heiligen Geistes, um das auszuführen, was Gott geplant hatte, als er Israel an einen Ort der Sicherheit und des Friedens brachte. Durch diese Mittel hatte er Zugang zu den Bereichen in Gott, die ihm halfen, das zu tun, was seine Hand finden würde. Das ist eine Aufforderung an uns, gute Verwalter der göttlichen Aufgaben zu sein, die unsere „Hand finden wird". Er macht immer den ersten Schritt und schenkt uns Gnade und Stärke, damit wir die göttlichen Aufgaben anpacken können. Die göttliche Gunst und das Momentum sind letztlich unsere Verantwortung, ganz gleich, ob wir vorwärts gehen und wirklich in der bevollmächtigenden Gnade wachsen oder nicht.

Heutige Bibellese

1.Korinther 4,1-2; 1.Korinther 14,1-20

Gebet

Gott, danke dass du mir deine Geheimnisse anvertraust. Erinnere mich auch jetzt an manche Geheimnisse, von denen ich in der Vergangenheit erfahren habe. Du willst, dass ich etwas tue und heute damit anfange.

*Der gesamte Himmel ist beauftragt, dafür zu sorgen, dass wir
alles haben, was wir für unsere Gott gegebene Bestimmung
brauchen. Gott trägt keine Verantwortung für unser Potenzial.*

Sauls Begegnung lief genauso ab, wie Samuel es vorhergesagt hatte, und
das verschaffte ihm einen guten Start. Er besaß das dringend erforderliche
Gespür für Demut und einen ausgeprägten Eifer für den Namen des Herrn. Die
Begegnung mit den Propheten hatte ihn zweifellos zu einem Menschen gemacht, wie Gott ihn in dieser Position benötigte, und ihm war eine unglaubliche
Aufgabe übertragen worden. Doch die Verantwortung für sein Potenzial lag bei
ihm selbst.

Wenn das Wort des Herrn gesprochen ist, müssen wir handeln. Wir müssen
verwalten, was wir bekommen haben. Saul gab nicht einfach nur ein schlechtes
Beispiel für einen Verwalter ab. Aufgrund seiner desaströsen Entscheidungen ent-
wickelte er sich zu jenem König von Israel, dem nicht mehr zu trauen war. Dies
veranlasste Gott, sich nach einem anderen umzuschauen – nach einem, der nach
seinem Herzen war. Was wir brauchen, um unsere Gott gegebene Bestimmung
erreichen zu können, ist die absolute Wertschätzung seiner Gegenwart. Es ist
Gott selbst, der uns die übernatürliche Fähigkeit schenkt, göttliches Potenzial zu
erfüllen. Um es freisetzen zu können, müssen wir es empfangen. Um in unsere
Bestimmung hineinzukommen, müssen wir aus dem grenzenlosen Reservoir seiner innewohnenden Gegenwart schöpfen. Dies fängt schlicht damit an, dass wir
die Gabe seiner Gegenwart wertschätzen.

Der Satz *„Aber der Geist Jahwes wich von Saul"* (1.Samuel 16,14) gehört wahrscheinlich zu den furchtbarsten Sätzen, die einen treffen können. Die große
Gabe und Verantwortung sind untrennbar mit seiner Gegenwart verknüpft. Saul
schätzte die Gegenwart nicht und konnte daher sein Potenzial nicht ausschöpfen.
Könnte es sein, dass dies einer der Gründe ist, warum wir David später ausrufen
hören: *„... den Geist deiner Heiligkeit nimm nicht von mir!"* (Psalm 51,11)? Die
Gegenwart Gottes muss unser Siegespreis sein!

Heutige Bibellese

Psalm 84

Gebet

*Heiliger Geist, ich möchte mein Potenzial voll ausschöpfen, aber ich bin vollständig
davon abhängig, dass du mich bevollmächtigst. Ich bin so dankbar für deine unendliche Weisheit, Inspiration, Gnade, Liebe und deinen unendlichen Frieden. Ohne dich
würde ich alles nur mechanisch tun.*

*Wenn der Geist Gottes auf einzelne Menschen kommt, tun sie in sei-
nem Namen ungewöhnliche Dinge. Wenn er auf eine ganze Gruppe
von Menschen kommt, lädt sich die gesamte Atmosphäre auf.*

Jahre später ist Saul ein sehr böser König. Er hasst die Salbung und ganz besonders den Gesalbten – David. Ihm ist klar, dass Gott einen anderen für das Amt des Königs erwählt hat, weil er, Saul, seine Position missbraucht hat. Saul ist eifersüchtig auf David und versucht, ihn zu töten. Also lässt er seine Diener ausschwärmen, damit sie ihn ergreifen und er sich den Mann vom Hals schaffen kann, der ihn beständig an das erinnert, was er verloren hat.

Doch in 1. Samuel 19,20-24 blicken wir auf etwas sehr Ungewöhnliches. Bei seinem Versuch, David zu fassen, sendet Saul Boten an den Ort, wo die Propheten weissagen. In dieser Umgebung, aufgeladen durch den Geist Gottes, werden die Männer, die David überwältigen sollen, selbst überwältigt, nämlich von der Salbung, und sie weissagen im Chor mit den Propheten. Wenn Gott an einer Person wirkt, müssen wir davon ausgehen, dass ungewöhnliche Dinge geschehen. Wenn der Heilige mit Herrlichkeit herabkommt und auf Menschen aus Fleisch und Blut trifft, passiert zwangsläufig etwas Übernatürliches.

Heutige Bibellese

1. Samuel 19,15-24

Gebet

Herr, du bist so wunderbar. Ich liebe es, wenn du in Kraft auftauchst. Ich lade dich ein, in meinem Leben Wunder zu tun und mich an die Orte zu bringen, wo du gerade in übernatürlicher Weise wirkst. Ich sehne mich nach einer Zusammenarbeit mit dem Heiligen Geist, damit deine Absichten auf der Erde verwirklicht werden!

Im Alten Testament gibt es viele Beispiele, die die
Realitäten des Neuen Testaments veranschaulichen.

Sauls prophetische Begegnung in 1.Samuel 19,23-24 ist ein herrliches
Bild für die Gnade. Gnade wird sehr häufig als *unverdiente Gunst* definiert,
ein perfekter Ausgangspunkt, um dieses bedeutsame Wort abzustecken. Aber eine
vollständigere Definition ist *die unverdiente Gunst der befähigenden Gegenwart Got-*
tes. Im Falle Sauls und seiner Knechte schenkte die befähigende Gegenwart Gottes den Menschen die Chance, das Leben in seiner ganzen Fülle zu schmecken.
Gewiss bekamen die Knechte Sauls dadurch die Gelegenheit, ihr Leben zu überdenken. Sie hatten das Leben im Geist geschmeckt und waren nun hoffentlich
für alles andere unempfänglich geworden. Dies ist ein flüchtiger prophetischer
Blick auf die Gnade.

Am Ende geht Saul selbst hin, und obwohl er in einer solch schrecklichen
Verfassung ist, das Herz voller Bosheit, gerät er in die Atmosphäre der manifesten
Gegenwart Gottes, die auf den Propheten liegt, und *hört nicht mehr auf zu prophe-*
zeien. Leider hielt es nicht lange an. Man kann einen perfekten Garten haben,
aber wenn man ihn nicht beständig pflegt, ist er in Windeseile voller Unkraut.

Heutige Bibellese

Apostelgeschichte 4,31-33; 2.Korinther 3,17-18

Gebet

Gott, ich habe verschiedentlich deine Kraft spendende Gnade auf meinem Leben er-
lebt und bin hungrig nach mehr. Ich will in der Vollmacht deines Geistes leben und
nicht bloß für gelegentliche herausragende Momente mit dir. Ich will von Herrlichkeit
zu Herrlichkeit gehen, indem ich mich deiner Herrlichkeit rühme und die Dinge
weiterhin praktiziere, die du mir gezeigt hast.

Wir müssen das Leben verwalten, das Gott uns schenkt.

So wird von jedem, der viel bekommen hat, auch viel erwartet. (Lukas 12,48).

König Salomo traf das Verhängnis seines Lebens, als er in genau der Sache versagte, die er in einem Maße besaß, wie sonst kein Lebender vor und nach ihm. Es gibt einen Vers über ihn, der mir mehr als alle anderen das Herz durchdringt: *„Da erzürnte Jahwe wider Salomo, weil er sein Herz von Jahwe, dem Gott Israels, abgewandt hatte, der ihm zweimal erschienen war."* (1.Könige 11,9).

Gott schenkte Salomo zwei höchst ungewöhnliche Begegnungen, deren Auswirkungen aber nicht von Dauer waren. Wir sollten niemals vergessen, dass wir verantwortlich sind für das, was uns geschenkt wurde. Das ist der Kern von Verwalterschaft im Reich Gottes.

Heutige Bibellese

1.Könige 11,1-13; Lukas 12,35-48

Gebet

Gott, ich will niemals leichtfertig sein mit dem, was du mir sagst und zeigst. Hilf mir, deine Stimme zu erkennen und gut zuzuhören, wenn du zu mir sprichst. Ich will keines deiner Worte verpassen und sie vor allem nicht vergessen. Gib mir praktische Strategien, wie ich das, was du mir zeigst, am besten verwalte, und hilf mir, umsonst zu geben, so wie auch ich umsonst empfangen habe.

Es liegt an uns, das Momentum einer früheren
Erfahrung aufrecht zu erhalten.

Ich habe erlebt, wie Menschen eine spektakuläre Berührung vom Herrn empfingen. Und wenn sie diese Berührung nicht entsprechend verwalten, läuft in ihrem Leben vieles schief. Kritiker von Erweckungen tendieren gerne dazu, diese Berührungen abzutun, und sagen: „Seht, ich hab's gleich gesagt, Gott hat ihr Leben gar nicht wirklich berührt."

Kann man Gott wegen der notdürftigen Antwort des Menschen in Frage stellen? Jesus heilte einst zehn Leprakranke. Nur einer kehrte zurück, um sich zu bedanken (siehe Lukas 17,15-18). Bedeutet dies, dass die anderen neun keine wirkliche Berührung von Gott empfingen? Selbstverständlich nicht. Jede Berührung durch Gott enthält Samen der Transformation. Gott berührt, aber der Mensch entscheidet, ob er eine *Berührung* bzw. *Transformation* möchte oder nicht.

Heutige Bibellese

Lukas 17,11-19

Gebet

Gott, hilf mir, nicht an deiner Treue zu zweifeln, nur weil andere schlechte Verwalter sind. Ich will nicht einfach eine Berührung; ich will von deiner Berührung transformiert werden. Ich sehne mich danach, dass deine Gegenwart meinem Leben eine neue Orientierung gibt.

Die Echtheit des Wirken Gottes hängt nicht davon ab,
wie gut oder schlecht der Mensch darauf reagiert.

Gottes **Wirken misst** sich daran: Sie hatten Lepra und nun haben sie keines mehr. Oder „*...daß ich blind war und jetzt sehe.*" (Johannes 9,25). Oder, die Berührung Gottes befreit einen Menschen von Krebs. Der Arzt bestätigt es und wir geben Gott alle Ehre.

Wir können den guten Charakter Gottes nicht auf der Grundlage unserer guten oder schlechten Erfahrungen mit Gott umdefinieren. Auch sie müssen in Einklang mit seiner Natur stehen, bevor wir über ihre Gültigkeit entscheiden. Sie mögen ungewöhnlich sein und beträchtlich über unsere Wohlfühlzone hinausgehen, trotzdem durchdringt die gute und liebende Gegenwart des Vaters jeden Aspekt der Begegnung. Das ist entscheidend. Erfahrungen sind niemals der Maßstab für das Werk Gottes; sein unveränderlicher Charakter ist es.

Heutige Bibellese

Johannes 9, 1-34

Gebet

Gott, ich finde nicht für alles eine Erklärung, was um mich herum passiert oder nicht passiert, doch was immer dabei herauskommt, ich werde niemals daran zweifeln, wie gut und übermächtig du bist und dass du auf meiner Seite stehst. Hilf meinem Geist, dir in allen Situationen ohne Zögern zu vertrauen.

**Man kann nicht erwarten, dass Jesus eine Krankheit heilt,
die der Vater für den Betroffenen vorgesehen hat.**

Was uns richtig ins Stolpern bringen kann, sind Menschen, die an Krebs oder an anderen schwerwiegenden Krankheiten erkranken, nachdem sie offensichtlich geheilt wurden. Meist schließen wir daraus, dass die Krankheit der ursprüngliche Wille Gottes sei und er sie deshalb wieder zurückbringt. Aber weder das eine noch das andere ist wahr. Eine Krankheit, die zurückkehrt, bedeutet noch lange nicht, dass sie von Gott gewollt war. Eine solche Schlussfolgerung, die für die natürliche menschliche Wahrnehmung vordergründig logisch erscheint, entspricht nicht dem Wesen Gottes. Gott heilt keinen Menschen, um ihn anschließend wieder zu plagen. Ebenso belastet Gott niemanden mit einer Krankheit, um ihn danach in einem bestimmten Moment heilen zu können. Das wäre eine völlig wirre Vorstellung von der Dreieinigkeit als einem in sich gespaltenen Haus (siehe Lukas 11,17).

Vater und Sohn, zwei Glieder der Dreieinigkeit, handeln nicht im Widerspruch zueinander. Der Vater benutzt nicht Not und Leid, damit der Sohn anschließend herbeieilen und den Tag retten kann. Die Evangelien offenbaren, dass Jesus nur das tat, was er den Vater tun sah. Wenn der Vater eine Krankheit verursacht, würde der Sohn sie nicht heilen, weil sie ja vom Vater ist. Dem Vater ungehorsam zu sein, wäre das Letzte, was Jesus tun würde. Zwischen Gott, dem Vater, und Gott, dem Sohn, existiert kein Interessenskonflikt in der Art, dass sich der eine aufs Quälen spezialisiert, während der andere hinter ihm aufräumt, indem er heilt. Jesus erklärte unmissverständlich: *„Ich und der Vater sind eins."* (Johannes 10,30). Wenn sie im Widerspruch zueinander handeln würden, wäre diese Einheit gefährdet.

Heutige Bibellese

Johannes 10,22-30; Hebräer 1,1-4

Gebet

Vater, ich werde niemals glauben, dass du jemanden krank machst. Du heilst und quälst nicht zugleich. Dein Wort sagt, dass Jesus und der Vater eins sind und dass Jesus die exakte Darstellung des Vaters ist. Ich glaube, was dein Wort sagt – nämlich dass du heilst. Du bist alles, was Jesus von dir offenbart hat!

Am Ende von Gottes Gleichung steht niemals der Mangel.

ch will noch einmal daran erinnern, dass wir das Werk des Heiligen Geistes nicht danach beurteilen können, wie der Mensch darauf reagiert. Nur weil ein Christ zum Beispiel strauchelt, einen Fehler macht und eine Sünde begeht, sollte uns das nicht dazu verleiten, das anfängliche Wirken des Geistes in dessen Leben ernsthaft in Frage zu stellen. Würden wir wollen, dass man mit dem Finger so auf uns zeigt?

Desgleichen versuchen manche, ein bestimmtes Wirken des Geistes zu relativieren, weil sie Menschen erlebt haben, die entweder die Grenze ins Fleischliche übertreten haben oder eine Berührung Gottes empfingen, um bald darauf in Sünde oder in ihren alten Lebensstil zurückgefallen sind. In Bezug auf die Aktivität des Geistes in unserem Leben nehmen wir eine Verwalterrolle ein. Es wäre töricht, Gott anzuzweifeln wegen eines Mangels, der ohne sein Zutun auf den Schultern der Menschen ruht.

Heutige Bibellese

1. Korinther 10,12-13

Gebet

Herr, hilf mir, Bewegungen, Organisationen und Gemeinden nicht nach menschlichem Versagen zu beurteilen. Hilf mir, dass ich nicht dir die Schuld gebe, wenn Menschen versagen. Schenke mir Weisheit und Unterscheidungsvermögen, um das Wirken des Heiligen Geistes im Leben von anderen richtig bewerten zu können.

Wenn Gott Wein serviert, trink. Serviert er Brot, dann iss.

In den folgenden Tagen werden wir uns ein anderes Beispiel anschauen: Gideon. Gott fand Gideon in der Kelter, wo er sich versteckt hielt und Weizen drosch. Die Kinder Israel litten seit geraumer Zeit unter den Raubüberfällen der Midianiter, und Gideon versuchte zweifellos, an einem sicheren Ort Lebensmittel für seine Familie zu beschaffen. Trotzdem bietet dieses Dreschen von Weizen in der Kelter ein faszinierendes Bild. Weizen deutet auf das *Brot aus dem Wort Gottes* hin – die Lehre. Wein steht für die *spürbare Begegnung mit dem Heiligen Geist* – die manchmal berauschend sein kann. Aus Gottes Sicht stehen diese beiden Dinge niemals im Widerspruch zueinander, dafür aber aus unserer. Jedes dient einem Zweck, auf den das andere keinen Bezug nehmen kann. Das interessante Bild zeigt also Gideon, wie er versucht, an einem Ort, wo normalerweise Wein hergestellt wird, Brot aus seinem Wort zu gewinnen. Das wird nicht funktionieren.

Wir haben das zu Beginn der Geistesausgießung, die bei uns stattfand, selbst erlebt. Die Leute waren verärgert, weil die Betonung nicht mehr so sehr auf der Lehre lag. Wir versuchten es, aber es ist äußerst schwierig, aus Trauben Brot zu backen. Bei fast jedem Versuch schien es, als würden wir wider das Herz Gottes arbeiten. Doch das Gegenteil ist ebenso wahr. Viele wollen lieber nur dasitzen und singen oder lachen, obwohl Gott gerade dabei ist, mit Hilfe seines Wortes unser geistliches Verständnis zu erweitern.

Heutige Bibellese
Richter 6, 1-11; Matthäus 9, 14-16; Prediger 3, 1-8

Gebet
Heiliger Geist, hilf mir, sensibel für das zu sein, was du im Augenblick servierst. Ist es Wein, will ich trinken, ist es Brot, will ich essen. Wenn ich die Leitung einer Versammlung habe, will ich deiner Führung folgen und nicht meiner eigenen Tagesordnung.

Von Gott kommt kein Übel. Vielmehr stattet er uns mit Kraft und Autorität aus und betraut uns mit der Aufgabe, dem Teufel und seinen Werken entgegen zu treten. Es liegt an uns, zu lernen, wie man die Werkzeuge, die Gott uns gegeben hat, benutzt.

Gott spricht durch einen Engel und nennt Gideon einen tapferen Helden (siehe Richter 6,12). Gideon antwortet daraufhin: „*Bitte, mein Herr! Wenn Jahwe mit uns ist, warum hat denn dieses alles uns betroffen? Und wo sind alle seine Wunder, die unsere Väter uns erzählt haben?*" (Richter 6,13). Irgendwie finde ich das witzig. Da wird er in der Kelter, in der er sich gerade versteckt, von einem Engel angesprochen und er schießt sofort zurück. Was Gideon in diesem Augenblick dachte, muss uns nicht überraschen. Seine Waffen waren geladen.

Wenn es einen Vers in der Bibel gibt, der die Gefühle von Menschen wiedergibt, die häufig das verpassen, was Gott gerade tut, dann diesen: *Wenn Gott mit uns ist, warum hat uns dann all das Übel getroffen? Und wo sind all die Wunder, von denen wir dauernd hören?* Gott bringt nur Gutes hervor. Er ist derjenige, der uns befähigt, mit den Werkzeugen, die er uns gegeben hat, die Lösungen des Himmels auf die Erde zu bringen. Es ist an der Zeit, dass wir lernen, diese Werkzeuge einzusetzen und darauf zu vertrauen, dass sie für die anstehende Aufgabe tatsächlich völlig ausreichen.

Heutige Bibellese

Richter 6,12-40; Epheser 6,10-18

Gebet

Gott, danke für die Offenbarung, dass du immer bei mir bist und mich niemals verlässt. Danke, dass du mir zeigst, welch mächtiges Werkzeug ich habe, um dem Feind zu widerstehen und die Lösungen des Himmels auf der Erde freizusetzen.

Manchmal ist der beste Ort, um sich Mut zu holen, das feindliche Lager.

Man beachte, der Herr sagte zu Gideon: Wenn du aber Angst hast, schleich dich zum Lager der Midianiter (siehe Richter 7,10-11). Bei dem Lager handelte es sich um das Basiscamp der Midianiter, von wo aus sie ihre Überfälle durchführten! Im nächsten Satz lesen wir, dass Gideon sich (mit seinem Burschen) bis an die bewaffneten Vorposten heranschlich, was ein weiteres Zeichen dafür ist, dass er immer noch mit seiner Angst zu kämpfen hatte. Außerdem ist das feindliche Lager ein seltsamer Ort, um sich Mut zu holen.

Moses sandte einst zwölf Späher aus, damit sie einen Blick auf das Verheißene Land warfen, das zufälligerweise ebenfalls feindliches Gebiet war. Zehn der Späher kamen mit einem negativen Bericht zurück, weil sie sich fürchteten, und ihre Angst übertrug sich auf das gesamte Volk (siehe 4.Mose 13,25-33). Sie waren immer zusammen geblieben und hatten gegenseitig ihre Ängste geschürt.

Manchmal ist das feindliche Lager der beste Ort, um Mut zu schöpfen. Von dort bezogen Josua und Kaleb, die beiden anderen Späher, ihre Unerschrockenheit, und sie ließen sich nicht von den furchtsamen Zehn beeinflussen.

Und nun sandte Gott den ängstlichen Gideon dorthin. Man könnte fast meinen, es ist göttlicher Humor − wenn du Angst hast, dann geh zu dem, den du fürchtest. Als Gideon das tat, belauschte er einen Midianiter, der einem Kameraden von einem Traum erzählte, den er gehabt hatte. Der Kamerad erzählte von Gideon und meinte, dass der sie alle ausrotten würde (siehe Richter 7,13-14). Den heimlichen Lauscher ermutigte das natürlich sehr.

Heutige Bibellese

4.Mose 13; Richter 7

Gebet

Gott, du hast stets die brillantesten Strategien, um zu gewinnen und mir zu helfen, den Feind zu überwinden. Hilf mir, dass ich meinen Ängsten entgegentreten kann und ihnen keine Macht mehr über mich einräume. Ich weiß, dass mit dir an meiner Seite alles möglich und der Sieg gewiss ist.

Mir fällt kein anderes Bild vom geisterfüllten Leben ein,
das mein Herz exakter beschreiben würde als dieses:
Gott zog sich Gideon wie einen Handschuh über.

Die Geschichte geht weiter und Gideon und seine Männer schlagen die Midianiter. Sie stellen Israels Position der Stärke wieder her und befreien es von der Unterdrückung durch die Nachbarvölker. Es ist eine wundervolle Story. Doch mitten in diesem Wunder gibt es einen höchst ungewöhnlichen Vers. *„Und der Geist Jahwes kam über Gideon;"* (Richter 6,34). Auch wenn das schon völlig genügen würde, steckt tatsächlich sehr viel mehr dahinter.

Der Ausdruck für *„kam über"* bedeutet eigentlich *anziehen, überziehen, bekleiden, tragen, bekleidet sein* (siehe *New American Standard Exhaustive Concordance*). In den Fußnoten meiner Studienbibel heißt es: „Im Hebräischen bedeutet es wörtlich *'Der Geist des Herrn bekleidete sich mit Gideon'"* (*The Spirit-Filled Life Bible*, Seite 357)[4]. Das ist einfach umwerfend! Gott ist mit Gideon bekleidet. Was für ein herrliches Bild für das Leben, das wir seit Pfingsten durch den Heiligen Geist haben. Gott bekleidet seinen Geist mit deinem Leib - aber nicht nur für gewisse Zeit oder eine bestimmte Aufgabe, wie es im Alten Testament war. Derselbe Geist, der sich mit Gideon bekleidete, ist gekommen, um sich mit dir zu bekleiden!

Heutige Bibellese

Richter 6,34; 1.Korinther 3,16-17

Gebet

Heiliger Geist, ich bin deine Wohnstätte. Nimm meinen Leib, meine Seele und meinen Geist vollständig in Besitz. Führe mich, sprich durch mich, segne die Menschen durch mich, überwinde den Feind durch mich und verändere die Atmosphäre durch mich.

---

4 Elberfelder Bibel (revidierte Fassung): „Aber der Geist des Herrn umkleidete Gideon". (Anm.d.Ü.)

**Gottes Gegenwart auf einem Menschen ist so
bedeutungsvoll, dass er praktisch durch ihn lebt.**

Die Gegenwart Gottes, die durch uns sichtbar wird, hebt unsere Persönlichkeit nicht auf. Vielmehr nimmt sie alles, was uns ausmacht, ganz für sich ein. Es ist, als ob unsere Persönlichkeit, unsere Gaben und unser ganzes Sein durch Gott ausgedrückt wird, der in uns lebt.

Gideon hatte *Gunst* empfangen, *die die befähigende und bevollmächtigende Gegenwart Gottes in sein Leben brachte,* damit er das Unmögliche tun konnte. Gideon war ein notwendiger Teil von Gottes Plan. Von Anbeginn der Zeit wollte Gott mit dem Menschen zusammenarbeiten, um seine göttlichen Ziele auf der Erde zu verwirklichen. Der Mensch kann Außergewöhnliches nur mit außergewöhnlichen Fähigkeiten erreichen. Und die erhält er durch die Vollmacht, die er vom Geist Gottes empfängt. Gideon nahm Gott in sich auf. In der gleichen Weise, wie Gideon Gott aufnahm, können wir Träger seiner Gegenwart sein. Die Erfahrungen, die Gideon für einen einzigen Auftrag mit Gott machen durfte, können wir zu unserem Lebensstil machen. Gott will beständig durch uns *leben.*

Heutige Bibellese

1. Korinther 12,7-11

Gebet

Danke, Heiliger Geist, dass du in mir lebst und durch mich fließt, um das Unmögliche zu tun. Ich brauche deine Gegenwart in mir, damit ich in deinen Gaben und deiner Kraft vorwärtsgehen kann. Bitte tue in mir und durch mich noch mehr, was Menschen unmöglich ist. Es ist meine große Freude, mit dir zusammenzuarbeiten.

Bevor wir existierten, hatte Gott niemanden von uns.
Das gefiel ihm nicht. Darum erschuf er uns.

ch habe schon so viele beten hören: „Nichts von mir, alles von Dir!" Das ist ein nobles Gebet. Ich bin sicher, dahinter steckt der Wunsch, der eigene Egoismus möge sich auf keinen Fall auf den Ausgang der Dinge auswirken. Doch wenn Gott uns in Christus gerecht gemacht hat, ist es dann nicht eher unsere Gerechtigkeit, die die Dinge beeinflusst?

Es stimmt nicht, dass es allein auf Jesus ankommt und wir völlig unwichtig sind. Erinnern wir uns, viele Gläubige orientieren sich irrigerweise an dem Gebet von Johannes dem Täufer: *„er muß wachsen, ich aber abnehmen."* (Johannes 3,30). In Wirklichkeit ist das kein Gebet für uns. Johannes gilt als größter Prophet des Alten Testaments, und mit ihm ging ein Zeitalter zu Ende. Er reichte den Stab an Jesus weiter, der anschließend das Reich Gottes auf die Erde brachte. Der Fokus verlagerte sich von *Johannes und dem Gesetz hin zu Jesus und dem Reich Gottes.* Johannes musste abnehmen und Jesus zunehmen. Deswegen lebt Jesus nun durch den Heiligen Geist in uns. Er beschloss, in uns zu wohnen und sich mit uns zu bekleiden, so wie er es mit Gideon getan hatte. Wir spielen eine wichtige Rolle in dem sich entfaltenden Plan Gottes in Bezug auf sein Reich. Wir haben Bedeutung. Das ist keine Aufforderung, stolz zu werden. Es ist der Ruf, dem Einen, der gekommen ist, um in uns zu leben und auf uns zu ruhen, die höchste Wertschätzung entgegen zu bringen.

Heutige Bibellese

Johannes 3,22-36; Epheser 2,10

Gebet

Gott hilf mir, mein Menschsein mit deinen Augen zu sehen. Hilf mir, nicht zu verachten, was du schön nennst. Zeige mir, was wahre Demut ist und entfalte sie in mir.

Als Jesus die Erde verließ, sprach er mit keinem Wort davon, dass wir abnehmen müssten. Vielmehr übergab er uns jenen Stab mit seinem Namen, seiner Kraft und seiner Autorität und beauftragte uns, an dem weiter zu arbeiten, was er begonnen hatte.

Manche würden daraus schließen, dass alles von Jesus kommt und nichts von uns. Ich glaube das nicht. Auch wenn er zweifellos in jeder entscheidenden Situation der bestimmende Faktor ist, entwickeln wir manchmal eine ungesunde Sicht auf unser Leben und unseren Platz in seinem Plan. Johannes' Gebet *„er muß wachsen, ich aber abnehmen"* gibt dir und mir nicht das Recht, ein ungesundes Selbstbild zu entwickeln.

Der Kontext besagt, dass Johannes der Täufer eine Ära beendete. Sein Dienst musste abnehmen, damit der Einfluss durch Jesus zunehmen konnte. Wenn wir glauben, dass es eine noble und heilige Sache sei zu beten „Herr, lass mich abnehmen", dann haben wir ein begrenztes Verständnis von *Christus in mir*. Jesus ist nicht länger von uns getrennt. Wir dürfen nicht vergessen, dass sich der Geist Gottes mit uns bekleidet hat. Er hat *uns* beauftragt, ihn auf der Erde zu repräsentieren. Jeder von uns trägt maßgeblich dazu bei, der Welt zu demonstrieren, wer Jesus ist, weil *wir* alle seine Repräsentanten sind!

Heutige Bibellese

Galater 2,20; 2.Korinther 5,20

Gebet

Jesus, es ist so wunderbar, dass ich in dir bin und du in mir. Danke, Heiliger Geist, dass du das möglich machst. Bitte zeige mir, wie meine Rolle als dein Botschafter/ deine Botschafterin aussehen soll. Wie repräsentiere ich dich heute am besten?

Was wir brauchen, ist nicht weniger von uns und mehr von Ihm. Was wir brauchen ist, dass alles von ihm alles von uns einhüllt und erfüllt.

Gott hat dich einzigartig gemacht, und die Art und Weise, wie er seine Herrlichkeit durch dich offenbart, ist ganz auf deine Person zugeschnitten. Die Bibel liefert uns eine Vorstellung davon, welch kompliziertes Gebilde der einzelne Mensch ist. Die Beispiele reichen von Psalm 139 bis Jeremia, Kapitel eins. Gott schuf den Menschen weder als Roboter noch für ein Fließband – unsere unverwechselbaren Fingerabdrücke bestätigen dies! Wir wurden für ein hohes Ziel und Vorhaben geformt. Nichts an uns entsprang der Willkür oder dem Zufall.

Wenn *alles* von ihm alles von uns einhüllt und erfüllt, dann überschneidet sich unsere Einzigartigkeit mit der Herrlichkeit des Einen, der in uns wohnt. Das ist genau das, was Gott sich für uns wünscht. Er will nicht, dass wir unsere Einzigartigkeit ablegen und unsere Gott gegebenen Charakter- und Persönlichkeitsmerkmale kreuzigen. Natürlich gibt es die Heiligung. Aber wir richten unseren Blick jetzt nicht auf Sünde, Versagen oder Fehler. Dies alles gehört in eine völlig andere Kategorie, sonst besteht die Gefahr, dass wir unsere Unterschiedlichkeit bewerten und als etwas brandmarken, das gekreuzigt werden muss. Das hat nichts mit Jüngerschaft zu tun. Gekreuzigt wurde unsere sündige Natur, nicht unsere Persönlichkeit. Gekreuzigt wurde auch nicht *die Person*, zu der wir geschaffen wurden, sondern unsere Rebellion.

Heutige Bibellese

Psalm 139

Gebet

Ich erkläre hiermit, dass ich wunderbar gemacht bin, und distanziere mich von der Lüge, dass ich es nicht bin. Danke, Vater, dass du mich einzigartig gemacht hast. Zeige mir auch weiterhin, wie die Person, zu der du mich geformt und gestaltet hast, dich der Welt offenbaren soll.

Es steht außer Frage, dass Jesus die Antwort ist.
Aber nicht ohne uns. Das ist sein Plan von Anfang an.

Gottes Souveränität ist unbestreitbar. Er hat alles erschaffen und trägt zugleich *„alle Dinge durch die Macht seines Wortes"* (Hebräer 1,3). Er ist vollkommen in der Lage, die Mächte der Finsternis mit nichts anderem als mit seinem Atem oder einer Silbe zu unterwerfen. Gott traf in seiner Souveränität die Entscheidung, dich und mich in diesen Prozess miteinzubeziehen, ein Privileg, welches ausschließlich seinen engsten Freunden, die nach seinem Bilde geschaffen sind, vorbehalten ist. Dein Design ist der unumstößliche Beweis dafür, dass Gott dich zu einem Gefäß geweiht hat, durch das er seine Pläne auf der Erde ausführen will. Es offenbart unsere totale Kompatibilität mit dem Schöpfer.

Paulus macht diese Beziehung deutlich, wenn er schreibt: *„Denn wir sind Gottes Mitarbeiter;"* (1.Korinther 3,9). Allerdings arbeiten wir nicht aus unserer eigenen Kraft heraus. Gott hat uns einen Auftrag gegeben und schickt uns nicht mit leeren Händen los. Er versorgt uns mit der ultimativen Fähigkeit, um diese Aufgabe erfolgreich abzuschließen: nämlich mit sich selbst. Er gibt uns nicht einfach Kraft. Indem er uns mit seinem Heiligen Geist erfüllt, schenkt er uns sich selbst.

Heutige Bibellese

1. Korinther 3,9-17

Gebet

Gott, danke, dass du mir niemals einen Auftrag erteilst, ohne mich auch dafür auszurüsten. Danke für deine unendliche Weisheit, Kraft und Liebe. Dass ich meinen Auftrag vollenden kann, den du mir gegeben hast, um der Welt die göttlichen Lösungen des Himmels zu bringen, geschieht allein durch deinen Geist und nicht durch meine eigene Kraft.

Wir müssen konsequent in Gottes Bahnen denken, in Anlehnung
an seine Verheißungen beten, im Rahmen seiner Fürsorge leben
und immer wieder wie ein Handschuh übergezogen werden.

Um **wie ein** Volk leben zu können, das wirklich mit Gott erfüllt ist, brauchen wir einen erneuerten Sinn. Das Leben in der Auferstehung erfordert eine komplette Neuorientierung hinsichtlich der Realität und wie wir sie wahrnehmen. Wir versuchen nicht mehr, irgendwie zu existieren und durch den Tag zu kommen. Wir leben in einem Neuen Bund. Das Neue Testament ist nicht einfach eine schriftliche Aufzeichnung darüber, welche Werke Gott *durch die Menschen damals* vollbringen konnte. Denn es gibt kein *Damals,* und es gibt keine *speziellen Menschen.* Das übernatürliche Leben hat vielleicht im Leben Jesu etwa oder im Dienst der Apostel funktioniert; für uns moderne Menschen jedoch, die im Zeitalter der Technik und der Aufklärung leben, scheint eine solche altertümliche Kraft eher nicht umsetzbar. Das Neue Testament ist für *jetzt - und für dich!* Nicht für *damals.* Es ist deine Blaupause für ein normales, alltägliches Leben als Christ.

Gott hat nie gefordert, dass wir ihn auf unsere intellektuelle Ebene herunterziehen sollen. Leider kann eine Theologie ohne den Heiligen Geist dazu tendieren. Es gibt die Theologie, die in Flammen steht vor lauter Gegenwart Gottes, und dann gibt es die intellektuelle Theologie. Wahre Theologie strebt nach einem erneuerten Sinn. Der Geist, der in uns lebt, lässt uns wie Gott denken. Nur er kann das erreichen. Wir erinnern uns: Der, der in uns ist, erforscht alles, auch die Tiefen Gottes (siehe 1. Korinther 2,10-11). Niemand ist einem Menschen näher als der Geist des Menschen. Genauso kennt niemand Gott besser als sein Geist.

Heutige Bibellese

1. Korinther 2,6-16

Gebet

Gott, hilf meinem Verstand und meinem Körper, sich deinem Heiligen Geist unterzuordnen. Herrsche und regiere über jeden Bereich meines Lebens. Hilf, dass ich wie Jesus denke und nicht versuche, deine Wege mit dem menschlichen Verstand verstehen zu wollen. Danke, dass ich den Sinn Christi habe. Hilf, dass diese Wahrheit mein Denken bestimmt.

Es ist ein Privileg, den Geist Gottes zu beherbergen. Wir betrachten diese hohe Auszeichnung und lernen dabei, wie er in und durch Menschen wirkt und arbeitet. Das ist der Auftrag, für den wir alle geboren wurden.

Wir sind dazu geboren, eine Wohnstätte für die Gegenwart Gottes zu sein. Gideon ist ein alttestamentarischer Prototyp für das, was heute allen Gläubigen offensteht - die Fähigkeit, in der Vollmacht der Gegenwart Gottes das Unmögliche zu vollbringen! Erinnern wir uns, Gott schaut nicht auf unsere Schwachheit; er schaut auf unser Potenzial, nämlich auf die Vollmacht, die wir durch seine Gegenwart haben, und holt es hervor.

Oft warten wir auf irgendwelche souveränen Lösungen für den Wahnsinn und das Chaos des Lebens, und dabei gelten die Worte, die Gott einst zu Gideon sprach, auch für uns: *„Gehe hin in dieser deiner Kraft ... Habe ich dich nicht gesandt?"* (Richter 6,14). Gideon gehörte zu den Figuren des Alten Testaments, die für eine bestimmte Aufgabe und Zeit vom Heiligen Geist bevollmächtigt wurden. Auf dir und mir aber ruht die Gegenwart des Heiligen Geistes ununterbrochen. Unser Leben ist sein Zuhause, und diese Tatsache versetzt uns in die Lage, jederzeit in „dieser Kraft" (d.h. der übernatürlichen Kraft Gottes) voranzugehen und alles freisetzen zu können, was eine Situation oder Gegebenheit benötigt, um transformiert zu werden.

Heutige Bibellese

Sacharja 4,6-7

Gebet

Heiliger Geist, bitte erneuere meinen Sinn, damit ich unmögliche Situationen nicht daran messe, was im Natürlichen möglich ist. Erinnere mich daran, wie du die Kranken heiltest, die Toten auferwecktest und auf dem Wasser gingst, und dass dieselbe Gegenwart Gottes, die Jesus mit Vollmacht ausstattete, auch in mir lebt! Öffne mir die Augen und hilf mir zu erkennen, welche ausweglose Situation du heute mit mir zusammen verändern möchtest.

Als Gläubige sind wir mit dem bedeutendsten Potenzial erfüllt, das man sich vorstellen kann – der bevollmächtigenden Gegenwart Gottes in uns!

Der komplette Himmel hat die Aufgabe, dafür zu sorgen, dass wir alles haben, was wir für unsere göttliche Bestimmung brauchen. Worin liegt der Schlüssel? Im *Handeln*. Nicht in Werken oder religiöser Aktivität, da wir uns die Erfüllung mit seiner Gegenwart, die ja ein reines Gnadengeschenk darstellt, nicht verdienen können. Zu viele bemühen sich um etwas, das sie längst als Erbe empfangen haben, und sind daher fortwährend frustriert. Das führt häufig dazu, dass Gläubige um Dinge bitten, die ihnen bereits gehören, und meinen, dies sei Gebet. Aber wir sollen nicht bitten, sondern verfügen, was der Herr bereits verfügt hat.

Gott will keine Aktivität im religiösen Sinne. Wir sind nicht seine Arbeiter. Wir sind seine Mitarbeiter. Wir wissen, welche Aktion „dran" ist, sobald wir den Jesus der Evangelien anschauen. Nicht den Jesus der Religion oder den Jesus der Tradition. Wir brauchen eine tiefe, transformierende Begegnung mit dem wahren Jesus, weil er uns genauso sendet, wie er vom Vater gesandt wurde (siehe Johannes 20,21).

Heutige Bibellese

Matthäus 21,18-22

Gebet

Jesus, ich sehne mich nach einer Begegnung mit dir. Sei mir ganz nah, Heiliger Geist. Lehre mich, deinen Willen über Menschen und Situationen mit Kraft zu proklamieren, sodass ich erlebe, wie sich der Himmel für sie bewegt. Das ist genau das, was du getan hast, und du hast mir die Vollmacht gegeben, es dir gleichzutun!

Mai

PREMIERE

Gott, der Meisterproduzent und -regisseur des Lebens,
hält ein paar Überraschungen für uns bereit.

Gott hat schon immer gerne Geheimnisse ausgeplaudert. Im Falle der alttestamentlichen Propheten lief das folgendermaßen ab: Eine Stimme aus dem Himmel machte sich auf und suchte nach einem irdischen Ohr, dem sie Geheimnisse offenbaren konnte. In Amos 3,7 heißt es: *„Denn der Herr, Jahwe, tut nichts, es sei denn, daß er sein Geheimnis seinen Knechten, den Propheten, geoffenbart habe."* Im Laufe der Geschichte gewährte er immer wieder einen flüchtigen Blick auf das, was kommen würde. Im Alten Bund waren es die Propheten, die diese Einblicke erhielten. Nun haben wir alle Zugang zu seiner Stimme.

Die Propheten dienten als Vorreiter für Dinge, die für dich und mich heute normal sind. Was in ihren Tagen noch ungewöhnlich war, ist in unseren Tagen üblich geworden. Es sollte üblich sein, aber nicht alltäglich. Es sollte normal sein, aber nicht als selbstverständlich gelten. Wir leben in einer Zeit, die unsere Vorväter überrascht hätte. Zwar durften sie immer wieder einen Blick darauf werfen, aber wir sind es, die nun vollen Zugang zu allem haben. Das Blut Jesu hat uns in das *hinein* gebracht, was sie in prophetischen Bildern sahen. Der längst vergangene Schrei der Propheten des Alten Bundes ist zur lebendigen Realität für die Gläubigen des Neuen Bundes geworden.

Heutige Bibellese

Amos 3,7-8; Johannes 10,1-18

Gebet

Jesus, danke dass du mein guter Hirte bist und immer zu mir sprichst. Danke, Heiliger Geist, dass ich deine Stimme nicht überhören kann. Stelle meinen Geist so ein, dass ich dich jedes Mal höre, wenn du zu mir sprichst, egal in welcher Form. Bitte sei so frei und sprich zu mir auf neue und unterschiedliche Weise. Möge mein Herz stets auf die besondere Weise eingestellt sein, in der du gerade zu mir sprechen möchtest.

Als Menschen leben wir in der Hoffnung, dass die Dinge besser werden können und müssen, als sie momentan sind.

Aufgrund dessen, wie der Meister uns entworfen hat, will jeder das Leben lebenswerter machen. Manche versuchen die Menschheit zu verbessern, andere kümmern sich lediglich um sich selbst.

Dies betrifft alle Lebensbereiche – Wissenschaft, Technik, Unterhaltung usw. Alles unterliegt dem Einfluss dieses inneren Verlangens. Es ist Teil der Natur des Menschen und das Resultat seiner Schöpfung als Abbild Gottes. Kreative Menschen nutzen ihre gottgegebenen Fähigkeiten und versuchen, mit deren Hilfe Probleme zu lösen und Antworten auf aktuelle Fragen zu finden.

Gott arbeitet mit demselben Instinkt und lockt unser Potenzial einerseits durch Verheißungen, andererseits durch die Wunder grenzenloser Möglichkeiten hervor. Darum leben wir in der Spannung zwischen dem, was ist, und dem, was sein wird.

Heutige Bibellese

Römer 8, 18-23

Gebet

Gott, danke dass du mich so kreativ gemacht hast, wie du es bist. Führe mich in die Bestimmung und Verheißungen, die du für mich und meine Umgebung hast. Bitte schenke mir kreative Lösungen, um die Verhältnisse in meinem Umfeld, in der Schule, am Arbeitsplatz und in der Stadt zu verbessern.

**Gott hat in jeden Menschen die Hoffnung auf
eine bessere Zukunft gepflanzt.**

Manche ersticken diese innere Überzeugung mit Sarkasmus, dem Abwehrmechanismus der Enttäuschung, andere bringen sie mit einer Theologie des Unglaubens zum Schweigen. Und wiederum andere besitzen sie nicht mehr, weil sie aufgegeben haben. Aber jeder hat sie ursprünglich bekommen, und sie kann wiederhergestellt werden.

Der Urheber der Hoffnung lebt in üns, aber genau genommen befindet er sich schon in der Zukunft. Solange wir mit der Gegenwart Gottes erfüllt sind, ist uns alles möglich. Die Frage ist: *Werden wir aus dieser Möglichkeit Hoffnung schöpfen,* oder werden wir versuchen, sie wegen ihrer unmöglichen und manchmal unbegreiflichen Natur zu unterdrücken? Die Möglichkeit einer besseren Zukunft kann ziemlich anstrengend sein. Nicht weil wir eine Aversion gegen das Gute im Leben hätten, sondern weil unser Verstand sich keine Möglichkeit außerhalb unserer momentanen Situation, sei sie nun schlechter, mittelprächtig oder ausgezeichnet, vorstellen kann. Wir sollten uns immer vor Augen halten, dass der Eine, der uns die Hoffnung auf eine bessere Zukunft gibt, auch die Gnade schenkt, dass wir uns das vorstellen können!

Heutige Bibellese

Jeremia 29,11-13; Römer 5,1-5

Gebet

Gott, danke für die Hoffnung – die optimistische und vertrauensvolle Erwartung des Guten. Du weißt genau, wo ich bin und wohin ich gehe. Du nimmst mich mit von Herrlichkeit zu Herrlichkeit, jeden Tag, und bringst mich in die göttliche Bestimmung. Du wendest alles zum Guten für mich, zu deiner Herrlichkeit.

**Gott ist berühmt für seine Premieren, in denen er
seine neuesten Attraktionen präsentiert.**

Das **Alte Testament** enthält sehr viel Lehre und Offenbarung über den Alltag und die Anbetung im damaligen Israel. Aber letztendlich erzählt es vor allem über die Zukunft, spricht zu ihr und befasst sich mit allem, was den kommenden Messias, die Wiedergeburt seines Volkes und die Beziehung Gottes zum Menschen betrifft. Jedes Thema, das dort angeschnitten wird, und jede Verheißung ist etwas Wundervolles, geht aber weit über unseren Verstand hinaus.

Paulus bezeichnet diese prophetische Vorschau als „...*Schatten der zukünftigen Dinge*" (Kolosser 2,17). Man blickt gerne auf die Helden des Alten Testaments zurück und wünscht sich, in ihrer Zeit gelebt zu haben. Häufig ist Hebräer 11 dafür verantwortlich - und das zu Recht. Dort werden Menschen beschrieben, „...*welche durch Glauben Königreiche bezwangen, Gerechtigkeit wirkten, Verheißungen erlangten, der Löwen Rachen verstopften, des Feuers Kraft auslöschten, des Schwertes Schärfe entgingen, aus der Schwachheit Kraft gewannen, im Kampfe stark wurden, der Fremden Heerscharen zurücktrieben.*" (Hebräer 11,33–34).

Diese Personen lebten unter einem Bund, der dem Neuen Bund unterlegen war. Gott ruhte immer nur vorübergehend auf seinen Auserwählten. Daher ist das, was unter dem Alten Bund geschah, lediglich ein *Schatten* dessen, was wir durch Christus effektiv empfangen haben. Dennoch werden ihre Zeugnisse ewig von Bedeutung sein, und das sollten sie auch. Und wenn man bedenkt, dass diese Männer und Frauen, die hier Geschichte schrieben, sich nach dem sehnten, worin wir uns heutzutage bewegen - wirklich unfassbar.

Heutige Bibellese

Hebräer 11,39-40; 12,1-2; 1. Korinther 10,11; Kolosser 2,16-17

Gebet

Ich bin dankbar für die schriftlichen Aufzeichnungen von den Männer und Frauen im Alten Testament. Danke, Vater, dass ich aus ihren Siegen und Fehlern lernen kann. Es ist verblüffend, zu welch großartigen Dingen du sie befähigt hast und dass ich in Jesus sogar noch einen besseren Zugang zu dir habe als sie ihn hatten. Bitte schenke mir die Gnade, ihren Fußstapfen zu folgen und in noch größere Dinge hineinzukommen.

Gott verbirgt Dinge nicht vor, sondern für uns.

„**Gottes Ehre ist es**, *eine Sache zu verbergen*" (Sprüche 25,2), gleichzeitig liebt er es, seinem Volk Dinge zu offenbaren. Wenn er etwas verbirgt, dann für diejenigen, die demütig und hungrig sind.

Wenn jeder x-Beliebige Zugang zu Gottes Offenbarungen hätte, würden sich viele in einer falschen Haltung mit intellektuellem Stolz aufblähen, anstatt sich demütig zu beugen. Demut qualifiziert uns für die verborgenen Dinge Gottes, und sie ist es, die wahren Hunger hervorbringt. Die Demütigen sind von Natur aus hungrig, weil sie erkennen, dass sie nichts vorzuweisen haben und dass es ihnen an der Fülle mangelt. Aber sie sind deswegen keine Bettler. Im Reich Gottes bedeutet Demut nicht, dass man ein schwaches Selbstbild hat oder dass man den Stand eines Bettlers einnimmt, der unwürdig ist, irgendetwas von Gott zu empfangen.

Demut begreift, dass die Geheimnisse des Herrn seinen engsten Freunden vorbehalten sind. Demütige wissen, dass sie unabhängig davon, wie viel sie mit dem Heiligen Geist erlebt haben, bisher nur die Oberfläche dessen angekratzt haben, was uns in Christus bereitsteht. Diese Erkenntnis bereitet unser Herz vor, dass Gott gerne seine Geheimnisse mit uns teilt.

Heutige Bibellese

Sprüche 25,2; Matthäus 13,10-17

Gebet

Gott, danke dass du mir deine Geheimnisse anvertraust. Es ist eine Ehre, dein Freund/deine Freundin zu sein. Bewahre mich vor einem stolzen Geist und hilf mir, hungrig zu bleiben, um mehr Erfahrungen mit dir zu machen. Ich will stets in demütiger und kindlicher Haltung hören, sehen und verstehen, was du offenbarst. Du bist wahrhaftig groß, und es gibt noch viel an dir zu entdecken, viel mit dir zu erleben und viel von dir an die Welt weiterzugeben.

Es war die Zeit des Neuen Bundes, die die Propheten
voraussahen, um darüber zu berichten.

„**D**urch Christus leben wir nun in ebenjener Epoche, auf die die Propheten voller Sehnsucht blickten. Sie wurden oft Seher genannt. Wenn alles schon existiert hätte, was sie sahen, hätte man sie nicht so genannt. Ihre Gabe sollte sie in die Lage versetzen, sowohl das Unsichtbare der Gegenwart zu schauen als auch *Kenntnis* über die Zukunft zu haben.

Diese Männer und Frauen deuteten auf *unsere* Zeit – auf diejenigen, die im Zeitalter der Gnade leben. Sie dienten mit Sicherheit Israel, aber letztendlich dienten sie dem *wilden Ölbaumzweig* und dem ursprünglichen Ölbaum - den Heiden und Juden, die irgendwann das mysteriöse Volk namens Leib Christi bilden sollten (siehe Römer 11,17-24; Epheser 3,4-9). Dieser Leib diente jenen, die in der letzten Zeit leben würden, die mit der Auferstehung Christi anbrach.

Und das ist jetzt, 2000 Jahre später, der letzte der letzten Tage! Und wir haben die Ehre, die Verwalter des Augenblicks zu sein, den sie sahen.

Heutige Bibellese

Römer 11,17-24

Gebet

Gott, es ist total aufregend, in diesem Moment in der Geschichte zu leben – einer Zeit, die von den Propheten vorausgesagt wurde. Hilf mir, meine Zeit, meine Fähigkeiten und Ressourcen voll auszuschöpfen.

Mache, zumindest gedanklich, eine Liste von all den Königen und Propheten, die deine Helden sind und die von jener Zeit träumten, in der wir jetzt leben – Salomo, David, Jesaja und Daniel. Die Liste ist lang. Aber da ist keiner unter ihnen, der sah, was kommen würde und nicht den Schmerz in seinem Herzen verspürte, diese Realität schmecken zu können - einer Realität, der wir uns nun erfreuen.

Der **primäre Fokus** ihres Traumes war ein zweifacher: 1. Ein neues Herz mit einer neuen Natur und 2. Der Geist Gottes in und auf jedem Gläubigen. Diese beiden Dinge konnte sich niemand vorstellen, auch nicht die zwölf Jünger.

Jesus musste ihnen klarmachen, dass es besser für sie ist, dass der Heilige Geist zu ihnen kommt, als wenn er bei ihnen bleiben würde. (siehe Johannes 16,7). Trotzdem gab es keinen unter ihnen, der sich nicht für Jesus entschieden hätte, wenn es möglich gewesen wäre. Ohne es zu wissen, standen sie direkt vor etwas, was die Generationen vor ihnen schon als den entscheidenden Wendepunkt erkannt hatten.

Denn ich sage euch, daß viele Propheten und Könige begehrt haben zu sehen, was ihr sehet, und haben es nicht gesehen, und zu hören, was ihr höret, und haben es nicht gehört (Lukas 10,24).

Heutige Bibellese
Lukas 10,21-24

Gebet

Herr, ich bin so dankbar, dass ich auf der anderen Seite des zerrissenen Vorhangs lebe. Wegen Jesus kann ich Dinge schauen, hören und erleben, nach denen sich Propheten und Könige des Alten Testaments sehnten. Hilf mir, dass ich das nicht für selbstverständlich nehme, was Generationen vor mir unbedingt sehen wollten.

*Propheten und Könige, die Prominenz der biblischen Tage, besaßen
ein Bewusstsein für eine kommende höhere Realität.*

So sehr sich die Vorväter auch danach gesehnt hatten, Teil dieser höheren Realität zu sein, hatten sie keine Möglichkeit es zu erleben. Dieses Privileg war für uns reserviert. Dafür sollten wir von Herzen dankbar sein, überwältigt von der unbegreiflichen Kostbarkeit, die uns Gott durch seinen Sohnes geschenkt hat.

Nun stehen die großen Männer und Frauen, die die Geschichte mitbestimmt haben, in der Wolke der Zeugen und schauen zu, wie sich das Geheimnis Christi vor ihren Augen enthüllt. Natürlich haben wir nichts getan, womit wir das Privileg verdient hätten, in dieser Stunde leben zu dürfen, unter einem neuen und besseren Bund. Das hat der Souveräne so entschieden.

Dadurch, dass wir Zugang haben zu etwas, worauf diese Könige und Propheten verzichten mussten, stehen wir auch in der Verantwortung und Rechenschaftspflicht. In der Tat ernüchternd.

Heutige Bibellese

Philipper 4,4-7; Kolosser 3,15-17

Gebet

Alles, was ich sagen kann, ist danke. Danke, Vater, dass du mich geschaffen hast, dass du mich dazu erwählt hast, Teil deiner Familie zu sein und dass ich unter dem Neuen Bund leben darf. Erhöhe meine Fähigkeit, dir täglich zu danken, indem ich immer mehr erkenne, was Jesus durch den Neuen Bund möglich gemacht hat.

Die Könige und Propheten waren diejenigen, die sich am meisten mit unsichtbaren Realitäten beschäftigten, und sie erhielten durch inoffizielle Vorschauen einen Eindruck davon, was kommen würde. Jeder einzelne von ihnen hätte alles darum gegeben, das schmecken zu dürfen, was für uns verfügbar ist.

Nehmen wir einmal für einen Moment an, Salomo ist einer der Könige, von dem Jesus in Lukas 10,24 spricht – eine mögliche Annahme, denke ich, wenn man seine Weisheit und seinen prophetischen Durchblick betrachtet.

Stellen wir uns einmal vor, wie groß die Sehnsucht nach unserem Zeitabschnitt für diesen einzigartigen Mann gewesen sein muss. Er schwelgte im größtmöglichen Reichtum, den diese Welt zu bieten hat, genug, um die Reichsten unserer Tage im Vergleich dazu erblassen zu lassen. Mit seinem Einfluss auf die Nationen brachte er andere Herrscher dazu, ihm zu dienen, obwohl sie ihn hassten. Er war gefürchtet wegen dieser Weisheit, die zusammen mit der Gegenwart Gottes zu kommen schien, denn Weisheit ist eine Person (siehe 1.Korinther 1,30). Die Feinde verhielten sich deswegen still, die Völker sprachen über ihn und selbst Könige und Königinnen nahmen weite Strecken auf sich, nur um ihm zuzuhören. Sie versuchten sogar, ihn mit den schwierigsten Fragen, die sie kannten, auszutricksen, doch er fand auf jede eine Antwort. Seine Skeptiker verwandelten sich in Nachfolger.

Er konnte sich alle seine Träume erfüllen. Das heißt, alle außer einem – die Zukunft. Seine Zukunft ist unsere heutige Realität - *in Christus.*

Heutige Bibellese

1.Korinther 1,26-31

Gebet

Heiliger Geist, danke dass du bist, wer du bist, und dass du in mir lebst. Du bist Weisheit, Gerechtigkeit, Wahrheit und Liebe. Fülle meinen Mund mit deinen Worten der Weisheit und Liebe, wenn ich spreche.

Das tun Propheten: Sie sehen über ihre Zeit hinaus und verkünden es.

David gehört zweifellos zu den Personen, auf die Jesus sich in Lukas 10,24 bezog. Er war König und Prophet. *„Liebe Brüder, es sei mir gestattet ganz offen zu reden .... Weil David nun ein Prophet war ... hat er vorausschauend ... geredet"* (Apostelgeschichte 2,29-31). König und Prophet ist die alttestamentliche Kombination des Apostel/Propheten. Wenn man diese Verbindung von König zu Apostel herstellt, wird es nur dann funktionieren, wenn es ein König nach Gottes Design ist – in bevorzugter Stellung, um effektiv zu dienen und dennoch der Geringste unter allen.

Apostel erhalten prophetische Einblicke in das, was Gott gerade tut. Sie blicken voraus und ihre Worte stehen im Einklang mit dem, was sie sehen. Dieses neutestamentliche Königtum demonstriert keine Regentschaft, wie wir sie normalerweise kennen. Apostolisches Regieren bedeutet, Christus den Diener, unser ultimatives Vorbild, sichtbar zu machen. Wenn wir einen flüchtigen Blick auf prophetische Realitäten erhalten und eingeladen sind, daran mitzuwirken, dass sie in unseren Tagen Wirklichkeit werden, dann ist das keine Einladung zu spiritueller Wichtigtuerei. Prahlerei raubt uns, was prophetische Vision vermittelt – nämlich ein Bild davon, wie man den Menschen effektiver dienen kann. Die alten Propheten handelten, um Gott zu repräsentieren, und sie sprachen, um den Menschen mit dem Wort Gottes zu dienen. Wir haben *alle* den Heiligen Geist empfangen, um Jesus auf der Erde zu repräsentieren und den Menschen zu dienen, indem wir seinem Beispiel folgen.

Heutige Bibellese

Apostelgeschichte 2,22-39; Matthäus 20,25-28

Gebet

Jesus hilf mir, dass ich immer daran denke, dass alle Autorität, die du mir gibst, nur dazu da ist, um den Menschen zu dienen. Gib mir das Herz eines Königs und Dieners, damit ich dich gut repräsentieren kann. Auf welche Weise kann ich heute jemandem dienen?

*Das Alte Testament ist voller Menschen, die
zukünftige Dinge schmeckten.*

Das sind die Premieren, die Hunger nach mehr erzeugen. Die Propheten, die immer wieder einen kurzen Blick auf unsere Tage werfen durften,
waren zutiefst überzeugt von dem, was sie sahen und handelten entsprechend. Sie
dienten Gott im Gehorsam und waren entschlossen, ihre einzigartige Position
einzunehmen und in die höheren Realitäten zu säen, die der Himmel ihnen
offenbarte. Auch wenn das, was sie schmeckten, inzwischen normal für uns ist,
freuten sie sich über die Früchte ihrer Bemühungen. Da sie uns gewiss aus der
großen Wolke der Zeugen beobachten, sehen sie mit Vergnügen, wie sich das, was
sie nur partiell erlebten, vollständig in unserer Zeit entfaltet.

Im Alten Testament war jede Begegnung mit Gott, die von Angesicht zu Angesicht stattfand, ihrer Zeit voraus. Diese Ebene der Intimität wurde erst normal,
nachdem Jesus sein Blut vergossen hatte. Sogar Gideon musste sich nach seiner
Begegnung mit Gott erst vergewissern, dass er noch lebte (siehe Richter 6,22-
24) und er schien sichtlich überrascht, dass dies der Fall war. Man glaubt es kaum,
dass das, was diese Männer und Frauen erlebten, nur ein *Vorgeschmack* und eine
Vorschau dessen war, was wir in Fülle durch den Geist empfangen haben.

Heutige Bibellese

Epheser 3, 1-12

Gebet

*Danke, Herr, dass du mir einen Weg für eine innige Freundschaft mit dir geebnet hast.
Hilf mir, andere Menschen in dein Reich zu bringen, damit auch sie eine Beziehung
mit dir haben können.*

Gott lockt und zieht uns zum Glauben, damit wir das Unmögliche ergreifen, und anschließend übertrifft er sich selbst bei weitem.

Wer schon einmal ins Kino gegangen ist, weil das Filmplakat so vielversprechend aussah, und feststellen musste, dass alle lustigen Szenen des Films bereits im *Trailer* zu sehen waren, der weiß, wie enttäuschend das ist. Bei Gott ist das nicht so.

Gott schenkt uns Einblicke in zukünftige Ereignisse und weiß, dass selbst die, die es vorhergesehen hatten, bei ihrem Eintreffen überrascht sein werden. Seine zukünftigen Werke werden uns in Worten und Bildern offenbart, können aber in ihrer ganzen Tragweite niemals vollständig wiedergegeben werden. Gottes Güte übertrifft jegliche Beschreibung, Vorstellung und Erwartung. Was das Gute betrifft, ist er ist in jeglicher Weise extrem.

Heutige Bibellese

Psalm 146

Gebet

Gott, ich danke dir, dass du mich immer wieder mit Dingen überrascht hast, die sich am Ende als besser erwiesen haben, als ich erwartet hatte. Ich kann mich auf deinen guten Charakter verlassen und getrost darauf vertrauen, dass du mir alle Dinge zum Besten dienen lässt. Ich bitte dich, überrasche mich heute mit deiner extremen Güte!

Wir besitzen das größte Privileg aller Zeiten – das Privileg, in einer Zeit der Hoffnungslosigkeit voller Hoffnung zu sein.

So sieht es aus, wenn man ein *Licht auf einem Berg* ist. Aber viele, die die Ehre haben, Verwalter der Hoffnung zu sein, lassen sich durch die Anforderungen des Alltags von ihrer Bestimmung abbringen. Und diejenigen, die ein Springbrunnen der Hoffnung sein sollten, spiegeln in Wirklichkeit die Hoffnungslosigkeit der Menschen wider, die ohne Christus sind. Das gilt vor allem für die letzten Tage.

Wenn diese Menschen über die Zukunft nachdenken, liegt ihre ganze Hoffnung ausschließlich darin, dass der Himmel nahe herbeigekommen ist. Das ist natürlich richtig so. Das sollte die große Hoffnung jedes Gläubigen sein. Aber wir dürfen auch dabei zusehen, wie der Himmel *jetzt schon* auf die Erde kommt. Gehen wir noch einen Schritt weiter – du und ich sind beauftragt, Teil dieser herrlichen Übernahme zu sein! Und dieser Umstand sollte unsere Hoffnung beträchtlich steigern. Er ermöglicht uns einen neuen Fokus, mit dem wir unsere Prüfungen und Herausforderungen angehen und auf einen positiven Ausgang vertrauen können. Das ist wahre biblische Hoffnung. Sie hat nichts mit unseren Wünschen oder Vorstellungen zu tun, in der ständigen Erwartung, dass etwas *nicht* funktioniert. Wahre Hoffnung nimmt Gottes Verheißungen in Beschlag und bringt das, was für einen anderen Tag bestimmt war, in das Heute *hinein*. Das ist die Verantwortung aller Bürger des Reich Gottes. Wir repräsentieren unser wahre Heimat, indem wir seine Kultur in unserer jetzigen, vorübergehenden Bleibe ausleben – auf der Erde.

Heutige Bibellese

Matthäus 5,14-16; Hebräer 11,1

Gebet

Gott, mehre meine Hoffnung und meinen Glauben, sodass ich hell scheinen kann für dich, unabhängig davon, wie es um mich herum aussieht. Die Menschen sollen mich fragen, warum ich so fröhlich und voller Hoffnung bin, damit ich ihnen von dir erzählen kann. Sollte irgendetwas in meinem Glaubenssystem nicht im Einklang mit deiner Wahrheit stehen, offenbare es mir bitte, damit Lügen mich nicht daran hindern, hell zu scheinen.

Unsere Aufgabe sollte uns wichtiger sein als unsere Bestimmung.

Der Himmel ist unsere Bestimmung, der heutige Tag unsere Aufgabe. Wir müssen die Tragweite der Stunde erkennen, in die wir hineinversetzt worden sind, wenn wir an den Veränderungen, die das Reich Gottes mit sich bringt, effektiv mitarbeiten wollen. Wer die Verheißungen Gottes und die übernatürlichen Demonstrationen seiner Kraft als etwas betrachtet, das für das tausendjährige Reich vorbehalten ist, wird in dieser gegenwärtigen Stunde keinerlei Ansprüche an seinen Glauben stellen. Er wird stattdessen in ständiger Vorfreude auf den Tag seiner Entrückung leben, anstatt sich auf die effektive Ausübung seiner gegenwärtigen Aufgabe zu konzentrieren.

Wir müssen für die Hoffnung bekannt sein, die wir für unsere heutige Zeit haben, denn Gott hat immer etwas Großes vor. Gemäß den Verheißungen, die er seiner siegreichen Braut gegeben hat, wird er alles Notwendige dafür in die Wege leiten. Als Jesus sagte, dass wir *„aber von Kriegen und Kriegsgerüchten hören"* werden (Matthäus 24,6), war das keine Verheißung, er beschrieb vielmehr die Bedingungen, unter denen seine Armee der letzten Tage ausrücken würde, bestehend aus Menschen, die Veränderung bringen.

Heutige Bibellese

Apostelgeschichte 1,9-11

Gebet

Der Himmel erfüllt mein Herz mit Freude und Begeisterung. Aber Herr, das ist meine Bestimmung. Hilf mir, dass ich bei aller Vorfreude auf den Himmel meine Aufgabe auf Erden nicht vernachlässige. Zeige mir vielmehr, wie ich etwas von meiner Bestimmung jetzt schon erleben darf, indem ich dein Reich auf der Erde freisetze. Heiliger Geist, du bist die Anzahlung auf die Ewigkeit. Du kommst aus einem zukünftigen Zeitalter und aufgrund deiner Gegenwart bekomme ich jetzt schon einen Vorgeschmack auf den Himmel.

Wenn Gott uns zeigt, was kommen wird, dann nicht, damit wir Strategien und Pläne aufstellen, sondern damit wir einen Hunger danach entwickeln und das, was ursprünglich für einen anderen Tag geplant war, in unser Heute holen.

Wenn wir einen flüchtigen Blick auf das Leben im Himmel werfen dürfen, dann ist das keine Aufforderung zur Realitätsflucht. Vielmehr sollen wir ein gesundes Verlangen nach unserer ewigen Bestimmung entwickeln. Gleichzeitig tragen wir eine Verantwortung für das, was Gott uns über zukünftige Ereignisse zeigt. Wir müssen alles daransetzen, dass wir das, was wir in dieser anderen Welt gesehen haben, auf der Erde freisetzen.

Jeder von uns hat eine Aufgabe, die ihm bewusst zugeteilt wurde und die ganz auf die heutige Zeit zugeschnitten ist. Darüber sollten wir nachdenken. Wir leben nicht in den Tagen von Mose, Elia oder Jesus. Und es besteht durchaus die Möglichkeit, dass wir am letzten Tag der letzten Tage, nicht mehr auf Erden weilen werden. Unsere Zeit liegt in Gottes Hand (siehe Psalm 31,15). Haben wir also das Recht, uns nach der Vergangenheit oder der Zukunft zu sehnen und unseren jetzigen Platz abzuwerten? Keineswegs.

Um die Wahrheit zu sagen, wir leben in der herrlichsten Stunde in der Geschichte! Gott will uns zeigen was kommt, aber nicht einfach nur zur Unterhaltung, sondern um den Wunsch in uns zu stärken, als ein Tor zu dienen, durch das hindurch er sein Reich freisetzen kann.

Heutige Bibellese

Hebräer 6,5

Gebet

Es besteht die Möglichkeit, dass ich die Kraft des kommenden Zeitalters genau jetzt erlebe. Heiliger Geist, du bist der Eine, der mich zieht, jetzt von der Kultur und Atmosphäre des Himmels zu kosten, damit ich weiß, was ich hier auf Erden repräsentieren und freisetzen soll. In dieser Welt bin ich ein Botschafter des Himmels. Auch wenn der Himmel für immer meine Bestimmung ist, bin ich dazu berufen, den Himmel auf Erden zu repräsentieren und freizusetzen.

*Solange wir eine andere Ära vergöttern, werden wir
blind dafür sein, wie wichtig unsere eigene ist.*

Ich bin davon überzeugt, dass der Teufel uns dazu bringen will, dass wir den Moment, in dem wir leben, geringschätzen, und dass dies eine seiner primären Aufgaben ist. Diese Geringschätzung zeigt sich in einer verdrehten Sicht auf die Vergangenheit und Zukunft. Wenn wir glauben, dass das Vergangene nicht zu übertreffen ist und die historischen Gottesbegegnungen unerreichbar sind, werden wir die Vergangenheit auf ein Podest stellen und die Gegenwart damit vergeuden, indem wir auf die „guten alten Zeiten" zurückblicken.

Desgleichen, wenn wir die Zukunft zu stark betonen, z.B. indem wir über die Endzeit spekulieren oder uns ständig damit beschäftigen, dass wir eines Tages in den Himmel kommen, werden wir unsere heutige Zeit immer mehr als minderwertig sehen. Natürlich führt dies zu einem schlampigen Umgang mit der Aufgabe, die Gott uns gegeben hat.

Unsere Aufgabe ist das *Jetzt*. Der einzige Beweis, den wir dafür brauchen, ist die Gegenwart des Heiligen Geistes in uns. Er bleibt immer derselbe und geht immer auf dieselbe Weise vor, sei es in der Vergangenheit, Gegenwart oder Zukunft. Der Geist in uns will das, was er seinerzeit durch Jesus gewirkt hat, auch durch uns in *unserer Zeit* tun.

Heutige Bibellese

Apostelgeschichte 1,6-8

Gebet

Hilf mir, mich auf die Aufgabe zu konzentrieren, die ich jetzt zu erfüllen habe. Du hast mich in diesen einzigartigen geschichtlichen Moment gestellt, für einen göttlichen Zweck. Ich will nicht blind dafür sein, Herr. Ich will nicht sein wie die Jünger, die mitunter so sehr auf eine andere Zeit fixiert waren, nämlich auf deine Wiederkunft, dass sie fast von ihrer Berufung abgelenkt wurden. Die Zeitabschnitte der Geschichte liegen in deiner Hand, Vater. Hilf mir, deine Gegenwart zu verwalten und zusammen mit deinem Heiligen Geist meiner Generation dein Reich zu bringen.

Jedes Mal, wenn Gott uns eine Verheißung schenkt,
dann hat er das Wort aus unserer Zukunft geholt,
um uns dorthin zu bringen.

Gott ist uns vorausgegangen und hat unsere Zukunft gesichert. Unsere Treue zu ihm und seinem Wort sorgt dafür, dass wir mit seinem perfekten Plan Schritt halten. Diese Treue ist nicht einfach gleichbedeutend mit Gehorsam. Wir gehorchen ihm, weil wir uns bewusst sind, wie sehr er uns liebt. Wir gehorchen ihm auch, weil wir wissen, dass unser Gott ein Stratege ist. Er kennt das Ende von Anfang an (siehe Jesaja 46,10). Ich möchte daran erinnern, dass der, der in uns wohnt, die Zukunft bereits gesehen hat. Desweiteren ist er der einzige, der unsere Schritte so lenken kann, dass wir diese Zukunft erreichen, eine Zukunft, die - ich wiederhole - er *bereits* gesehen hat.

Jede Verheißung, die Gott uns schenkt, ist im Grunde auch ein Blick in die Zukunft. Er mag dies durch ein prophetisches Wort, eine Vision oder eine bestimmte Bibelstelle tun, die unser Herz zum Glühen bringt. Es versteht sich von selbst, dass Gott würdig ist, unseren Gehorsams zu empfangen. Sollten wir dennoch eine weitere Begründung für unseren Gehorsam benötigen, dann ist es schlicht diese – wenn wir „Ja" zu seiner Führung sagen, dann sagen wir „Ja" zu seinem Blick in unsere Zukunft. Er will uns zu dem Ort eskortieren, den er nach seinem göttlichen Plan vorbereitet hat. Der Schlüssel hierfür liegt im vollständigen Vertrauen auf die Stimme des Geistes. Er spricht auf der Grundlage dessen, was er sieht, und er sieht *alles.*

Heutige Bibellese

Jesaja 46, 8-10

Gebet

Du kennst das Ende von Anfang an, Herr. Der Eine, der schon in der Zukunft war, wohnt in mir. Heiliger Geist, du durchforschst und kennst die Gedanken des Vaters – und offenbarst sie mir. Du holst Verheißungen aus meiner Zukunft und gibst sie mir zu meiner Ermutigung. Ich vertraue dir, weil du schon gesehen hast, wohin mein Weg mich führt.

In der ganzen Bibel erzeugt Gott in den Herzen der Gläubigen ein Verlangen nach dem Himmel, nicht nur als Ort, sondern auch als den Bereich seiner gegenwärtigen Herrschaft.

Dieses **Verlangen ist** in gewisser Hinsicht eine Rückkehr in den Garten Eden. Eden repräsentierte die vollkommene Herrschaft Gottes über alle Sphären der Schöpfungsordnung. Dabei untersteht der Himmel seiner direkten Herrschaft, während er seine Autorität über die Erde delegierte – an den Menschen. Die Sünde beschädigte dieses Konzept zwar eine Zeit lang, doch dann kam Jesus, um zu suchen, was verloren war, und es wiederherzustellen. Er stellte die Beziehung des Menschen zu Gott wieder her. Wir verankern diese Wahrheit in aller Treue, vor allem in Bezug auf die Evangelisation. Das ist sehr wichtig. Jesus kam nicht, um ein religiöses System zu etablieren. Sein Kommen markierte vielmehr das Ende eines früheren Systems und die Einsetzung einer gänzlich neuen Dimension des Lebens – ein Volk, erfüllt von seiner Gegenwart.

Eines der hohen Ziele des Gesetzes bestand darin, den Menschen in eine würdige Position zu bringen, von der aus er vor Gott treten konnte. Dieses Unterfangen war jedoch zum Scheitern verurteilt, nicht weil das Gesetz unvollkommen gewesen wäre; es war vollkommen – zu vollkommen, als dass es vollständig hätte erfüllt werden können. Das Problem lag im Wesen der Menschen. Keine Anstrengung reichte aus, um dem Menschen eine gerechte Stellung vor dem würdigen Gott zu verleihen.

Dann kam sein Geist, um in uns zu wohnen. Er lässt uns nun die Gerechtigkeit erfahren, die Gott durch das Blut Jesu Christi erkauft hat. Der richtige Status ist eine theologische Realität, die, gefüllt mit dem Heiligen Geist, verstanden und erlebt werden muss. Nur wenn der Mensch durch den Heiligen Geist erlöst und von ihm beschlagnahmt wurde, kann die gegenwärtige Herrschaft des Himmels in unserer Mitte aufgerichtet werden.

Heutige Bibellese

2. Korinther 5,21

Gebet

Das Blut Jesu hat mich in die richtige Stellung zu dir gebracht, Vater. Durch sein Blut sind mir meine Sünden vergeben und ich bin mit deinem Heiligen Geist erfüllt.

Gottes Aufgabe ist es, mich in den Himmel zu bringen.
Meine Aufgabe ist es nicht, in den Himmel zu gehen; meine
Aufgabe ist es, durch meine Gebete und meinen Gehorsam,
den Himmel auf die Erde zu holen.

Unsere ewige Bestimmung ist durch das Werk Jesu bereits unter Dach und Fach. Er tat, was wir *nicht* vollbringen konnten, um uns dorthin zu bringen, wohin wir nicht gehen konnten. Unsere Zuversicht ist der Gedanke an den ewigen Himmel; unsere Aufgabe ist den Himmel auf die Erde zu bringen.

Gott hat mit dem Kreuz seinen Teil schon erledigt. Er sicherte uns nicht nur einen Platz im Himmel, er schenkte uns auch die Gegenwart und Kraft des Himmels. Dies wurde am Tag von Pfingsten freigesetzt, als der Geist Gottes auf die im Obergemach Versammelten fiel. Diese Gruppe ist die Erstlingsfrucht eines mächtigen, globalen Wirken Gottes, das im *Himmel auf Erden* gipfeln wird. Auch wenn wir die unterschiedlichsten Vorstellungen von der Endzeit haben, stimmt die Mehrheit von uns mit der letztendlichen Zuspitzung überein – die vollständige Verschmelzung zweier Welten.

Das ist mit Sicherheit ein flüchtiger Blick auf das, was kommt. Doch das Gebet Jesu lädt uns ein, diese zukünftige Realität schon heute zu ergreifen. Die *American Standard Version* der Bibel übersetzt die Worte Jesu folgendermaßen: *„Dein Reich komme. Dein Wille geschehe wie im Himmel so auf Erden"* (Matthäus 6,10). Das ist unsere Aufgabe für heute: *Wie im Himmel, so auf Erden.*

Heutige Bibellese

Matthäus 6,10

Gebet

Ich will miterleben, wie der Himmel die Erde durch mich transformiert. Heiliger Geist, forme meine Gebete so, dass sie deine Pläne verwirklichen - den Himmel auf die Erde zu bringen. Das ist die Geburtsstätte der übernatürlichen Transformation. Sobald meine Gebete wie die von Jesus klingen, weiß ich, dass ich auch in seiner Kraft vorwärts gehen werde.

Einer der wichtigsten Grundsätze in der Interpretation der
Bibel besteht darin, dass wenn etwas zum ersten Mal erwähnt
wird, es von besonderer Wichtigkeit ist.

n **1.Mose 28 10-17 wird das** Haus Gottes in der Schrift zum ersten Mal erwähnt.

*„Aber Jakob zog aus von Beerscheba und machte sich auf den Weg nach Haran und kam an eine Stätte, da blieb er über Nacht, denn die Sonne war untergegangen. Und er nahm einen Stein von der Stätte und legte ihn zu seinen Häupten und legte sich an der Stätte schlafen. Und ihm träumte, und siehe, eine Leiter stand auf Erden, die rührte mit der Spitze an den Himmel, und siehe, die Engel Gottes stiegen daran auf und nieder. Als nun Jakob von seinem Schlaf aufwachte, sprach er: Fürwahr, der HERR ist an dieser Stätte, und ich wusste es nicht! Und er fürchtete sich und sprach: Wie heilig ist diese Stätte! Hier ist nichts anderes als Gottes Haus, und hier ist die Pforte des Himmels ... und nannte die Stätte Bethel." *(LUT)

Diese Stelle über das Haus Gottes legt die Grundlage für ein Thema, das nachfolgend in der Schrift untermauert und ergänzt wird. Das wirklich Seltsame an diesem Beispiel ist, dass es kein Gebäude gibt. Es gibt weder ein mobiles Tabernakel oder Zelt noch einen gemauerten Tempel. Gott ist bei den Menschen auf einem Berg. Das ist sein Haus und es ist ein wunderbares Bild von der Wirklichkeit, wie Gott sie sieht.

Das Haus war kein Gebäude, kein Gebilde aus Ziegel und Mörtel. Nach Gottes Vision sollte es von Anfang an ein göttlicher Knotenpunkt sein – zwei Welten, die miteinander kollidieren. Im Neuen Testament findet dieses prophetische Bild vom Haus Gottes seinen konkreten Ausdruck in Christus (siehe Johannes 1,51). Nicht nur, dass Himmel und Erde wieder aufeinandertreffen – sie finden auch ihren Schnittpunkt in einer Person. In Johannes 1,51 war es Jesus. Aufgrund seines vergossenen Blutes und seines Versöhnungswerkes, ist nun die Gemeinde dieser Ort des göttlichen Schnittpunktes.

Heutige Bibellese

1.Mose 28, 17a; Johannes 1,51

Gebet

Danke, Vater, dass ich dein Haus bin.

Das Haus Gottes ist die Pforte des Himmels.

Die einzelnen Elemente der Geschichte in 1.Mose 28 sind einfach – ein offener Himmel, die Stimme des Vaters, auf- und nieder steigende Engel und eine Leiter, die von der Erde bis zum Himmel reicht. In der Summe ist dies ein Bild für die Gemeinde. Aber das Erstaunlichste daran ist die Schlussfolgerung, die Jakob aus dieser Offenbarung zog. *„Hier ist nichts anderes als Gottes Haus, und hier ist die Pforte des Himmels."* Haben wir das verstanden? Das Haus Gottes ist die Pforte des Himmels auf Erden.

Du bist Gottes Haus und daher die irdische Pforte des Himmels. Kein materielles Konstrukt konnte dem schwierigen Mandat gerecht werden, das mit dem Konzept vom *Haus Gottes* verbunden ist. Das war von Anbeginn klar. Tabernakel und Tempel vermittelten nur einen schwachen Eindruck von jener höheren Realität, die durch Christus kam. Gottes Verlangen war es, auszubrechen – und einzubrechen. Als der Vorhang in der Mitte zerriss, brach er aus einem Gebäude aus, das gänzlich ungeeignet war, seine Gegenwart aufzunehmen. Stattdessen brach er am Tag von Pfingsten in das einzige Gebilde ein, das als Wohnstatt für seinen Geist geeignet war – die erlöste Menschheit.

Heutige Bibellese

1.Mose 28,17b

Gebet

Zeige mir, wie man als deine irdische Pforte lebt. Möge mein Leben ein Übergangspunkt sein, der die Gegenwart und Kraft deiner Welt auf der Erde freisetzt.

Eine Pforte ist ein Übergang, der dich von einem
Bereich oder Ort zu einem anderen bringt.

Pforten sind einfache aber interessante Objekte und Teil unseres täglichen Lebens. Vielleicht besitzt du eine vor deinem Haus oder hinter deinem Haus, die in die Auffahrt führt. Sie bilden den Übergang sowohl zum Ein- als auch zum Ausgang. Pforten gewähren Durchgang von einem Ort zum nächsten. Auf dieselbe Weise ist der geistgesalbte Leib Jesu die Pforte des Himmels auf der Erde. Während es zweifellos Fälle gibt, in denen Gott souverän und geheimnisvoll wirkt, setzt er Dinge generell durch sein Volk um. Deshalb musste Gott uns mit der Gabe des Heiligen Geistes beschenken.

Bis zur Wiederkunft Christi erwiesen sich die Menschen – im Großen und Ganzen – als unzuverlässige Pforte. Auch wenn das Alte Testament voller siegreicher Geschichten ist, gibt es Beispiele von Menschen, deren Leben schlecht endete, die in Sünde fielen und die der Aufgabe Gottes nicht gewachsen waren. Durch Jesu Blut kann der Mensch nun mit dem Einen, der rechtfertigt, erfüllt werden. Der Vollkommene wohnt in uns und bringt die Heiligkeit aus dem Bereich des Unmöglichen.

Erinnern wir uns, Der, der rechtfertigt, bevollmächtigt auch. Gott betrachtet seine Gemeinde als geeignete „Pforte", um seine übernatürlichen Ressourcen in dieser Welt freizusetzen. Das ist so, weil Gott sich selbst vollkommen vertraut. Wenn er aber sich selbst vertraut, dann auch denen, die mit ihm selbst erfüllt sind. Um dieses Privileg zu erhalten müssen wir diese anvertraute Gabe mit Ehrfurcht verwalten. Lasst uns darin übereinstimmen, dass wir die Pforte sind, durch die seine Gegenwart ungehindert fließen kann.

Heutige Bibellese

1. Mose, 28,12

Gebet

Als deine Pforte habe ich eine Verantwortung – ein Kanal zu sein, durch den deine Gegenwart sich frei bewegen kann. Ich wünsche mir, dass derselbe Geist, der mein Herz geformt hat, kraftvoll auf mir ruht. Mögest du ungehindert mein Leben als deine Pforte benutzen, um diese Welt zu transformieren.

Die Gemeinde ist die ewige Wohnstatt Gottes. Aber im Moment ist sie ein Gebäude, das genau zwischen zwei Welten steht.

Die bevollmächtigende Gegenwart des Heiligen Geistes lebt in dir und mir. *Wir sind die Gemeinde.* Der Geist Gottes positioniert uns so, dass wir unter einem offenen Himmel leben, genauso wie er es bei Jesus tat – dem *Menschensohn*. Diese Titulierung ist bezeichnend, denn sie weist auf Jesu Identifikation mit den Menschen hin. Er hat es möglich gemacht, dass wir ein Gebäude sind, welches genau auf der Linie zwischen zwei Welten steht. Unser ewiger Platz ist „*in der Himmelswelt in Christus Jesus*" (Epheser 2,6), aber unser jetziger Platz ist in dieser Welt. Für Jesus galt einmal dasselbe.

Es gibt kein größeres Vorbild für ein Leben zwischen zwei Welten als Jesus. Immerfort verfolgte er die Bewegungen des Vaters und hörte auf dessen Stimme, während er gleichzeitig beständig gegen das Übel auf der Erde ankämpfte. Seine Verbindung zur Welt des Vaters war lebenswichtig und bestimmte das Maß seiner Effektivität in dieser Welt. Jesus war, ist und bleibt immer Gott. Gleichzeitig wollte Gott uns eine Vorlage für das normale christliche Leben liefern. Er beschloss dafür seine göttlichen Privilegien beiseite zu legen und als Mensch auf die Erde zu kommen, gesalbt mit demselben Heiligen Geist, der auch in uns wohnt. In seinem ganzen Wesen war Jesus die Inkarnation Gottes. Er war das Wort, in Fleisch gehüllt. Zugleich war er auch hundertprozentig Mensch, der dir und mir zeigte, wie das Leben zwischen zwei Welten aussehen kann.

Heutige Bibellese

Epheser 2, 1-10

Gebet

Ich lebe auf der Erde, aber mein Bürgerrecht ist im Himmel. Zeige mir, wie ich ein Bewusstsein für beide Welten entwickeln kann, damit ich so effektiv wie möglich als Träger deiner Gegenwart dienen kann.

Wir besitzen die doppelte Staatsbürgerschaft, die des Himmels und der Erde.

Der Apostel Paulus war sich seiner doppelten Staatsbürgerschaft bewusst. Man kann von ihm behaupten, dass er *vom* Himmel *zur* Erde lebte. Ein solcher Lebensstil sorgt dafür, dass wir nicht zu sehr „mit dem Kopf im Himmel stecken, um auf der Erde etwas zustande zu bringen" und effektive Reich Gottes Botschafter auf Erden sind. Der Ausdruck „mit dem Kopf im Himmel stecken" wird sehr oft missverstanden. Das liegt jedoch weniger an den Worten als vielmehr daran, wie wir sie definieren.

Viele denken, dass jemand, der „mit dem Kopf zu tief im Himmel steckt", dazu neigt, sich von der irdischen Realität abzuwenden. Diese Ignoranz wird durch ein gutgemeintes Streben nach höheren geistlichen Realitäten gefördert und durch den Mangel an sichtbaren Zeichen verursacht. Ein Kopf im Himmel *muss* einen prägenden Einfluss auf die Welt haben, da er sonst keinerlei Gelegenheit zur Demonstration erhält. Es ist gerade jener Kopf im Himmel, der Gott die Ehre gibt, die er verdient. Vom Himmel zur Erde hin zu denken bedeutet nämlich *nicht*, die irdischen Realitäten zu ignorieren. Es bedeutet ein Upgrade in unserem Umgang mit allem, was das Leben in einer gefallenen Welt mit sich bringt. Wir ignorieren weder die Umstände, noch tun wir so, als gäbe es keine Probleme. Stattdessen sehen wir das Leben wie es ist und denken als Bürger des Himmels, die entschlossen sind, die höheren Realitäten seines Reiches in dieser Welt zu repräsentieren.

Heutige Bibellese

Philipper 3,20

Gebet

Mein Bürgerrecht ist im Himmel und meine Aufgabe auf der Erde. Zeige mir, wie ich meine doppelte Staatsbürgerschaft leben kann, wo meine Heimat in deiner Welt und mein vorübergehender Wohnsitz in dieser Welt ist. Du liebst diese Welt, Herr. Du hast die Welt so sehr geliebt, dass du deinen Sohn sandtest. Er kam nicht, um zu verdammen, sondern um zu erretten und wiederherzustellen. Hilf mir, als Bürger/ Bürgerin deiner Welt die Mission Jesu weiterzuführen – die Menschen mit dem Vater zu versöhnen und ihnen zu helfen, ebenfalls Bürger des Himmels zu werden.

Wir sind nicht nur diejenigen, die dafür beten sollen, dass das Reich Gottes kommt, wir sind auch oftmals diejenigen, die Gott als Werkzeuge gebraucht, um es freizusetzen.

Jesus verteilte Aufgaben – und gab seinen Leute anschließend die Kraft, um sie auszuführen. In Johannes Kapitel 20 sehen wir ein perfektes Beispiel dafür. Der auferstandene Christus arbeitet mit seinen Jüngern zusammen. Wir setzen an der Stelle an, in der *„Jesus nun wieder zu ihnen (sprach): Friede euch! Wie der Vater mich ausgesandt hat, sende ich auch euch. Und als er dies gesagt hatte, hauchte er sie an und spricht zu ihnen: Empfangt Heiligen Geist!"* (Johannes 20, 21-22).

Die Jünger erhielten eine wahrlich ungewöhnliche Aufgabe. Als Jesus davon sprach, dass er sie senden würde, *„wie der Vater mich ausgesandt hat"*, war ihnen völlig bewusst, was das beinhaltete. Es ging um dieselben Werke, dieselbe Kraft, dieselbe Autorität, dasselbe Mandat und dieselbe Mission der Versöhnung, auf der Jesus sich gerade befand. Natürlich brandmarkten sie sich selbst als zu untauglich für eine solche Aufgabe. Sie hatten gesehen, was Jesus tat. Sie hatten einzigartige Zeiten erlebt, in denen Jesus ein gewisses Maß an Autorität und Kraft auf sie übertrug, damit sie übernatürliche Heldentaten vollbringen konnten. Doch es war nur etwas Vorübergehendes gewesen, nichts Bleibendes. Aber nun war alles anders. Ihr Aufgabenfeld wurde erweitert, und der einzige, der ihnen die Kraft dafür verleihen konnte, war gerade dabei die Szene zu verlassen.

Es scheint, als hätte Jesus ihnen nicht viel Zeit gelassen, um über Alternativen nachzudenken. Mit dem außerordentlichen Missionsbefehl übermittelte er gleichzeitig außerordentliche Kraft. Vielleicht hauchte er sie sogar *in dem Moment* an, da er den Missionsbefehl aussprach, und sie empfingen den Heiligen Geist. Wir dürfen nicht vergessen, dass der Atem seines Geistes für die Aufgabe, die Gott uns gegeben hat, immer ausreicht!

Heutige Bibellese

Apostelgeschichte 1,8

Gebet

Heiliger Geist, du gibst mir Kraft, damit ich dein Zeuge sein kann.

Es hilft, wenn man versteht, dass unser Gehorsam den Himmel
auf der Erde freisetzt, und zwar in so einer überwältigenden Weise,
wie wir es nie für möglich gehalten haben.

In dem Wörtchen „Ja" liegt Kraft, auch wenn unser Verstand nicht erfasst, worauf wir uns dabei einlassen. Genau dies widerfuhr Jakob während seiner prophetischen Begegnung in 1.Mose 28. Nachdem er Engel auf einer Leiter auf- und absteigen gesehen und die Stimme Gottes gehört hatte, gab er eine ziemlich interessante Antwort: *„Fürwahr, der Herr ist an dieser Stätte, und ich habe es nicht erkannt!"* (1.Mose 28,16).

Obwohl dieser Moment Jakobs Bestimmung festschrieb, konnte sein natürlicher Verstand nicht ganz verarbeiten, was vor sich ging, daher die Aussage *„... und ich habe es nicht erkannt!"* Wenn wir eine Begegnung der Welt Gottes mit unserer Welt wollen, kommt es auf unseren Gehorsam an – und nicht darauf, dass wir jedes Detail bis ins kleinste begreifen. Für Gott ist es ziemlich normal, uns in den Gehorsam zu rufen, ehe unser Verstand erfasst, in welche Situationen er uns hineinbringt. Das erfordert absolutes Vertrauen und Zuversicht in seine Natur. Gott allein verdient unser „Ja", ohne dass wir eine Ahnung haben, was vor sich geht.

Abraham ist ein perfektes Beispiel dafür. Gott verlangte von ihm, Isaak, sein verheißenes Kind, zu opfern. Dieses Verlangen konnte Abraham unmöglich verstehen. Nichtsdestoweniger sagte er „Ja", und der Rest ist Geschichte. Auch unser „Ja" zu Gott heute könnte sehr gut ein Schritt des Gehorsams sein, der Geschichte schreibt!

Heutige Bibellese

1.Mose 28,16

Gebet

Vater, hilf mir, „Ja" zu dir zu sagen, auch wenn mein Verstand nicht völlig begreift, was du gerade tust. Schenke mir geistliche Augen, damit ich das Wehen und Wirken deines Geistes erkenne, auch wenn ich nicht vollständig weiß, was gerade vor sich geht. Es spielt keine Rolle. Ich gehorche, auch wenn ich nicht alles verstehe. Auch wenn ich nicht sehe, vertraue ich dir voll und ganz. Du siehst alles und mit dir bin ich auf einem guten Weg!

**Es liegt in der Natur des Menschen, zu träumen,
zu wünschen und zu begehren.**

Gott hatte den Propheten sehr viel offenbart, nicht nur durch ihre prophetischen Worte, sondern auch durch ihre himmlischen Erfahrungen. Es stand in ihre Herzen geschrieben, dass es noch viel, viel mehr gibt, als man je für möglich gehalten hatte. Davon bin ich fest überzeugt.

Dieses *mehr* personifizierte sich in der Taufe Jesu. Wofür die Propheten in der Vergangenheit gekämpft hatten, fand seine Verwirklichung im Jordan. An jenem Tag brach der Himmel auf und antwortete auf das tiefe Verlangen der Menschheit. Ein MENSCH war in die Welt gekommen, der dem Menschen die Lizenz zum Träumen, Wünschen und Begehren verlieh… mit der Hoffnung auf Erfüllung. Im Alten Testament war dieses Verlangen nach mehr verbunden mit schmecken, sehen, flüchtigen Einblicken, prophetischen Worten, Visionen und Erfahrungen. In jener Zeit konnte die Fülle des Geistes nicht freigesetzt werden, da noch kein Mensch die Szene betreten hatte, der würdig und qualifiziert genug gewesen wäre, die *bleibende* Salbung zu empfangen.

Die ganze Fülle der himmlischen Mittel und Ressourcen fließen durch die Person, Gegenwart und Kraft des Heiligen Geistes. Erinnern wir uns, Jesus war und ist der Ewige Gott, aber er lebte auch als der mit dem Heiligen Geist gesalbte Menschensohn. Damit sollte uns, den menschlichen Söhnen und Töchtern, gezeigt werden, wie man unter einem offenen Himmel lebt und die Ressourcen des Himmels durch den Geist Gottes auf die Erde freisetzt.

Heutige Bibellese

Kolosser 2, 16-17

Gebet

Wenn ich das Alte Testament lese, und mir das, was die Glaubenshelden erlebten, durch den Kopf gehen lasse, dann, Heiliger Geist, erinnere mich daran, dass das, was sie damals schmeckten, nur ein Schatten dessen ist, was ich in Christus empfangen habe.

Die Prophetien, Visionen, die Elemente der Stiftshütte und andere Bauwerke – all das schürte ihren Hunger nach einem Tag, der noch in der Zukunft lag. Diese Tage sind jetzt gekommen! Zeige mir, wie ich das, was ich im Geist empfangen habe, ganz und gar ehren und verwalten kann.

**Man kann sich nicht nach etwas Süßem sehnen,
wenn es gar nichts Süßes gibt.**

C.S. Lewis hat zurecht die folgende Beobachtung gemacht:

Wenn ich ein Verlangen habe, von dem ich merke, dass es durch nichts in der Welt gestillt werden kann, dann ist es höchstwahrscheinlich nur damit zu erklären, dass ich für eine andere Welt geschaffen wurde (Lewis; *Pardon, ich bin Christ*).

Unsere Herzen sind so weit zufriedengestellt, wie wir in Gemeinschaft mit dem Repräsentanten dieser anderen Welt, dem Geist Gottes, bleiben. Er ist es, der uns einen Vorgeschmack und flüchtige Eindrücke davon schenkt, wie diese andere Welt aussieht und funktioniert. Alles im Himmel ist geprägt durch die Gegenwart des Herrlichen, der auf dem Thron sitzt. Mit jedem Schnappschuss, den wir von Gott erhalten, setzen wir uns dem Einen aus, der uns in unserer Fähigkeit, in diesem Leben auch nur an der Oberfläche zu kratzen, unendlich weit überlegen ist. Muss uns diese Tatsache entmutigen? War Jesus nicht gekommen, damit wir *Gott kennenlernen*? Selbstverständlich. Wir müssen nur vorsichtig sein, wenn es um die Definition dieses *Kennenlernens* geht.

Manche Leute glauben, Gott zu kennen, weil sie scheinbar viel über Theologie wissen. Leider ist reine Information etwas völlig anderes als ein persönliches, inniges, auf Erfahrung beruhendes Wissen über Gott. Information an sich macht aufgeblasen und hinterlässt im Herzen ein schales Gefühl (siehe 1. Korinther 8,1). Eine intensive Nachfolge, die durch eine Kostprobe seiner Gegenwart und Kraft ausgelöst wird, macht uns andererseits demütig. Wir erkennen, wie wenig wir tatsächlich von dem großen Gott, dem wir dienen, wissen und wie viel Zugang wir zu seiner Gegenwart haben.

Heutige Bibellese

Hebräer 11,8-10

Gebet

Danke für die Begegnungen in deiner Gegenwart, die mich fortwährend daran erinnern, dass noch sehr viel mehr vorhanden ist. Mehr an Erfahrung. Mehr Wissen. Mehr Freisetzung. Jedes Kosten, jedes Berühren drängt mich dazu, mehr von dir zu bekommen!

**Der Hunger nach mehr von Gott zeugt davon, dass
tatsächlich mehr vorhanden und verfügbar ist.**

Es war diese Sehnsucht nach mehr, die Abraham dazu trieb, das Unsichtbare zu suchen. *„Denn er wartete auf die Stadt, die einen festen Grund hat, deren Baumeister und Schöpfer Gott ist. "* (Hebräer 11,10). Es war die innere Überzeugung, dass es etwas gibt, das für alle zugänglich ist, etwas Substantielles, Reales, Ewiges und von Gott Erbautes.

Der Hunger nach mehr beweist, dass es tatsächlich *mehr* gibt – *irgendwo.* Es liegt vielleicht nicht direkt vor unseren Augen und reicht mit Sicherheit über unsere begrenzten Erfahrungen hinaus. Denn läge das *mehr* innerhalb unserer Erfahrungen, würde man es naturgemäß *nicht* als „mehr" definieren. Die Suche nach mehr wird durch die Vision motiviert, dass es etwas gibt, was unser gegenwärtiges Ausmaß an Erfahrung übersteigt und hinter sich lässt.

Dort, wo wir gerade in Gott sind, ist noch nicht das Ende. Wir *können* in ihm noch viel tiefer gehen. Wer die Grenzen dafür, wie tief wir in die Gegenwart Gottes eintauchen können, auf religiöse Weise selbst bestimmen will, hat eine falsche Vorstellung von seiner Größe. Schließlich dürfen wir nicht vergessen, dass er Gott ist. Wir können nicht davon ausgehen, dass wir, egal an welcher Stelle auf dieser Seite der Ewigkeit wir uns befinden, wir auch nur an der Oberfläche von alledem kratzen werden. Trotzdem signalisiert er uns, dass wir nach seiner Gegenwart streben und in sie hineindrängen sollen.

Die Tatsache, dass wir *jetzt* nicht in der Lage sind, ihn in seiner Ganzheit zu erforschen, sollte uns nicht davon abhalten, das zu erleben, was erlebbar *ist.*

Heutige Bibellese

Epheser 3,20

Gebet

Jede Begegnung mit dir kann erweitert werden. Hilf mir, jede Berührung durch deine Gegenwart zu feiern, ohne dabei stehen zu bleiben. Bewahre mich vor dem Glauben, dass das, was ich geschmeckt und berührt habe und was ich weiß, schon alles ist. Erinnere mich immer daran, dass es mehr gibt, Herr. Du gebrauchst hungrige Menschen, um Städte zu bauen. Es gefällt dir, hungrige Herzen zu füllen – lass mein Herz immer hungrig sein. Das ist mein Gebet!

Jesus ist das Licht, das jeden erleuchtet, der in die Welt kommt.

Jeder hat diese Erleuchtung empfangen. Die Schöpfung selbst bezeugt es (siehe Psalm 19,1-4; Römer 1,20-21). Aber Karriere, Scham und Stolz halten uns davon ab, mit dem Unsichtbaren, das Gott ins Bewusstsein eines jeden auf dieser Welt geborenen Menschen gelegt hat, in Berührung zu bleiben und es verstehen zu wollen. Es liegt an uns, was wir damit machen.

Jesus sagte zu seinen Jüngern etwas sehr Seltsames: *„Im Hause meines Vaters sind viele Wohnungen. Wenn es nicht so wäre, würde ich euch gesagt haben: Ich gehe hin, euch eine Stätte zu bereiten?"* (Johannes 14,2). Man denkt doch eher, dass er sagt: „Wenn es so wäre, würde ich es euch sagen." Oder: „Ich sage das, weil es so ist." Warum ist sein Ansatz genau das Gegenteil von dem, wie wir denken? Er musste ihnen nicht verheißen, was sie innerlich bereits wussten. Er setzt voraus, dass der Mensch in seinem Herzen um den himmlischen Bereich weiß, und spricht dieses Bewusstsein an.

Das Bewusstsein über diese Realität existiert auch in deinem Herzen. Wenn er naht, sind Worte unnötig. Seine manifeste Gegenwart mischt die Tiefen in unseren Herzen auf und erinnert uns daran, dass sie geschaffen wurden, um von der Tiefe Gottes gesättigt zu werden.

Heutige Bibellese

Johannes 1, 1-5

Gebet

Jesus sagte, dass er das Licht der Welt ist. Bevor er ging, teilte er uns durch die Jünger mit, dass wir das Licht der Welt sind. Du hast diese Aufgabe auf uns übertragen, Herr. Möge ich hell scheinen, nicht aufgrund dessen, wer ich bin — sondern wer ich in Christus bin und weil Christus in mir ist. Möge ich mich erheben und sein Licht ausstrahlen, das jedem Menschen auf der Welt die wahre Erleuchtung bringt.

Gesalbtes Gebet hat immer auch etwas Prophetisches an sich.

Ich kann mir die Art und den Charakter der Träume der Propheten nur vorstellen. Neben ihrem angeborenen Bewusstsein, dass es noch mehr gibt, durften einige von ihnen einen kurzen Blick in die Zukunft werfen. Und manche von ihnen sahen sogar den Himmel, den Thron Gottes und den geheimnisvollen Bereich der Engel. Man hungerte allgemein danach, dass die Welt Gottes sich auf die hiesige auswirkte. Jesaja betete sogar: *„Ach, daß du die Himmel zerrissest, herabstiegest..."* (Jesaja 64,1). Es war ein prophetisches Wort in Form eines Gebetes.

Der Schrei, dass der Himmel auf die Erde Einfluss nehmen möge, war wieder einmal in den Herzen explodiert. Dieses Mal durch die Propheten. Gott hatte schon alles vorbereitet, um diesen Schrei zu erhören, und wies Jesaja an, es laut betend zu proklamieren. Im Alten Bund schrien die Herzen nach einem *Tag*, der noch kommen würde. Wie herrlich zu wissen, dass wir diesen Tag in unseren Tagen erleben werden!

Heutige Bibellese
Matthäus 13,17

Gebet

Herr, der Tag, nach dem sich die alten Propheten sehnten, ist jetzt angebrochen. Jesus machte es am Kreuz möglich und der Heilige Geist hat es mir ermöglicht daran teilzuhaben. Bewahre mich davor, Gebete zu sprechen, die bereits erhört wurden, und zeige mir stattdessen, wie man die Wirklichkeit des Neuen Bundes auslebt. Sie ist mein Erbe in Christus!

Juni

Wenn uralte Schreie
erhört werden

Die Schreie nach Gott, von Gerechten und Ungerechten, hallen durch
die Jahrhunderte. Ich bin mit dem Satz aufgewachsen, dass es im
Herzen eines jeden Menschen ein von Gott geschaffenes Vakuum gibt.
Ich glaube das.

Die Sehnsucht nach Gott wird auf unzählige Weise sichtbar, u.a. in dem Bestreben, das Leben besser zu machen. Ich bin in der ganzen Welt herumgereist, und in jeder Volksgruppe existiert der Wunsch, neue Dinge zu entdecken und zu verbessern. Diese Leidenschaft ist in jedem Menschen fest verankert.

Ohne Christus bleibt dieser Drang aber unbefriedigt und unerfüllt. Er findet seine volle Entfaltung nur unter dem Einfluss der Gegenwart Gottes. Der entscheidende Schlüssel ist, wie man diese *Weiterentwicklungen* richtig definiert, und dazu muss man unter dem Einfluss des Reich Gottes stehen, das in der Gegenwart des Heiligen Geistes freigesetzt wird. Wenn wir die Gegenwart Gottes in die Welt hineintragen, indem wir Jesus repräsentieren und dem Menschen dienen, kann jeder sehen, wie sehr sich unsere Herzen nach der *einen Sache* sehnen, die uns sättigt...und gleichzeitig hungrig nach mehr macht.

Heutige Bibellese

Jesaja 61,4

Gebet

Du hast mich gesalbt, die Trümmerstädte wieder aufzubauen und das früher Verödete wieder aufzurichten. Du bist nicht unterwegs, um die Welt zu verdammen und zu zerstören. Sie erleidet schon genug Schaden durch die Auswirkungen der Sünde. Mit Hilfe deiner Kinder willst du die Schöpfung wiederherstellen, ihr Hoffnung und Freiheit bringen. Hilf mir, dein Sohn / deine Tochter zu sein, erfüllt mit deinem Geist, der die Aufgabe hat, auf den Schrei der Schöpfung zu antworten.

Gott schuf uns mit Sehnsüchten und Leidenschaften und der Fähigkeit zu träumen. All diese Eigenschaften sind nötig, um seinem Bilde wahrhaft gleich zu sein.

Mit diesen Eigenschaften können wir mehr über Gott, unsere Bestimmung und die Schönheit und Fülle seines Reiches entdecken. Aber ohne das Zaumzeug ihrer göttlichen Bestimmung führen uns diese Fähigkeiten direkt zur verbotenen Frucht. Gott ging dieses Risiko bewusst ein, damit sein Traum wahr würde – der Traum von Menschen, die in seinem Bilde gemacht sind, die ihn aus freien Stücken anbeten und seine Gegenwart in die ganze Welt tragen.

Wir haben die Möglichkeit, an einem Ort zu leben, wo unser freier Wille unter Gottes Einfluss steht. Für das natürliche Denken klingt das zunächst einmal widersprüchlich, aber nicht im Reich-Gottes-Kontext. Wie kann man in Freiheit leben und gleichzeitig unter dem Einfluss Gottes stehen? Das findet statt, wenn unsere Träume und Sehnsüchte den Charakter des Schöpfers widerspiegeln. Gott zwingt uns nicht seine Träume und Wünsche auf, noch manipuliert er uns entsprechend. Er hat keine Roboter erschaffen, sondern freie Beauftragte. Der Vater freut sich, wenn diejenigen, denen er Freiheit gegeben hat, *mit* ihm träumen. Sie ersehnen sich Dinge in seiner Gegenwart. So sieht das Leben in seiner Ebenbildlichkeit aus.

Heutige Bibellese
Johannes 15, 1-8

Gebet

Du hast mich für das Träumen geschaffen, Vater. Wenn ich in dir bleibe und du in mir, träumen wir zusammen. Ich träume nicht unabhängig von dir. Ich träume in deiner Gegenwart. Ich gestalte in deiner Herrlichkeit. Leidenschaft wird im Verborgenen geboren, in der innigen Gemeinschaft mit dir.

*Irgendwie wusste man, dass die Realitäten des Himmels
und der Erde mehr zusammenkommen müssen.*

Jesajas Gebet repräsentierte den Schrei der gesamten Menschheit, als er betete: *„Ach, daß du die Himmel zerrissest, herabstiegest,…"* In diesem Gebet war der Schrei nach dem Einfluss des Himmels auf die Erde in einem Herzen explodiert. Die Erde rief nach der himmlischen Invasion, und diesmal durch einen Propheten. Gott hatte Jesaja beauftragt, es betend auszurufen, weil er schon alles dafür vorbereitet hatte. Es war ein prophetisches Wort in Form eines Gebets.

Daraufhin kam die Antwort des Himmels. Die Offenbarung und Freisetzung von Gottes Erlösungsplan, kann nun wegen dem Gesalbten nicht mehr gestoppt werden. Jesus kam, um uns zu erlösen und um uns als Vorbild zu dienen. Er ging ans Kreuz, damit eine Gemeinschaft von Gesalbten die Erde mit der Herrlichkeit Gottes überziehen konnte. Während seines Wirkens gewährte er einen kurzen Blick auf das Leben, das jedem Christen offenstehen würde, nämlich ein Leben in der Vergebung der Sünden und gefüllt mit dem Geist. Um seinetwillen wurde der uralte Schrei erhört. Der Himmel war der Erde nahegekommen – und seit dem Pfingstereignis ist es unaufhaltsam.

Heutige Bibellese

Jesaja 64,1

Gebet

Du hast diesen Urschrei erhört, Herr! Anstatt zu beten, dass du die Himmel zerreißen und herabsteigen mögest, bitte ich dich, mir zu zeigen, wie ich mit deinem Geist zusammenarbeiten kann um das freizusetzen, was du vorgesehen hast.

Als Johannes der Täufer sagte, dass das Reich Gottes nahe herbeigekommen sei, war es eine Prophetie auf das, was Jesus anschließend manifestierte und freisetzte.

Die Wassertaufe des Johannes war als Taufe der Buße bekannt. Aus diesem Grund fand es Johannes seltsam und ein bisschen schwierig, Jesus auf dessen Bitte hin zu taufen. Jesus hatte keine Sünde begangen, für die er hätte Buße tun müssen. Aber die Taufe des Johannes stand in Verbindung mit dessen Ankündigung vom Reich Gottes. Johannes wusste, dass er nicht würdig war, Jesus zu taufen, sondern dass er selbst die Taufe benötigte, die Jesus vollziehen konnte – die Taufe mit Heiligem Geist und Feuer (siehe Matthäus 3,11). Aber Jesus bestand darauf. Die Bereitschaft, etwas zu tun, wofür man eigentlich nicht qualifiziert ist, qualifiziert einen manchmal für genau diese Sache.

Jesus enthüllte sogar durch den Taufakt das anbrechende Reich Gottes. Er identifizierte sich mit denen, die er von der Sünde befreien wollte. Als unbescholtener Sohn Gottes war er völlig ohne Sünde. Warum dann also die Taufe? Dieser Moment markierte den Anfang seines öffentlichen Wirkens, einem Lebensstil, der zum Leitbild für zukünftige Generationen von Gläubigen werden sollte. Er identifizierte sich bewusst in jeder Hinsicht mit uns. Natürlich sah er den Tag voraus, an dem sein Volk schließlich seine Werke sehen und daraus schließen würde, dass Jesus nur aufgrund seiner Göttlichkeit diese Wunder tun konnte. Seine Taufe war eine kühne Erklärung an alle Generationen, die besagte: „Was ich tue, werdet ihr ebenfalls tun."

Heutige Bibellese

Matthäus 3,1

Gebet

Dein Reich wurde in der Person Jesu Christi geoffenbart. Er hat mir vorgeführt, wie man dein Reich im täglichen Leben mit sich trägt und freisetzt. Auch wenn andere Stimmen versuchen, mich von diesem Vorbild abzulenken, lass meine Augen stets auf Jesus fixiert sein, dem Anfänger und Vollender meines Glaubens. Er ist sowohl mein Messias als auch mein Vorbild. Danke, Herr, für deinen Sohn – Jesus! Nicht nur, dass er mich in dein Reich gebracht hat, er hat mir auch gezeigt, wie man als Bürger deines Reiches lebt.

Im Reich Gottes geschieht nichts ohne Vorankündigung.

Jesus reagierte auf Johannes Weigerung, ihn zu taufen, und sagte: *„Laß es jetzt* (so sein)*; denn so gebührt es uns, alle Gerechtigkeit zu erfüllen. "* (Matthäus 3,15).

Dieser Akt erfüllte die Gerechtigkeit, weil Jesus hier der Diener aller wurde, gleichgestellt mit der sündigen Menschheit, und nun in die Position gebracht, das nahe herbeigekommene Reich Gottes auszurufen. Durch diese Ankündigung wurde das Reich Gottes freigesetzt, da im Reich Gottes alles über Deklarationen funktioniert. Diese Ankündigung war der Geburtsort der Reich-Gottes-Realität. Bevor es sichtbar wurde, wurde es prophetisch verkündet.

Mit seiner Ankündigung setzte Jesus den Reich-Gottes-Lebensstils frei, der von nun an allen Gläubigen in der Weltgeschichte zur Verfügung stand.

Heutige Bibellese
Matthäus 3,15

Gebet

Öffne mir die Augen, damit ich das Vorbild Jesu klarer sehe und ihm folge. Er hatte die Taufe nicht nötig – er war ohne Sünde. Um mit der Menschheit auf gleicher Stufe zu stehen, ließ er sie dennoch an sich vollziehen. Dadurch zeigt er mir, was nun einem Menschen möglich ist, der in der richtigen Beziehung zu Gott steht. Weil mir meine Sünden vergeben sind und ich mit dem Geist erfüllt bin, habe ich jetzt Zugang zu den Werken Jesu. Er tat seine Wunder und Zeichen in der Kraft des Geistes. Danke, Vater, dass du mir denselben Geist und dieselbe Kraft gegeben hast!

Was durch alle Zeitaltern hindurch verheißen wurde, hat begonnen. Aber was niemand erwartet hatte: Der Himmel erobert die Erde durch die Demut eines Menschen – dem Sohn Gottes, dem Menschensohn.

Als Jesus mit Wasser getauft wurde, merkte der Himmel auf. In Markus 1, 10-11 haben wir eine interessante Beschreibung dieses göttlichen Moments:

„Und sobald er aus dem Wasser heraufstieg, sah er die Himmel sich teilen[5] und den Geist wie eine Taube auf ihn herabfahren. Und eine Stimme kam aus den Himmeln: Du bist mein geliebter Sohn, an dir habe ich Wohlgefallen gefunden. "

Jesus sah, wie sich die Himmel öffneten. Es war ein historischer Moment, in dem sich der Urschrei Jesajas erfüllte. In Jesaja 64,1 ruft der Prophet nach einem offenen Himmel und danach, dass etwas von der Welt Gottes in die unsrige freigesetzt wird. Jesaja betete vor allem um eine Person. Es ging ihm nicht einfach nur um Gaben, Kraftwirkungen oder darum, etwas zu demonstrieren, auch wenn das ernsthaft begehrt werden soll. Er strebte auch keine vorübergehende Erfüllung oder Salbung an, bei der der Geist auf einen Menschen kommt und ihm einen bestimmten Auftrag gibt. So kannte man es in seinen Tagen und so war es bis dahin immer gewesen. Gott kam eine Zeitlang auf die Menschen herab, aber irgendwann war wieder alles vorbei. Der Auftrag war ausgeführt, die gesalbte Person, ob Mann oder Frau, starb und das war's.

Der Schrei nach *mehr* fand seine Erfüllung, als der Himmel sich über dem Menschensohn öffnete und den Geist Gottes freisetzte. Vielleicht wusste Jesaja selbst nicht genau, was er eigentlich anstrebte. Er wusste nur, dass es mehr gab, als sie bisher geschmeckt hatten. Und das wollte er mehr als alles andere.

Heutige Bibellese

Markus 1, 10-11

Gebet

Dein Sohn hat es möglich gemacht, unter einem offenen Himmel zu leben. Er erhörte den Schrei der Propheten. Nun ist der Himmel offen und deine Gegenwart ist gekommen, um in mir zu leben.

---

5   Engl. Original: „He saw the heavens opening..." (NASB). (Anm.d.Ü)

Als sich die Himmel bei der Taufe Jesu öffneten, gingen die Wolken nicht einfach auseinander. Es war ein gewalttätiger Akt.

Die Gewalt dieses Aktes richtete sich nicht gegen die verlorene Menschheit, sondern gegen die Herrschaft der Finsternis, die durch das Übereinkommen des Menschen mit Satan in Eden über die Erde gebracht wurde.

Das Wort „öffnen" bedeutet „spalten, teilen". Es wird jeweils einmal als „öffnen", „teilen" und „aufreißen" übersetzt, jeweils zweimal als „sich teilen" und „aufreißen" und viermal als „reißen". Interessanterweise ist es das gleiche Wort, das auch benutzt wird, als beim Tod Jesu der Vorhang im Tempel „zerriß" und die Felsen „zerrissen", weil Himmel und Erde zum Zeugnis für die Ungerechtigkeit dieses Augenblicks bebten - Einer, der so vollkommen ist, stirbt für die, die den Tod verdienen.

„Und siehe, der Vorhang des Tempels zerriß in zwei (Stücke), von oben bis unten; und die Erde erbebte, und die Felsen zerrissen..." (Matthäus 27,51).

Jesaja 64,1 ist ein Fürbitteschrei im Namen der verzweifelten Menschheit - *„Ach dass du die Himmel zerrissest, herabstiegest,..."* Bei der Taufe Jesu reagierte Gott persönlich auf dieses Gebet.

Heutige Bibellese

Matthäus 27,51

Gebet

Deine Gegenwart gibt mir die Vollmacht, die Finsternis in meinem Leben und in dieser Welt zurückzudrängen. Jesus sollte die Werke des Feindes zerstören, und genau diesen Auftrag hast du auch mir gegeben. Die Gegenwart, die bei der Taufe Jesu die Himmel aufbrach und auf die Erde fiel, ist dieselbe Gegenwart, die im Heiligen Geist in mir lebt.

Als die Himmel aufrissen, war dies im Grunde ein Akt
ultimativer Gnade und Herrlichkeit, was für die geistlichen
Kräfte der Finsternis ernste Konsequenzen hatte.

Der **Mensch Jesus Christus** war nun mit dem Himmel überkleidet und vollständig für seine irdische Bestimmung ausgerüstet. Und das, was er erworben hatte, war ein prophetischer Vorgeschmack auf das, was bald allen zur Verfügung stehen würde.

Die Finsternis begriff nicht, welche Folgen dieser Moment für sie haben würde. Wäre es so gewesen, dann hätte Satan den Plan mit der Kreuzigung auf der Stelle verworfen (siehe 1.Korinther 2,8). Jesu Blut lud praktisch dich und mich in den offenen Himmel ein, unter dem er wandelte. Bis zu dem Zeitpunkt, da Jesus den Heiligen Geist empfing, war kein Mensch dafür qualifiziert, die bleibende Gegenwart Gottes zu empfangen. Die Sünde machte es unmöglich. Aber Jesus kehrte das durch seinen Tod am Kreuz wieder um.

Das bedeutete für den Feind und seiner Tyrannei auf der Erde, unter mehreren Gesichtspunkten, den absoluten Untergang. Jesu irdischer Wandel hatte eine überaus vernichtende Wirkung auf die Mächte der Finsternis. Er heilte die Kranken, trieb Dämonen aus und beseitigte kontinuierlich den Einfluss des Feindes auf Menschen und Städte. Und als wäre das noch nicht genug, war die Konsequenz von seinem Erlösungswerk, die vollkommene Niederlage für den Teufel und dessen Reich. Weil Jesus sein Blut vergoss, haben nun alle Gläubigen den Heiligen Geist, der einst den Sohn Gottes salbte, damit er die Werke des Teufels zerstöre (siehe 1.Johannes 3,8). Die Finsternis hat keine Chance mehr.

Heutige Bibellese

1.Korinther 2,8

Gebet

Durch das Kreuz ist es mir möglich geworden, deine Salbung zu erleben. Die Mächte der Finsternis hätten Jesus niemals gekreuzigt, wenn sie gewusst hätten, was wir durch sein Opfer erhalten würden! Ich bin nicht nur für kurze Zeit oder eine bestimmte Aufgabe mit deinem Geist erfüllt und gesalbt – sondern für alle Tage meines Lebens.

Der Vorhang im Tempel, die Felsen um Jerusalem und die Himmel, alle erleben den gleichen gewalttätigen Akt und bezeugen auf ihre Weise, dass der König mit seinem besseren Königreich soeben die Bühne betreten hat.

Als Jesus starb, wurde alles erschüttert. Jedes Beben und jede Erschütterung offenbarte, dass der offene Himmel, unter dem Jesus wandelte, nun *unsere Realität* werden würde.

Betrachten wir die Auswirkungen von Jesu Tod auf den Vorhang im Tempel, die Felsen in Jerusalem und den Himmel.

- Der Vorhang – Gott war nicht mehr an einen alten Bund gebunden, da Jesus durch seinen Tod alle darin enthaltenen Forderungen erfüllt hatte. Er zerriss den Vorhang mit seiner eigenen Hand von oben bis unten.

- Die Felsen um Jerusalem– die massivsten Orte der Erde antworteten auf das neue Zeitalter. Indem sie zerbarsten, empfingen sie Herrschaft des Königs der Könige, Jesus.

- Die Himmel – der Fürst der Macht der Luft[6] besaß keine Autorität über Jesus, dem Prototypen für jeden Gläubigen, welcher nach seinem Tod, seiner Auferstehung und Himmelfahrt auf der Erde leben würde.

Heutige Bibellese

Hebräer 12,28-29

Gebet

Ich bin Teil eines unerschütterlichen Königreichs. Auch wenn um mich herum die Dinge in der Welt ins Wanken geraten, trage ich etwas mit mir, das ewig, unerschütterlich und fest ist. Hilf mir, die Kraft deines Reiches in alle Lebenssituationen hinein freizusetzen.

---

6   Epheser 2,2

Jesus ebnete den Weg dafür, dass seine Er-
fahrungen zu unseren werden.

Bevor wir damit beginnen, aus unserer Geistestaufe heraus zu leben, sollten wir verstanden haben, was bei der Taufe Jesu geschah. Er ist das Modell
und die Schablone für das Leben eines Christen. Seine Taufe ist sozusagen unsere
Taufe, nicht was die Sünde betrifft, sondern den Geist.

In Markus, Kapitel 1, lesen wir folgendes über die Geistestaufe Jesu: *„Und*
sobald er aus dem Wasser herausstieg, sah er die Himmel sich teilen und den Geist wie eine
Taube auf ihn herabfahren. " (Markus 1,10). Gott antwortete auf die uralten Schreie,
der Himmel möge doch aufreißen (*„Ach, daß du die Himmel zerrissest"*). Dies war
schon immer sein Wunsch gewesen. Aber Jesajas Gebet konnte erst mit dem Auf-
tauchen Jesu vollständig erhört werden. Denn bevor er die Erde mit seiner Herrlichkeit erfüllen konnte, mussten ihre Bewohner mit seinem Geist erfüllt sein.
Damit wir diese Aufgabe zu Ende bringen, mussten wir vorher die Erfahrung
machen, die Jesus machte.

Was geschah also, als die Himmel bei diesem gewalttätigen Akt aufrissen? Der
Geist Gottes kam herab. Das ist die Antwort auf Jesajas Gebet. Das ist die Antwort auf all die Schreie der Könige und Propheten, die sich so schmerzlich nach
diesem Tag sehnten.

Heutige Bibellese

Johannes 14,12

Gebet

Weil der Heilige Geist in mir lebt, kann ich die Werke tun, die Jesus tat. Seine Er-
fahrung ist ein Beispiel dafür, was ich von meinem Leben als Christ erwarten sollte.
Danke, Herr, dass ich alles tun kann, weil deine Gegenwart in mir wohnt!

Die Suche nach einem anderen offenen Himmel bedeutet, dass der,
den wir jetzt haben, nicht korrekt verwaltet wird.

Der **Heilige Geist**, der Schatz des Himmels, von dem Jesus und der Vater mit so viel Ehrerbietung sprachen, ist auf die Erde gekommen. Beim Thema Erweckung oder Ausgießung müssen wir sorgfältig darauf achten, worum wir bitten. Viel zu viele Gläubige rufen Gott um etwas an, was er in seiner Treue schon längst in die Welt gesandt hat. Unsere Kraftlosigkeit kommt nicht davon, dass Gott nicht willens wäre, zu geben. Der Grund dafür ist vielmehr die Unfähigkeit, das zu verwalten, was wir bereits haben. Das ist der Schlüssel, um die Erfahrungen Jesu zu erleben. Es ist das Leben vor Gott als Sohn oder Tochter, nicht als Bettler.

Als Bettler geht man automatisch davon aus, dass die andere Seite nicht gerne gibt. Der Akt des Bettelns hofft, dass Beharrlichkeit gepaart mit Verzweiflung eine Reaktion hervorruft. Es ist eine Sache, verzweifelt zu sein und auf einen Durchbruch zu beharren, aber betteln bedeutet, zu glauben, dass derjenige, den wir anbetteln, uns in einem Zustand des Mangels haben will. So ist unser Vater aber nicht. Das Problem ist, wir betteln um ein Erbe, das wir bereits haben, ohne dass wir etwas dafür tun mussten. Wir schreien nach einer Ausgießung vom Himmel, die schon auf die Erde gekommen ist. Da frage ich mich, ob er nicht vielleicht auf die Kirche herabschaut in der Hoffnung, dass wir auf den offenen Himmel mit unseren offenen Türen antworten.

Heutige Bibellese

Apostelgeschichte 2, 1-4

Gebet

Dein Heiliger Geist wurde bereits ausgegossen! Ich dränge auf frische Erfüllungen und neue Begegnungen, von denen die Schrift sagt, dass sie zur Verfügung stehen. Aber ich suche nicht nach einem neuen offenen Himmel oder einem anderen Heiligen Geist. Er ist schon gekommen und lebt in mir, und ich sehne mich danach, ihn noch mehr zu erleben.

Was die Gläubigen betrifft, so sitzen die meisten geschlossenen Himmel zwischen den Ohren.

Der Himmel ist offen, ob wir es glauben oder nicht. Unsere Gedanken haben keinen Einfluss auf den offenen Himmel über unserem Leben, vielmehr entscheiden sie darüber, ob wir an dieser Realität teilhaben oder nicht. Jesus Christus sicherte jedem einzelnen, vom Geist bewohnten Gläubigen einen offenen Himmel. Das ist eine Tatsache. Die Frage ist: *Stimmt unser Verstand dieser Tatsache zu oder ziehen wir eine Lüge in Betracht?*

Ohne Zweifel sind uns die Worte von Paulus an die Gemeinde in Rom vertraut: *„Und seid nicht gleichförmig dieser Welt, sondern werdet verwandelt durch die Erneuerung des Sinnes..."* (Römer 12,2). Einen erneuerten Sinn kann man auf verschiedene Weise praktisch ausleben. Dazu gehört, dass man ein Bewusstsein für das pflegt, was man hat, anstatt zu glauben, es würde einem etwas fehlen. Wenn unser Leben unter dem Eindruck dessen steht, was wir meinen, nicht zu haben, müssen wir ständig diesen Dingen nachjagen, die sich unserem Zugriff entziehen und immer außer Reichweite zu sein scheinen. Um mit unseren Gedanken wieder auf die rechte Spur zu kommen und sie auf das zu richten, was wir als die vom Geist Gesalbten *in Christus* besitzen, bringen wir uns entsprechend in Position und schöpfen aus den Ressourcen seiner Welt, um sie in die unsrige freizusetzen. Wir glauben, dass die Ressourcen des Reich Gottes für uns bereitstehen, weil das Blut eines besseren Bundes sie für uns erworben hat.

Heutige Bibellese

Römer 12,2

Gebet

Forme meine Gedanken, damit sie sich auf alles einlassen, was dein Blut zugänglich gemacht hat. Durch dein Blut, Jesus, bin ich mit dem Heiligen Geist erfüllt. Es hat mich gereinigt und gerecht gemacht. Weil ich nun erfüllt bin, wandle ich unter einem offenen Himmel. Unbegrenzte übernatürliche Ressourcen fließen durch mich von deiner Welt in meine Welt Zeige mir, wie man in dieser Identität lebt und deine Gegenwart richtig verwaltet.

Wer so lebt, als seien die Himmel über ihn hart wie Beton, spielt in Wirklichkeit dem Teufel in die Hände, da er sich in eine defensive Position begibt.

Dieser **Blickwinkel** verletzt alles, was Jesus erreicht hat. Mit seinem Befehl „Gehet hin!" brachte er uns in die Offensive. Der Feind versucht, die Gläubigen in die Defensive zu drängen, indem er sie, die Kraft empfangen haben, innerlich in einen dauerhaften Zustand der Täuschung versetzt. Er will, dass wir glauben, wir seien Bettler, wo wir doch in Wirklichkeit Königskinder mit einem gewaltigen Erbe sind.

Das heißt natürlich nicht, dass die Finsternis nicht in der Lage wäre, ihren langen Schatten über eine Person, eine Stadt oder ein Land zu werfen. Wir halten uns häufig in geistlich dunklen Gebieten auf. Ich kann die Leser zu Orten führen, wo das Reich der Finsternis so vorherrschend, destruktiv und dominant ist, dass schon die bloße Anwesenheit genügt, um ins Zittern zu geraten. Die Finsternis ist eine Realität und ihr Ziel ist es, sich unsere Zustimmung zu sichern. Wenn wir überzeugt sind, dass die Finsternis mehr Macht besitzt, als sie in Wirklichkeit hat, begeben wir uns in die Defensive.

Wir erliegen der Täuschung des Feindes, wenn wir den Bereich der Finsternis höher einschätzen, als er tatsächlich ist. Es ist töricht, ein desolates Königreich einem siegreichen Königreich gleichzustellen, geschweige denn als überlegener einzustufen. Wir dürfen uns nicht irreführen lassen, wenn wir erleben wollen, wie Gottes überlegenes Königreich die Landschaft dieser Welt verändert.

Heutige Bibellese

Matthäus 28,18

Gebet

Höre nicht auf, meinen Sinn zu erneuern, auf dass er sich mit deinen Gedanken eins macht, Vater. Stelle mich so in Position, dass ich in der Offensive lebe, nicht in der Defensive. Ich kämpfe nicht um den Sieg, sondern im Sieg. Jesus hat den Sieg bereits errungen und mir den Missionsbefehl gegeben. Er hat nicht gesagt, dass ich gegen den Teufel kämpfen und mich verteidigen soll. Zeige mir, wie ich mit dem, was Jesus schon vollbracht hat, in Einklang komme, wie ich aus seinem vollendeten Werk heraus lebe und mutig die Aufgabe erfüllen kann, die du mir gegeben hast!

Wer einer Lüge glaubt, stärkt die Position des Lügners.

Der Feind erscheint nur dann vor uns groß, wenn wir glauben, dass er es ist. Das ist eine der Schlüsseltaktiken, die er gegen den vom Geist bevollmächtigten Leib Christi einsetzt. Er zittert vor dem, der in uns wohnt. Er weiß um unser Potenzial, weil er die Werke Jesu erlebt hat.

Jesus befreite dämonisierte Menschen nicht, weil er Gott war. Er verrät die übernatürliche Quelle seiner Ketten brechenden Kraft, wenn er erklärt: *„Wenn ich aber durch den Geist Gottes die Dämonen austreibe, so ist also das Reich Gottes zu euch gekommen."* (Matthäus 12,28). Die Salbung des Heiligen Geistes verlieh ihm die Fähigkeit, die Gefangenen freizusetzen (siehe Lukas 4,18). Genauso können auch wir durch die Salbung auf uns den Gefangenen Freiheit bringen. Solange wir glauben, dass der Teufel größer ist als er es in Wirklichkeit ist und wir denken, dass die Finsternis undurchdringlich ist, wird es schwierig für uns, zuversichtlich vom Geist Gottes in uns zu schöpfen und denen Freiheit zu bringen, die sie brauchen.

Heutige Bibellese

Matthäus 12,28

Gebet

Dein Geist schenkt mir die Vollmacht, Kranke zu heilen und Unterdrückte zu befreien. Ich habe diese Macht weder in noch an mir – ich bin völlig abhängig von deiner Gegenwart in mir, um das Übernatürliche tun zu können. Die Werke der Finsternis stellen keine Herausforderung für den dar, der größer ist und in mir lebt!

**Die Finsternis ist eine Macht zweiter Klasse. Ich kann es
mir nicht leisten, mich von ihr beeindrucken zu lassen.**

Unser Augenmerk muss auf der Versorgung und den Verheißungen durch Christus gerichtet sein, sowie auf den offenen Himmel über jeden einzelnen von uns. Ich bin davon überzeugt, dass eine solche Fokussierung zumindest teilweise beschreibt, was es heißt, in Christus zu bleiben (siehe Johannes 15,4). Genau das meint Paulus, wenn er uns dazu ermutigt, unsere Gedanken auf das zu richten, was „droben" ist (Kolosser 3,1-2).

Wer der Lüge glaubt, dass die Finsternis eine übergeordnete Position einnimmt, verleiht dem Lügner ultimative Macht. Die Tage des Teufels sind gezählt. Er ist entmachtet. Er sucht verzweifelt nach offenen Türen der Zustimmung, wo er seine Lügen säen und großziehen kann. Die Bibel sagt, dass der Feind, „*Euer Widersacher, der Teufel, umher(geht) wie ein brüllender Löwe und sucht, wen er verschlingen könne.*" (1.Petrus 5,8). An dieser Stelle ist anzumerken, dass der Teufel *kein* brüllender Löwe ist, sondern sich lediglich *wie* ein solcher umhergeht. Sobald jemand darauf hereinfällt, beginnt er mit dem Verschlingen. Wir wollen uns aber nicht länger von einem beeindrucken lassen, dessen Farce so alt ist wie die Zeit selbst.

Heutige Bibellese

1.Petrus 5,8

Gebet

Hilf mir, nie zu vergessen, dass der Teufel kein brüllender Löwe ist – auch wenn er versucht, mich davon zu überzeugen. Neben dem auferstandenen Christus ist er unscheinbar und unterlegen. Er ist ein besiegter Gegner und mir ist die Autorität gegeben, auf seine finsteren Werke zu treten. Bewahre mich davor, dass ich auf seine Lügen eingehe, Herr, damit er keinen Zugang erhält und mein Leben nicht über meine Gedanken infiltrieren kann!

Unsere Absage an die Furcht erinnert den Teufel daran, dass er am Ende ist!

In gewissem Sinne bedeutet Furcht, dass man einer Lüge zustimmt und dem Lügner damit Vollmacht gibt. Der Feind operiert mit der Furcht. Wir handeln entweder aus der Furcht oder aus dem Glauben heraus – die zwei können nicht friedlich nebeneinander existieren. Natürlich will die Finsternis, dass wir unter einem Mantel der Furcht leben. Das hält uns davon ab, die Währung des Glaubens einzusetzen, mit der wir die Verheißungen Gottes materialisieren. Der Glaube öffnet die Tür zur vollen Versorgung in Christus und setzt sie frei. Ein solcher Lebensstil erinnert den Teufel beständig an seine Niederlage. Wer seine Einladung zur Furcht ausschlägt, bietet ihm auch keine Angriffsfläche.

Sobald die Finsternis sich einen vorrangigen Platz verschaffen kann und unser Blick für die Lösungen des Reich Gottes abnimmt, kommt Furcht in uns auf. Die Ablehnung von Furcht verweigert dem Feind die Machtposition, die er so verzweifelt begehrt. Glauben heißt, dass man sich mit der Sichtweise Gottes für die Realität eins macht: Der Teufel ist am Ende und Gottes Reich breitet sich in immer stärkerem Maße aus!

Heutige Bibellese

2. Timotheus 1,7

Gebet

Mir ist ein Geist der Liebe und Kraft gegeben, nicht der Furcht, und ein gesunder Menschenverstand. Furcht verschafft dem Feind Zugang zu meiner Gedankenwelt – einen Zugang, den er nicht verdient. Halte meine Augen stets auf deine Güte und Liebe gerichtet, Vater. Es ist deine Liebe, die alle Furcht vertreibt. Ich bin von dir geliebt. Du bist bei mir. Du hast gute Gedanken und Pläne für mich.

Bete an, wenn du im Zweifel bist.

Wenn du aus irgendeinem Grund in bestimmten Lebensumständen nicht weißt, was du tun sollst, dann *bete an*. Das ist immer der richtige Blickwinkel. In gewisser Hinsicht bedeutet anbeten, etwas groß zu machen. Gott durch Anbetung groß machen impliziert nicht, dass unser Handeln ihn größer oder kleiner machen kann, als er tatsächlich ist. Er ist Gott. Wenn wir uns jedoch dafür entscheiden, ihn zu erheben, kommen wir in Übereinstimmung mit dem, wer er ist. Erheben bedeutet größer machen. Aber ganz gleich, wie sehr wir Gott auch erheben und groß machen, es besteht nie das Risiko, dass wir übertreiben oder schönfärben. Das ist das Wunderbare daran. Denn es ist völlig unmöglich, dass unsere sterblichen Worte die Größe Gottes in ihrem vollen Umfang einfangen können, mögen sie noch so schön und wundervoll sein.

So, wie es mit Gott immer etwas zu erleben gibt, so gibt es immer etwas an ihm, das wir durch unseren Lobpreis feiern können.

Heutige Bibellese

Apostelgeschichte 16,22-30

Gebet

Ich erhebe dich, Herr. Der, der in mir lebt, ist größer als jede Situation, jede Unmöglichkeit, jede Furcht oder jeder Berg, auf den ich stoße. Die Gegenwart des Größeren ist nicht nur mit mir, sondern auch in mir. Hilf mir, dass ich diese Wahrheit nicht mehr aus den Augen verliere – und mit einem Leben der Anbetung darauf reagiere. Gott, du bist du, und danach richte ich mich. Ich will mir immer bewusst bleiben, dass der Gott, den ich anbete, einen Bund gemacht hat, um auf ewig in mir zu leben.

Wir können nicht zulassen, dass die Finsternis bestimmt, wie wir die himmlische Atmosphäre über uns wahrnehmen.

Eine der Dimensionen eines erneuerten Sinnes ist eine veränderte Wahrnehmung. Was nehmen wir mehr wahr, die Finsternis um uns herum oder den Geist auf uns? Der, der auf uns ruht, ist die Lösung für diese Finsternis. Dies legt nahe, dass ein Mensch, der im Bewusstsein der bevollmächtigenden Gegenwart des Heiligen Geistes lebt, eine konstante Bedrohung für die Finsternis darstellt.

Wahrscheinlich liegt die größte Bedrohung für deren Ausbreitung darin, dass wir sie eliminieren können, indem wir einfach sagen: „Nein, du verdienst meine Aufmerksamkeit nicht." An dieser Stelle beginnt der Sieg. Das ist keine Aufforderung, so zu tun, als würde die Finsternis nicht existieren. Es ist vielmehr die angemessene Art und Weise, wie man der Finsternis entgegentritt – als einem Raum, der durch das Licht, das wir mit uns tragen, transformiert werden soll.

Heutige Bibellese

1. Johannes 4, 4

Gebet

Stärke mein Bewusstsein für deine großartige Gegenwart in mir. Hilf mir, dass ich die Finsternis um mich herum nicht übermäßig wahrnehme, sondern immer in mich schaue und daran denke, dass der, der die Finsternis zertrat, in mir lebt!
Heiliger Geist – der du in mir lebst – du bist größer als die Mächte der Finsternis in dieser Welt. Hilf mir, aufmerksam und bewusst auf deine Größe zu schauen.

*Reife Gläubige führen die Atmosphäre des Himmels auf
eine Weise mit sich, dass andere Menschen unter ihrem
Schatten stehen und Schutz finden können.*

Inwieweit sich der Himmel über uns öffnet, hängt bis zu einem gewissen Maß von unserer Reife und Unterordnung unter den Heiligen Geist ab. Stellen wir uns den offenen Himmel einmal als eine große Eiche vor. Je größer und stabiler der Baum ist, umso mehr Menschen können in seinem Schatten stehen. Wenn wir eine andere Analogie nehmen, dann können sie unsere Durchbrüche in Anspruch nehmen und Veränderung erleben.

Diejenigen unter uns, die mit dem Heiligen Geist erfüllt sind und sich seiner innewohnenden Gegenwart unterordnen, besitzen das Privileg, anderen einen Geschmack von dem zu geben, was sie fortwährend genießen. Das soll natürlich nicht so bleiben. Früher oder später muss derjenige, der sich unter den Schatten gestellt hat, selbst ein Schatten spendender Baum werden. Indem wir Schatten anbieten, geben wir einen Vorgeschmack auf das, was alle haben können, die „Ja" zu Jesus sagen.

Heutige Bibellese

Apostelgeschichte 2,5-6

Gebet

So wie eine ganze Stadt die gewaltige Auswirkung durch die Ausgießung deines Geistes spürte, bitte ich dich, dass du mein Leben gebrauchst, um deine Gegenwart freizusetzen. Ich bitte dich, dass Menschen, die dich vielleicht nicht einmal kennen, die kraftvolle Auswirkung deiner Gegenwart auf mir erfahren.

Das fehlende Bewusstsein für den offenen Himmel trägt
zu dem Kampf um unsere Herzen und Gedanken bei,
bei dem es um die Wahrheiten der Bibel geht.

Wem das Bewusstsein für einen offenen Himmel fehlt, der schaut immer nur auf das, was nicht passiert ist, anstatt in dem zu leben, was schon passiert ist. Passiert ist, dass der Sohn Gottes gleichzeitig der gesalbte Menschensohn war. Gott kam auf die Erde und wurde Mensch. Die Salbung des Heiligen Geistes lag auf ihm und er war unser Vorbild, wie wir unser Leben führen sollen. Nur Gott konnte diese Sache erfolgreich durchziehen: Gott zu bleiben und dennoch Mensch zu werden – ein Mensch, der mit dem Heiligen Geist erfüllt war. Der Eine, der die Qualifikation besaß, unter offenen Himmeln zu leben, sorgte dafür, dass seine Realität zu der unsrigen wurde. Dafür müssen wir ein Bewusstsein entwickeln.

Der Ausdruck „offener Himmel" deutet auf einen ungehinderten Fluss übernatürlicher Ressourcen aus Gottes Welt in die unsrige hin. Der Katalysator ist stets eine gesalbte Person. Jesus führte uns vor, wie ein Leben unter einem offenen Himmel aussieht. Es lag nie in seiner Absicht, dass seine Erfahrungen beispiellos oder unerreichbar für uns sind, denn sein irdischer Dienst ist eine Einladung an uns, mehr zu erwarten und zu glauben.

Heutige Bibellese

Matthäus 3,16-17

Gebet

Als Jesus getauft wurde und den Heiligen Geist empfing, öffneten sich die Himmel für ihn. Genauso öffnen sich die Himmel für mich, weil ich die bleibende Gegenwart deines Geistes in meinem Leben empfangen habe. Jesus bezahlte den Preis, sodass der Himmel alle Tage meines Lebens über mir offen ist.

Wir sind es Gott schuldig, dass wir uns bewusst machen, was er getan hat, und die Realität nutzen, die er uns bereitstellt.

Jesus bezahlte eine Schuld, die wir ihm nie zurückzahlen können. Tatsächlich kann sich der menschliche Verstand überhaupt keine Vorstellung davon machen, wie eine solche Schuld beglichen werden kann.

Gott etwas „schulden" bedeutet nicht, dass wir die Schuld, die er bezahlt hat, zurückzahlen sollen. Nein. Es bedeutet, dass wir uns bewusst machen, was Jesus am Kreuz erkauft hat, und anfangen, das zu nutzen, was er uns bereitwillig zur Verfügung stellt. Wir können es uns nicht mehr leisten, weiterhin so zu beten, als litten wir Mangel. Aus einem Mangel heraus zu bitten, wo doch die Antwort durch das Kreuz bereits gegeben ist, hält uns dauerhaft gefangen in einem geistlichen Schwebezustand.

Wir neigen dazu, um etwas zu bitten, was uns bereits geschenkt wurde. Es gibt eine Zeit der Petition und eine Zeit der Proklamation. Es gibt eine Zeit des Bittens und eine Zeit des Freisetzens. Jesus wusste immer, was gerade dran war, weil er dem Beispiel des Vaters folgte. Genauso hat uns Jesus durch sein Vorbild ein Beispiel gegeben, sowie seinen Geist als unsere Quelle der Instruktion. Er wird uns immer zeigen, welche Haltung im Moment die richtige ist.

Heutige Bibellese

Markus 16,15-18

Gebet

Hilf mir, ein Leben zu führen, das Nutzen zieht aus allem, wofür Jesus bezahlt hat. Ich werde ihm niemals zurückerstatten können, was er am Kreuz für mich getan hat. Meine Sündenschuld war unbegreiflich groß – und er hat sie in vollem Umfang beglichen! Hilf mir stattdessen aus dem Erbe heraus zu leben, das auf Golgatha erworben wurde. Das ist wirklich der einzige Weg, auf dem ich Jesus etwas zurückgeben kann, und die beste Art, ihm „Danke" zu sagen – indem ich auf alles zugreife, was er für mich erworben hat!

Die Himmel wurden aufgerissen und es gibt keine dämonische Macht, die sie wieder verschließen kann.

Der Vater sehnt sich nach dem Geist, der in uns wohnt. Welche Macht der Finsternis könnte diese Kameradschaft blockieren? Aber wenn wir in erster Linie den Feind und dessen Pläne im Bewusstsein haben, reagieren wir instinktiv immer nur auf die Finsternis. Nochmal, wenn ich aus mir heraus etwas tue, dann hat der Feind Einfluss auf mein Verhalten genommen. Und das ist er nicht wert. Mein Leben muss eine Reaktion auf das sein, was der Vater gerade tut. Das ist das Leben, das Jesus uns vorlebte.

Somit stellen wir eine signifikante Bedrohung für die Finsternis dar. Entscheidend ist, dass wir die Finsternis um uns herum nicht bestimmen lassen, wie wir die Reich-Gottes-Atmosphäre, die auf uns ruht, wahrnehmen. Erinnern wir uns, größer ist er und die Gegenwart, die in uns wohnt. Für den nächsten Schritt bedeutet diese Offenbarung, dass die größere Gegenwart in uns immer dazu bestimmt war, freigesetzt zu werden, um die eigene Umgebung zu transformieren!

Heutige Bibellese

Jakobus 4,5

Gebet

Danke, Vater, dass du mich in eine herrliche Kameradschaft und Gemeinschaft mit deinem Geist gebracht hast. Zeige mir, wie ich aus dieser Intimität heraus leben kann. Wenn ich das tue, befinde ich mich automatisch im Sieg über die Mächte der Finsternis, weil es dann keine Möglichkeit für sie gibt, diese herrliche Freundschaft zu blockieren!

Wir spiegeln immer das Wesen jener Welt wider,
derer wir uns am meisten bewusst sind.

Sobald wir die Realitäten des Himmels stärker wahrnehmen als die Realitäten, mit denen wir gerade konfrontiert werden, spiegeln wir unser Bürgerrecht im Himmel wider. Der Himmel ist erfüllt mit vollkommenem Selbstvertrauen und Frieden, während die Welt voller Chaos und Misstrauen gegenüber Gott ist. Ein Leben im Bewusstsein des offenen Himmel hat unkalkulierbare Folgen. Ein offener Himmel bedeutet immer, dass sich seine Devisen unaufhörlich in unsere Welt ergießen. Wir sind die Pforten – die Katalysatoren, durch welche die göttlichen Ressourcen fließen. Selbstvertrauen, Friede, Ruhe, Freude und Ganzheitlichkeit der Welt Gottes fließen in dem Maße durch uns, wie wir uns dieser himmlischen Realitäten bewusst sind.

Aus diesem Grund geht der Feind sehr strategisch vor, um unseren Fokus in eine andere Richtung zu lenken. Wenn wir uns ständig mit den dämonischen Strategien und Taktiken der Finsternis beschäftigen, geraten wir in eine defensive Haltung, bei der wir versuchen jeden Tag so gut wie möglich hinter uns zu bringen … in der Hoffnung, abends noch gesund und am Leben zu sein. Eine solche Haltung hinterlässt bei einer siegreichen Gemeinde nur unnötige Blessuren. Sobald wir unser Bewusstsein stärker auf das unaufhaltsame, unerschütterliche Reich Gottes richten, in das hinein wir erkauft wurden, sieht unser Umgang mit der Finsternis gleich ganz anders aus. Er erfolgt nicht aus einer Abwehrhaltung, sondern aus einer Position des garantierten Sieges heraus. Einen Ringkampf vom Zaun zu brechen, ist nicht unsere Aufgabe; jeder Vorstoß in diese Richtung sollte immer nur vom Feind ausgehen. Mit solchen Ansätzen will er uns nur vorgaukeln, dass er etwas anderes ist als ein geschlagener Gegner!

Heutige Bibellese

Kolosser 3, 1-4

Gebet

Hilf mir, dass ich auf das sinne, was droben ist, und nicht auf das, was unten ist. Hilf mir, dass ich mir der himmlischen Realitäten mehr bewusst bin, als der gegenwärtigen Umstände auf Erden. Vater, zeige mir, wie man diesen Gedankenprozess steuert. Ich will mich nicht davon lösen, was hier unten geschieht – aber auch nicht gefühlsmäßig an das binden, was ich sehe. Zeige mir, wie ich mit dir zusammen die Realitäten des Himmels in die irdischen Situationen freisetzen kann, die deine Lösungen brauchen.

Wenn Gott da ist, passiert noch mehr.

Manche stören sich daran, wenn man davon spricht, dass Gott in eine Situation kommt, der Heilige Geist fällt oder in einer Versammlung wirkt. Wenn wir Menschen dienen wollen, laden wir häufig den Heiligen Geist ein, zu kommen, so wie John Wimber es immer gemacht hat. Da stellt sich die Frage: „Warum Gott einladen, wenn er bereits da ist?". Eine gute Frage. Es macht keinen Sinn, irgendetwas auf diese Weise zu beten, solange wir nicht die unterschiedlichen Ausmaße und Dimensionen von Gottes Gegenwart verstehen.

Es ist wichtig, nach dieser Zunahme zu hungern und sie zu erbitten. Jesaja hatte eine Vorstellung von dieser Realität, wenn er sagt: „*...da sah ich den Herrn sitzen auf hohem und erhabenem Thron, und die Säume (seines Gewandes) füllten den Tempel.*" (Jesaja 6,1). Das Wort „füllten" impliziert, dass sein Gewand weiterhin den Tempel erfüllte. Er kam, um zu bleiben. Es gibt immer ein Mehr!

Heutige Bibellese

Jesaja 6,1

Gebet

Ich habe jederzeit das Recht, nach mehr von deiner Gegenwart zu rufen, Herr. Obwohl ich schon mit deinem Geist erfüllt bin, gibt es noch viel mehr, was ich mit dir erleben kann. Ich bitte nicht um ein neues Pfingsten; ich bitte um eine neue Erfüllung mit dem, was ich durch die Gnade bereits habe. Ich bete für eine tiefere Kenntnis und Gemeinschaft mit dir, Geist Gottes. Falle neu auf mich herab!

*Die Geschichte der Reformation und Erweckung zeigt, was uns
zur Verfügung steht. Die Verantwortung für das Ausmaß von
Gottes Gegenwart, die wir mit uns tragen, liegt bei uns. Wir
haben immer das, was wir ernsthaft wollen.*

Hier eine, wenn auch unvollständige, Liste der Ausmaße seiner Gegenwart, die sich im Verlauf der Aufzählung steigert.

• Zuerst wohnt Gott in allem und hält alle Dinge zusammen (siehe Kolosser 1,17). Er ist überall, der Klebstoff, der seine Schöpfung zusammenhält.

• Eine zweite Dimension seiner Gegenwart ist der Heilige Geist im Leben derer, die wiedergeboren sind. Sein Kommen dient vor allem dazu, uns zu seiner Stiftshütte zu machen.

• Eine dritte Dimension wird sichtbar, wenn sich die Gläubigen in seinem Namen versammeln. Er ist „in ihrer Mitte", so wie er es in Matthäus 18,20 verheißen hat. Hier kommt das Prinzip des exponentiellen Wachstums ins Spiel.

• Ein viertes Ausmaß bzw. eine vierte Dimension tritt auf, wenn das Volk Gottes ihn preist, denn er sagt, dass er im Lobpreis seines Volkes wohnt (siehe Psalm 22,3). Er ist zwar schon „in ihrer Mitte", will sich aber innerhalb einer solchen Atmosphäre noch kraftvoller auf seinem Volk manifestieren.

• Ein fünftes Ausmaß wird sichtbar, als der Tempel Salomos eingeweiht wurde: Gott kam so stark, dass die Priester außer Gefecht gesetzt wurden (siehe 1.Könige 8,10-11). Niemand konnte mehr auf seinen Füßen stehen, geschweige denn ein Instrument spielen oder singen. Sie waren bei diesem Ausmaß an Gegenwart zu nichts mehr fähig.

Es ist immer biblisch, Gott um *mehr* zu bitten, da es immer noch mehr gibt, was man über ihn erfahren und mit ihm erleben kann!

Heutige Bibellese

Siehe obige Stellenangaben

Gebet

Führe mich von Herrlichkeit zu Herrlichkeit. Es gibt so viel mehr.

*Wir sind dazu da, um in die geistliche Reife Jesu hineinzuwachsen,
so viele Menschen wie möglich zu ihm zu bekehren und überall dort
Veränderung zu bewirken, wo wir Autorität und Einfluss haben.*

Wir realisieren bisweilen nicht, dass wir diesen Aufgaben nicht gewachsen sind. Ausnahmslos. Aber komischerweise ändert sich das, sobald sie die Frucht von etwas anderem werden. Und dieses *etwas* können wir tatsächlich leisten. Ich möchte das erklären.

Wir sind in die Gemeinschaft mit Gott berufen. In dieser Gemeinschaft lernen wir Ihn nicht nur immer besser kennen. Er wohnt auch in uns und ruht auf uns. Alles, was man jemals vom Leben erwarten kann, fließt aus diesem einen Privileg. König David verstand dieses Prinzip besser als die meisten Gläubigen des Neuen Testaments. Er nannte es „Eins..." (siehe Psalm 27,4).

Gottes Gegenwart ist unser „Eins..." Ohne die Verbundenheit mit ihm, die unverzichtbar ist, können wir nichts tun (siehe Johannes 15,5). Uns sind alle Dinge möglich, solange wir bei Ihm sind und aus seinem Leben in uns schöpfen (siehe Philipper 4,13). Außerhalb seiner geoffenbarten Gegenwart in uns hören sich diese Anforderungen unerreichbar an. Aber mit einem stärkeren Bewusstsein dafür, dass Gott selbst in uns lebt, rücken sie plötzlich in greifbare Nähe. Natürlich bleiben sie für unsere rein menschlichen Fähigkeiten weiterhin unerfüllbar, doch das ist nicht unsere Realität. Wir mögen naturgemäß schwach sein, doch bietet unsere Schwachheit dem, der größer ist, alle Gelegenheit, sich durch uns zu offenbaren!

Heutige Bibellese

Psalm 27,4

Gebet

Hilf mir, ein Verlangen nach deiner Gegenwart zu bewahren, das vor allem anderen Vorrang hat. Möge die Gegenwart und Person Jesu über jede Pflicht, jede Vision, jeden Traum und jede Sehnsucht hinaus das große Bestreben meines Lebens sein.

*Die Gegenwart Gottes verwalten, sie beherbergen, ist der einzige Weg,
auf dem sich unmögliche Träume verwirklichen lassen.*

Alles **im Leben** reduziert sich auf eine Sache – wie wir die Gegenwart Gottes verwalten.

Dass sich unmögliche Träume erfüllen, ist eigentlich das Nebenprodukt der Beherbergung Gottes. Jesus bekräftigte dieses Lebensprinzip, als er lehrte: *„Trachtet aber zuerst nach dem Reich Gottes und nach seiner Gerechtigkeit, und dies alles wird euch hinzugefügt werden."* (Matthäus 6,33). Das Königreich Gottes ist eng mit der tatsächlichen Gegenwart Gottes verbunden. Das Königreich Gottes hat einen König.

Das Reich Gottes befindet sich innerhalb der Gegenwart des Geist Gottes. *„Denn das Reich Gottes ist … im Heiligen Geist."* (Römer 14,17). Das Gebot Jesu lautet, dass wir der *einen Sache,* die schlussendlich durch ein gerechtes Leben sichtbar wird, in unserem Leben den Vorzug geben sollen. Dieser Ansatz gewährleistet, dass das, was an erster Stelle steht, auch an erster Stelle bleibt. Gott selbst muss über alle Prinzipien, Formeln und Aufgaben stets unser Brennpunkt bleiben.

Heutige Bibellese

Römer 14,17

Gebet

Ich trachte zuerst nach deinem Reich, Vater, und stelle alles andere hintenan. Das ist mein größtes Bestreben. Zeige mir, wie man das auf alltäglicher Basis praktisch versteht und erlebt. Ich bete, dass du mein Verständnis für die Beziehung zwischen deinem Geist und deinem Reich vertiefst. Zeige mir, wie ich in einer innigeren Gemeinschaft mit dem Einen, der mir zum Helfer und Tröster gesandt wurde, dein Reich in noch stärkerem Maße demonstrieren kann.

Gott wacht über die Wacht derer, die den Herrn beobachten.[7]

Der Herr hat mich einmal nachts mit seiner Stimme aufgeweckt und diesen Satz gesagt. Es ist etliche Jahre her, aber der Gedanke an diesen Moment versetzt mich immer noch in Erregung und völlige Verwirrung zugleich.

Die „Wacht" steht für Gott gegebene Verantwortung. Es ist genau das, was ein Wächter tut – er blickt über seinen Verantwortungsbereich und kümmert sich darum, dass alles sicher an seinem Platz und gut versorgt ist. Gott wollte mir damit im Wesentlichen sagen, dass er über meine Wacht (d.h. meinen Verantwortungsbereich) wacht, sofern ich es mir zur einzigen Verantwortung mache, „ihn zu beobachten".

Es war seine Einladung an mich, seine Gegenwart zu meinem Mittelpunkt werden zu lassen.

Heutige Bibellese

Hebräer 12,2

Gebet

Heiliger Geist, hilf mir, dass ich meine Augen stets auf Jesus gerichtet halte. Erfülle sie mit seiner Herrlichkeit, seiner Güte, seinem Staunen und seinem Wesen. Schließe mir die Schrift neu auf, damit ich den Sohn Gottes sehe wie niemals zuvor. Flöße mir Ehrfurcht ein. Wecke meinen Hunger, damit ich in allem wandle, was Jesus denen zugänglich gemacht hat, die ihm nachfolgen. Dich beobachten, Herr, ist meine große Verantwortung. Ich vertraue alles in meinem Leben deinen treuen und äußerst fähigen Händen an.

---

7 Englisch: „God watches over the watch of those who watch the Lord."

Wenn wir über unsere Verantwortung im Leben diskutieren, fallen uns viele gute Dinge ein. Aber für mich läuft es jetzt nur noch auf eine Sache hinaus – seine Gegenwart.

Obwohl wir mit der Gegenwart des Heiligen Geistes erfüllt sind, gibt es noch mehr Gegenwart für uns, aber nicht um sie zu empfangen, sondern um sie zu erleben und freizusetzen. Du und ich haben denselben Heiligen Geist wie Jesus empfangen. Der Geist, den wir haben, ist weder unfähiger noch eine schlechtere Kopie des ursprünglichen Modells. Auch wenn es witzig klingt, aber es gibt viele Gläubige, die überzeugt sind, dass sie nicht in der Lage sind, auf das zuzugreifen, was Jesus hatte, da er doch *der Sohn Gottes ist!*

Jesus wird stets unvergleichlich und einzigartig bleiben in seiner Rolle als Messias, aber es lag nie in seiner Absicht, auch in seinen irdischen Werken einzigartig zu sein (einzigartig in dem Sinne, als dass er der einzige ist, der Kranke heilt, Wunder tut, Menschen freisetzt usw.). dir und mir gehört der gleiche Geist, und wenn wir kraftvolle Begegnungen in seiner Gegenwart erleben, wird uns klar, was wir besitzen, und wir gewinnen die übernatürliche Fähigkeit, es in unserer Umgebung freizusetzen.

Heutige Bibellese

Römer 8, 11

Gebet

Ich möchte den Heiligen Geist sehen können, wie er wirklich ist – den Einen, der Jesus Christus von den Toten auferweckte. Vater, diese Wahrheit allein sagt mir schon, dass ich noch so viel mehr von deiner Gegenwart in meinem Leben erfahren kann.

**Der Heilige Geist lebt in jedem Gläubigen, aber er ruht
nicht auf jedem Gläubigen.**

Wie kann der Geist in uns wohnen, aber nicht auf uns ruhen? Ist es möglich, dass man den herrlichsten Schatz, den man sich vorstellen kann, in sich aufgenommen hat und seiner Gegenwart dennoch keine gute Unterkunft bietet? Die Errettung erfolgt durch das erneuernde Werk des Heiligen Geistes. Die Bevollmächtigung dagegen ist ein anderes Thema. Wir können errettet und auf dem Weg in den Himmel sein, ohne die Vorteile der Errettung genossen zu haben, wie z.B. den Himmel auf die Erde zu bringen.

In den Himmel zu kommen ist mein Gewinn, den Himmel auf die Erde zu bringen, ist ein Gewinn für meine Umgebung. Wenn wir zu sehr damit beschäftigt sind, die Menschen in den Himmel zu bringen, dann helfen wir ihnen in die Ewigkeit, ohne ihnen eine Vision für das Jetzt zu geben. Natürlich ist die Ewigkeit etwas Unbezahlbares und ich möchte in keinster Weise den Wert der Evangelisation schmälern oder unser Bestreben, so viel Menschen wie möglich in das Reich Gottes eingehen zu sehen.

Aber für viele, die in das Reich Gottes eingehen, lautet die nächste Frage: *Und jetzt?* Dieses *Und jetzt?* hilft den Gläubigen, in der Kraft des Geistes, die auf ihnen ruht, vorwärts zu gehen. Das bedeutet, dass der Eine, der uns für die Ewigkeit aufgestellt hat, unser Leben so stark kontrollieren und beeinflussen darf, dass jeder Bereich von seiner Gegenwart zutiefst geprägt wird. Darauf steuern wir zu. Das ist Jüngerschaft und Heiligung – dass der Eine, der in uns wohnt, nun auf uns kommt und jeden einzelnen Teil von uns transformiert, damit wir Christus noch exakter abbilden.

Heutige Bibellese
Lukas 4,18

Gebet

So, wie der Geist auf Jesus ruhte und ihn für übernatürliche Werke salbte, sehne ich mich nach seiner Gegenwart auf mir. Ich weiß, Heiliger Geist, dass du in mir wohnst. Ich bin ein Kind Gottes und du selbst erinnerst mich unablässig daran, dass ich errettet bin – dass ich zur Familie des Vaters gehöre.

Juli

Dein Erbe der Ausgiessung

Die Verheißung des Vaters, den Heiligen Geistes zu senden,
führt uns zurück zum ursprünglichen Ziel der Menschheit –
Träger der Fülle Gottes zu sein.

So sehr wir das Pfingstereignis von Herzen schätzen mögen, bin ich mir nicht sicher, ob wir dessen wahre Bedeutung tatsächlich erkennen. Der Pfingsttag bescherte uns die Taufe im Heiligen Geist, die in der Bibel auch die Verheißung des Vaters genannt wird.

Der Vater, der Einzige, der nur gute Gaben gibt, hat uns diese Gabe gegeben. Alles Leben fließt aus ihm. Er ist der Orchestrator und Dirigent des Lebens, und er hat ein Versprechen gegeben. Und genau das ist es. Das ist seine besondere Gabe. Er hat uns *sich selbst* gegeben. Eine solch herrliche Gabe ruft uns zu einer ebenso herrlichen Verwalterschaft auf.

Jesus machte es möglich, dass der Mensch Träger der Fülle Gottes auf Erden sein kann. Der Heilige Geist hat uns dazu bevollmächtigt, diese Bestimmung zu erfüllen.

Heutige Bibellese

Apostelgeschichte 1, 4-5

Gebet

Heiliger Geist, du erinnerst mich beständig daran, dass der Vater, der die Verheißung gegeben hat, treu ist. Du bist die Verheißung des Vaters und wurdest gesandt, um mich zu bevollmächtigen, seine Fülle in die Welt zu tragen.

*Die zweifellos dramatischste Invasion des Himmels auf
die Erde erfolgte am Tag von Pfingsten.*

*„Und plötzlich geschah aus dem Himmel ein Brausen, als führe ein gewaltiger
Wind daher, und erfüllte das ganze Haus, wo sie saßen."*
(Apostelgeschichte 2,2)

Ein Brausen kam vom Himmel. Zwei Welten trafen aufeinander. Es war wie ein gewaltiger Wind. In diesem Zusammenhang wird im Griechischen das Wort *phero* benutzt. Es kommt 67 Mal im Neuen Testament vor, wird aber nur ein einziges Mal als *gewaltig* übersetzt. In allen anderen Fällen hat es die Bedeutung von *tragen* oder *hervorbringen*.

Es wäre töricht von mir, an der Übersetzung etwas verändern zu wollen. Aber ich würde gerne den Aspekt des *Hervorbringens* betonen. Könnte dann der *gewaltige Wind* darauf hinweisen, dass dies ein Lärm, ein Brausen war, das etwas hervorbrachte bzw. von seinem Ausgangspunkt zu seinem Ziel beförderte – vom Himmel zur Erde?

Ich denke schon.

Heutige Bibellese

Apostelgeschichte 2, 1-2

Gebet

Heiliger Geist, du bist gekommen, um die Invasion des Himmels auf die Erde zu bringen. Danke, dass du mich ausgewählt hast, an dieser unglaublichen Aufgabe mitzuwirken – nämlich Gottes Welt durch den Dienst am Menschen auf der Erde freizusetzen.

Das Brausen transportierte tatsächlich eine
Realität aus Gottes Welt in die unsrige.

D as himmlische Geräusch veränderte die Atmosphäre über Jerusalem. Innerhalb eines Augenblicks verwandelte sie sich von der Stadt, die Jesus gekreuzigt hatte, in eine Stadt, die wissen wollte, wie man errettet wird. Wie konnte das geschehen? Durch ein Geräusch – ein Geräusch vom Himmel.

Sowohl Klang als auch Licht sind Vibrationen. An jenem Tag war es die Vibration des Himmels, die einer Stadt, die nicht wusste, nach welchem Takt sie eigentlich marschierte, einen neuen Rhythmus gab. Aber jetzt konnte sie es zum ersten Mal wahrnehmen.

Heutige Bibellese

Apostelgeschichte 2,3-7

Gebet

Heiliger Geist, ich gebe mich dir heute ganz neu hin. Möge die Welt erleben, wie deine Gegenwart auf meinem Leben zunimmt, während ich lerne, dich auf noch bessere Weise zu beherbergen. Sie soll staunen und sich wundern – nicht aufgrund dessen, wer ich bin, sondern wer du in mir bist!

Das Getöse des Himmels führte diese Stadt
zu ihrer Bestimmung und Berufung.

Das **Haus Gottes** ist das Tor des Himmels auf der Erde. Erinnern wir uns, es ist ein Haus, das auf der Trennlinie zweier Welten erbaut ist. Am Tag von Pfingsten sehen wir genau dort die Auswirkung auf die Umgebung, als die Menschen sich für das Wirken Gottes öffneten. In der jenseitigen Welt wurde buchstäblich etwas freigesetzt. Es gelangte *durch das Tor* in die unsrige Welt, und eine Stadt erlebte eine unfassbare Veränderung.

Tore öffneten sich. Auf der Erde hörte und erlebte man das himmlische Brausen. Eine Stadt war aufmerksam geworden. Könnte es sein, dass wir ebenfalls die Aufmerksamkeit von Städten wecken sollen, indem wir das Brausen des Himmels weitertragen?

Heutige Bibellese

Apostelgeschichte 2,8-13

Gebet

Heiliger Geist, du hast mich erfüllt und bevollmächtigt, die machtvollen Taten Gottes zu verkünden. Möge ich beständig Zeugnis davon geben, wie der Vater wirkt und sich bewegt, damit andere Menschen entdecken, wie gut er wirklich ist.

Wir besitzen das einzigartige Privileg, Gottes Gegenwart mit uns zu tragen. Auf diese Weise verursachen wir ein Aufeinandertreffen, sodass die beiden Realitäten, Himmel und Erde, in perfekter Harmonie miteinander tanzen können.

Aufgrund von Pfingsten wurde es für den Himmel und die Erde möglich, in zunehmendem Maße sich zu vermischen. Jesus war eine gesalbte Einzelperson, und selbst er, der Gott war, konnte nur so viel Himmel auf die Erde bringen, wie es ein einzelner Mensch eben vermag, in dem die Gegenwart Gottes wohnt. Er hätte zwar von jetzt auf nachher den gesamten Weltraum mit seiner manifesten Herrlichkeit überschwemmen können, doch er hatte einen anderen Plan.

Er wollte die beiden Welten mit Hilfe der Menschen zusammenbringen. Diejenigen, die einst in seinem Bilde geschaffen wurden, um die Grenzen von Eden zu erweitern, sollten abermals Grenzen erweitern.

Heutige Bibellese

Apostelgeschichte 2, 14-21

Gebet

Heiliger Geist, du bist gekommen, um zwei Welten zusammenzubringen. Wenn ich deine Gegenwart beherberge, erfülle ich das, was im Propheten Joel geschrieben steht, nämlich dass dein Geist auf alles Fleisch ausgegossen wird. Gebrauche mich in dieser großen Ausgießung, damit jedes Auge sieht und jedes Herz erkennt, dass du auf der Erde am Wirken bist.

Es ist wichtig, sich zu vergegenwärtigen, dass Gewalt im geistlichen Raum für sein Volk immer ein Moment voller Friede ist.

Das **Bild von Pfingsten** ähnelt dem Bild von der Taufe Jesu darin, dass es ein gewaltsamer Akt aus dem Himmel war. Er mischte die Mächte auf, die bis dahin den Bereich über der Stadt besetzt hielten. Und in Apostelgeschichte 2 wurde der Heilige Geist auf dieselbe Weise freigesetzt wie bei der Taufe Jesu – nur diesmal auf eine ganze Gruppe von Menschen, anstatt ausschließlich auf Jesus.

Pfingsten brachte eine umfangreichere Erfüllung des prophetischen Traumes von Jakob. An Jesus konnte man ablesen, wie das Tor des Himmels aussieht. Er war der einzige Mensch in der Geschichte, der unter einem offenen Himmel lebte und über dem die Engel auf- und abstiegen. Nun geschah etwas Bedeutsames. Was Jesus als einzelner Mensch erlebte, wurde nun auf eine ganze Gruppe von Menschen *ausgegossen*. Nach so etwas hatten sich die Propheten mit großem Hunger und voller Erwartungen gesehnt: *„Und danach wird es geschehen, daß ich meinen Geist ausgießen werde über alles Fleisch."* (Joel 3,1).

Das Endziel ist, dass „alles Fleisch" den Geist empfängt. Pfingsten markiert den Beginn der Erfüllung dieser Verheißung!

Heutige Bibellese
Joel 2,28

Gebet

Heiliger Geist, du willst allen Menschen begegnen. Möge deine Vision meine Lebensaufgabe befeuern – jeden einzelnen Menschen in eine Begegnung mit deiner Gegenwart zu führen. Ruhe noch mehr auf mir, Geist Gottes, damit ich einen verlorenen und verwaisten Planeten zu einer Begegnung mit dir verhelfen kann. Du bist derjenige, der uns durch den Sohn zum Vater zieht.

*Jeder deiner Momente, der von Frieden erfüllt ist, verbreitet
unter den Mächten der Finsternis Angst und Schrecken.*

D as ist die Art und Weise, wie der Friedefürst Satan unter unseren Füßen
zertreten kann (siehe Römer 16,20). Friede ist nur im Reich Gottes ein
militärisches Instrument. Am Tag von Pfingsten wurde durch einen gewaltsamen
Akt in den Himmeln übernatürlicher Friede über der Stadt freigesetzt.

Die Gegenwart des Friedens hebt die Werke der Finsternis auf. In einer Atmosphäre des Friedens kann sich die Finsternis nicht durchsetzen. Ihre Mission
ist durchkreuzt, da der Friede die Orte einnimmt, die die Finsternis fälschlicherweise für sich beansprucht. Der Feind will unser Leben mit Furcht erfüllen. Er
will die Gedankenwelt der Menschen besitzen. Er will die Atmosphäre und das
Klima in allen Regionen der Erde bestimmen. Der Friede verhindert, dass die
Finsternis die Oberhand gewinnt. Wir beugen uns nicht unter die Strategien des
Feindes, denn der Friede geht Hand in Hand mit dem Friedefürst und dessen
Reich einher.

Erinnern wir uns, dieses Königreich kommt durch die Gegenwart und Person des Heiligen Geistes. Wo seine Gegenwart ist, da ist Friede.

Heutige Bibellese

Römer 14,17

Gebet

*Heiliger Geist, du bringst das Reich Gottes, indem du übernatürlichen Frieden frei-
setzt! Dein Reich bedeutet Gerechtigkeit, Friede und Freude im Heiligen Geist. Hilf
mir, das zu sehen, während ich deinen Frieden bringe, dein Reich freisetze und die
Finsternis zurückdränge.*

Stell dir vor, wie sich die Atmosphäre
über einer ganzen Stadt verändert.

Als das mysteriöse Geräusch am Pfingsttag freigesetzt wurde, schlossen sich Tausende von Menschen den hundertzwanzig Versammelten im Obergemach an. Es war neun Uhr am Morgen. Die Leute hatten den Tag erst begonnen. Aber dann ließen sie alles fallen. Die Männer legten ihre Werkzeuge beiseite und die Kinder mussten ihr Spielzeug aus der Hand geben. Ein Brausen erfüllte die Luft und ebenso ihre Herzen.

Das ist die gesamte Bandbreite dessen, was an Pfingsten stattfand. Es ist wichtig, dass wir diesen entscheidenden Moment in der Geschichte mit Klarheit sehen. Wenn wir etwas von den Ereignissen an jenem Tag wegnehmen, sind wir auch schnell dabei, wenn nicht geschieht es gar automatisch, dass wir die Gabe und Kraft von Pfingsten wegnehmen – die innewohnende Gegenwart Gottes.

Heutige Bibellese

Apostelgeschichte 2,37

Gebet

Heiliger Geist, hilf mir, in deinem Programm zur Tranformation von Städten mitzuarbeiten. Du möchtest ganze Regionen in dein Reich führen. Du möchtest die Atmosphäre über ganzen Landstrichen verändern. Zeige mir, wie ich heute meinen Teil zu der Bestimmung, die du für meine Stadt hast, beitragen kann! Gebrauche mich, das Brausen des Himmels dort, wo ich wohne, freizusetzen.

Ein Brausen wurde freigesetzt, das zum ersten Mal in ihrem Leben die Luft über ihnen reinigte.

Es ist dieselbe Stadt, die sich erhoben hatte, um Jesus zu kreuzigen. Seine Gegenwart unter ihnen war das Gute, das sie hatten, und sie zerstörten es, indem sie auf den Mordgeist reagierten, dem zu widerstehen sich zivilisierte Menschen rühmen.

Doch was aus dem Herzen Gottes hervorbrach, nämlich das durch jenen offenen Himmel freigesetzte Brausen, brach auf eine ganze Stadt herunter. Niemand weiß, warum sich die Menschenmenge vor dem Obergemach versammelte. Keine Handzettel oder Poster waren verteilt und keine Ankündigungen gemacht worden.

Sie konnten alles klar sehen. Sie spürten die göttliche Absicht. Es schien, als hätte Gott die Menschen zusammengerufen. Und so war es auch.

Heutige Bibellese

Apostelgeschichte 2,6

Gebet

Heiliger Geist, gebrauche mich, um heute das Brausen des Himmels in meinem Leben und über meine Stadt freizusetzen. Möge deine Gegenwart auf mir die Luft über den Gepeinigten und Gebundenen reinigen.

*Sie versammelten sich zu einem Brausen, einem
undefinierbaren Klang, der tief in ihre Herzen drang.*

Als Heranwachsender glaubte ich immer, die Menschen seien an Pfingsten zusammengekommen, weil sie die hundertzwanzig in ihren jeweiligen Sprachen hatten sprechen hören. Aber das macht keinen Sinn, besonders nicht für eine internationale Stadt, in der Ausländer normal sind.

Ohne ein Handeln Gottes wäre es fast unmöglich, die Leute dazu zu bewegen, ihre Arbeit, ihr Heim und sonstige Aufenthaltsorte zu verlassen, um sich ohne plausiblen Grund zu versammeln. Dieses Geräusch rührte etwas an, das tief im Herzen der Stadt lag, und forderte sie auf, ihre ursprüngliche Bestimmung wiederherzustellen. Man kannte sie als die Stadt seiner Gegenwart. Vor vielen Jahren war sie von König David in der Stiftshütte dazu geweiht worden, die er mitten in der Stadt aufgestellt hatte, damit in ihr 24 Stunden am Tag und 7 Tage in der Woche Gott gelobt und gepriesen würde.

Die Tiefe rief tatsächlich zu der Tiefe, als das Brausen vom Himmel den Hunger in den Herzen der Menschen stillte.

Heutige Bibellese

Psalm 42,8[8]

Gebet

Heiliger Geist, lass dein Brausen auf meinem Leben in den Menschen die tiefe Sehnsucht nach deiner Gegenwart wecken. Nur du allein kannst auf die Schreie, die tief aus ihren Herzen dringen, antworten.

---

8   Elberfelder Bibel, revidierte Fassung: „Urflut ruft der Urflut zu..." New International Version (NIV): „Deep calls to deep..."

Wenn man eine Atmosphäre verändert, verändert man eine Bestimmung.

Um das Wesen des himmlischen Brausens zu erläutern, möchte ich es mit einem Musikinstrument vergleichen. Ein talentierter Saxofonist ist in der Lage, einen nahezu magischen Klang zu erzeugen, indem er geschickt über das Rohrblatt bläst, das im Mundstück des Instrumentes steckt. Genauso muss man sich den Atem Gottes vorstellen, wie er über das Rohrblatt der Herzen von hundertzwanzig Menschen bläst und einen Klang über einer Stadt freisetzt, der ihre Atmosphäre verändert.

Das ist das, was die Leute hörten. Einen *harmonischen* Klang, der entstand, weil die Hundertzwanzig in *Einheit* zusammen waren, nicht nur miteinander, sondern auch mit dem Geist des auferstandenen Christus. Das ist der Klang, der vor gut 2000 Jahren zu hören war und der dazu führte, dass sich an einem Tag 3000 Menschen bekehrten. Durch den offenen Himmel war ein Momentum geschaffen worden, das dazu führte, dass täglich Menschen *hinzugefügt* wurden (siehe Apostelgeschichte 2,47). Das ging so lange, bis er sich noch mehr öffnete und aus dem additiven *Hinzufügen* eine multiplikative *Vervielfachung* wurde (siehe Apostelgeschichte 9,31).

Heutige Bibellese

Apostelgeschichte 9,31

Gebet

Heiliger Geist, ich bitte dich, die Atmosphäre über meiner Stadt zu verändern. Ich proklamiere die Multiplikation über die Gemeinschaft der Gläubigen – dass übernatürliches Wachstum stattfindet, Menschen in dein Reich geführt und die Wiedergeborenen geistlich reife Jünger werden, die in deiner Fülle wandeln.

Dinge, von denen wir glauben, dass sie die Welt vom Evangelium wegbringen, führen sie oftmals überhaupt erst zum Evangelium hin. Sie bringen nur diejenigen davon weg, die entsprechend gelehrt wurden und dann eine ablehnende Haltung entwickeln.

Als **Petrus sah,** wie die Menge sich versammelte, verspürte er einen unkontrollierbaren Drang zu predigen. Dieser Mann, der sich noch wenige Tage zuvor gegenüber einem Dienstmädchen so feige verhalten hatte (siehe Markus 14,69), stellte sich nun heroisch vor mehrere tausend Menschen, um die gute Nachricht zu verkünden. Erinnern wir uns, es ging nicht einfach darum, Zeugnis vor einem großen Publikum zu geben. Er stand vor Menschen, die über das, was sie sahen, spotteten, sobald sie den Schauplatz erreichten. Seine Predigt erfolgte inmitten der ungewöhnlichsten Manifestationen, die durch die Erwählten Gottes geschahen. Die Zuhörer glaubten, dass die Hundertzwanzig betrunken seien.

Viele würden eine Situation wie diese als „unordentlich" brandmarken. Der natürliche Verstand argumentiert: Wie kann Gott wirken und Menschen verändern, wenn derart unübliche Dinge geschehen? Aber gerade das Unübliche wirkt auf die Verlorenen einladend, weil sie in gewissem Maße mit dem Üblichen zutiefst unzufrieden sind. Wenn der Leib Christi die Welt neu verpackt und dies als Evangelium präsentiert, tut er damit niemandem einen Gefallen. Das ist weder böse gemeint noch irrelevant. Relevanz ist das Ziel, besonders an einem zutiefst transformatorischen Ort.

Heutige Bibellese
Apostelgeschichte 2,13

Gebet
Heiliger Geist, hilf mir, das Unübliche und Übernatürliche willkommen zu heißen. Das sind die Dinge, nach denen sich die Welt sehnt. Zeige mir, wie ich deine Gegenwart mutig weitertragen kann, ohne deine Wahrheit aus Furcht, bei den Leuten anzuecken, zu verkürzen.

Feiglinge sind nur eine Gottesberührung davon entfernt,
couragierte Prediger voller Kraft zu werden.

„Ihr Herren, was muss ich tun, dass ich gerettet werde?"
(Apostelgeschichte 16,30)

Das ist wirklich eine bemerkenswerte Frage seitens der Menschen, die Jesus noch wenige Wochen zuvor gekreuzigt hatten. Lag es an der Predigt des Petrus? Ich will den Moment dieser überragenden Tapferkeit in keinster Weise herunterspielen, aber Petrus predigte unter einem offenen Himmel.

Diese Atmosphäre transportierte den Klang des Himmels, der innerhalb kürzester Zeit das Denken einer ganzen Stadt veränderte. Seine Botschaft war knapp, aber voller Kraft, und sie schuf Klarheit, sodass der Spott aufhörte und die wahren Probleme des Herzens zutage traten. Durch diese Botschaft wurden 3000 Menschen gerettet.

Dies geriet zum schlimmsten Albtraum für den Teufel. Und es sollte sich mit den nachfolgenden Generationen von Männern und Frauen fortsetzen, die unter demselben offenen Himmel predigten.

Heutige Bibellese

Apostelgeschichte 2,14

Gebet

Heiliger Geist, danke, dass du ganz gewöhnliche Menschen bevollmächtigst – ja, sogar Menschen, die Fehler gemacht und versagt haben – damit sie dein Evangelium predigen und übernatürliche Transformationen erleben. Du bist derjenige, der aus Feiglingen mutige Prediger deines Wortes macht. Ich bitte dich, dass du die Angst und Scheu aus meinem Leben nimmst und mir dafür deine Kühnheit schenkst. Wenn ich schwach bin, bist du stark!

Plötzlich entwickelten sich die Dinge weiter. Zuerst der offene Him-
mel über dem einen Menschen, Jesus, dann über den Hundertzwanzig
und schließlich über den 3000 neuen Gläubigen.

Das **Potenzial dieser** Bewegung ist unbegrenzt, bis die Welt mit seiner Herrlichkeit erfüllt ist! Das will Gott durch diejenigen bewirken, die ihn beherbergen und sich gleichzeitig dem wunderbaren Heiligen Geist unterordnen.

Pfingsten kennzeichnete eine exponentielle Zunahme des offenen Himmels, der sich zuallererst über Jesus befunden hatte. Jesus bleibt unser Vorbild und unser Messias. Als Vorbild führte er uns das Leben unter einem offenen Himmel vor und als Messias kaufte er uns von der Sünde frei und brachte uns in die Realität hinein, unter der er selbst wandelte. Er zeigte uns, wie das Leben aussehen soll, und ermöglichte uns durch sein vergossenes Blut dieses Leben. Die Salbung war nun nicht mehr nur für einen einzigen Menschen, Priester, Propheten oder König reserviert und die übernatürliche Bevollmächtigung galt nicht mehr nur für eine begrenzte Zeit oder eine spezielle Aufgabe.

Die 3000, die zu Pfingsten in das Reich Gottes gebracht wurden, bildeten eine herrliche Erstlingsfrucht unter den Vielen, die noch im Laufe der Geschichte hinzukommen und dafür verantwortlich sein würden, die Erde mit dem Klang des Himmels zu erfüllen.

Heutige Bibellese

Apostelgeschichte 2,41

Gebet

Heiliger Geist, gib mir Augen, mit denen ich sehen kann, wie du es tust. Du siehst den Einzelnen, aber auch die Städte, Regionen und Nationen. Lass mich alles aus deinem Blickwinkel betrachten, damit ich effektiv beten kann und dein Wille und deine Absichten Wirklichkeit werden. Erhöhe meine Erwartung an das, was du in meinem Leben, meiner Stadt und meinem Land tun willst!

Bei der Taufe im Heiligen Geist geht es nicht um Zungenreden, sondern um Kraft.

Ich habe einen pfingstlichen Hintergrund, für den ich sehr dankbar bin. Meine Vorväter verteidigten die Taufe im Heiligen Geist und das Sprechen in Zungen. Sie predigten, dass beides auch heute noch gültig ist. Dafür zahlten sie einen hohen Preis. Ich schulde es ihnen, dass ich nichts tue, was ihre Errungenschaften schmälert, und alles hinzufüge, was ich hinzufügen kann. Allerdings habe ich erlebt, dass viele zu einer falschen Schlussfolgerung in Bezug dieser Taufe im Heiligen Geist gekommen sind.

Es geht nämlich nicht einfach um die Fähigkeit, in Zungen zu sprechen oder zu beten. Natürlich glaube ich, dass sie absolut wichtig und jedem zugänglich ist. Dennoch darf die Zungenrede nicht mit der Geistestaufe gleichgesetzt werden. Sie ist eine Gabe und ein Nebenprodukt. Auch die Kraft, die wir durch die Geistestaufe erhalten, muss entsprechend betrachtet werden. Sie ist nicht nur dafür da, um Zeichen und Wunder tun zu können. Es ist vielmehr so, dass die mit Kraft aufgeladene Atmosphäre des Himmels, die eine Veränderung der Atmosphäre über einem Haus, einem Unternehmen oder einer Stadt vorantreibt, auf einem Menschen ruhen kann.

Heutige Bibellese

Apostelgeschichte 2,4

Gebet

Heiliger Geist, ich feiere jeden Segen, den deine Taufe in meinem Leben freigesetzt hat. Bewahre mich vor der Engstirnigkeit, sie lediglich mit einer einzelnen Gabe oder Manifestation zu assoziieren. Der Geist, der die Zungenrede schenkt, gibt mir auch die Vollmacht, in jeder übernatürlichen Gabe tätig zu sein, so wie du es willst. Gebrauche mich, wie immer du willst, Geist Gottes. Fließe durch mich, wie es dir beliebt! Ich bin hungrig und bereit. Ich bitte dich darum und bin zuversichtlich, dass ich empfangen werde. Deine Taufe hat mir die Kraft geschenkt, das Unmögliche zu vollbringen. Möge ich es niemals auf das begrenzen, was ich persönlich erlebt oder gesehen habe — es gibt so viel mehr!

Die Taufe im Heiligen Geist soll uns zu lebenden Zeugen
und Beispielen der Auferstehung Jesu machen – und damit
zu ultimativen Repräsentanten des Himmels.

Es war der Geist des auferstandenen Christus, der die Luft am Tag von Pfingsten erfüllte. Das Christentum besteht *nicht* im Kreuz, sondern im auferstandenen Leben. Der Zugang zum auferstandenen Leben bzw. zur Kraft von Pfingsten geschieht nur über das Kreuz. Das Kreuz ist der einzige Weg dorthin und kann weder umgangen werden, noch sollte man es jemals herunterspielen.

Das Kreuz ist unser zentrales Tor zum Auferstehungsleben des Christus. Seine Auferstehungskraft lebt in der Person des Heiligen Geistes in uns. Der Geist hatte die Aufgabe, Jesus aus dem Grab zu holen, und es ist auch seine Aufgabe, die Auferstehungskraft durch unser Leben heute sichtbar zu machen.

Heutige Bibellese

Apostelgeschichte 1, 4-8

Gebet

Heiliger Geist, erinnere mich daran, mit wessen Kraft ich Zeuge bin. Deine Gegenwart ruht auf mir. Hilf mir nun, dass ich mit meinem Leben einen klaren Eindruck und ein präzises Zeugnis von dem auferstandenen Christus gebe.

*Das Verständnis von Gott, das im himmlischen Bereich existiert, be-
einflusste die Sprache der Hundertzwanzig auf der Erde.*

ch kann mir gut vorstellen, dass die Hundertzwanzig nach zehn Tagen gemeinschaftlichen Gebetes, in denen sie vermutlich alles durchgebetet hatten,
was ihnen in den Sinn kam, müde waren. Aber plötzlich wurde ihre Liebe zu
Jesus auf eine Ebene gehoben, die sie bisher nicht gekannt hatten.

Ihr Geist erhielt in diesem *plötzlichen* Moment vom Heiligen Geist mehr Vollmacht. Sie waren lebendig, zum ersten Mal in ihrem Leben wirklich lebendig. Sie
sprachen von Dingen, die sie nicht verstanden. Zwei Welten trafen aufeinander,
und sie erzählten von den geheimnisvollen Wegen und den mächtigen Taten
Gottes.

Heutige Bibellese

Apostelgeschichte 2,2

Gebet

*Heiliger Geist, du gibst nicht nur Gaben und Vollmacht – du
setzt auch ein tieferes Verständnis davon frei, wer Gott ist.*

Diese Taufe ist mit Wein zu vergleichen, nicht mit Wasser.
Wasser erfrischt und Wein beeinflusst.

Wenn Gott eine bestimmte Taufe als *Feuertaufe* bezeichnet, dann ist sie offensichtlich keine bloße Erfrischung. In dieser Taufe hat der Himmel begonnen, auf die Erde einzuwirken. Als das mächtige Brausen kam und sich die Sprache des Himmels von ihren Lippen ergoss, wurden sie von dem, was auf sie einwirkte, gleichzeitig erfrischt.

Später wird Paulus hervorheben, dass uns das Beten in Zungen erbaut. Es besteht kaum Zweifel daran, dass der kleinen Gruppe genau dies widerfuhr. Und um das Ganze noch zu toppen, war ihre Rede so überzeugend, akkurat und kraftvoll, dass es sich anfühlte, als sei ein völlig neuer Tag angebrochen. Und das war er auch. Diese himmlische Sprache brach nur so aus ihren Herzen hervor. Aber zum ersten Mal in ihrem Leben, sowie in der gesamten Geschichte überhaupt, sprachen sie in vollkommener Weise aus, was ausgesprochen werden musste, ohne in irgendeiner Weise etwas auszulassen oder das Ziel zu verfehlen.

Das kam daher, weil sie unter dem berauschenden Einfluss des Einen standen, der heilig ist und nun in ihnen wohnte.

Heutige Bibellese

Apostelgeschichte 2, 13

Gebet

Heiliger Geist, deine Gegenwart beeinflusst mich. Sie verwandelt mich auf übernatürliche Weise. Du kommst nicht einfach und veränderst meine Persönlichkeit. Meine Persönlichkeit steht vielmehr unter deinem göttlichen Einfluss. Alles, was mich daran hindert, die Person zu sein, zu der du mich entworfen hast, steht unter deinem Einfluss, und ich bin frei, deine Natur durch mein Leben in der Welt strahlen zu lassen.

Mit dieser Feuertaufe will der Herr jedes Herz in Brand setzen.

Dies findet seinen Ausdruck am besten durch ein Volk, das von seiner Gegenwart angetrieben wird und nicht von irgendeinem Dienst. Es geht nicht darum, was ich für Gott erreichen kann. Es geht darum, wer mit mir geht und alles zu tun, was in meiner Macht steht, um die wertvollste aller Verbindungen zu bewahren.

Wenn wir unsere Taufe im Heiligen Geist und unser Eintauchen in seine Gegenwart leben wollen, müssen wir aufpassen, dass wir nicht in geistlichen Professionalismus verfallen. Viele Menschen erleben diese herrliche Gabe, aber anstatt sie als Einladung zu einer tieferen Beziehung und Freundschaft mit dem Herrn anzunehmen, entwickelt sich daraus eine Beförderung innerhalb des geistlichen Dienstes. Der Evangelist Reinhard Bonnke kritisiert dieses Verhalten und meint, dass hier die eigenen Erfahrungen mit dem Heiligen Geist wie eine geistliche „Ehrenplakette" angeheftet werden.

Heutige Bibellese

Lukas 3,16

Gebet

Heiliger Geist, komm und entzünde mein Herz mit deinem Feuer. Hilf mir, hell für Jesus zu brennen und leidenschaftlich deine Gegenwart zu suchen, ganz gleich, was es kostet. Du bist es wert.

Wir brauchen stets mehr.

Einige **Jahre nach** diesem großen Pfingstereignis lief noch immer alles gut. Die Anzahl der Gläubigen nahm täglich zu und Wunder hielten die Stadt in Atem. Die Heilung eines gelähmten Mannes durch Petrus und Johannes schien jeden aufzurütteln (siehe Apostelgeschichte 3,1-10). Man lobte sie für ihren Mut. Dafür wurden sie festgenommen, verhört, verfolgt und schließlich wieder freigelassen, woraufhin sie sich sofort zum nächsten Gebetstreffen begaben und für noch mehr Mut beteten.

> *„Und nun, Herr, sieh an ihre Drohungen und gib deinen Knechten, dein Wort mit aller Freimütigkeit zu reden; und strecke deine Hand aus zur Heilung, und daß Zeichen und Wunder geschehen durch den Namen deines heiligen Knechtes Jesus."* (Apostelgeschichte 4, 29-30).

Und der Heilige Geist kam ... abermals. Sie waren ja bereits mit dem Heiligen Geist erfüllt worden, was geschah also nun? Sie erlebten eine neue Dimension der Erfüllung.

Der Geist kam in Macht und erschütterte buchstäblich das Gebäude, in dem sie sich versammelt hatten. Solche kraftvollen Manifestationen sollen uns mit einer Begegnung ausrüsten. Die Leute sprechen oft davon, dass sie eine Begegnung „haben". Die Begegnung ist etwas Großartiges, solange wir sie gut verwalten.

Heutige Bibellese
Apostelgeschichte 4,23-31

Gebet

Heiliger Geist, ich will unbedingt mehr von deiner Gegenwart. Ich bitte dich um dieselbe frische Berührung deiner Kraft, wie die Jünger sie erhielten, um eine neue Erfüllung, damit ich dein Wort mit frischem Mut verkünden kann.

Die Erfüllung mit dem Heiligen Geist zeigt sich nicht in der Zungenrede, sie zeigt sich im Vollsein.

Woran erkennt man ein komplett volles Glas? Es läuft über. Am Pfingsttag ist Petrus voll des Heiligen Geistes.

In Apostelgeschichte 4 schließt sich Petrus einer großen Gebetsgemeinschaft an, in der der Schrei nach mehr überwog. Petrus betete um mehr. Inmitten der Verfolgung ging es ihm nicht um seine eigene Haut, sondern um mehr Mut, eine Eigenschaft, die für andere ein Ärgernis werden kann, damit er tiefer in das Reich der Finsternis vordringen und noch mehr Opfer herausholen konnte.

In der Bibel heißt es:

„Und als sie gebetet hatten, bewegte sich die Stätte, wo sie versammelt waren: und sie wurden alle mit dem Heiligen Geist erfüllt und redeten das Wort Gottes mit Freimütigkeit. " (Apostelgeschichte 4,31).

Wir müssen verstehen, dass wir wie die Apostel in Apostelgeschichte 4 mit Begegnungen mit dem *Mehr* von Gott ausgerüstet sind, zu einem bestimmten Zweck. Für sie bedeutete es, das Wort Gottes mit noch mehr Mut und Effektivität zu verkünden. Für dich und mich bedeutet es, jeden Bereich des Lebens, den uns der Herr gegeben hat, mit seinen göttlichen Absichten zu prägen.

Heutige Bibellese

Apostelgeschichte 4,31

Gebet

Heiliger Geist, zeige mir den echten Beweis für die Erfüllung mit deinem Geist – das Vollsein. Hilf mir, von deiner Gegenwart so überzufließen, dass ich unaufhörlich nach mehr rufen muss. Du erfüllst mich, um meine Umgebung mit deiner Gegenwart zu überschwemmen.

Um es wirklich richtig zu machen, muss man häufiger erfüllt werden.

In Epheser 5,18 fordert Paulus die Gläubigen auf: *„Und berauscht euch nicht mit Wein, worin Ausschweifung ist, sondern werdet voll Geist…"*. Auch hier wird gesagt, dass die Erfüllung mit dem Heiligen Geist dasselbe ist, wie unter einem beherrschenden Einfluss zu stehen. Sie stellt keine einmalige Sache dar. Es ist ein Irrtum, zu glauben, dass die Erfüllung mit dem Heiligen Geist nur einmal passiert und man anschließend „zum nächsten Punkt" übergehen kann. Obwohl wir den Geist nur einmal *empfangen*, spricht Paulus von einer kontinuierlichen Erfüllung. Es gibt einen klar erkennbaren Moment, in dem er in uns Wohnung nimmt, aber dass wir vom Geist völlig in Besitz genommen werden, das ist ein lebenslanger Prozess, eine Umwandlung von Herrlichkeit zu Herrlichkeit.

Bei einer genaueren Übersetzung würde Epheser 5 ungefähr folgendermaßen lauten: … *seid* bzw. *werdet fortwährend erfüllt*. Ein Vorgang also, der fortdauert, kontinuierlich ist und notwendig. Man ist nie genug von ihm erfüllt. Wir dürfen nicht vergessen, dass der Himmel über uns offen steht. Der Heilige Geist muss nicht immer wieder neu kommen und Wohnung in uns nehmen, da er dies in einem einmaligen Ereignis bereits getan hat. Stattdessen laden wir ihn ein, seine Herrschaft innerhalb seiner Wohnstätte in uns auszubauen. Bevor sich das Reich Gottes auf der Erde ausbreiten kann, muss es sich zuerst in uns ausbreiten. Dies geschieht dadurch, dass wir in der *ständigen* Erfüllung mit der bevollmächtigenden Gegenwart des Geistes leben.

Heutige Bibellese

Epheser 5,18

Gebet

Heiliger Geist, ich möchte immer mit deiner Gegenwart erfüllt sein. Ich will, dass dies niemals zu einer bloßen Erfahrung oder einem Ereignis in der Vergangenheit wird. Hilf mir, es zu meinem Lebensstil zu machen! Es ist stets mehr da. Ich kann jederzeit tiefer gehen. Weil du bist, der du bist, ist eine Steigerung immer möglich.

Unser Leben soll so aussehen, dass wir alles, was wir bekommen, weitergeben, während unsere Aufnahmefähigkeit für ihn zunimmt.

Wir sind dazu aufgerufen, das, was wir umsonst empfangen haben, auch umsonst weiterzugeben. Jesus selbst wies die Jünger an: *„Heilt Kranke, weckt Tote auf, reinigt Aussätzige, treibt Dämonen aus! Umsonst habt ihr empfangen, umsonst gebt."* (Matthäus 10,8).

Ein kontinuierliches Geben schafft Raum für kontinuierliches Empfangen. Der beste Ausgangspunkt für eine zunehmende Erfüllung ist, das *weiterzugeben, was uns bereits anvertraut wurde.* Es besteht durchaus die Möglichkeit, dass wir nach *mehr* rufen, während der Herr noch auswertet, was wir mit dem letzten *mehr* getan haben, das er über uns ausgoss.

Wenn das, was bereits empfangen wurde, gut verwaltet wird, steht einer Zunahme nichts im Weg.

Heutige Bibellese

Matthäus 10,8

Gebet

Heiliger Geist, ich möchte alles freisetzen, was du mir gegeben hast. Du hast mir deine Gegenwart und Kraft geschenkt. Zeige mir, wie ich diese Dinge in meinem Alltag weitergeben kann. Ich wünsche mir so sehr, dass andere Menschen die Heilung, Veränderung und Fülle erleben, die du in mein Leben gebracht hast.

Sobald wir mit dem Heiligen Geist erfüllt sind und überfließen,
kann uns nur noch ein Mehr von ihm genügen.

Jeder Geist-erfüllte Gläubige besitzt andauernden Zugang zum *Mehr*. *Aufgefüllt* zu werden, bedeutet nicht, den Heiligen Geist ein weiteres Mal zu empfangen. Es bedeutet vielmehr, den Einen, den wir bereits empfangen haben, in einem stärkeren Maße zu erleben. Auch wenn die Diskussion um das Wörtchen „mehr" manchen auf die Nerven gehen mag, müssen wir das Thema logisch angehen. Es ist eine logische Tatsache, dass Gott in uns lebt. Paulus hätte es nicht deutlicher ausdrücken können, als er die Korinther daran erinnerte, dass „...*euer Leib ein Tempel des Heiligen Geistes in euch ist, den ihr von Gott habt...*" (1.Korinther 6,19).

Gott ist der Eine, der nicht erschaffen wurde. Er kennt das Ende von Anfang an (siehe Jesaja 46,10). Er ist der Eine, der Welten ins Leben rief, indem er einfach sprach (siehe 1.Mose 1,1-3). Er hat jedem Stern einen Namen gegeben und jedes einzelne Haar auf unseren Köpfen gezählt (siehe Jesaja 40,26; Lukas 12,7). Dieser grenzenlose und unbegrenzte Gott ist gekommen, um dich zu seinem Tempel zu machen. Wenn der Geist in uns tatsächlich so groß ist, dann ist daraus zu schließen, dass wir, als endliche Menschen, noch in die Tiefen dieses Unendlichen vordringen müssen. Und genau dies verschafft uns das Recht, nach mehr zu rufen – weil das Mehr, das wir mit dem Unendlichen erleben können, *nie* aufhört.

Heutige Bibellese

1.Korinther 6,19

Gebet

Heiliger Geist, ich muss dich nicht um mehr bitten. Ich muss nicht nach einer neuen Ausgießung aus dem Himmel rufen. Es ist stets mehr da und ich preise dich dafür, dass der, der es anbietet, auch derjenige ist, der in mir lebt. Ich bin dein Tempel, Herr. Der eine, der den Tempel mit seiner Gegenwart erfüllt und nie aufhören wird, ihn zu erfüllen, ist derselbe Geist, der in mir wohnt.

Wenn man immer wieder neu erfüllt werden muss, dann ist das kein Zeichen dafür, dass etwas falsch läuft. Die kontinuierliche Abhängigkeit von mehr ist vielmehr eine gute Sache.

Das lebenslange Streben nach mehr zeigt sich in der entsprechenden Demut. Die Demut ist das Tor zu einem echten Hunger nach Gott und für alle, deren Leben von diesem Hunger geprägt ist, gibt es eine unglaubliche Verheißung:

„Glückselig, die nach der Gerechtigkeit hungern und dürsten, denn sie werden gesättigt werden." (Matthäus 5,6).

Es besteht kein Zweifel, dass jeder, der hungert und dürstet, gesättigt wird. Daran gibt es nichts zu rütteln. Um in einem solchen Ausmaß von Hunger leben zu können, bedarf es einer entsprechenden Demut.

Kann man hungrig nach Gott und gleichzeitig nicht demütig sein? Ja, aber solche Leuten können an der Steigerung nicht teilhaben. Demut zeigt sich darin, welches endgültige Ziel der Einzelne verfolgt.

Unsere Herausforderung: Wollen wir mehr erleben, damit Gott noch klarer durch unser Leben leuchtet, oder wollen wir mehr erleben, damit unsere Person umso stärker ins Zentrum der Aufmerksamkeit rückt, je mehr er das tut? Der Unterschied scheint nur geringfügig zu sein, aber ich kann dir versichern, dass unsere persönliche Herzenshaltung darüber bestimmt, inwieweit wir uns für eine stärkere Zunahme positionieren.

Heutige Bibellese

Matthäus 5,6

Gebet

Heiliger Geist, du stillst meinen Hunger und Durst. Hilf mir, ohne Unterlass von deiner Gegenwart zu schöpfen, weil noch mehr von dir zur Verfügung steht. Zeige mir, wie ich von deiner Erfüllung und Wiederauffüllung kontinuierlich abhängig sein kann, um die Aufgabe zu erfüllen, die du mir gegeben hast.

Gewisse Dinge in unserem Leben mit Christus sollten niemals auf eine Liste von Zielen und Errungenschaften reduziert werden.

Man ist schnell bei der Annahme, dass so etwas wie die Taufe im Heiligen Geist primär dazu da ist, unseren geistlichen Dienst effektiver zu machen. Das macht uns kopflastig in dem Sinne, dass wir Bereiche unseres Lebens, die eigentlich für den *Romantiker* in uns reserviert sind, professionalisieren.

In dem Moment, da wir Gott auf eine Liste von Zielen, Prinzipien und Errungenschaften im geistlichen Dienst reduzieren, haben wir die Grenze überschritten, innerhalb derer wir seine Gegenwart in unserem Leben in immer höherem Maße erleben können. Der Gedanke, dass diese „Grenzen" überhaupt existieren, ist verblüffend. Grenzen und Wachstum passen normalerweise nicht zusammen, daher klingt es fast widersprüchlich, aber im Reich Gottes funktioniert dieses Paradigma. Die Grenzlinien sind Hunger und Demut, Liebe und innige Gemeinschaft, alles Dinge, die nicht mit äußeren geistlichen Erfolgen gemessen werden können. Solche Grenzlinien sind eine Angelegenheit des Herzens. Entweder wir brennen, weil wir so sehr von ihm erfüllt sind, oder nicht.

Gott auf irgendeine Weise reduzieren zu wollen, ist ein gefährlicher Weg. Die Logik ist einfach. Wenn wir Gott „reduzieren", dann trifft es nicht ihn, sondern uns. Wir erweisen uns damit den allerschlechtesten Dienst. Das Bild, das wir von ihm haben, wirkt sich auf jeden Aspekt unseres Lebens aus. Wir sollten ihn sehen, *wie er ist*. Es ist die innige Gemeinschaft mit ihm, durch die wir in unsere Bestimmung gelangen, nicht die Anwendung irgendwelcher Formeln, denn *„wie er ist, sind auch wir in dieser Welt."* (1.Johannes 4,17).

Heutige Bibellese

1.Johannes 4,17

Gebet

Heiliger Geist, fülle mich neu, damit ich der Welt mit meinem Leben ein größeres Bild von Jesus zeichnen kann. Hilf mir, den Menschen zu zeigen, wie Jesus wirklich ist, um ihnen eine genauere Vorstellung davon zu vermitteln, wer der Vater tatsächlich ist.

*Ihm vollständig zu dienen, ist mein größtes Privileg, und die damit
verbundene Arbeit ist das Nebenprodukt meiner Liebe.*

Gottes Gegenwart tragen zu dürfen, ist ein unvorstellbares Privileg.
Dennoch sollte dieses Privileg niemals dazu führen, dass wir uns auf
ein bloßes Knechtsein reduzieren. Die Entscheidung Knecht oder Freund wird
immer noch täglich von den Menschen um uns herum getroffen. Freundschaft
hebt unseren Dienst nicht auf; aber sie bringt Substanz hinein. Wir dienen, weil
wir in einer Beziehung stehen, und nicht, weil wir sie verdienen müssten. Wir
versuchen nicht, uns zur Gnade Gottes vorzuarbeiten. Die Gnade hat uns in die
Position versetzt, aus einem Bedürfnis heraus zu arbeiten, nicht aus Pflichtgefühl.
Wir sind bereit, alles für Ihn zu tun, weil er unsere große Sehnsucht ist.

Es steckt immer ein *weil* in unserem Dienst. Er ist der Allmächtige Gott. Allein
seine Persönlichkeit verlangt bereits uneingeschränkten Gehorsam und lebens-
langen Dienst, zweifellos. Doch der Heilige schuf die Möglichkeit, dich und mich
in einen Prozess einzubinden, in dem wir gleichzeitig Diener und Freunde sind.
Wir dienen und freuen uns, dem Einen, dem wir dienen, so nahe sein zu können.
Der Herr möchte, dass wir eine Vision für das haben, was wir tun, nachdem wir
„Ja" zu ihm gesagt haben. Er ist auf ewig würdig, dass man sich ihm unterordnet,
ohne dass er etwas erklären muss. Dennoch sagt Jesus unmissverständlich: „...*euch
aber habe ich Freunde genannt, weil ich alles, was ich von meinem Vater gehört, euch kund-
getan habe.*" (Johannes 15,15).

Mike Bickle wird mit den Worten zitiert: „Liebende arbeiten stets schneller
als Arbeiter." Das ist nur zu wahr. Die enge Nähe zu dem Einen, der zu einer
tiefen Freundschaft einlädt, weckt den Wunsch, mit ihm zusammenzuarbeiten.
Wir sagen „Ja", um ihm zu dienen und Offenbarung darüber zu empfangen, wie
der Vater unseren Dienst gebrauchen möchte.

Heutige Bibellese

Johannes 15,15

Gebet

*Heiliger Geist, du hast mich in eine göttliche Freundschaft mit Gott gebracht. Hilf
mir, sowohl als Diener als auch als Freund zu leben. Ich höre, was der Vater gerade
sagt, fühle, was er gerade fühlt und sage „Ja" zu allem, worum er mich bittet.*

In der Ausgießung des Heiligen Geistes
offenbart sich das Angesicht Gottes.

Das Herz Gottes wird in dieser herrlichen Prophetie von Hesekiel deutlich sichtbar: *„Und ich werde mein Angesicht nicht mehr vor ihnen verbergen, wenn ich meinen Geist über das Haus Israel ausgegossen habe,…"* (Hesekiel 39,29). Es gibt nichts Größeres, als sein Angesicht zu betrachten.

„Im Leuchten des Angesichts eines Königs ist Leben, und sein Wohlgefallen ist wie eine Wolke des Spätregens." (Sprüche 16,15). Regen ist eine biblische Metapher für das Wirken des Heiligen Geistes, daher der Ausdruck „Ausgießung". Dieser Vers verbindet das Angesicht Gottes, seine Gunst, mit der Ausgießung seines Geistes. Der Geist manifestiert sich, um zu offenbaren und um uns eine Person zu zeigen.

Heutige Bibellese

Hesekiel 39,29

Gebet

Heiliger Geist, zeige mir das Angesicht des Vaters in jeder Ausgießung und Erweckung. Ihm jage ich nach. Ich preise dich für die großartigen Manifestationen, Zeichen und Wunder, die eine Erweckung mit sich bringen. Ich bin dankbar für die Freiheit und Befreiung, die deine Kraft freisetzt. Lass meine Augen in alledem beständig den Vater suchen. Hilf mir, deine Wege immer besser zu verstehen und zu kennen, Herr, während ich deine Werke während der Geistesausgießung aufmerksam verfolge.

Die Ausgießung des Geistes bedeutet, dass die Suche nach dem
Angesicht Gottes zur Erfüllung gekommen ist.

Mose erfuhr die verändernde Gegenwart Gottes am eigenen Körper (siehe 2.Mose 34, 29-35). Es kam durch eine persönlichen Begegnung mit Gott von Angesicht zu Angesicht. Eine Ausgießung führt uns wieder zu seinem Angesicht. Und ob du's glaubst oder nicht, Moses Erlebnis verblasst im Vergleich mit 2.Korinther 3,8: „...*wie wird nicht vielmehr der Dienst des Geistes in Herrlichkeit bestehen?*"

Während wir also seine Gegenwart beherbergen und dies zu unserer Priorität machen, lernen wir, seine Gunst auf der Erde freizusetzen. Denn genau das tun Menschen, die große Gunst besitzen. Mose genoss ein bestimmtes Level an Gunst. Er trug über einen gewissen Zeitraum den intensiven Glanz von Gottes Angesicht mit sich. Aber du und ich dürfen der Gunst auf noch größere Weise Ausdruck verleihen. Während Mose das Licht Gottes auf seinem Angesicht trug, sind wir dazu aufgerufen, „*das Licht der Welt*" zu sein (Matthäus 5,14). Unter dem Alten Bund konnten die Menschen nicht wirklich das Licht *sein*. Tatsächlich war das Licht auf Moses Gesicht zeitlich begrenzt.

Durch das Blut Jesu lebt nun der eine, der das Licht Gottes sichtbar macht, in uns. Der Heilige Geist eröffnet uns eine Position, in der wir die Herrlichkeit in einem Maße mit uns führen und ausstrahlen, was für Mose nie möglich war.

Die Worte Jesu zeigen, dass wir eine größere Gunst erwarten können als irgendein Mensch in der Vergangenheit jemals erlebt hat. Unter dem Alten Bund erstrahlte das Gesicht eines Menschen nur für eine gewisse Zeit in der Herrlichkeit. Dann verblasste es wieder. Im Neuen Bund ist eine Gemeinschaft von Menschen mit dem Einen erfüllt, der die Erlösten dazu bewegt, aufzustehen und Licht zu werden. (Jesaja 60,1).

Heutige Bibellese

2.Mose 34,29-35

Gebet

Heiliger Geist, du hast es mir möglich gemacht, das und noch mehr zu erleben, was Mose unter dem Alten Bund hatte. Seine Begegnungen mit dir ließ sein Gesicht eine Weile erstrahlen. Nun hast du mir die Möglichkeit geschenkt, ein Licht zu sein, weil du in mir lebst. Ich bin das Licht der Welt. Ich bin eine Stadt auf dem Hügel, erfüllt mit deiner Gegenwart, damit durch mich dein Licht in meine Umwelt scheint!

Egal, welche Richtung eine Erweckung nimmt, wir
kommen an seinem Angesicht nicht vorbei.

Es gibt nur einen Weg. Wir müssen Gott inständig um ein größeres Maß seiner Gegenwart in der Geistesausgießung bitten. Psalm 80 verbindet unaufhörlich die Gunst seines Gesichtes mit dem Werk seiner Hände. Von wundervollen Machtdemonstrationen und Manifestationen wird man schnell abgelenkt. Wenn wir nicht aufpassen, können Zeichen und Wunder sogar das Ende einer Erweckung bedeuten. Natürlich sind diese Dinge ein kostbarer Schatz und eine Freude für uns, aber nicht zum Selbstzweck, sondern weil sie ein besseres Bild vom Gesicht des Vaters und seiner göttlichen Natur vermitteln.

Das Volk Israel erlebte unglaubliche Wunder, dennoch blieb es in seinem Herzen hart. Immer wieder konnte es beobachten, wie Gott auf übernatürliche Weise für seine Bedürfnisse sorgte. Doch die Durchbrüche führten nicht zwangsläufig dazu, dass sie Gott treu waren. Ebenso produzieren Wunder nicht automatisch eine innige Gemeinschaft mit dem Vater. Sie sind von einladender Natur. Deshalb ist es so ungemein wichtig, dass wir Gottes Gegenwart beherbergen. Er sehnt sich danach, in unserer Mitte zu wirken. Die Frage ist, werden wir sein Wirken entsprechend verwalten?

Wir können nicht weiterhin davon ausgehen, dass die Reaktion der Menschen das Wirken Gottes verhindert. Wir müssen umdenken, damit wir die Ausgießung des Geistes in unserer Mitte angemessen aufnehmen. Der Mensch kann mit der Einladung Gottes tun und lassen, was er will. Es liegt in seiner Verantwortung. Lasst uns in jedem Wunder und in jedem Zeichen sein Gesicht suchen. Gottes Ausgießung ist nichts geringeres als die Enthüllung seiner selbst. Er ist treu und zeigt uns durch sein Wirken, wer er ist.

Heutige Bibellese

Psalm 67,2-3

Gebet

Heiliger Geist, lass das Angesicht des Vaters auf mich scheinen und offenbaren, wer du für die Völker bist. Das beginnt bei mir – in meinem Leben, meiner Familie, unter meinen Freunden, innerhalb meines Einflussbereichs. Und während sein Angesicht über mir leuchtet, hilf mir, deine Wege klar zu kommunizieren.

Die Gerechten, die sein Angesicht in inniger Vertrautheit
mit Ihm suchen, sind vorgesehen für große Taten.

Die **Glaubenshelden waren** praktisch die rechte Hand Gottes (siehe Psalm, 80,187). Er zog sie über wie einen Handschuh und demonstrierte mit ihnen Zeichen und Wunder. Es ist unsere Aufgabe, zu erkennen, was wir erhalten haben, und dafür zu kämpfen, dass ein größeres Maß seiner Gunst auf uns kommt.

Unsere Vorgänger, die die Geschichte geprägt haben, besaßen ein gemeinsames, charakteristisches Merkmal: der Hunger ihrer Herzen war größer, als ihre gegenwärtige Realität ihnen bieten konnte. Dieser Hunger trieb sie auf die Suche nach dem „Mehr", aber nicht nur, um es selbst zu erleben, sondern auch um andere in dasselbe Ausmaß von Durchbrüchen zu führen. Diese Pioniere, wie z.B. William Seymour (Azusa-Street-Erweckung) oder Evan Roberts (Erweckung in Wales), hatten eine andere Welt geschmeckt und es ließ ihnen keine Ruhe mehr. Sie wollten, dass das, was sie geschmeckt hatten, die *irdische Welt* transformierte.

Wir schwimmen heute noch auf dem Momentum, das diese Geschichtsschreiber angestoßen haben. Sie bezahlten einen erheblichen Preis für viele Realitäten, über die wir nun frei verfügen, und was sie nur teilweise schmeckten, genießen wir in *höherem* Maße. Das ist durchaus noch nicht alles, aber weil diese Männer und Frauen das Angesicht Gottes suchten, leben wir in einem größeren Momentum. Er zog sie über wie einen Handschuh und vollbrachte mit ihnen machtvolle Taten unter den Menschen ihrer Generation. Und diese Taten prägen letztendlich die Zeit, in der wir heute leben.

Heutige Bibellese

Psalm 80,18

Gebet

Heiliger Geist, ich sehne mich danach, Gottes rechte Hand zu sein. Ich wünsche mir ein Leben, das über meinen aktuellen Erfahrungsstand hinaus hungrig nach mehr ist. Lass mich nicht in Formalismus verfallen. Bewahre mich davor, immer ausgleichen zu wollen, und vor dem Glauben, ich sei schon angekommen. Lass mich Neues von deiner Gegenwart schmecken. Lass mich immer wieder sehen, was du noch für mich hast. Entzünde mein Herz, wenn ich in deinem Wort von denen lese, die mit dir in kraftvoller Weise vorwärts gegangen sind.

August

DEIN ULTIMATIVER PROTOTYP FÜR DAS NORMALE LEBEN ALS CHRIST

**Manchmal wissen wir solange nicht, was in uns steckt,
bis wir gefordert sind, anderen zu dienen.**

Etwa zehn Jahre nach Pfingsten durchlitt die Gemeinde abermals Wachstumsschwierigkeiten. Dazu kam es zuvor mindestens einmal, und zwar, als einige Witwen *„bei der täglichen Versorgung übersehen wurden"* (Apostelgeschichte 6, 2). Es zeigte sich, dass für diesen ganz praktischen Dienst Menschen gebraucht wurden, damit die Apostel sich ganz dem Gebet und dem Studium des Wortes widmen konnten. Das neue Team dieser Diener nannte man Diakone. Aber jetzt kam es zu einem noch weitaus größeren Problem. Viele Heiden kamen zum Glauben und beeinflussten die Kultur und das Wesen dieses neuen Organismus, der sich Gemeinde nannte. Vielleicht sagen jetzt manche, dass der Schwanz mit dem Hund wedelte.

Aufgrund von Verfolgung verbreitete sich die Gemeinde überall in der damals bekannten Welt, wohingegen die Apostel zunächst in Jerusalem zurückblieben. Menschen, die man bis dato nicht für Leiter gehalten hatte, sahen sich plötzlich mit der Situation konfrontiert, Leiterschaftsaufgaben wahrnehmen zu müssen. Sie stießen in ein größeres Maß der Salbung vor und fanden sehr bald heraus, was sie tatsächlich hatten.

Wenn wir anfangen, einen Dienst auszuüben, wird die uns innewohnende Gnade aktiviert. Mit der Erfüllung einer Aufgabe geht die Freisetzung von Kraft einher. Und eine Ausdrucksform der zu erfüllenden Aufgabe besteht darin, anderen möglichst effektiv zu dienen.

Heutige Bibellese

Apostelgeschichte 6, 1-6

Gebet

Vater, hilf mir, mich aufzumachen, um überall dort auf die Weise zu dienen, wo du mich brauchst. Indem ich das tue, offenbare deine Kraft und zeige mir, welche Gaben, Talente und Fähigkeiten du in mich hineingelegt hast.

Wenn Kinder da sind, werden automatisch Prioritäten gesetzt.

Das habe ich erlebt. Gemeindemitglieder neigen dazu, es sich recht gemütlich zu machen – bis eine Erweckung ausbricht. Jene, die sie ablehnen, werden dann natürlich nicht von einer echten Bewegung Gottes sprechen. Aber in all den Jahren stoßen auch viele Menschen zur Gemeinde, die sich nicht nur damit zufriedengeben, dass die Stromkosten bezahlt werden. Sie kommen voller Begeisterung in die Gemeinde und wundern sich, dass einige Gemeindemitglieder einfach nur so dasitzen.

Wenn du dieser Mischung noch eine große Anzahl von Neubekehrten hinzufügst, wird es wirklich aufregend. Neubekehrte sind dafür bekannt, alle möglichen Probleme zutage zu fördern. Mein Onkel sagte immer: „In jedem Haushalt sollte es ein zweijähriges Kind geben." Er sagte dies aus einem natürlichen Blickwinkel. Aber das Gleiche gilt auch in geistlicher Hinsicht. Neubekehrte konfrontieren uns mit „Problemen", die wir willkommen heißen sollten. Wir brauchen eine Reich-Gottes-Perspektive, um uns über diese sogenannten Probleme zu freuen, sind sie doch ein deutliches Anzeichen dafür, dass in der Familie Gottes ein Zuwachs von neuen Kindern zu verzeichnen ist. Selbstverständlich kümmern wir uns darum, dass sie unterwiesen und zu Jüngern gemacht werden. Aber wir sollten keinesfalls unrealistische Anforderungen an jene stellen, die geistlich gesehen noch in den Kinderschuhen stecken.

Heutige Bibellese

Apostelgeschichte 6, 7

Gebet

Herr, zeige mir, wie ich deine Kinder zu Jüngern machen kann. Zeige mir jemanden in meinem Umfeld, den ich beraten und ermutigen kann. Möge ich dazu beitragen, jene Gläubigen, die neu in dein Reich gelangen, zu Nachfolgern Christi zu formen, die hinsichtlich deiner Wege zur Reife gelangen.

Wenn du Kritik rechtfertigen musst, brauchst du dafür einen geistlichen Begriff, um diese gerechtfertigt erscheinen zu lassen.

In solchen Situationen ist häufig von Heiligkeit oder Urteilsvermögen die Rede. Ich bin immer wieder erstaunt, wie viele Menschen eine Gemeinde verlassen, wenn Erweckung ausbricht, obwohl sie jahrelang dafür gebetet haben.

Ich muss daran denken, wie Chuck Smith von der Calvary-Chapel-Gemeinde in Costa Mesa reagierte, als er zu Beginn der Jesus-People-Bewegung mit diesem Problem konfrontiert wurde. Die Gemeindemitglieder waren besorgt, dass der neue Teppichboden durch die barfüßigen Hippies beschmutzt würde. Pastor Smith sagte ihnen, dass er den Teppichboden herausreißen würde, wenn das ein Hinderungsgrund sei. Prioritäten. Einfach, aber grundlegend.

Wir dürfen nicht nur Toleranz gelten lassen, wenn es darum geht, dass Neubekehrte in Zeiten des geistlichen Aufbruchs eine radikale Berührung und Veränderung erfahren. Ganz gleich, welche Kosten und Unannehmlichkeiten dies mit sich bringt, wir sollten uns sehr darüber freuen, Hindernisse konfrontieren zu können.

Heutige Bibellese

Apostelgeschichte 2, 47

Gebet

Vater, hilf mir, mich über das Werk deines Geistes zu freuen, wenn durch ihn Menschen ins Reich Gottes gebracht werden. Hilf mir, sie weder zu richten noch zu kritisieren, wenn sie sich in geistlicher Hinsicht nicht so entwickeln, wie ich es für nötig halte. Zeig mir, wie ich mit dir zusammenarbeiten kann, damit immer mehr Menschen durch das Evangelium verändert werden.

Große Bewegungen Gottes stellen alles auf den Kopf.

Nichts bleibt unberührt, wenn seine Gegenwart kommt. Das sollte uns nicht überraschen, denn unser Gott wird beschrieben als ein *„verzehrendes Feuer"* (Hebräer 12, 29).

Die Apostel hatten viele Bedenken. Vor allem ging es dabei um das Thema Heiligkeit – einem äußerst legitimen Anliegen. Sie mussten sich darauf einigen, was Errettung durch Gnade wirklich bedeutete. Diese Neubekehrten hinterfragten vieles, was von gläubigen Juden nie in Frage gestellt worden war. Wenn du daneben noch die Tatsache siehst, dass es auch noch jene gab, die in ungesunder Weise in althergebrachten Praktiken entsprechend des mosaischen Gesetzes verhaftet waren, kann man davon ausgehen, dass wegen all dieser Dinge wirklich Verwirrung herrschte. Ich bin davon überzeugt, dass jeder Apostel bestimmte Vorstellungen hatte, wie Dinge gehandhabt werden sollten.

Wir sollten offen dafür sein, bisherige Vorgehensweisen zu überdenken, wenn Erweckung diese Dinge auf den Kopf zu stellen scheint. Das bedeutet natürlich nicht, dass wir biblische Wahrheiten missachten. Es besteht ein Unterschied zwischen der Wahrheit an sich und der Art und Weise, wie Wahrheit in unserem modernen Kontext kommuniziert wird. Wir müssen in ständiger Hingabe vor dem Herrn leben und stets bereit sein, alles in unserem Leben zu justieren, was seine Gegenwart blockiert.

Heutige Bibellese

Hebräer 12, 29

Gebet

Vater, du bist ein verzehrendes Feuer. Ich gebe dir die Erlaubnis, mich hinsichtlich meiner Handlungsweise zu korrigieren, wenn du mit Feuer kommst. Hilf mir, flexibel zu sein und dein Wirken zu erkennen, damit ich dir nicht im Weg stehe und du ungehindert wirken kannst.

Unsere Aufgabe als Menschenfischer besteht darin, die Menschen zu gewinnen und es ihm zu überlassen, sie zu reinigen.

Der Heilige Geist ist für die Heiligung verantwortlich. Er ist der Akteur, der uns zur Reife bringt. Auch wir haben Verantwortung, aber die Bevollmächtigung geschieht immer durch ihn. Wir wurden berufen, zu allen Völkern zu gehen. Der Heilige Geist hat uns bevollmächtigt, in alle Welt zu gehen und die Verlorenen ins Reich Gottes zu bringen. Was für ein unvergleichliches Privileg, ein Botschafter Gottes und Beauftragter für Versöhnung zu sein, um Waisen mit einem vollkommenen Vater zu vereinen.

Allerdings sollten wir uns dessen bewusst sein, dass unsere Fähigkeit, andere zu Jüngern zu machen, begrenzt ist. Es ist gewiss ein nobler Wunsch, jungen Gläubigen zu Wachstum und Reife verhelfen zu wollen; allerdings kommt es zu Problemen, wenn wohlmeinende Menschen fälschlicherweise annehmen, die Aufgabe des Heiligen Geistes übernehmen zu können. Wir dürfen die Wahrheit nicht verwässern. Gleichzeitig können wir aber auch nicht bewirken, dass jemand in der Wahrheit gegründet ist.

Heutige Bibellese

1. Korinther 6, 9-11; Titus 3, 3-6

Gebet

Heiliger Geist, du bist der beste Lehrer. Erinnere mich daran, dass es nicht meine Aufgabe ist, Menschen davon zu überzeugen, dass sie heilig sein sollen. Tatsächlich ist es noch nicht einmal meine Aufgabe, mich selbst heilig zu machen. Du bist derjenige, der das möglich macht und ich danke dir für diese befähigende Gnade. Danke für alles, was du in meinem Leben gewirkt hast. Ich lade dich ein, mich weiterhin zu reinigen.

Ich habe noch nie von jemandem gehört, der durch sein
eifriges Studieren eine Erweckung auslöste.

Für eine Elitegruppe von Aposteln wurde die erste Leiterschaftskonferenz einberufen. Sie versammelten sich in Jerusalem, dem von Gott erwählten Zentrum für die Gemeinde. Bei diesem Treffen brachten die Apostel die Probleme zur Sprache. Doch die Art und Weise, wie sie zu Ergebnissen kamen, ist äußerst faszinierend. Sie gaben Erfahrungsberichte weiter. Jeder von ihnen hatte Geschichten zu erzählen, die damit zu tun hatten, dass Gott seinen Geist auf die Heiden ausgoss. Als sie diese Berichte hörten, erkannten sie ein Muster: Gott goss seinen Geist auf die Heiden aus, noch ehe sie hinreichend mit den jüdischen Traditionen vertraut waren. Tatsächlich erwies er sich an ihnen, obwohl sie wohl kaum auf eine Ausgießung des Heiligen Geistes vorbereitet waren.

Was mich an diesem Teil der Geschichte besonders bewegt, ist die Tatsache, dass die Apostel ihre Theologie anhand dessen entwickelten, was sie Gott tun sahen. Sie näherten sich diesem Thema nicht durch ein umfassendes exegetisches Studium der Predigten Jesu, um herauszufinden, was sie tun sollten. Diese Art des Studierens ist nobel und gut. Aber für gewöhnlich brauchst du zuerst eine Bewegung Gottes, ehe du Erkenntnis darüber bekommst, was tatsächlich vor sich geht.

Heutige Bibellese

Apostelgeschichte 15, 1-29

Gebet

Herr, ich weiß, dass dein Wort die Wahrheit ist – ich brauche deine Hilfe, um es anzuwenden. Ferner brauche ich deine Hilfe, um zu erkennen, was in Situationen zu tun ist, die in der Schrift nicht konkret erläutert werden. Bitte gib mir eine gesunde Ausgewogenheit, dein Wort hinsichtlich bestimmter Situationen sowohl zu studieren und anzuwenden, als auch das Wirken deines Geistes zu erkennen und darauf einzugehen.

Wir begrenzen Gott durch unser gegenwärtiges Verständnis hinsichtlich dessen, wie Gott handelt – und doch beten wir die ganze Zeit über, dass Gott etwas Neues unter uns wirkt.

Ich bin mir dessen bewusst, dass ich mit dieser Aussage gefährliches Terrain betrete, aber dieses Risiko gehe ich ein. Warum glaubst du, dass eine neue Bewegung Gottes immer mit Menschen beginnt, die nicht wissen, was sie tun? Wenn wir schon eine Weile dabei sind, entwickeln wir leicht die Denkweise, mit dem Wirken Gottes vertraut zu sein. Diese vermeintliche Vertrautheit war der Grund, weshalb Jesus in seiner Heimatstadt nicht die Ehre entgegengebracht wurde, die er verdiente. In Markus 6, 3 lesen wir, dass die Menschen dort sich fragten: *„Ist dieser nicht der Zimmermann, der Sohn der Maria und ein Bruder des Jakobus und Joses und Judas und Simon? Und sind nicht seine Schwestern hier bei uns?"*

Wegen ihrer vermeintlicher Kenntnis verpasste eine Stadt ihre Gelegenheit für einen entscheidenden Durchbruch. Aus dem gleichen Grund können auch wir gerade das verpassen, wofür wir zu Gott flehen, weil wir es nicht erkennen, wenn es kommt. Wir erkennen es nicht, weil wir zu wissen glauben, wie es aussehen sollte.

Nun zu einem interessanten Vorschlag: Lasst uns ihm so nahen, als wüssten wir nicht, was wir tun. Wenn wir uns in dieser Weise vollständig seinen Wegen überlassen, positionieren wir uns, um eine von ihm gewirkte geistliche Bewegung zu erfahren – unabhängig davon, ob sie unseren konkreten Erwartungen entspricht oder nicht. Sie entspricht seinen Spezifikationen, und das ist das Entscheidende.

Heutige Bibellese

Markus 6, 1-6

Gebet

Gott, du bist so viel größer, als ich es mir vorstellen kann. Deine Wege gehen manchmal über mein Verstehen hinaus. Hilf mir, wegen meiner Schlussfolgerungen nicht das zu verpassen, was du tust. Hilf mir, für neue Wege deines Wirkens offen zu sein. Heiliger Geist, ich will mich auf dich und nicht auf meine eigenen Überlegungen verlassen.

Wir müssen sein wie ein Novize, damit unser Wissen uns
nicht von dem abhält, was wir wissen müssen.

Bibelwissen ohne entsprechende Erfahrung kann dazu führen, dass wir in einem Gefühl von vermeintlicher Zufriedenheit feststecken. Wir nehmen an, unsere Anhäufung von Informationen sei genug, wenngleich eine solche Haltung unser Momentum im Hinblick auf Gott zum Stagnieren bringt. Das geschieht nicht, weil Gott es so entschieden hat. Gott ist nicht derjenige, der souverän eine Stagnation herbeiführt.

Wir erleben das Reich Gottes dann in stärkerer Weise, wenn wir leben, um zu lernen. Es ist vollkommen unmöglich, dass jemand für sich beanspruchen kann, hinsichtlich der Wege Gottes umfangreiche Kenntnis zu haben – vor allem aus dem Grund, weil das, was endlich ist, das Unendliche unmöglich erfassen kann. Das heißt nicht, dass wir nicht in der Lage wären, auf das Unendliche zuzugreifen. Weit gefehlt. Der Eine, den wir mit unserem menschlichen Verstand nicht erfassen können, macht uns sogar zu seiner Wohnstätte. Das ist irritierend, aber zugleich auch ermutigend. Derselbe Paulus, der uns daran erinnert, dass unser Leib der Tempel des Heiligen Geistes ist, baut auf diese Wahrheit auf, indem er schreibt: *„Was kein Auge gesehen und kein Ohr gehört hat und in keines Menschen Herz gekommen ist, was Gott denen bereitet hat, die ihn lieben"* (1. Korinther 2, 9).

Diese Tatsache im Hinblick auf Gott – Paulus bezieht sich hier auf Jesaja 63, 3 – bewirkt, dass wir Novizen bleiben. Zweifellos lebte Paulus auch hinsichtlich der gewaltigen Erhabenheit dessen, dem er diente, in dem Bewusstsein dieser eben erwähnten überwältigenden Wahrheit. Er fährt fort: *„Uns aber hat Gott es offenbart durch den Geist ..."* (1. Korinther 2, 10). Unser Erbe unter dem neuen Bund besteht darin, dass wir immer mehr Zugang zu dem Bereich des Unbekannten finden. Jedoch können wir nicht aufgrund unserer eigenen Bemühungen auf diese Dinge zugreifen. Es ist der Heilige Geist, der sie uns offenbart.

Heutige Bibellese

1. Korinther 2, 9-12

Gebet

Danke, Heiliger Geist, dass du mir beständig das Erbe offenbarst, zu dem ich durch den Neuen Bund Zugang habe. Ich möchte belehrbar bleiben. Es gibt ständig mehr zu entdecken und zu lernen, wenn es darum geht, dich zu erkennen.

Entscheidende Fortschritte im Reich Gottes können nach wie vor nur durch eine kindliche Haltung erreicht werden.

Kinder wissen nicht alles. Wenngleich diese Aussage stark vereinfacht wirkt, ist es eine Tatsache, dass viele Christen – vor allem jene, die schon lange Zeit gläubig sind – fälschlicherweise glauben, sie wüssten bereits genug. Zu glauben, wir wüssten genug, ist ein Anzeichen dafür, dass wir hinsichtlich der Funktionsweise des Reich Gottes eben nicht genug wissen.

Die Voraussetzung für ein Leben im Reich Gottes ist die neue Geburt. Ist es da noch verwunderlich, dass Jesus Nikodemus – einen gründlich ausgebildeten religiösen Menschen – mit der Erfordernis der Neugeburt konfrontierte, um in sein Reich zu gelangen? Jesus betonte von Anfang an, wie wichtig eine kindliche Haltung ist, bis zu dem Punkt, tatsächlich von neuem geboren und wieder wie ein Kind zu werden. Von all den Menschen musste dies vor allem Nikodemus hören, der sich im Laufe der Jahre ein umfangreiches theologisches Wissen angeeignet hatte.

Trotz allen Wissens ist es möglich, letztendlich nichts zu wissen. Wenn wir wie ein Kind vor Gott kommen – hungrig und bereit, zu empfangen – positionieren wir uns, um von Gott uneingeschränkt zu empfangen.

Heutige Bibellese

Johannes 3,1-9; Matthäus 18,1-4

Gebet

Heiliger Geist, ich möchte so gelehrig sein wie ein Kind. Mache mich demütig und hilf mir, hungrig und empfangsbereit vor dich zu kommen. Hilf mir, dass ich niemals an den Punkt komme, zu glauben, ich wüsste genug und hätte es nicht mehr nötig, dass du mich unterweist und mich auf eine andere Ebene bringst.

*Wenn wir zu Experten werden, haben wir uns entschieden,
hinsichtlich unseres Reifeprozesses zu stagnieren.*

Vermeintliches Wissen in den geistlichen Dingen kann uns für genau die Wahrheit blind werden lassen, die Gott uns vermitteln möchte. Offenbarung erreicht häufig zuerst unser Herz, ehe wir diese mit dem Verstand erfassen können. Sie beginnt auf der Ebene des Geistes, nicht der Gedanken – wenngleich die Veränderung des Sinnes dabei immer ein Nebenprodukt ist. Das ist der Grund, weshalb du in manchen Phasen zuerst etwas buchstäblich erlebst oder siehst, bevor du es verstehst. Der Heilige Geist agiert, bevor unser Verstand erfassen kann, was vor sich geht. In der Apostelgeschichte erfahren wir, dass die Apostel sich damit auseinandersetzten, als der Heilige Geist einige Heiden auf übernatürliche Weise in das Reich Gottes brachte. Das brachte einige Probleme mit sich und warf einige Fragen auf, insbesondere, wie die Gläubigen aus den Nationen mit dem jüdischen Gesetz oder jüdischen Gebräuchen umgehen sollten. Viele derer, die diese Fragen durch eine Expertenbrille betrachteten, gingen davon aus, dass diese Neubekehrten dieselben Rituale durchlaufen sollten wie die jüdischen Christen. Es fiel ihnen schwer, dieses neue Wirken des Geistes richtig einzuordnen und mit ihrem Verstand dem Neuen zuzustimmen, was Gott in ihrer Mitte tat – was höchstwahrscheinlich einige bedeutsame Veränderungen hinsichtlich der gewohnten Praxis bedeutete.

Nur deshalb, weil sie das übernatürliche Wirken des Geistes in ihrer Mitte erlebten, stand Jakobus auf und sagte: *„Brüder, hört mich an. Petrus hat euch erzählt, wie Gott zum ersten Mal die Nichtjuden aufsuchte, um sich aus ihnen ein Volk zu wählen, das seinen Namen trägt. Diese Bekehrung der Nichtjuden stimmt mit den Voraussagen der Propheten überein ...“* (Apostelgeschichte 15, 13-15; Neues Leben).

Die Schrift stimmte mit dem überein, was sie sahen. Sie waren bereit, ein neues Paradigma anzunehmen, anstatt die „Experten-Sichtweise" zu übernehmen, die für sich in Anspruch nimmt, vollständig zu verstehen, wie Gottes Wort funktioniert. Manchmal müssen wir die Bibel in Aktion sehen, bevor wir die volle Bedeutung dessen verstehen, was der Heilige Geist durch das geschriebene Wort zu kommunizieren versuchte.

Heutige Bibellese
Jesaja 9, 6-7

Gebet
*Gott, ich möchte Begegnungen mit dir haben, die
zu einer größeren Erkenntnis über dich führen.*

Erfahrung bewirkt Erkenntnis.

Als die Heiden in das Reich Gottes gelangten, mussten natürlich bestimmte Fragen angesprochen werden. Die Apostel wurden Zeugen einer Bewegung Gottes, wie es sie noch nie zuvor gegeben hatte. Ein Volk, das zuvor nicht als Volk Gottes galt, wurde in Gottes Familie hineingeboren. Jakobus, der Apostel in Jerusalem, zog, nachdem er die verschiedenen Zeugnisse gehört hatte, einen Schluss, der biblisch fundiert war. Er sagte: *„Diese Bekehrung der Nichtjuden stimmt mit den Voraussagen der Propheten überein"* (Apostelgeschichte 15, 15; Neues Leben). Was er anschließend sagte, war wahrscheinlich neu für ihn, denn es gibt keinen Hinweis, dass diese Sichtweise zuvor schon gang und gäbe war.

Es scheint mir, dass Gott diese Schriftstelle Jakobus während des Apostelkonzils in Jerusalem aufs Herz legte. Mit anderen Worten, Gott gab Jakobus eine Schriftstelle, um die Legitimität der Geschehnisse zu bestätigen, von denen berichtet wurde. Eine biblische Untermauerung ist unerlässlich. Aber ich bezweifle, dass es jemals eine große Erweckung gab, bei der allem, was geschah, eine entsprechende Offenbarung vorausging – die Menschen verstanden, was vor sich ging, bevor sie darüber die entsprechende Offenbarung hatten. Eine biblische Bestätigung erfolgte im Nachhinein. Nochmals, es ist unerlässlich, eine Erfahrung anhand des Wortes Gottes zu bewerten. Das Problem ist, dass Gott oftmals zuerst handelt und uns anschließend zu seinem Wort führt, damit wir gegebenenfalls feststellen können, dass unser vermeintliches Wissen aktualisiert werden muss. Unsere Erfahrung führt zu einem umfassenderen Verständnis dessen, was wir in der Schrift lesen.

Heutige Bibellese

Hebräer 1-2

Gebet

Herr, ich bitte dich, mir zu begegnen und meine Erkenntnis durch Erfahrungen in deiner Gegenwart zu aktualisieren. Ich bete, dass ich dich nicht aufgrund meiner bisherigen Erkenntnis über dich in eine bestimmte Schublade stecke. Erweitere meine Sichtweise über dich, Vater. Du bist wahrlich groß und grenzenlos.

Die Hütte Davids war ein Bild für die Art von Leben, wie wir es heute in der neutestamentlichen Gemeinde kennen.

Im **Alten Testament** ist David für mich das größte Beispiel eines Lebens unter der Gnade. Er war König, Priester und Prophet – ein vollständiges prophetisches Bild für den kommenden Christus. Sein Beispiel zeichnet auch ein Bild des zukünftigen neutestamentlichen Gläubigen. Die Hütte Davids existierte für nahezu vierzig Jahre. Das war eine vollkommen neue Art und Weise, sich Gott zu nahen – die Priester beteten Gott rund um die Uhr, sieben Tage die Woche an, ohne ein Blutopfer darzubringen.

Das ist absolut verblüffend, wenn man bedenkt, dass Blut unter dem alten Bund von entscheidender Bedeutung war, um in die Gegenwart Gottes einzutreten. Gott ist durchaus in der Lage, in jedem Zeitalter einen Vorgeschmack auf ein kommendes Zeitalter zu geben. Das Mandat des neutestamentlichen Gläubigen lautet: *„wie im Himmel, so auch auf Erden"* (Matthäus 6,10). Gott hat uns dafür ausgestattet, das Leben und die Kultur eines Zeitalters – des Himmels – in die jetzige Zeit zu bringen. Ebenso gab Gott David die Fähigkeit, ein prophetisches Muster für das Leben unter dem neuen Bund zu konstruieren, wo nicht mehr das Blut von Tieren als Opfer dargebracht wird, sondern Lobpreisopfer. Er sah den Tag kommen, an dem ein Opfer dargebracht und Blut vergossen werden würde, das die Anforderungen des Gesetzes erfüllte. Nur ein Opfer von so unvergleichbarer Reinheit würde die Tür zur Realität der Hütte öffnen, die David vorausschauend darstellte.

Der Eine, den David erwartete, ist der, dessen Blut für uns den Weg geebnet hat, dass wir *„hinzutreten mit wahrhaftigem Herzen in voller Gewissheit des Glaubens, die Herzen besprengt und damit gereinigt vom bösen Gewissen und den Leib gewaschen mit reinem Wasser"* (Hebräer 10, 22).

Heutige Bibellese
1. Chronik 23, 1-5; Hebräer 10, 9-25

Gebet

Ich danke dir für das Vorrecht, dich jederzeit anbeten zu können, weil Jesus am Kreuz den Weg geebnet hat. Ich gebe dir gerade jetzt allen Lobpreis und alle Ehre, in Jesu Namen.

*Zur Zeit des Alten Testaments gab es mehrere Häuser Gottes
– jedes von ihnen war ein prophetisches Bild für Zukünftiges.*

Vom ersten Haus lesen wir in 1. Mose 28, als Jakob Gott diesseits des Berges begegnete. Er gab diesem Ort den Namen Bethel und das bedeutet *Haus Gottes*. Tatsächlich gab es dort kein Gebäude. Gott war dort. Das machte diese Stätte zu seinem Haus.

Die Stiftshütte deutete detailliert auf Jesus hin. Jedes Detail der Ausstattung zeichnete ein Bild des kommenden Messias. Die Stiftshütte wurde entsprechend der spezifischen Details gebaut, die Gott Mose auf dem Berg mitteilte, als er von Angesicht zu Angesicht mit ihm sprach.

Der Tempel Salomos war prächtiger und großartiger als alles, was jemals auf Erden erbaut wurde. Es war der eindrucksvollste Versuch der Menschheit, Gott eine Behausung zu bereiten, die seinem Wert angemessen ist. Der Tempel wurde entsprechend sehr detaillierter Pläne gebaut und er repräsentierte die ständige Wohnstätte Gottes.

Der von Salomo wieder aufgebaute Tempel war doppelt so groß wie das Original. Wenn Gott etwas wiederherstellt, entsteht etwas Größeres als das, was zuvor da war. Der wiederaufgebaute Tempel war nicht so prachtvoll wie der erste Tempel. Jene, die die Herrlichkeit des früheren Tempels gesehen hatten, weinten, als sie das wiederhergestellte Haus sahen. Die Menschen, die das frühere Haus nicht gesehen hatten, freuten sich über dieses.

Die Hütte Davids wurde gebaut, um Lobpreis und Anbetung darzubringen. Weder das Baumaterial noch die Größe werden erwähnt. Die Bundeslade befand sich darin. Die Gegenwart Gottes ruhte auf der Bundeslade. Die Priester brachten 24 Stunden am Tag Lobpreis dar – um dieses fortwährend zu gewährleisten, wurden verschiedene Schichten eingerichtet. Die beiden herausragenden Faktoren waren, dass Gott dort in seiner Herrlichkeit wohnte und dass die Priester Gott ununterbrochen dienten.

Heutige Bibellese

1. Mose 28, 10-22

Gebet

Danke, Vater, für die prophetischen Bilder im Alten Testament, die offenbaren, was durch Jesus kommen würde. Sein Blut ermöglicht es mir, in deiner Gegenwart zu leben und von dir erfüllt zu sein. Ich danke dir für das wunderbare Vorrecht, auf Erden dein Haus zu sein.

Die Gemeinde ist das Haus für eine Priesterschaft –
eine Gemeinschaft von Anbetern, die Gott geistliche Opfer darbringt.

D iese Priesterschaft von Anbetern ist Gottes Wiederherstellungsprojekt. Es ist die Erfüllung der Hütte Davids, wo jeder in der Lage ist, Gott zu dienen. Gott hatte von Anfang an *„ein Königreich von Priestern"* (2. Mose 19,6) geplant. Was unter dem alten Bund nur für einige wenige Auserwählte galt, findet nun durch eine Vielzahl von Menschen Erfüllung. Das Blut Jesu befördert jeden Gläubigen in die Position eines Priesters.

… lasst euch auch selbst als lebendige Steine aufbauen, als ein geistliches Haus,
ein heiliges Priestertum, um geistliche Schlachtopfer darzubringen, Gott hoch-
willkommen durch Jesus Christus! (1. Petrus 2,5)

Es besteht keine Notwendigkeit mehr für ein System des Opferns, um die Menschheit vor einem heiligen Gott zu rechtfertigen. Blutopfer von Stieren, Böcken oder Schafen konnten den Übergang vom alten zum neuen Bund einfach nicht vollziehen, weil sie unsere Sünde nicht wegnehmen konnten (siehe Hebräer 10,4). Es wurde ein Wechsel herbeigeführt, denn jetzt ist das angenehme Opfer ein Opfer des Lobes (siehe Hebräer 13,15). Der Mensch stand nicht länger in der Schuld, vor Gott für eine Position der Gerechtigkeit zu sorgen. Jesus hat dafür den vollen Preis bezahlt. Die Opfer, die jetzt dargebracht werden, sind responsiv und nicht mehr erlösend. Wir reagieren auf das Werk der Erlösung mit geistlichen Opfern des Lobpreises, anstatt zu versuchen, durch physische Blutopfer Erlösung zu empfangen.

Heutige Bibellese

Hebräer 13, 7-16

Gebet

Gott, möge dein Lob stets auf meinen Lippen sein. Ich bete dich an und ich verehre
dich wegen deiner großen Liebe und wegen des Opfers, das du für mich erbracht hast.
Du hast mich „um einen Preis erkauft" (1. Korinther 7,23), und ich will dich mit
jeder Faser meines seins anbeten. Du bist würdig.

*Wir sind eine Gemeinschaft von Anbetern, die in
erster Linie darauf fokussiert sind, Gott zu dienen.*

Was wird denn nun wiederhergestellt? Die Gemeinde in ihrer einzigartigen davidischen Salbung für die Gegenwart Gottes ist die Erfüllung von Amos' Weissagung. Wir lesen:

An jenem Tag richte ich die verfallene Hütte Davids auf, ihre Risse vermauere ich, und ihre Trümmer richte ich auf, und ich baue sie wie in den Tagen der Vorzeit ... (Amos 9,11 ELB)

In dieser Weissagung wird von einem Tag gesprochen, an dem die Hütte Davids wiederhergestellt wird. Wenn wir den Kontext beachten, stellen wir fest, dass mit der Wiederherstellung der verfallenen Hütte Davids auch eine entsprechende Priesterschaft einhergehen muss. Wir sehen, dass zur Zeit Davids eine Gemeinschaft von Priestern damit beschäftigt war, dem Herrn Tag und Nacht zu dienen.

Der entscheidende Punkt hinsichtlich dieses prophetischen Handelns ist der, dass nur Priester die Gegenwart Gottes tragen konnten. Gott scheint hinsichtlich dieser Anforderung beharrlich zu sein. Wegen Jesus können du und ich unsere Position in einer solchen priesterlichen Ordnung annehmen. David prophezeite diese heutige Realität durch seine Hütte zur Zeit des Alten Testaments und gibt uns so eine Ahnung, wie das Leben an einem neuen Tag aussieht. Jetzt kann eine Gemeinschaft von Anbetern vor Gott kommen und ihm uneingeschränkt dienen.

Heutige Bibellese

Amos 9,11-15

Gebet

Gott, es ist eine große Ehre, vor dich treten zu können und dir zu dienen. Du hast mich in deine Gegenwart gebracht und mich zu deinem Priester gemacht. Danke, dass du mich durch Jesus gerecht gemacht hast, sodass nichts zwischen uns steht.

Einige von Gottes besten Lektionen kann man nicht im Klassenzimmer lernen, sondern nur auf dem Weg der Nachfolge.

Saul war König, bevor David es wurde. Da König Saul wenig Respekt für die Gegenwart Gottes (die Bundeslade) hatte, wurde David zunächst König von Juda und dann von Israel. Seit der Zeit, in der er sich in der Einöde um die Schafe seines Vaters kümmerte, war er mit der Gegenwart Gottes vertraut. Während der Phase, in der er Sauls Versagen beobachtete, nahm Davids Verlangen nach Gottes Gegenwart zu. Er erkannte, wie wichtig es ist, die Gegenwart Gottes um jeden Preis treu zu verwalten. Das bringt er in Psalm 51 zum Ausdruck. David reagiert auf seine Sünde mit Batseba, nachdem der Prophet Nathan ihn damit konfrontiert hatte:

Erschaffe mir, o Gott, ein reines Herz, und gib mir von Neuem einen festen Geist in meinem Innern! Verwirf mich nicht von deinem Angesicht, und nimm deinen heiligen Geist nicht von mir. (Psalm 51,12-13)

Wenngleich sowohl David als auch Saul gesündigt hatten, ist es interessant, ihre Reaktionen zu vergleichen. Während Saul immer weiter in Rebellion und Dunkelheit versank, war David zerbrochen und tat Buße. Er konnte den Fußstapfen Sauls nicht folgen – ein Mann, von dem der Geist Gottes gewichen war (siehe 1. Samuel 16,14). Als er sich während dieses Prozesses eine Zeit lang in Sauls Nähe aufhielt, bezog er klar Position. Er hielt seinen Weg rein und weigerte sich, Sauls Verhalten zu übernehmen. Was er durch den Fall Sauls lernte, erinnerte ihn gewiss an den unbezahlbaren Schatz der Gegenwart Gottes.

Heutige Bibellese

Psalm 51

Gebet

Heiliger Geist, es ist mein Wunsch, deine Gegenwart um jeden Preis richtig zu handhaben. Zeig mir, wie ich unsere Beziehung schützen und deine Gegenwart in meinem Leben als meinen kostbarsten Schatz wertschätzen kann.

Mit Gottes Gegenwart muss man sorgsam umgehen.

David hatte Vorbereitungen getroffen, um die Lade nach Jerusalem zu bringen und sie dort in dem Zelt zu beherbergen, das er für diesen Zweck aufgeschlagen hatte (siehe 2. Samuel 6,17). Das hatte für David höchste Priorität. Nichts war für ihn auch nur annähernd so wichtig, wie die Gegenwart Gottes in seinem Leben und in Israel. Diese Geschichte ist spannend, verblüffend und sie endete für eine Person tödlich.

Die Nation Israel bereitete sich auf diesen Tag vor. Die Menschen säumten die Straßen, um der Zeremonie des Lobpreises beizuwohnen, die abgehalten wurde, um die Gegenwart Gottes in die Stadt Davids, Jerusalem, zu bringen. Jene, die Instrumente spielen konnten, setzten diese feierlich ein, um Gott zu ehren, als er in die Stadt einzog. Der beste Ochsenkarren wurde für dieses Ereignis bereitgestellt. Die Priester walteten ihres Amtes, als sie den Heiligen in die Stadt geleiteten. Doch einer der Ochsen glitt aus und brachte den Karren mit der Lade beinahe zum Umstürzen. Aus Sorge um die Gegenwart Gottes streckte Usa seine Hand aus, um die Lade zu stabilisieren. Der Zorn des Herrn entbrannte gegen ihn wegen seiner Tat. Gott tötete ihn.

Allein diese Geschichte sollte Herz und Sinne jener ernüchtern, die dazu neigen, die Salbung zur persönlichen Bereicherung zu nutzen. Gott wird sich von Menschen nicht in Beschlag nehmen lassen.

Heutige Bibellese

2. Samuel 6,1-11

Gebet

Ich begehre deine Gegenwart, weil ich dich liebe. Hilf mir, mich niemals deshalb nach dir auszustrecken, um etwas von dir zu bekommen. Du wirst jeden Mangel ausfüllen und freust dich, auf jede mögliche Weise für mich zu sorgen. Deine Gegenwart ist für mich immer noch kostbarer als jede Versorgung, die du mir jemals zuteilwerden lassen könntest. Ich freue mich an dem Segen und bin wirklich dankbar dafür – aber ich jage nicht dem Segen nach, sondern deiner Gegenwart.

Aufrichtigkeit allein wird niemanden retten

Zu sagen, dass David sich vor Gott fürchtete, ist eine große Untertreibung. Er war sich vollkommen sicher, dass diese Sache getan werden musste. Sein Hunger nach Gott war aufrichtig und legitim. Dennoch führte sein Plan zu diesem schrecklichen Szenario: *„Da entbrannte der Zorn des HERRN gegen Usa, und Gott schlug ihn dort wegen der Unehrerbietigkeit. Und er starb dort bei der Lade Gottes"* (2. Samuel 6, 7). Obwohl David in seiner Anbetung aufrichtig war, folgte er nicht Gottes biblischer Ordnung, um Gottes Gegenwart zu transportieren. Selbst wenn man aufrichtig ist, kann es einem an regelmäßigen Begegnungen mit Gott mangeln, weil man hinsichtlich der Gegenwart Gottes eine falsche Vorgehensweise hat.

Im Neuen Testament haben wir eine Blaupause, die sich auf das Blut Jesu gründet. Jesus öffnete für uns einen neuen und lebendigen Weg, um in die Gegenwart Gottes einzutreten. Darüber hinaus machte er es möglich, dass seine Gegenwart in einem Volk von Priestern buchstäblich Wohnung nehmen kann. Das ist die Gemeinde, bestehend aus jenen, die durch das Blut Jesu erlöst wurden. Anzunehmen, Gott hätte einen anderen Plan, um seine Gegenwart auf Erden zu tragen – also sich nicht an seine priesterliche Ordnung zu halten, ist so, als nahte man sich ihm auf die Weise, wie Usa es tat. Die Schrift nennt Usas Fehler *Unehrerbietigkeit*. Vielleicht war er aufrichtig, aber seine Unehrerbietigkeit kam ihm teuer zu stehen.

Das Trinken von Strychnin in dem aufrichtigen Glauben, es handele sich um Fruchtsaft, macht es nicht weniger giftig. Wir müssen aufhören, über Gottes festgelegte Ordnung hinauszugehen, wenn wir auf Erden Träger seiner Gegenwart sein wollen. Die erlösten Männer und Frauen auf diesem Planeten sind dazu bestimmt, Gottes Gegenwart zu tragen. Jede andere Strategie wird einfach nicht funktionieren.

Heutige Bibellese
Hebräer 12, 25-29

Gebet

Vielen Dank für deine Gnade, Herr. Bitte hilf mir, die Balance zwischen einer gesunden Ehrfurcht und einer ungezwungenen Freundschaft zu finden. Du bist liebevoll, barmherzig und gnädig, aber du bist auch ein verzehrendes Feuer. Hilf mir, in einer Offenbarung unserer Vertrautheit zu leben, aber auch in der wahren Furcht des Herrn.

Nur Priester können Träger seiner Gegenwart sein. Punkt!

A ls David hörte, dass Obed Edom und seine Familie in jedem Bereich prosperierte (wegen der Lade), versuchte David noch eifriger herauszufinden, was an dem Tag, als Usa starb, falsch gemacht wurde. Offensichtlich forschte er in der Schrift, um Erkenntnis zu bekommen:

> *Damals sagte David: Die Lade Gottes soll niemand tragen außer den Leviten; denn sie hat der HERR erwählt, die Lade des HERRN zu tragen und seinen Dienst zu verrichten auf ewig.* (1. Chronik 15, 2 ELB)

Immer, wenn ich ein Gebot oder eine Verheißung mit den Worten *auf ewig* finde, bin ich begeistert. Es bedeutet automatisch, dass hier ein Prinzip greift, das sowohl für den Lebensstil der Gnade als auch für unsere himmlische Existenz gültig ist.

Der priesterliche Dienst wurde durch das Kreuz nicht abgeschafft; er hat sich nur verändert. Unter dem alten Bund konnten nur bestimmte Personen Priester werden, aber das Blut Jesu hat alle Gläubigen zu einem königlichen Priestertum gemacht (siehe 1. Petrus 2, 9). In der Bibel werden wir daran erinnert, dass Jesus *„uns gemacht hat zu einem Königtum, zu Priestern seinem Gott und Vater ..."* (Offb. 1, 6). Was unter dem alten Bund nur wenigen vorbehalten war, wurde unter dem neuen Bund für jeden, der es will, verfügbar.

Heutige Bibellese

2. Samuel 6,11-12; 1. Chronik 15, 1-15

Gebet

Gott, ich danke dir, dass du mich zu einem königlichen Priester machst, der in der Lage ist, ein Träger deiner Gegenwart zu sein. Ich preise dich dafür, dass du mir dieses unfassbare Vorrecht zuteilwerden lässt.

*Hingegebene Menschen haben das Vorrecht, Gottes
Gegenwart in bestimmte Lebenssituationen zu tragen.*

Gott wird nicht auf Ochsenkarren fahren, auch wenn die Philister scheinbar damit durchkamen (siehe 1. Samuel 4-6). Die Gegenwart Gottes wird auf Dingen ruhen, die von Menschenhand gemacht wurden. Er ruht auf uns. Ich glaube, das gilt für ebenfalls für Organisationen, Gebäude und Ähnliches.

Häufig bestaunen Menschen Institutionen, die entstanden sind, um große Dienste zu ermöglichen. Aber ganz gleich, wie großartig die Organisation, die Satzung oder der Ruf ist, Gott ruht nicht auf diesen Dingen. Er hat Menschen erwählt, sein Ruheplatz zu sein.

Heutige Bibellese

1. Samuel 4-6; Römer 8, 9-11

Gebet

Heiliger Geist, ich lade dich ein, in noch größerem Maß auf meinem Leben zu ruhen. Bewirke eine noch stärkere Freisetzung deiner Gegenwart durch mein Leben, wenn ich mich dir täglich hingebe.

David war kein gewöhnlicher König. Er sollte be-
kannt werden als ein Mann nach dem Herzen Got-
tes – als ein Mann der Gegenwart Gottes.

David kündigte den neuen Plan an, Gottes Gegenwart in seine Stadt zu bringen. Die Menschen waren bereit. Die Priester waren bereit. Die priesterlichen Musiker übten für diesen Tag. Jene, die beauftragt waren, die Lade seiner Gegenwart zu tragen, wunderten sich wahrscheinlich über das Ehrfurcht gebietende Privileg, das mit ihrer Aufgabe einherging. Die letzte Person, die der Lade so nahe kam, war schließlich gestorben. Aber dieses Mal wussten sie aufgrund des in der Schrift geoffenbarten Willens Gottes, wie sie in dieser Angelegenheit vorzugehen hatten. Es ist eine der großartigsten Geschichten in der Bibel. Jeder Christ sollte sie hinlänglich kennen, ist sie doch der Schlüssel, um heutzutage unsere Aufgaben zu erfüllen. Es ist sozusagen voraussehend unsere Geschichte.

Der Tag war gekommen. David entledigte sich seiner königlichen Gewänder. Stattdessen zog er einen Schurz an, wie ihn die Priester trugen; im Grunde ein priesterliches Untergewand. Normalerweise zeigte sich ein König nicht in solch einem Aufzug. Das alles zeigt das von Aufrichtigkeit und Wahrheit motivierte Herz Davids. Schon zuvor hatte David danach getrachtet, Gottes Gegenwart zu beherbergen, aber seine Aufrichtigkeit musste auch noch um Wahrheit ergänzt werden. Er musste Gottes Blaupause umsetzen. Hier sehen wir, wie David auf extravagante Weise den ehrte, den er liebte. Wahrlich eine Vorpremiere von Lobpreis *„im Geist und in der Wahrheit"* (Johannes 4, 23).

Heutige Bibellese

2. Samuel 6, 12-15

Gebet

Herr, ebenso wie David es tat, will auch ich dich im Geist und in der Wahrheit an-
beten. Hilf mir, mich nicht darum zu kümmern, was andere über meine Art, dich
zu preisen, denken. Was allein zählt, ist, dich auf die Weise anzubeten, wie du es
verdienst!

*Viele reagieren erst dann auf Gott, wenn seine Gegenwart
den Raum erfüllt. Aber einige reagieren, bevor seine Gegenwart tatsächlich kommt. Das sind jene, die die Gegenwart
des Königs der Herrlichkeit in unsere Mitte bringen.*

Es ist beachtenswert, dass die Bundeslade (die Gegenwart Gottes) David nach Jerusalem folgte. Wo immer David tanzte, folgte Gott ihm. Er reagiert auf unsere Opfer. In dieser Geschichte ist es ein Opfer der Danksagung und des Lobpreises, das durch Tanz zum Ausdruck gebracht wurde.

Eine andere Betrachtungsweise ist die, dass Gott sich immer dann erwies, wenn David auf unkonventionelle Weise tanzte.

Möglicherweise werden wir überrascht sein, wenn wir irgendwann feststellen, was Gott gut findet.

Heutige Bibellese

2. Samuel 6,16-19

Gebet

Gott, ich möchte deine Gegenwart überall freisetzen, wo ich bin. Hilf mir, auf dich zu reagieren und deine Gegenwart zu ehren, ganz gleich, ob ich dein Wirken wahrnehme oder nicht. Ich will dich um deiner selbst willen preisen und wegen dem, was du tun wirst – noch bevor es tatsächlich geschieht.

Extremer Lobpreis wirkt auf jene extrem töricht, die das Ganze aus einer gewissen Entfernung betrachten.

Als die Lade in einer feierlichen Prozession nach Jerusalem gebracht wurde, war eine namhafte Person nicht dabei. Michal, die Tochter Sauls und Ehefrau Davids beobachtete das Geschehen vom Fenster des Palastes aus. Michal war wegen Davids „würdelosem" Auftreten in der Öffentlichkeit entsetzt – sie war aufgebracht wegen seiner demütigenden Bekleidung und weil er sich offenbar keine Gedanken darüber machte, wie seine Leidenschaft auf andere wirkte. Anstatt ihn respektvoll zu begrüßen, versuchte sie, ihn zu beschämen:

Und als David zurückkehrte, um seinem Haus den Segensgruß zu bringen, ging Michal, die Tochter Sauls, hinaus, David entgegen, und sagte: Wie ehrenwert hat sich heute der König von Israel gezeigt, als er sich heute vor den Augen der Mägde seiner Knechte entblößt hat, wie sich sonst nur einer der ehrlosen Leute entblößt! (2. Samuel 6, 20)

Manche Dinge kann man nur mit dem Herzen verstehen. Das gilt auch für wahrhaftigen Lobpreis.

Heutige Bibellese

2. Samuel 6, 20

Gebet

Gott, ich möchte mich im Lobpreis unbefangen und verschwenderisch ausdrücken, so wie es auch David tat. Deine Gegenwart zu ehren, ist für mich wichtiger, als die Meinung anderer über mich. Bitte schenk mir die Gnade, ein extravagantes Leben des Lobpreises vor dir, dem extravaganten Gott, zu führen.

Wir sollten das Thema „Gegenwart Gottes" nie vernachlässigen, um die Michals in der Gemeinde zu halten.

Davidreagierte in vielerlei Hinsicht sehr kühn auf Michals Verhalten:

Da sagte David zu Michal: Vor dem HERRN, der mich vor deinem Vater und vor seinem ganzen Haus erwählt hat, um mich zum Fürsten über das Volk des HERRN, über Israel, zu bestellen, ja, vor dem HERRN will ich tanzen. Und ich will noch geringer werden als diesmal und will niedrig werden in meinen Augen; aber bei den Mägden, von denen du sprichst, bei ihnen werde ich in Ehren stehen. (2. Samuel 6,21-22)

Der Hirte und König stellte klar, dass Gott ihn ihrem Vater vorgezogen hatte. Das war gelinde gesagt ein harscher Kommentar. Ihre Missachtung der Gegenwart Gottes zeigt, dass sie die gleiche mangelnde Wertschätzung für die Gegenwart Gottes hatte wie ihr Vater während der Zeit seiner Regentschaft. Ferner stellte David klar, dass das was sie gesehen hätte, erst der Anfang gewesen sei. Mit anderen Worten, wenn sie das schon unangenehm berührt hatte, konnte sie sich in der Zukunft auf etwas gefasst machen. David lief sich gerade erst warm.

Michals Kritik stachelte David geradezu an, die nächste Lobpreisebene anzuvisieren. Wenn sie glaubte, David würde sich unwürdig verhalten, sollte sie sich besser darauf gefasst machen, was als Nächstes kommen würde. Tatsächlich stört sich der Teufel nicht an harmlosem Lobpreis. Extremer Lobpreis allerdings demaskiert Religiösität und stellt für die Finsternis eine Bedrohung dar.

Heutige Bibellese

2. Samuel 6, 21-22

Gebet

Vater, angesichts dessen, wer du bist und was du in meinem Leben getan hast, kann ich nicht anders, als dich mit aller Macht zu preisen. Ich halte mir ständig vor Augen, was du Großes getan hast. Jedes Wunder, jeder Durchbruch und jeder Segen offenbart, wer du bist. Ich danke dir für deine Werke, denn sie zeigen mir dein Wesen und deinen Charakter. Du bist wahrlich würdig, allen Lobpreis zu empfangen!

Unfruchtbarkeit ist die natürliche Folge
der Geringschätzung von Lobpreis.

mmer, wenn jemand extravaganten Lobpreis verachtet, bringt er sich in eine sehr gefährliche Situation. So verleugnet er den Grund für unsere Existenz. Unfruchtbarkeit und das Fehlen von Lobpreis gehen Hand in Hand. Michals Verhalten wiederholte sich während des Dienstes von Jesus. Dazu kam es, als das kostbare Salböl über Jesus ausgegossen wurde. Die Jünger waren entrüstet und fragten: *„Wozu diese Verschwendung?"* (Matthäus 26, 8). Eine Handlung, die den Jüngern Unbehagen bereitete, wurde von dem Erlöser gelobt (siehe Matthäus 26, 13).

Das erinnert sehr an Michals Reaktion, als sie zu David sagte:

„Wie ehrenwert hat sich heute der König von Israel gezeigt, als er sich heute vor den Augen der Mägde seiner Knechte entblößt hat, wie sich sonst nur einer der ehrlosen Leute entblößt!" (2. Samuel 6, 20).

Beide verschwenderischen Ausdrucksformen der Anbetung bewirkten bei religiös geprägten Menschen Unbehagen, aber sie wurden in den himmlischen Archiven für immer festgehalten.

Heutige Bibellese
Matthäus 26, 6-13

Gebet
Gott, du bist sehr erfreut über extravagante, verschwenderische Anbetung. Hilf mir, mich nicht zu fürchten, meine Liebe für dich rückhaltlos zu zeigen.

Jeder vermag sich zu freuen, wenn ein Wunder geschehen ist. Zeige mir jemanden, der sich bereits freut, ehe die Antwort kommt, und ich zeige dir jemanden, der die Antwort erleben wird.

Es gibt in der Bibel einen wunderbaren Vers darüber, wie sich Lobpreis auf Unfruchtbarkeit auswirkt:

Juble, du Unfruchtbare, die nicht geboren, brich in Jubel aus und jauchze, die keine Wehen gehabt hat! Denn die Söhne der Einsamen sind zahlreicher als die Söhne der Verheirateten, spricht der HERR. (Jesaja 54, 1)

Was für eine Verheißung! In diesem Kapitel lesen wir von einer Frau, die aufgefordert wird, in Jubel auszubrechen, bevor sie schwanger wird. Mit dem Ergebnis, dass sie mehr Kinder haben wird, als jene, die bereits Kinder hatte. Das zeichnet ein deutliches prophetisches Bild. Menschen, die unabhängig von ihren Umständen Anbeter sind, werden auf eine Weise fruchtbar werden, die sich auf einer verstandesmäßigen Ebene nicht erklären lässt.

Das ist die Natur von Glauben – jemand, der glaubt, schaut voraus und lebt entsprechend.

Heutige Bibellese

Jesaja 54, 1-3

Gebet

Wo Unfruchtbarkeit herrscht, setzt mein Lobpreis Leben frei. Bewahre mich in jeder Situation – wie aussichtslos, hoffnungslos oder furchterregend sie auch erscheinen mag – davor, mit den Problemen übereinzustimmen und hilf mir, deine Lösungen freizusetzen.

Möge jede Lösung mit einer Haltung des Lobpreises beginnen. Ich verneine nicht das Problem; ich verneine lediglich, dass das Problem Macht in meinem Leben (oder im Leben dessen, den es betrübt) hat. Ich proklamiere dein Lob. Ich erhebe deinen Namen, König Jesus. Ich besinne mich auf deine Verheißungen. Dein Name ist größer als jegliches Maß von Unfruchtbarkeit. Ich sehe das Wunder bereits geschehen. Ich preise dich dafür, wer du bist und was du tust. Du bist die Antwort.

Jesus kam, um den Teufel zu besiegen, seine Machenschaften
aufzudecken und deren Auswirkungen aufzuheben.

Es ist durchaus treffend, in dem erwähnten Zusammenhang 1. Mose 1, 28 anzuführen, denn Anbeter werden wahrlich fruchtbar sein, sich mehren, die Erde erfüllen und sich diese untertan machen.

Sind die Beispiele von Michal und der in Jesaja 54 erwähnten Frau tatsächlich so relevant? Ich glaube, das sind sie. Als Anbeter gelangen wir in der Hütte Davids wieder zu unserer ursprünglichen Bestimmung, Träger der Herrlichkeit zu sein und Fruchtbarkeit in den unfruchtbaren Bereichen im Leben derer wiederherzustellen, die durch die Hand des Feindes gelitten haben.

Uns wurde der privilegierte Auftrag zuteil, den Sieg Christi auf dieselbe Weise durchzusetzen. Das tun Anbeter schlicht von Natur aus.

Heutige Bibellese

1. Mose 1, 28

Gebet

Du überwältigst die Finsternis durch unsere Anbetung und unseren Lobpreis. Deine Gegenwart bringt Leben an die unfruchtbaren Orte. Ich muss keinen speziellen Lobpreis der geistlichen Kriegsführung anwenden, um die Werke des Feindes zunichtezumachen. Jede Art der Anbetung ist geistliche Kriegsführung. Wahre Anbetung vollstreckt den Sieg Christi. Das ist meine Natur, und als dein Priester und dein Anbeter trage ich diese Salbung!

Ich glaube, dass Davids Hunger nach Gott ihm diese
Erfahrung zu seinen Lebzeiten ermöglichte, obwohl
sie für eine andere Zeit bestimmt war.

Als **David König** wurde, spürte er, dass Gott nach etwas anderem Ausschau hielt – nach Priestern, die mit einem zerbrochenen, hingegebenen Herzen Dank- und Lobpreisopfer darbrachten.

Das wurde veranlasst, obwohl es nach dem Gesetz, unter dem David lebte, eigentlich verboten war. Geopfert wurde sowohl durch das Spielen von Musikinstrumenten als auch durch den Gesang der Sänger. So konnte jeder Priester täglich vor Gott treten, ohne ein Blutopfer darbringen zu müssen. Diese Form der Anbetung wurde sieben Tage die Woche, rund um die Uhr praktiziert. Natürlich war dies ein Hinweis auf die Zeit, wenn jeder Gläubige, der gemäß 1. Petrus 2, 9 auch ein Priester ist, aufgrund des Werkes Jesu mit Freimütigkeit vor Gott treten würde. Das hatte Jakobus im Sinn, als er vom Wiederaufbau der Hütte Davids sprach (siehe Apostelgeschichte 15, 16).

David war ein Mann nach dem Herzen Gottes. Er hatte eine Sichtweise von Gott, die man erst dann vollständig verstehen würde, nachdem Jesus auf der Erde war. Davids Erfahrung war ein prophetischer Vorgeschmack auf etwas, das erst noch kommen würde.

Heutige Bibellese

1. Petrus 2, 9

Gebet

Als dein Priester führe ich meinen Dienst unmittelbar in deiner Gegenwart aus – Tag und Nacht. Anhand der Hütte Davids gibst du mir einen kurzen Einblick, wie dieser Dienst aussieht. Ich nehme meinen Platz als dein Diener ein und bringe dir mein Leben als ein wohlriechendes Opfer der Anbetung und des Lobpreises dar.

Bedeutsamkeit ist grundsätzlich wichtiger als Ruhm.

Die Hütte (oder das Zelt), die David für die Lade baute, wurde auf dem Berg Zion errichtet. Ich lebe in Nordkalifornien. Wenn wir von einem Berg sprechen, sprechen wir von einer eindrucksvollen Erhebung in unserer Region. Der *Mount Shasta* ist 4.322 Meter hoch. Hingegen ist der Berg Zion eine Anhöhe innerhalb der Stadt Jerusalem. Zion bedeutet *sonniger Ort* – dorthin fällt das Licht bei Sonnenaufgang zuerst. Was dem Berg Zion an Höhe mangelt, macht er durch seine Bedeutsamkeit mehr als wett.

Einige Aussagen über den Berg Zion sind ziemlich verblüffend:

„Schön erhebt sich, die Freude der ganzen Erde, der Berg Zion auf der Seite des Nordens – die Stadt des großen Königs" (Psalm 48, 3).

Der Berg Zion soll die Freude der ganzen Erde sein.

„Aus Zion, der Schönheit Vollendung, ist Gott hervorgestrahlt" (Psalm 50, 2).

Zion ist vollkommene Schönheit. Von diesem Ort strahlt Gott hervor.

„… und der HERR wird über sie als König herrschen auf dem Berg Zion von nun an bis in Ewigkeit" (Micha 4, 7).

Alle anderen Berge beneiden den Berg Zion. Gott hat ihn erwählt, dort zu wohnen. Und weil es heißt „in Ewigkeit" hat dieser Vers auch eine neutestamentliche Anwendung. Er spricht von der Gemeinschaft von Anbetern als seinem Berg Zion.

Heutige Bibellese

Betrachte nochmals die genannten Schriftstellen.

Gebet

Vater, ich bin Teil deiner ewigen Gemeinschaft von Anbetern. Das ist meine Identität und eine große Ehre für mich. Möge mein Leben und meine Anbetung deine Schönheit ausstrahlen, sodass sie von jedermann gesehen wird.

Anbeter können Nationen in ihre gottgegebene Bestimmung rufen.
Das ist das heilige Vorrecht derer, die anbeten.

Die Psalmen sind das große Buch des Lobpreises. Lieder wurden geschrieben, um Gott zu erheben. Aber in einigen Psalmen findet sich etwas Ungewöhnliches. Der Schreiber beginnt mit Proklamationen darüber, dass die Nationen sich aufmachen würden, um Gott die Ehre zu geben.

Es wird per Deklaration über jeder Nation verfügt, den einen und wahren Gott anzubeten. Unabhängig davon, wohin dies deiner Meinung nach in Gottes Plan für die Nationen passt, sind es die Anbeter, die diese Dinge zuerst proklamieren.

Nun zu einigen Versen, die diesen Gedanken untermauern:

Daran werden gedenken und zum HERRN umkehren alle Enden der Erde, und vor dir werden anbeten alle Geschlechter der Heiden.

(Psalm 22, 28)

Es sollen sich freuen und jubeln die Völkerschaften; denn du wirst die Völker richten in Geradheit, und die Völkerschaften auf der Erde – du wirst sie leiten.

(Psalm 67, 5)

Sein Name soll ewig sein; vor der Sonne soll aufsprossen sein Name; und in ihm wird man sich segnen; alle Nationen sollen ihn glücklich preisen.

(Psalm 72, 17)

Heutige Bibellese

Betrachte nochmals die genannten Schriftstellen.

Gebet

Alle Enden der Erde werden dich anbeten, Vater. Du begehrst, dass die Erde von deiner Herrlichkeit erfüllt wird. Ich stimme mit dem Psalmisten überein, dass die Nationen deinen großen und herrlichen Namen preisen werden. Es ist dein Wunsch, dass Nationen in dein Reich gebracht werden. Möge unser Lobpreis den offenen Himmel über den Nationen noch weiter öffnen und sie in ihre wahre Bestimmung bringen.

Lobpreis hat Einfluss auf die Bestimmung von Nationen.

Eine sowohl von Jesaja als auch von Micha proklamierte Weissagung bewegt nun schon seit vielen Jahren mein Herz. Darin ist die Rede vom „Berg des Hauses des HERRN". Damit kann nur der Berg Zion gemeint sein. Das wird in den letzten Tagen prophetisch erfüllt werden. Ich glaube, dass es hier um den Wiederaufbau der Hütte Davids geht – die neutestamentlichen Gläubigen aus allen Nationen werden dann eine Gemeinschaft von Anbetern sein.

Und es wird geschehen am Ende der Tage, da wird der Berg des Hauses des HERRN fest stehen als Haupt der Berge und erhaben sein über die Hügel; und alle Nationen werden zu ihm strömen. (Jesaja 2,2; siehe auch Micha 4,1)

Beachte die Auswirkungen, wenn dieses Haus als Haupt aller Berge fest gegründet sein wird. Diese Regierung wird das Haupt aller Regierungen sein. Die Folge wird sein, dass alle Nationen dorthin strömen und nach dem Wort des Herrn fragen werden. Ich glaube, dass sich das auf die gewaltige Ernte bezieht, zu der es in den letzten Tagen kommen wird. Sie wird durch Anbeter herbeigeführt werden. Das ist die Zeit des Wiederaufbaus der Hütte Davids.

Heutige Bibellese
Micha 4, 1-2

Gebet

Gib mir Augen, zu sehen, wie Anbetung die geistliche Atmosphäre über ganzen Nationen verändert. Ich bete, dass ich erkenne, was im Bereich des Geistes geschieht, wenn ich dich anbete, Herr.

September

ERWECKUNG DURCH DIE WORTE JESU

Jesus Christus ist die vollkommene Theologie.

Jesus ist das sichtbare Bild des unsichtbaren Gottes (siehe Kolosser 1, 15). Er kam, um der Welt das Wesen des Vaters zu zeigen. Wer könnte Gott besser repräsentieren als Gott selbst? Er kam in der Gestalt von Jesus, um eine ewige Errettung zu erwirken, aber auch, um der Menschheit durch das Werk der Erlösung den liebenden Vater zu zeigen.

In seinen letzten Augenblicken hier auf Erden erklärte er den Jüngern: *„Wenn ihr mich erkannt hättet, so hättet ihr auch meinen Vater erkannt; und von nun an erkennt ihr ihn und habt ihn gesehen"* (Johannes 14, 7). Offensichtlich verstand Philippus nicht, was er meinte, denn er sagte zu Jesus: *„Herr, zeige uns den Vater, und es genügt uns"* (Johannes 14, 8). Im Grunde genommen bat er Jesus, das zu tun, was er durch sein Leben und seinen Dienst bereits tat.

> *Jesus spricht zu ihm: So lange Zeit bin ich bei euch, und du hast mich nicht erkannt, Philippus? Wer mich gesehen hat, hat den Vater gesehen. Und wie sagst du: Zeige uns den Vater? Glaubst du nicht, dass ich in dem Vater bin und der Vater in mir ist? Die Worte, die ich zu euch rede, rede ich nicht von mir selbst; der Vater aber, der in mir bleibt, tut seine Werke.* (Johannes 14, 9-10)

Alles, was Jesus sagte und tat, war so von ihm gewollt. Er war auf der Mission, den Vater zu offenbaren. Wir sollten keine andere Offenbarung über das Wesen Gottes erwarten als die, die uns in der Person Jesu anvertraut wurde. Er ist die wahrhaft vollkommene Theologie.

Heutige Bibellese

Kolosser 1, 15

Gebet

Vater, Jesus offenbart haargenau, wer du bist. Er ist das sichtbare Bild von dir, dem unsichtbaren Gott. Er hat es mir ermöglicht, dich zu kennen und zu verstehen, wie du bist. Er offenbart deinen Willen. Er zeigt mir, wie du denkst.
Herr, entfache mein Herz neu, um das Leben und den Dienst Jesu zu studieren. Hinsichtlich deines Wesens gibt es keine größere Offenbarung als deinen wunderbaren Sohn.

Wenn du meinst, etwas über Gott zu wissen, das
sich in der Person Jesu nicht wiederfindet, solltest du
dieses vermeintliche Wissen hinterfragen.

Jesus ist der Maßstab – und zwar der einzige Maßstab, an dem wir uns orientieren sollen. Das ist ein einfacher Gedanke, aber ich bin immer wieder erstaunt, wie viele Menschen versuchen, das uns von Jesus gegebene Beispiel zu verbessern und einen neuen Maßstab zu aufzurichten - einen Maßstab, der mehr Relevanz hat.

Anscheinend gib es in dieser Hinsicht zwei Extreme. Heute möchte ich lediglich auf eines der beiden eingehen. Es geht um den Dienst der Propheten unter dem Alten Bund, deren Sichtweise über Gott und die Menschen in ihrer Zeit natürlich korrekt war, aber im Hinblick auf die Zeit, in der wir leben, recht unvollständig ist. Es fehlt ein entscheidender Faktor – Jesus, der Versöhner. Er erfüllte die Forderungen des Gesetzes und machte die Versöhnung mit Gott möglich. Jesus gestattete Jakobus und Johannes nicht, unter der Salbung der alttestamentlichen Propheten zu agieren, als sie ihn um Erlaubnis fragten. (siehe Lukas 9, 54).

Diese Zeit ist vorbei! (siehe Lukas 16, 16).

Heutige Bibellese

Hebräer 1, 1-3

Gebet

Vater, Jesus zeigt mir genau, wer du bist. Meine Augen sind auf sein Beispiel, sein Vorbild, seine Werke und seine Worte gerichtet. Alles, was nicht mit dem Wesen Jesu und seinen Taten übereinstimmt, bringe ich zur Überprüfung vor dich. Der einzige Maßstab, dem ich folgen werde, ist Jesus!

Wenn wir die Botschaft Jesu verwässern und Menschen sich daraufhin bekehren, wessen Jünger sind sie dann? Wenn sie nicht das gleiche Evangelium hören, nämlich, um Jesu willen alles aufzugeben, wessen Botschaft haben sie dann gehört?

Ich spreche von jenen, die sich sehr darum bemühen, dass niemand am Evangelium Anstoß nimmt. Ehrlich gesagt, war das keine Eigenschaft von Jesus. Die Herzensabsicht dieser Menschen ist in der Hinsicht gut, dass sie jeden in der Familie Gottes haben wollen.

Glauben wir ernsthaft, dass die Menschen, die zur Zeit Jesu nicht bereit waren, alles zu verkaufen, sich heutzutage eher bekehren würden?

Heutige Bibellese

Lukas 18, 22

Gebet

Vater, du bist würdig, dass ich dir ganz und gar gehöre. Ich werde Jesus nicht nur Teilbereiche meines Lebens geben. Ich werde mich ihm vollständig ausliefern. Du kannst alles haben, denn du bist der Einzige, der es verdient.

Viele Christen wünschen sich die „guten alten Tage" so sehr zurück, dass sie versuchen, eine Zeit zu konservieren, die im Herzen Gottes nicht mehr existiert.

Jahrtausendelang wurde in der Gemeinde darum gerungen, dieser Herausforderung gerecht zu werden: Die von Jesus gesetzten Maßstäbe erhalten, ohne rückwärts gerichtet zu sein. Jesus spricht in Matthäus 11, 12 von der bedeutsamsten Veränderung, zu der es jemals kommen würde. Bis zu den Tagen Johannes des Täufers hatte ein zuvor verordnetes System Gültigkeit. Das war der alte Bund. Das Reich Gottes war nicht für jedermann zugänglich. Von Zeit zu Zeit fanden sich Einzelne, die Gott für eine besondere Aufgabe salbte. Diese Menschen lebten eine Zeit lang unter dieser Salbung, aber sie blieb nicht dauerhaft auf ihnen. Als Jesus kam, veränderte er alles.

Während des Dienstes Jesu hier auf Erden wirkten die Jünger unter der Salbung Wunder. Aber ebenso wie die Helden des Alten Testaments, wandelten sie für eine gewisse Zeit im Geist. Im Gegensatz zu besagten Personen zur Zeit des Alten Testaments hatten sie jedoch Zugang zu etwas, oder besser gesagt, zu jemandem, den diese nicht hatten. Jesus, der Gesalbte, lehrte sie, wie sie Träger des Heiligen Geistes sein konnten, der schließlich kommen würde, um in ihnen zu wohnen und auf ihnen zu ruhen. Wenngleich bestimmte Systeme und Strukturen im Gemeindeleben ihren Platz haben, können sie niemals die Gegenwart Gottes ersetzen. Der Geist der Religion hält uns an eine Zeit gebunden, die im Herzen Gottes nicht mehr existiert. Es ist sogar möglich, dass ein in einem neutestamentlichen Kontext angewandtes System zu einem alttestamentlichen System wird, wenn es als Ersatz für die Gegenwart des Heiligen Geistes in unserem Leben und in unserer Mitte benutzt wird.

Pfingsten war nicht die Geburtsstunde eines neuen Systems, sondern einer Gemeinschaft von Menschen, die von einer Person erfüllt waren, um diese Welt mit seiner Herrlichkeit zu erfüllen.

Heutige Bibellese
Matthäus 11, 12

Gebet

Heiliger Geist, deine Gegenwart ist mein großer Schatz. Deine Herrlichkeit in meinem Leben ist durch nichts zu ersetzen. Strukturen, Organisationen und Systeme sind gut, um deine Vorhaben umzusetzen und zuweilen auch sehr effektiv. Hilf mir jedoch, diese niemals als Ersatz für die Salbung deines Geistes zu betrachten.

Jesus ist immer zeitgemäß und relevant – mehr als alles,
was um uns herum geschieht. Der Vater, der Sohn und der
Heilige Geist sind zeitlos. Sie sind von höchster Relevanz.

Die **Kultur ändert** sich ständig. Was wir in einer bestimmten Phase für relevant halten, kann in der nächsten schon überholt sein. Die bedeutsamste Wahrheit ist nicht die, die sich von Saison zu Saison ändert, sondern die, welche bleibt, ganz gleich, was sich um uns herum verändert. Der Schreiber des Hebräerbriefs erinnert uns daran, dass Jesus zeitlos ist: *„Jesus Christus ist derselbe gestern und heute und in Ewigkeit"* (Hebräer 13, 8).

Hier haben wir die Strategie, wie wir unabhängig von ständigen Veränderungen stets relevant sein können. Der Schlüssel ist, dass wir uns auf das Unveränderliche gründen und daraus Kraft ziehen. Ein hungriges Herz wird sich niemals mit dem zufriedengeben, was nur für eine gewisse Zeit Substanz hat. Der Einzige, der dafür sorgen kann, dass wir fest gegründet und unerschütterlich bleiben, ist der, der selbst in Ewigkeit unerschütterlich ist: Jesus!

Heutige Bibellese

Hebräer 13,8

Gebet

Jesus, du bist derselbe, gestern, heute und in Ewigkeit! Du veränderst dich niemals. Du bist immer zeitgemäß und dein Vorbild ist stets relevant. Ich suche keine andere Blaupause, wie man als Christ leben sollte. Jesus, dein Beispiel ist zeitlos und du bist das einzige Vorbild, das sich nachzuahmen lohnt.

Griechisch und Hebräisch sind wichtig, aber nicht wichtiger, als zu lernen,
wie man seine Stimme hört und Heilung unter den Menschen freisetzt.

Bibelschulen und Predigerseminare konzentrieren sich vorrangig auf die Lehre und weniger auf die Praxis. Diese Einrichtungen leisten einen entscheidenden Beitrag, damit starke theologische Fundamente gelegt werden, aber was geschieht, wenn wir gefordert sind, das Gelernte umzusetzen? Ich freue mich über gute Theologie, aber ich gebe mich damit nicht zufrieden. Wenn meine Theologie nicht zu einem übernatürlichen Lebensstil führt, herrscht hinsichtlich meiner Prioritäten eine Unausgewogenheit. Wissen über Jesus ist dann zu einer Art Ablenkung geworden, das mich daran hindert, Jesus zu repräsentieren.

Leiterschaftsseminare sind wichtig, aber nicht wichtiger, als in der Lage zu sein, jemanden zu Jesus zu führen oder ihm mit Befreiung zu dienen. Der Umgang mit Finanzen ist zu Recht ein wichtiges Thema, wenn man bedenkt, wie viele Probleme in diesem Bereich auftreten. Aber Jesus lehrte nicht nur über dieses Thema, sondern auch darüber, wie wichtig der richtige Umgang mit unserer Familie und mit unseren Worten ist. Es ist nur dann schwierig, über diese Themen zu lehren, wenn die Unterweisenden nicht über die entsprechende praktische Erfahrung verfügen. Darin liegt das Problem. Informationen als theoretisches Konzept weiterzugeben ist eine Sache, aber aus dem Fundus von persönlicher Erfahrung zu schöpfen, ist noch einmal etwas ganz anderes. Menschen mit einem solchen Erfahrungshintergrund erleben, dass ihre Theologie Frucht bringt, und zählen zu denen, von denen man am meisten lernen kann.

Heutige Bibellese

Matthäus 22, 23-29

Gebet

Herr, bewahre mich davor, der Lüge zu glauben, gute Informationen seien genug. Die religiösen Führer zur Zeit Jesu hatten Wissen, gingen aber an der entscheidenden Aussage der Schrift vorbei. Ich bin nicht damit zufrieden, theologisches Wissen anzuhäufen; ich möchte erleben, dass Theologie sich in meinem Leben als ganz praktisch erweist.

Ich bete, dass der Eine, auf den alle wahre Theologie hinweist, König Jesus, das Wort lebendig macht. Dein Wort wurde uns nicht nur gegeben, damit wir es studieren; es ist eine Blaupause für unser Leben. Zeige mir beim Lesen deines Wortes die Realitäten, die mir zur Verfügung stehen, weil du mich erlöst und mit deinem Geist erfüllt hast.

Theoretiker bringen eine Generation hervor,
die sich mit Theorien zufrieden gibt.

Wir haben die Möglichkeit, eine der vielen guten Bibelschulen und Seminare in unserem Land zu besuchen und beispielsweise Kurse über Bibelstudium, Leiterschaft, Musik, Administration oder die Auseinandersetzung mit anderen Religionen zu belegen. Diese Angebote haben ihre Berechtigung. Und ich erwähne hier nur Kurse von Schulen, die sich auf die Integrität des Wortes Gottes und die neue Geburt gründen.

Prüfe das Unterrichtsangebot. Wie viele Bibelschulen lehren darüber, wie man Kranke heilt oder Tote auferweckt? Wie viele dieser Schulen bieten Kurse über Gebet und Fasten, das Austreiben von Dämonen oder über Fürbitte für die Nationen an, bis eine Veränderung eintritt? Die angebotenen Kurse sind gut und nützlich. Aber können sie wichtiger sein als das, was Jesus uns geboten hat zu tun? Vielleicht wird deshalb nicht über diese Dinge gelehrt, weil die Unterweisenden nicht wissen, wie es geht. Viele strecken sich nach theologischem Wissen aus, dafür bleibt jedoch die praktische Demonstration auf der Strecke.

Eine solide Theologie ist großartig – wenn damit eine Demonstration einhergeht, die sie untermauert. Alles, was wir über Gott glauben, vermag schlichtweg deshalb Resultate hervorzubringen, weil Gott ist, wie er ist. Selbst die Lehre über ihn ist potenziell mit verändernder Kraft gespickt. Entscheidend ist, auf welche Weise wir uns ihm nahen. Wenn Jesus für uns lediglich ein theologisches Konzept ist, über das man diskutieren kann, werden wir niemals eine Veränderung erleben, die über diesen Rahmen hinausgeht. Ist er jedoch eine Person, der man nachfolgt und deren Erfahrung zu unserer Erfahrung werden kann, werden Theorien nicht genügen. Wenn Jesus uns ein Beispiel gab, dem wir folgen können, sind wir hungrig, uns zu engagieren, den Sohn zu betrachten und ihn nachzuahmen.

Heutige Bibellese

Markus 12, 24

Gebet

Jesus gab seinen Jüngern nie Theorien; er gab ihnen Anweisungen und Bevollmächtigung. Heiliger Geist, du bist die Person und die Kraft Gottes, die gesandt wurde, um in mir zu wohnen! Ich möchte nicht nur Wissen über dich ansammeln. Mich verlangt danach, dich innig zu kennen, dein Wirken zu erleben und deine Gegenwart in die Welt zu tragen, so wie Jesus es tat.

**Vielen mangelt es deshalb an einer Begegnung mit Gott,
weil sie sich mit guter Theologie zufriedengeben.**

Eines führt zum anderen. Die religiösen Führer zur Zeit Jesu verpassten ihre Begegnung mit Gott, weil sie nicht bereit waren, ihr Verständnis von der Schrift zu überdenken. Es war begrenzt und restriktiv. Es gab darin keinen Platz dafür, dass das Wort Fleisch wird und den Autor der Bibel offenbart. Auch wir dürfen die zeitlose Wahrheit nicht so verändern, dass sie der gängigen Meinung unserer Zeit entspricht.

Wenn es darum geht, Gottes Wort zu verstehen, sind wir vielmehr gefordert, uns immer mehr dem Geist Gottes hinzugeben. Er inspirierte es und, wie Jesus erklärte, ist nur er qualifiziert, uns in die ganze Wahrheit zu leiten (siehe Johannes 16, 13); *„…denn er wird nicht aus sich selbst reden, sondern was er hören wird, wird er reden"* (Johannes 16, 13). Wahre Theologie ist grundsätzlich auch eine Aufforderung, einer Person zu begegnen. Es geht nicht darum, unserem Wissensfundus lediglich weitere Informationen hinzuzufügen. Das wirft die Frage auf, worin letztendlich das Ziel unserer Theologie besteht? Geht es darum, unser Wissenslevel zu steigern und auf religiöse Weise all die Regeln zu befolgen? Oder geht es darum, einer Person zu begegnen und von Herrlichkeit zu Herrlichkeit in sein Bild verwandelt zu werden?

Heutige Bibellese

Johannes 16, 12-15

Gebet

Vater, du hast mir keine Theologie oder Lehre gegeben, sondern deinen Geist. Heiliger Geist, du bist kein Konzept. Du bist kein „es". Du bist eine göttliche Person. Du bist der allmächtige Gott, der in meinem Leben wirkt und der sich in dieser Welt erweist. Hilf mir, hinsichtlich meiner Erkenntnis über dich niemals Abstriche zu machen. Ich bete, dass mir stets bewusst ist, dass du in mir wohnst und dass ich aus deiner endlosen Quelle der Kraft und deiner Gegenwart schöpfe.

Es werden große Anstrengungen unternommen, um die Gemeinde in einem zeitgemäßen Stil zu präsentieren, damit wir möglichst so weiterleben können wie bisher. Offensichtlich haben viele noch nicht realisiert, dass wir außerhalb von Christus kein wahres Leben haben.

Außerhalb von Christus gibt es kein Leben. Das brachte Paulus zum Ausdruck, als er schrieb: *„Denn das Leben ist für mich Christus und das Sterben Gewinn"* (Philipper 1, 21). Ob er nun um des Evangeliums willen hier auf Erden arbeitete oder mit Christus im Himmel lebte – Paulus unterschied kaum zwischen den beiden Möglichkeiten. Er war entweder mit Christus im Leben oder mit ihm im Sterben. Er hatte kein Konzept für ein unterteiltes Leben, sodass er in der Lage gewesen wäre, sich für eine bestimmte Zeit um die Gemeinde zu kümmern und dann wie gewohnt weiterzumachen.

Paulus war jemand, der aufgrund seines Verständnisses in die Dimension von außerordentlichen oder ungewöhnlichen Wundern (siehe Apostelgeschichte 19, 11) vordrang. Er unterschied nicht zwischen Geistlichem und Säkularem. In dem gleichen Maß der Salbung, in dem er die Gegenwart Gottes in seinem geistlichen Dienst erlebte, wandelte er auch, wenn er Zelte anfertigte (siehe Apostelgeschichte 18, 3). Bedenke, es handelte sich um genau die Schweißtücher und Kleidungsstücke, die Paulus im Alltag während seiner Arbeit trug, die schließlich auf jene gelegt wurden, die Heilung oder Befreiung brauchten (siehe Apostelgeschichte 19, 12). Dazu sind wir berufen. Ich spreche von Menschen, denen bewusst ist, dass dieselbe Salbung, die in einem Gemeindegottesdienst Veränderung bewirkt, sich auch auf außergewöhnliche Weise im alltäglichen Leben erweist.

Heutige Bibellese

Apostelgeschichte 19, 11-12

Gebet

Vater, weil du mit mir bist, hast du das Außergewöhnliche in meinem Leben möglich gemacht. Du hast mir den Heiligen Geist gegeben, der jeden Bereich meines Lebens mit seiner Gegenwart durchtränken will. Alles, was ich tue, geschieht in dem Bewusstsein, dass ich von deinem Geist erfüllt bin. Ich halte mir schlichtweg vor Augen, dass ich nicht allein bin, ganz gleich, wo ich bin oder was ich gerade tue. Ich bin nicht nur gesalbt, wenn ich mich besonders geistlich fühle. Ich bin gesalbt. Punkt. Ganz gleich, wohin ich gehe – deine Gegenwart ruht stets auf mir.

Solange wir die Kultur der Welt widerspiegeln, werden wir nicht von Bedeutung sein. Wir sind dann von Bedeutung, wenn wir das repräsentieren, wonach die Welt sich sehnt.

Manche Christen glauben, wir müssten die Kultur einer Gesellschaft zunächst widerspiegeln, um sie zu verändern. Sie denken, wir müssen das repräsentieren, wonach die Ungläubigen sich unserer Meinung nach sehnen. Das ist eine falsche Werbung für das Evangelium. Wenn wir die Menschen manipulieren und der Welt ein Evangelium anbieten, von dem wir annehmen, dass sie es in dieser Form hören will, verkünden wir ein falsches Evangelium und lassen jene, denen wir eigentlich helfen wollten mit wenig Hoffnung zurück.

Bedenke, Jesus ist das *Ersehnte* aller Völker (siehe Hag. 2, 7). Die Nationen würden sich nach ihm ausstrecken, wenn sie erkennen würden, dass sie ihn brauchen. Es ist nicht unsere Aufgabe, der Welt die Kultur zu geben, die sie uns diktiert. Wir haben das Vorrecht, etwas weiterzugeben, das von weitaus größerer Relevanz ist. Wir sind in der Lage, einen Lebensstil zu führen, nach dem sich jeder Mensch auf diesem Planeten sehnt – nur wissen sie das noch nicht. Jeder Mensch wurde erschaffen, um sich der Gemeinschaft mit Gott zu erfreuen und entsprechend der Tatsache, dass er nach Gottes Bild geschaffen wurde, sein Leben gestaltet. Wenn wir durch die Befähigung des Heiligen Geistes anfangen, Christus nachzuahmen, zeigen wir der Welt den Vater (siehe 2. Korinther 4, 6). Indem wir Gott repräsentieren, werden wir dem entsprechen, wonach die Welt sich sehnt. Auf diese Weise wird bei Menschen der Schleier von den Augen entfernt, der sie daran hindert, das Ersehnte aller Völker (siehe 2. Korinther 4, 4) zu erkennen.

Heutige Bibellese

2. Korinther 4, 1-6

Gebet

Heiliger Geist, du befähigst mich, Jesus durch mein Leben und meine Worte in richtiger Weise zu repräsentieren. Danke, für diese erstaunliche Bestimmung!

Hier auf Erden sind wir sein Leib und somit der einzige
Jesus, den viele Menschen zu Gesicht bekommen werden.
Wir müssen Jesus akkurat repräsentieren.

Niemand war effektiver darin, ein Träger der Gegenwart Gottes zu sein als der Menschensohn. Selbst sein Titel, Jesus, der Christus, weist auf seine Identität als der Gesalbte hin. Durch den Heiligen Geist haben wir die Freude und das Vorrecht, an der von ihm demonstrierten Salbung teilzuhaben. Das bedeutet auch, dass wir befähigt wurden, ihn akkurat zu repräsentieren. Das geht weit über die Frage hinaus: „Was würde Jesus tun?" Die Tragweite dieser Mission ist ernüchternd, aber auch überaus lohnenswert. Jesus hat beschlossen, sein Werk auf der Erde durch uns fortzuführen. Es ist äußerst wichtig, dass wir lernen, so zu wandeln, wie er es tat und seinem Beispiel zu folgen.

Ich eifere um das, was auf Jesus, dem Menschen, ruhte, und durch ihn freigesetzt wurde. Seit mir bewusst ist, dass Jesus sein Leben in einer Art und Weise führte, die wir tatsächlich nachahmen können, verspüre ich in mir ein Brennen, diese Dinge, die er ganz selbstverständlich empfing, auch zu erhalten. Das geschah nicht, weil er Gott war, sondern weil er vom Geist gesalbt war. Es ist wichtig, dass wir beim Lesen der Evangelien genauestens auf seine Werke achten. Warum? Gemäß Johannes 14, 12 wird von uns erwartet, dass wir das Gleiche tun, was er tat, weil wir denselben Geist empfangen haben! So wird der Welt demonstriert, wer Jesus in Wahrheit ist.

Heutige Bibellese

1. Korinther 3, 16

Gebet

Heiliger Geist, erfülle jeden Bereich meines Lebens. Durch dich werden außergewöhnliche und ungewöhnliche Wunder möglich. Du hast mir die Fähigkeit gegeben, die „größeren Werke" zu tun, von denen Jesus sprach. Ich bin dein Haus – dein Tempel. Lass deine Gegenwart in meinem Leben überströmen, weil ich lerne, täglich ein Träger deiner Gegenwart zu sein.

Seit ich herausgefunden habe, dass Jesus sein Leben auf eine Weise führte, die wir tatsächlich nachahmen können, eifere ich um die vielen Dinge, die für ihn selbstverständlich waren.

Von all den Dingen, die Jesus predigte und die mich in meinem tiefsten Innern herausfordern, bin ich noch mehr über das erstaunt, was unerwähnt bleibt. Er brachte die Person des Heiligen Geistes auf die Erde. Er veranschaulichte einen Lebensstil, der auch für uns im Bereich des Möglichen ist, nach dem wir uns aber ausstrecken müssen. Es fällt uns nicht zu. Vieles von dem, was wir im Leben brauchen, erhalten wir auf ganz natürliche Weise. Aber das meiste von dem, was wir wollen, müssen wir uns holen. So funktioniert nun mal das Reich Gottes.

In den Anfangsjahren meines Dienstes lehrte ich häufig über das Alte Testament. Nicht, dass ich das mosaische Gesetz lehrte. Ich liebte einfach die Geschichten und lernte, diese im Licht des Neuen Testaments anzuwenden. Das waren wichtige Jahre, die ich gegen nichts eintauschen würde. Aber auch in den letzten Jahren geschah etwas mit mir, das ich keinesfalls missen möchte. Jesus wurde für mich auf eine Weise lebendig, wie ich es nie zuvor erlebt hatte. Sein Beispiel inspirierte mich zu diesem Andachtsbuch. Zu sehen, wie er lebte, weckte in mir eine gewisse Eifersucht – er lebte so, dass „die Taube" auf ihm blieb (siehe Johannes 1,32).

Heutige Bibellese

Matthäus 4,18-22

Gebet

Herr, ebenso, wie du die Jünger beriefst, damit sie dir folgen, hast du mich gerufen, deinem Beispiel zu folgen. Du gabst mir den Heiligen Geist, damit ich dich sowohl in Reinheit als auch in Kraft repräsentieren kann – durch einen lauteren Charakter und die Demonstration des Übernatürlichen.

Es ist wichtig, zu verstehen, dass Kraft im Reich Gottes an eine Person gebunden ist.

Stell dir einmal diese allgemein bekannte Begebenheit aus dem Leben Jesu vor. Die Straßen sind voll von Menschen, die hungrig nach „mehr" sind. Einige jagen Gott nach; andere wollen einfach nur dem Mann nahe sein, der wegen wunderbarer Dinge bekannt geworden war. Er hat Tote auferweckt, Kranke geheilt und war mittlerweile zum Hauptgesprächsthema der gesamten Stadt geworden. Die Menschen folgten Jesus überall hin. Inmitten dieser Menschenmenge auf der Straße, erkennt eine sehr verzweifelte Frau die Gelegenheit für ein Wunder. Ohne Hoffnung auf Genesung hatte sie sich seit vielen Jahren mit einem Leiden herumgeschlagen. Sie drängt sich solange durch die Menschenmenge, bis Jesus in Reichweite ist. Aber sie geniert sich so sehr, dass sie ihn weder ansprechen noch seine Aufmerksamkeit gewinnen kann. Sie streckt sich lediglich aus, um den Saum seines Gewandes zu berühren.

Und eine Frau, die seit zwölf Jahren mit einem Blutfluss behaftet war und, obgleich sie ihren ganzen Lebensunterhalt an die Ärzte verwandt hatte, von niemand geheilt werden konnte, kam von hinten heran und rührte die Quaste seines Gewandes an; und sogleich hörte ihr Blutfluss auf. Und Jesus sprach: Wer ist es, der mich angerührt hat? Als aber alle es abstritten, sprach Petrus: Meister, die Volksmengen drängen und drücken dich! Jesus aber sprach: Es hat mich jemand angerührt; denn ich habe gespürt, dass Kraft von mir ausgegangen ist. Als die Frau aber sah, dass sie nicht verborgen blieb, kam sie zitternd und fiel vor ihm nieder und berichtete vor dem ganzen Volk, um welcher Ursache willen sie ihn angerührt habe und wie sie sogleich geheilt worden sei. Er aber sprach zu ihr: Tochter, dein Glaube hat dich geheilt. Geh hin in Frieden!
(Lukas 8, 43-48)

Von dem Einen, dem der Geist *„in unbegrenzter Fülle"* (Johannes 3, 34; NGÜ) gegeben wurde, ging eine Kraft aus.

Heutige Bibellese

Lukas 8, 43-48

Gebet

Vater, du gibst den Geist in unbegrenzter Fülle!

Es ist eine Sache, sich während des Lobpreises der Gegenwart Gottes bewusst zu sein, aber zu erkennen, wann der Heilige Geist durch unseren Dienst freigesetzt wird, ist noch einmal etwas ganz anderes.

Gelegentlich habe ich gespürt, wie die Salbung des Heiligen Geistes durch meine Hände freigesetzt wurde, wenn ich für jemand um Heilung betete. Das ist sehr ermutigend. Es ist jedoch ein ganz neues Level, wenn wir uns des auf uns ruhenden Heiligen Geistes so sehr bewusst sind, dass wir bemerken, wenn der Glaube einer Person unsere Salbung anzapft.

Man könnte sagen, dass die blutflüssige Frau etwas von Jesu Konto abhob. Wie sehr müssen wir uns der Person des Heiligen Geistes bewusst sein, um eine solche Freisetzung von Kraft zu bemerken? Dazu kommt noch, dass dies geschah, während Jesus sich inmitten einer Menschenmenge befand. Ich finde das äußerst erstaunlich. Er ist sich selbst dann der Gegenwart des Geistes bewusst, wenn er mit anderen spricht oder ihnen zuhört. Genau auf diese Fähigkeit bin ich besonders neidisch.

Heutige Bibellese

Markus 5, 29-30

Gebet

Vater, es ist mein Wunsch, mir deiner Gegenwart in meinem Leben weiterhin bewusst zu sein. Es gibt Menschen, die die Salbung brauchen, die ich trage. Gib mir Augen, diese Menschen und ihre Bedürfnisse zu sehen, wenn ich meiner täglichen Routine nachgehe. Hilf mir, niemals so übermäßig auf mein Tun fixiert zu sein, dass mir entgeht, wie dein Geist an anderen wirkt. Hilf mir, deine Gegenwart in eben diese Situationen zu bringen und das freizusetzen, was dein Geist zur Verfügung stellt. Du bringst Heilung, vollkommene Wiederherstellung und Freiheit zu denen, die du berührst.

*Die Propheten zur Zeit des Alten Testaments zeigten
uns, welche Auswirkungen die Gegenwart Gottes auf
dem Leben eines Menschen für eine spezifische Aufgabe
hat. Aber Jesus offenbarte dies als einen Lebensstil.*

Die Taufe Jesu ist eine meiner Lieblingsgeschichten in der Bibel. Wir haben uns bereits mit einem Teilaspekt dieser Begebenheit beschäftigt. Aber es gibt noch einen weiteren Aspekt, der für dieses Buch ganz wesentlich ist. Im Johannesevangelium wird darüber berichtet.

*Und Johannes bezeugte und sprach: Ich schaute den Geist wie eine Taube aus
dem Himmel herabfahren, und er blieb auf ihm. Und ich kannte ihn nicht; aber
der mich gesandt hat, mit Wasser zu taufen, der sprach zu mir: Auf welchen
du sehen wirst den Geist herabfahren und auf ihm bleiben, dieser ist es, der mit
Heiligem Geist tauft. Und ich habe gesehen und habe bezeugt, dass dieser der
Sohn Gottes ist.* (Johannes 1, 32-34)

Jesus schaffte die Voraussetzungen für eine ganz neue Ära. Die alttestamentlichen Propheten modellierten das, was kommen würde, bereits auf eine erstaunliche Weise – besonders zu ihrer Zeit. Wegen des eben erwähnten Ereignisses können wir das, was die Propheten bereits andeuteten, als einen Lebensstil kultivieren. Wegen Christus ist die bleibende Salbung jetzt das Erbteil jedes von neuem geborenen Gläubigen.

Heutige Bibellese

Johannes 1, 32-34

Gebet

*Danke Herr, dass du es mir ermöglicht hast, geisterfüllt zu leben. Ich brauche mir
keine Sorgen zu machen, dass er mich verlassen oder versäumen könnte. Er wurde
vom Himmel gesandt, um in mir zu wohnen und für immer bei mir zu bleiben. Ich
preise dich für dieses wunderbare Erbe.*

Wir wissen, dass der Heilige Geist in Gläubigen wohnt, die
von neuem geboren wurden; die traurige Realität ist jedoch,
dass der Heilige Geist nicht auf jedem Gläubigen ruht.

ch stelle Menschen häufig die Frage, was sie tun würden, wenn sich eine Taube auf ihre Schulter setzen würde. Wie würden sie sich in einem Raum bewegen oder ihren Tag gestalten, wenn sie verhindern wollten, dass die Taube wegfliegt. Die gängigste Antwort lautet „vorsichtig". Das ist eine gute Antwort. Aber das reicht noch nicht.

Richtig ist, dass wir uns auf Schritt und Tritt der Anwesenheit der Taube bewusst sein sollten. Ich glaube, das ist der Schlüssel für die dauerhafte Anwesenheit des Geistes. Er ist der entscheidende Faktor, nicht nur für Wegweisung und Kraft im Dienst, sondern für das Leben an sich. Wir wurden erwählt, Träger der Gegenwart Gottes zu sein. Erstaunlich.

Heutige Bibellese

Galater 5, 25

Gebet

Herr, bewirke, dass ich mir deiner innewohnenden und auf mir ruhenden Gegenwart mehr bewusst bin. Ich bete, dass ich mich stets voll und ganz auf dich ausrichte, Heiliger Geist!

**Der Heilige Geist wohnt um meinetwillen in
mir, aber er ruht auf mir um deinetwillen.**

Ich erinnere mich, dass ich als junger Mann einmal gehört hatte, was es
bedeutet, vom Heiligen Geist erfüllt zu sein. Wegen meiner ausgeprägten
pfingstlerischen Wurzeln betrachtete ich das nicht als ein neues Thema. Aber was
ich an jenem Tag hörte, war neu für mich. Der Mann Gottes sprach über zwei
Bibelverse, die sich beide nicht auf die Taufe im Heiligen Geist beziehen. Es liegt
mir jetzt mehr auf dem Herzen, etwas über den Aspekt der Beziehung zum Heiligen Geist zu sagen, als eine dogmatische Aussage zu treffen. Diese beiden Verse
sind wichtige Richtlinien.

„Und betrübt nicht den Heiligen Geist Gottes …" (Epheser 4, 30).

„Den Geist dämpft nicht!" (1. Thessalonicher 5, 19)

Diese simple Erkenntnis veranlasste mich, meinen Fokus dahingehend zu verändern, dass für mich nicht mehr die Ausdrucksformen des Geistes (die Gaben,
usw.) im Mittelpunkt stehen, sondern vielmehr, was der Heilige Geist wegen mir
empfindet. Und je mehr ich mit dem Heiligen Geist wandle, desto mehr ver-
lagern sich meine Prioritäten dahingehend, in diese Beziehung zu investieren. So
öffnen sich hinsichtlich des Wandels mit Gott ganz neue Dimensionen, an die ich
zuvor nicht gedacht hatte.

Heutige Bibellese

Epheser 4, 30

Gebet

*Heiliger Geist, möge mein Leben dir Ehre bringen. Du hast mich erwählt, dein Haus
zu sein – dein Tempel auf Erden. Ich bete, dass mein gesamter Lebensstil deiner Anwesenheit in und auf meinem Leben zuträglich ist. Du lebst in mir und dafür bin ich
dir für alle Zeiten dankbar! Aber Herr, es ist mein Verlangen, dass deine Gegenwart
auf mir ruht und dass du deine Kraft gegenüber denen freisetzt, die deine Berührung
so dringend brauchen.*

Wenn der Heilige Geist auf einem Menschen ruht,
ohne sich zurückzuziehen, dann deshalb, weil er auf
äußerst ehrenvolle Weise willkommen geheißen wurde.

Zwei entscheidende Schlüssel, um ein Träger des Heiligen Geistes zu sein, sind, ihn nicht zu betrüben und ihn nicht zu dämpfen.

„Und betrübt nicht den Heiligen Geist Gottes …" (Epheser 4, 30)

Den Heiligen Geist nicht zu betrüben, ist ein Befehl im Hinblick auf Sünde – Sünde in Gedanken, unserer Haltung oder unserer Taten. Das Wort *betrüben* bedeutet *Kummer oder Schmerzen bereiten.* Es beschreibt den Schmerz, den der Heilige Geist wegen etwas empfinden kann, das wir tun oder in unserem Leben zulassen. Hier geht es vor allem um unseren Charakter. Es geht um eine Grenze, die jeder im Auge behalten sollte, dem etwas daran liegt, die Gegenwart Gottes in größerer Fülle in seinem Leben zu erleben.

„Den Geist dämpft nicht!" (1. Thessalonicher 5, 19)

Den Heiligen Geist nicht zu dämpfen ist ein Befehl, der auf die Zusammenarbeit mit dem Heiligen Geist abzielt. Das Wort *zu dämpfen* bedeutet, *den Fluss zu stoppen.* Im Griechischen bedeutet es *auslöschen* oder *abstellen.* Dieses Wort enthält zwei Metaphern, um unsere Verbindung zu Gott zu beschreiben. Wie man den *Fluss stoppen kann,* könnte man anhand eines Gartenschlauchs veranschaulichen, den man in der Mitte abknickt, damit kein Wasser mehr durchfließt. *Auslöschen* beschreibt den leidenschaftlichen Aspekt unseres Wandels mit Gott. Wenn wir unsere Leidenschaft für Gott verlieren, wirkt sich das immer auf unsere Fähigkeit aus, dem Heiligen Geist zu ermöglichen, durch uns zu fließen. In diesem Vers geht es um den Aspekt der Kraft.

Heutige Bibellese

1. Thessalonicher 5, 19

Gebet

Herr, bewahre mich davor, dich zu betrüben oder dein übernatürliches Wirken in meinem Leben zu dämpfen. Heiliger Geist, fließe ungehindert durch mich. Wirke uneingeschränkt!

Gott ehrt grundsätzlich sein Wort –
unabhängig von einem fragwürdigen Gefäß.

Ich verstehe jene nicht, die Sünde auf die leichte Schulter nehmen. Eine solche Haltung ist besonders beunruhigend, wenn diese Menschen offenbar in einem vollmächtigen Dienst stehen. Das führt dazu, dass manche die Gaben des Geistes komplett ablehnen. Für sie ist es Beweis genug, dass diese Gaben nicht von Gott sein können, weil Gott niemals Menschen gebrauchen würde, die in Sünde leben.

Andere verfallen ins andere Extrem. Sie ärgern sich über Gott, weil er zulässt, dass Menschen, die in Sünde leben, immer noch in einem gewissen Maß der Salbung agieren können. Zugegeben, das ist ein großes Geheimnis. Nichtsdestotrotz, Gott möchte sein Wort bestätigen – nicht die Gefäße, die es austeilen. Oft glauben die Menschen, dass Zeichen und Wunder die Person bestätigen würde, die die Wahrheit verkündet. Wahrheit ist Wahrheit, unabhängig davon, wessen Lippen sie verkündet. Es kommt dann zu einer Abkopplung, wenn die Person, die die Wahrheit spricht, nicht entsprechend des Evangeliums lebt, das sie als absolute Wahrheit vertritt. Deshalb müssen wir sehr darauf achten, was Gott tut - selbst wenn er sich trotz gravierender menschlicher Schwächen mächtig erweist.

Gottes Wort offenbart seinen Charakter, nicht unseren. Würde er nicht auf sein Wort reagieren, würde er den von ihm eingesetzten Bund missachten. Wir sollten in Lauterkeit, Kraft, charakterlicher Integrität und der Demonstration des Geistes wandeln. Es ist wichtig, dass wir ausgewogen bleiben und keine dieser Eigenschaften auf Kosten einer anderen hervorheben, sondern für eine gesunde Balance sorgen.

Heutige Bibellese
Psalm 138, 1-2

Gebet

Vater, du ehrst und bestätigst dein Wort. Danke, dass du mich trotz meiner Schwachheiten und Unzulänglichkeiten erwählt hast, ein Träger deiner Gegenwart zu sein. Herr, hilf mir, mich niemals mit dem zufriedenzugeben, wo ich gerade stehe. Indem ich dein Werk tue, veränderst du mich von Herrlichkeit zu Herrlichkeit.

Manchmal kann Charakter nur in den Schützengräben des Lebens und des geistlichen Kampfes geformt werden.

Ich hoffe sehr, dass bald der Tag kommen wird, an dem der Unsinn aufhört, Sünde zu tolerieren. Um diese Schwachheit des Fleisches auszugleichen, haben viele gelehrt, dass Charakter wichtiger ist als Kraft. Auch ich habe das jahrelang getan. Wir wissen von verheerenden Beispielen, die diesen Standpunkt untermauern. Nur fehlt in unseren Geschichten ein wesentliches Detail: Jesus hat diesen Punkt weder so gehandhabt noch gelehrt. Tatsächlich war es so, dass die Jünger sich einen ihrer größten Schnitzer leisteten, nachdem Jesus ihnen Kraft und Vollmacht gegeben hatte (siehe Lukas 9).

Unmittelbar nachdem die Jünger diese Salbungsübertragung empfangen hatten, wehrten sie anderen Anhängern von Jesus (siehe Lukas 9, 49) – Exklusivität hatte ihre Herzen vergiftet. Zuvor hatten sie ziemlich viel Zeit damit verbracht, darüber zu diskutieren, wer von ihnen der Größte sei (siehe Lukas 9, 46). Sie waren gerade aus ihren Heimatstädten zurückgekehrt, wo sie Menschen gedient hatten. Es liegt nahe, dass ihr Erfolg im vollmächtigen Dienst für jeden von ihnen Beweis genug war, um zu belegen, dass er im Recht war – jeder hielt sich für den Größten! Jakobus und Johannes setzten noch einen drauf, als sie drauf und dran waren ein Dorf der Samariter vollständig zu vernichten, indem sie Feuer vom Himmel rufen wollten. Der Geist des Mordens wurde von ihnen nicht erkannt – und das alles im Namen des Dienstes und des Urteilsvermögens. All diese gravierenden Fehler kamen nach dieser großartigen Situation ans Licht, als Jesus ihnen Kraft und Autorität anvertraut hatte. Ihr Charakter hatte massive Schwachstellen. Ein noch größeres Mysterium ist Folgendes: Nach den eben beschriebenen Erfahrungen, die wir vielleicht als missglücktes Experiment bezeichnen würden, lesen wir in Lukas 10, dass Jesus dieselbe Salbung an siebzig weitere Personen weitergibt. Er vertraute Menschen geistliche Kraft an, die keinesfalls qualifiziert waren, sich in einer so außergewöhnlichen Salbung zu bewegen. Und doch ist die Haushalterschaft seiner Kraft manchmal der entscheidende Faktor, unseren Charakter so zu formen, dass wir diese dauerhaft tragen können.

Heutige Bibellese
Lukas 9,46-56

Gebet

Du formst mich täglich, um den Charakter Jesu besser widerspiegeln zu können. Ich möchte niemals geistliche Kraft über den Charakter stellen. Gleichwohl forderst du mich auf, nicht solange zu warten, bis ich vollkommen bin, um deine Kraft in meinem Leben freizusetzen. Ich strecke mich nach beidem aus!

Es stimmt, dass geistliche Kraft nicht wichtiger ist
als Charakter. Aber es ist gleichermaßen wahr, dass
Charakter nicht wichtiger ist als Kraft.

Wenn wir den Fehler machen, Charakter höher zu bewerten als Kraft, sind die Gaben des Geistes eine Belohnung und nicht länger Gaben. Tatsächlich hat diese Sichtweise uns unserer Effektivität in den Gaben des Geistes beraubt. Diese Herangehensweise hat hinsichtlich der übernatürlichen Gaben ebenso viel Schaden angerichtet wie Charakterschwäche im Hinblick auf unser Zeugnis in dieser Welt. Sowohl die Gaben als auch Charakterstärke sind unentbehrlich. Charakter und Kraft sind die Beine auf denen wir stehen, und beide sind gleichermaßen wichtig.

Für jede geistbegabte Person mit einem unreifen Charakter kann ich dir viele Menschen mit Charakter, aber mangelnder geistlicher Kraft zeigen. Darauf lag in meiner Generation in weiten Teilen der Welt der Fokus der Gemeinde. Ein Lebensstil ohne geistliche Kraft wurde als normal angesehen. Das Resultat ist, dass diese Menschen in ihrem Umfeld kaum etwas bewirken. Wir dürfen uns nicht länger dem allgemein anerkannten Maßstab anpassen, weil wir hoffen, auf diese Weise akzeptiert zu werden. Wir müssen zu Jesus Christus zurückkehren – der perfekten Theologie, dem ultimativen Beispiel für das Zusammenspiel zwischen den Gaben und der Frucht des Geistes: Geistliche Kraft und Charakter gehen Hand in Hand.

Heutige Bibellese

1. Korinther 14, 1

Gebet

Mich verlangt sowohl nach den Gaben als auch nach den Früchten des Geistes. Hilf mir, mich nicht nur nach einem auszustrecken und das andere zu vernachlässigen. Möge mein Leben Kraft und Reinheit demonstrieren und Jesus dieser Welt uneingeschränkt repräsentieren.

Wenn die Gemeinde entdeckt, wer sie ist, wird sie nicht länger gerettet werden wollen. Es ist ein großer Unterschied, ob man vor einem großen bösen Teufel gerettet wird oder sich auf eine Hochzeit im Himmel freuen kann. Nur eins von beiden ist für einen Christen akzeptabel.

Es ist interessant, dass jene Gruppierungen, denen es an Kraft mangelt, viel eher zu dem Glauben neigen, die Gemeinde würde in der Endzeit immer schwächer werden. Sie sind für die Sichtweise anfällig, dass während dieser Zeit nur sehr wenige bis zum Ende durchhalten werden. Diese Betrachtungsweise legitimiert anscheinend ihre Kraftlosigkeit und gibt ihr somit ein Alibi. Das ist absurd.

Hingegen sehen jene, die sich der geistlichen Kraft bewusst sind, den verzweifelten Zustand dieser Welt. Aber nicht nur das – sie sehen auch, dass die Menschen für Gott offen sind und in ihrer aussichtslosen Situation Jesus annehmen, wenn wir ihnen das Evangelium verkündigen. Anstatt darauf zu warten, aus dieser Welt gerettet zu werden, nimmt diese Gemeinde ihre Position ein, in dieser Welt ein Repräsentant für Errettung und Veränderung zu sein.

Heutige Bibellese

Epheser 3, 1-13

Gebet

Dein Wort sagt, dass die Gemeinde berufen wurde, um den Gewalten und Mächten in der Himmelswelt deine mannigfaltige Weisheit kundzutun. Wir sind berufen, dich in dieser Welt zu repräsentieren sowie den Mächten der Finsternis deine Weisheit zu offenbaren und sie so zum Rückzug zu zwingen.
Ich warte nicht darauf, aus dieser Welt gerettet zu werden. Ich ergreife meine Identität als jemand, der berufen ist, Menschen mit Gott zu versöhnen. Ich bin gesalbt, in jede Arena dieser Welt Veränderung zu bringen – damit die Erde von der Erkenntnis deiner Herrlichkeit erfüllt wird.

Das Geheimnis des Dienstes Jesu ist seine Beziehung zu seinem Vater.

Die vorrangige Mission Jesu bestand darin, den Vater zu offenbaren, indem er sein Wesen und seinen Willen verdeutlichte. Jesus ist der Wille Gottes. Im Rahmen dieser Mission traf er so erstaunliche Aussagen, wie: *„Der Sohn kann nichts von sich selbst tun, außer was er den Vater tun sieht … das tut ebenso auch der Sohn"* (Johannes 5, 19) und: *„ … was ich von ihm gehört habe, das rede ich zu der Welt"* (Johannes 8, 26).

Wir sprechen hier nicht über die Identität Jesu als Messias. Sie ist unvergleichlich, und auch seine Identität als Retter kann die Menschheit in keinster Weise nachahmen. Er war der Messias, weil Gott wusste, dass wir niemals in dieser Position sein könnten. Ganz gleich, wie sehr wir uns anstrengten, uns an das Gesetz zu halten und möglichst viel Gutes zu tun – alles das würde wie ein Kartenhaus zusammenfallen, weil unsere Herzen dem Wesen nach immer noch rebellisch wären. Wir bräuchten alles, was Jesus als Messias und Retter der Welt anbot. Niemand gleicht dem wunderbaren, makellosen Lamm Gottes.

Das bedeutet, Jesus ist beides, der Messias und unser Vorbild. Jesus Christus ist für uns das vollkommene Opfer und er ist die vollkommene Offenbarung des Vaters. Seine Identität als Christus bezieht sich auf seine Salbung durch den Heiligen Geist. Willst du wissen, wer und wie Gott ist? Schaue auf den Sohn. Er ist der Maßstab, wenn es darum geht, den Vater zu offenbaren als auch um als Christ auf dieser Welt zu leben.

Heutige Bibellese

Johannes 5, 19

Gebet

Vater, öffne mir die Augen, damit ich immer mehr von dir erkennen kann. Dein Sohn tat nur das, was du ihm gezeigt hast. Er ist die exakte Repräsentation deines Ebenbilds! Hilf mir, meinen Blick stets auf Jesus zu richten. Er ist die sicherste Quelle, wenn es darum geht, dein Wesen zu entdecken und zu lernen, wen ich gemäß deiner Bestimmung auf Erden repräsentieren soll.

Jesus brachte den Himmel auf Kollisionskurs
mit einem verwaisten Planeten namens Erde.

Jesu Abhängigkeit vom Vater brachte die Realität seiner Welt in diese Welt. Deshalb konnte er sagen: „... das Reich der Himmel ist nahe gekommen" (Matthäus 3, 2).

Dieses Königreich wird von einem König regiert – der auch ein Vater ist. Nicht ohne Grund wird in derselben prophetischen Aussage auf die Herrschaft in diesem Reich und auf die Identität des Vaters hingewiesen:

Denn ein Kind ist uns geboren, ein Sohn ist uns gegeben; und die Herrschaft ruht auf seiner Schulter; und man nennt seinen Namen: Wunderbarer, Ratgeber, starker Gott, Ewig-Vater, Friedefürst. Die Mehrung der Herrschaft und der Friede werden kein Ende haben ... (Jesaja 9, 5-6)

Wenn das Reich Gottes sich auf Erden ausbreitet, vergrößert sich auch das Haus des Vaters. Der Planet, der durch den Sündenfall zuvor verwaist war, wird entsprechend des ursprünglichen Modells einer Familie wiederhergestellt. Wo immer das Reich Gottes expandiert, ist *Familie* das Ergebnis. Jene, die ins Reich Gottes versetzt werden, erleben die Liebe und Güte eines Königs, der auch ein vollkommener Vater ist.

Heutige Bibellese

Jesaja 9, 6-7

Gebet

Vergrößere dein Haus, Vater! Möge die Erde von deiner Herrlichkeit erfüllt werden, indem deine Söhne und Töchter dein Reich in jeden Winkel der Erde tragen. Bringe deine Söhne und Töchter nach Hause, damit sie die Liebe und die Bedeutsamkeit erkennen, die man erlebt, wenn man Teil deiner Familie wird.

Sämtliche Taten Jesu waren eine Ausdrucksform seines Vaters.

B evor Jesus kam, erlebte die gesamte Menschheit die zerstörerische Natur von Sünde und die damit einhergehenden Konsequenzen. Aber Jesus kam und offenbarte den entscheidenden fehlenden Faktor – den Vater. Der Schreiber des Hebräerbriefs bezeichnete Jesus als die exakte Abbildung des Vaters (siehe Hebräer 1,3).

Das untermauert die Tatsache, dass alles, was Jesus sagte und tat, dieser Welt das Wesen des Vaters vor Augen malte. Jesus sagt: *„Denn ich habe nicht aus mir selbst geredet, sondern der Vater, der mich gesandt hat, er hat mir ein Gebot gegeben, was ich sagen und was ich reden soll"* (Johannes 12, 49). Die Worte Jesu waren weitaus bewusster gewählt, als wir uns vorstellen können, denn jedes seiner Worte wurde zuerst vom Vater gesprochen. Ebenso tat Jesus nichts, was er nicht zuvor den Vater tun sah. Er ging so weit, dass er sagte: *„Wenn ich nicht die Werke meines Vaters tue, so glaubt mir nicht!"* (Johannes 10, 37).

In der Schrift wird mit starken Worten beschrieben, in welchem Maße Jesus den Vater repräsentierte. Er hat das Wesen Gottes nicht nur teilweise verkörpert, sondern er war die exakte Repräsentation der Natur Gottes. Wir täten gut daran, Jesu Beispiel in den Evangelien sorgfältig zu studieren. Diese Geschichten, Zeugnisse und Jesu Lehre sind ein außerordentliches Geschenk für uns, denn sie helfen uns, deutlich den Einen zu erkennen, der uns den Vater zeigt.

Heutige Bibellese
Johannes 12, 49

Gebet

Alles, was Jesus tat, offenbart, wie du wirklich bist. Vater, hilf mir, meine Theologie und meine Erkenntnis über dich darauf zu gründen, dass ich das Leben Jesu sorgsam betrachte. Es gibt keine größere oder deutlichere Offenbarung deines Wesens als die Werke Jesu Christi.

Das Leben Jesu ist die umfassendste und genaueste
Offenbarung des Vaters, die es auf Erden je gegeben hat.

Jesus sagt: *„Wer mich gesehen hat, hat den Vater gesehen"* (Johannes 14,9). Das gilt auch heute noch. Diesem vollkommenen Vater ist es ein Herzenswunsch, der Menschheit Leben zu geben und die Werke des Zerstörers zu vernichten (siehe Johannes 10,10; 1. Johannes 3,8). Es ist der Heilige Geist, der uns das Herz Gottes offenbart – aber nicht nur das, er offenbart es auch durch uns (siehe Johannes 16,12-15).

Ebenso, wie Jesus das tat, was er den Vater tun sah, sind wir berufen, die gleichen Werke zu tun, die Jesus tat (siehe Johannes 14, 12). Wenn wir das tun, repräsentieren wir den Vater. Der Heilige Geist ist dafür zuständig, uns Jesus zu offenbaren und uns zu befähigen, Jesus in der Weise zu repräsentieren, dass wir die gleichen Werke tun, die er getan hat.

Bis heute vermitteln die Werke Jesu der Welt eine genaue Offenbarung des Vaters. Welch ein Vorrecht, dass wir an dieser überaus glorreichen Offenbarung teilhaben dürfen.

Heutige Bibellese

Johannes 14, 7-14

Gebet

Jedes Wort und jede Tat Jesu zeigt mir, wer du bist, Vater. Er errettet und offenbart, dass du der Retter bist. Er heilt und offenbart, dass du der Heiler bist. Er befreit und offenbart, dass du der Befreier bist. Er berührt Aussätzige, er weckt Tote auf, er vollbringt hinsichtlich der Naturgesetze kreative Wunder und offenbart so, dass du barmherzig, freundlich und allmächtig bist!

*Der Heilige Geist ruhte stets auf Jesus und offenbarte ihm
in der jeweiligen Situation den Willen des Vaters.*

Es besteht kein Zweifel, dass Jesus unmittelbar vom Vater hörte, was er in einer bestimmten Situation tun sollte. Meine persönliche Überzeugung ist die, dass den Tagen des Dienstes Nächte vorausgingen, in denen Jesus betete und viele dieser spezifischen Wegweisungen empfing.

Aber es steht auch außer Frage, dass der Heilige Geist, der stets auf ihm ruhte, ihm in der jeweiligen Situation den Willen des Vaters offenbarte. Das Wissen um die vielfältigen Möglichkeiten, wie Gott spricht, hilft uns, für sein Reden empfänglich zu sein.

Heutige Bibellese

Lukas 6, 12

Gebet

Vater, wenn ich Zeit in deiner Gegenwart verbringe, offenbarst du mir deine Pläne und Strategien. Danke, dass ich deine Stimme hören kann.

Ich kann sehen, was der Vater tut, wenn
ich den Glauben anderer betrachte.

Es ist sehr ermutigend, dass Jesus wohl nicht immer im Voraus wusste, was er tun sollte, aber in der jeweiligen Situation den richtigen Impuls bekam, wenn er bei jemandem Glauben sah. Ich schließe daraus, dass ich manchmal Weisung empfangen kann, wenn ich sehe, wie jemand auf das Wirken des Heiligen Geistes reagiert. Glaube kann nur durch das Werk Gottes in einem Menschen existieren. Wir können sehen, was der Vater tut, wenn wir sehen, wie sich der Glaube im Leben von Menschen konkret auswirkt. Wenn ich jedoch nicht mit der Wirkungsweise meines eigenen Glaubens vertraut bin, werde ich mich schwer tun, diesen in anderen zu erkennen.

Der römische Hauptmann ist dafür ein großartiges Beispiel. Jesus war verwundert über den Glauben, den er in diesem Mann sah. Er reagierte auf dessen Bitte, indem er seinen Diener heilte. *„Als aber Jesus es hörte, wunderte er sich und sprach zu denen, die nachfolgten: Wahrlich, ich sage euch, bei keinem in Israel habe ich so großen Glauben gefunden"* (Matthäus 8, 10). Jesus setzte die Realität des Reiches Gottes gemäß des Glaubens dieses Mannes frei. *„Und Jesus sprach zu dem Hauptmann: Geh hin, dir geschehe, wie du geglaubt hast! Und der Diener wurde gesund in jener Stunde"* (Matthäus 8,13).

Heutige Bibellese

Matthäus 8, 5-13

Gebet

Heiliger Geist, du offenbarst, wie du dich durch den Glauben anderer erweist. Ich bitte um die Fähigkeit, dein Wirken in diesen Menschen ebenso zu erkennen, wie Jesus den Glauben des römischen Hauptmanns sah. Hilf mir, an deinem Wirken teilzuhaben, wo immer ich dich am Werk sehe.

Wir unterscheiden zwischen dem natürlichen und dem übernatürlichen Bereich. Wir leben in beiden Bereichen. Aber für Gott gibt es nur einen Bereich – den natürlichen. Für ihn ist alles natürlich.

Johannes der Täufer sah, wie die Taube auf Jesus herabkam und auf ihm blieb. Nirgendwo wird erwähnt, dass sonst noch jemand diese Taube gesehen hätte. Allerdings sah jeder das Resultat der Anwesenheit dieser Taube – Reinheit und Kraft wurden sichtbar, um das Herz Gottes für diesen verwaisten Planeten zu offenbaren.

So, wie der Heilige Geist Jesus den Willen des Vaters offenbarte, offenbart er uns das Vaterherz Gottes. Und seine Gegenwart und Kraft offenbaren den Vater durch uns. Seinen Willen zu offenbaren, bedeutet, ihn zu offenbaren. Jesus war die ultimative Offenbarung des Willens Gottes auf Erden. Nicht nur durch das, was er tat, sondern, weil er die Taube beständig beherbergte.

Dass wir der Gegenwart Gottes als unserer größten Freude und unserem größten Schatz Raum geben, ist nicht etwa ein Trick, damit Wunder geschehen. Jedoch können wir den Vater ohne Wunder nicht angemessen repräsentieren. Sie sind unerlässlich, um sein Wesen zu offenbaren.

Heutige Bibellese

2. Korinther 4, 6

Gebet

Vater, hilf mir, mit deinem Geist zusammenzuarbeiten, um der Welt ein möglichst klares Bild deines Wirkens zu präsentieren. Du bist gut. Ich bete, dass deine Gegenwart auf mir deine Güte offenbart und alle falschen Vorstellungen über dich zerbricht. Mögen die Werke Jesu in meinem Leben deine Herrlichkeit einer Welt zeigen, die deine Gegenwart so sehr braucht.

Solange wir nur auf die Dinge reagieren, die absolut eindeutig sind,
werden wir im Bereich der Wunder wenig erleben.

Einige der größten Durchbrüche geschahen, als wir auf einen vagen Eindruck eingingen, was Gott möglicherweise tun wollte. Unser persönlicher Glaube hilft uns, zu erkennen, was der Vater tut. Der Schlüssel ist, dass wir *Ja* sagen, auch ohne den vollständigen Plan zu kennen.

Oftmals wollen wir einen vollständigen Plan oder eine eindeutige Strategie von Gott empfangen, ehe wir ihm die bedingungslose Einwilligung geben, die er verdient. Es entspricht dem Wesen des Glaubens, zuerst *Ja* zu sagen, weil wir der Natur dessen vertrauen, der uns ruft – selbst wenn wir nicht vollständig verstehen, was seine Aufforderung mit sich bringt. Es ist erstaunlich, zu welch einem bedeutsamen Durchbruch ein kleiner Schritt führen kann. Das Problem ist, dass viele sich von verstandesmäßigen Überlegungen daran hindern lassen, die kleinen Schritte zu machen und auf vage Eindrücke zu reagieren.

Heutige Bibellese

Hebräer 11, 8

Gebet

Ebenso, wie Abraham Ja sagte, als er nicht wusste, wohin er gehen würde, hilf auch mir, dir stets mein uneingeschränktes Ja zu geben und mich dir vollständig auszuliefern – selbst wenn ich nicht genau weiß, was du tust.

Oktober

Die Taube freilassen

Zu sehen, was durch das Vorbild Jesu möglich ist, weckte in mir
den Hunger nach den Dingen, die für mich erreichbar sind.

Es ist schwer in Worte zu fassen, wie sehr mich die Geschichte bewegt, als der Heilige Geist wie eine Taube auf Jesus herabkam und auf ihm blieb (siehe Johannes 1,33). Eine heilige Eifersucht wird in mir geweckt – das Verlangen, in der Realität zu leben, in der Jesus lebte.

Das habe ich in den letzten Jahren zunehmend erfahren und dieser Prozess, bei dem geistlicher Hunger die Oberhand gewonnen hat, dauert immer noch an. Jesus war der Erste, auf dem die Taube blieb. Diese Tatsache treibt mich an, mich nach mehr auszustrecken, als ich gegenwärtig genieße. Ich muss daran denken, dass der Eine, der auf Jesus blieb, genau der ist, den der Vater gesandt hat, damit er in Ewigkeit bei uns bleibt (siehe Johannes 14,16).

Heutige Bibellese

Johannes 14,16-31

Gebet

Heiliger Geist, ich möchte dich besser kennenlernen. Hilf mir, täglich in meiner Beziehung zu dir zu wachsen. Du bist stets bei mir. Du bist Gott, und du bist hier – auf der Erde. Du bist der Verheißene, der vom Himmel gesandt wurde, um mir Jesus zu offenbaren und mich in alle Wahrheit zu leiten. Ich bitte dich, mich hinsichtlich der Erkenntnis deiner Wege und deines Wirkens voranzubringen. Ich weiß, dass es noch so viel mehr gibt, was ich noch nicht über dich weiß, was ich noch nicht erlebt habe und was es freizusetzen gilt.

*Jesus sagt uns nicht immer, wonach wir uns konkret ausstrecken
sollen. Manche Dinge werden nur deshalb Teil unseres Lebens,
weil wir Gottes Handeln sehen und uns danach ausstrecken.*

Jesus lehrte nicht, dass Menschen seine Kleidung berühren sollten, um gesund zu werden. Sie beobachteten, auf welche Weise sich Gott durch ihn offenbarte und wussten so, was ihnen zur Verfügung stand. Wir können jetzt dasselbe Prinzip anwenden, um zu erkennen, was kontinuierlich auf Jesus ruhte, denn das ist sozusagen der Präzedenzfall dafür, wie jeder von uns leben sollte.

Wir tun gut daran, uns nach dem auszustrecken, was er uns aufgetragen hat. Aber eine Romanze ist dann keine Romanze mehr, wenn sie uns befohlen wird. Manchen Dingen müssen wir aus dem einfachen Grund nachjagen, weil sie für uns verfügbar sind. Mose war in der Lage, den Schrei seines Herzens in diesem simplen Gebet zusammenzufassen: „*... lass mich doch deine Wege erkennen, sodass ich dich erkenne ...*" (2. Mose 33,13).

Heutige Bibellese

2. Mose 33,12-13

Gebet

Vater, zeig mir deine Wege. Gib mir Augen, deine Wege in jedem Wunder und jedem Zeichen zu erkennen. Hilf mir, dein Wesen und deinen Charakter in jedem Durchbruch und in jedem Segen zu sehen. Ich freue mich an den Werken deiner Hände. Ich bringe dir Danksagung dar für die großen und wunderbaren Dinge, die du tust. Vor allem aber, Herr, möge mein Herz stets hungrig danach sein, deine Wege zu erkennen - hungrig danach, zu erfahren, wer du bist und wie du bist.

Offenbarungen über Gottes Wesen sind Einladungen, ihn zu erleben.

Wenn wir Gottes Wege entdecken, ist das wie eine Einladung, zu ihm zu kommen und ihn in der Weise kennenzulernen, wie es uns offenbart wurde. Wenn er uns durch das Wirken des Heiligen Geistes seine Natur offenbart, wird er uns oftmals ohne konkrete Anweisung zurücklassen. Er sehnt sich danach, zu entdecken, was tatsächlich in unserem Herzen ist, denn ein Herz der Liebe wird immer auf eine offene Tür für eine persönliche Begegnung reagieren.

In der Schrift findet sich keine offizielle Anweisung, dass ein Mensch Heilung empfängt, wenn er jemandes Gewand berührt. Doch das war die persönliche Reaktion der blutflüssigen Frau auf die Anwesenheit Jesu. Sie ging nicht nach einem Schema vor. Sie reagierte auf die Gegenwart des Einen, der Heilungskraft freisetzte. In den Evangelien wird enthüllt, was in ihren Gedanken vorging, denn wir lesen, dass sie sich sagte: *„Wenn ich nur sein Gewand anrühre, werde ich geheilt werden"* (Markus 5, 28). Was löste diesen Gedankengang aus? Es kursierte nicht die Lehre, dass Jesu Kleidung Heilungskraft freisetzte. Persönliche Zeugnisse waren ausschlaggebend. In dem Bericht über die Heilung der blutflüssigen Frau im Markusevangelium sehen wir, dass ihr Glaubensweg begann, *„als sie von Jesus gehört hatte"* (Markus 5, 27). Sie hörte von einer Person, nicht von einer Anweisung. Es gab kein 7-Punkte-Programm. Es gab keinen Leitsatz. Ein schlichtes Zeugnis über Jesus bewirkte Glauben in ihrem Herzen, so auf ihn zu reagieren, wie sie es letztendlich tat. Jesus wies ihre ungewöhnliche Vorgehensweise nicht zurück. Es war offensichtlich, dass der Fokus ihres Glaubens nicht „gesalbte Kleidung" war. Er lag auf dem Mann, der die Ursache dafür war, dass seine Kleidung von wunderwirkender Kraft durchtränkt war.

Heutige Bibellese

Markus 5, 25-34

Gebet

Herr, du hast mich eingeladen, dich durch persönliche Erfahrung kennenzulernen. Hilf mir, dich niemals in eine Schublade zu stecken, weil ich zu wissen meine, wie du handelst und dich erweist. Du bist Gott. Du kannst tun, was immer du willst. Dein Charakter verändert sich nie, aber die Art und Weise, wie du Dinge tust, schon.

***Manchmal lernst du jemanden erst kennen,
wenn du mit ihm zusammenarbeitest.***

Jesus sorgte für diese Voraussetzungen sowohl bei den Zwölfen als auch später bei den siebzig Jüngern (siehe Matthäus 10,1; Lukas 10). Sie sollten in ihrem Dienst eine Beziehung zum Heiligen Geist entwickeln, um später auf die erstaunlichste Beförderung vorbereitet zu sein, die man sich vorstellen kann – sie würden Gottes Wohnstätte auf Erden werden.

Der Heilige Geist konnte jedoch erst in ihnen wohnen, wenn sie von neuem geboren waren. Das konnte erst geschehen, nachdem Jesus gestorben und von den Toten auferweckt war. Doch wenngleich der Geist Gottes nicht in den Zwölfen wohnte, so war er doch bei ihnen.

„...den Geist der Wahrheit, den die Welt nicht empfangen kann, weil sie ihn nicht sieht noch ihn kennt. Ihr kennt ihn, denn er bleibt bei euch und wird in euch sein." (Johannes 14,17)

Er sagte zu ihnen: *„Ihr kennt ihn"*. Das finde ich erstaunlich, denn sie waren ja noch nicht von neuem geboren. Sie hatten bis zu einem gewissen Grad eine Beziehung zum Heiligen Geist, ehe sie von neuem geboren wurden. Sie fingen an, ihn kennenzulernen, als Jesus ihnen Vollmacht über unreine Geister gab, *„... sie auszutreiben und jede Krankheit und jedes Gebrechen zu heilen"* (Matthäus 10,1).

Heutige Bibellese

Johannes 14, 16-17

Gebet

Herr, hilf mir, neu zu erfassen, wie der Heilige Geist sich bewegt und wie deine Gegenwart sich erweist, wenn ich über die Werke Jesu nachsinne. Vater, bring mich hinsichtlich der Evangelien in eine neue Phase der Offenbarung. Erschließe mir deren Inhalt unter dem Aspekt neu, dass Jesus als ein Bürger des Reiches Gottes lebte, der vom Heiligen Geist gesalbt war. Er ist mein Vorbild, wie ich als Christ leben sollte. Was für ein Vorrecht, dass mir derselbe Geist gegeben wurde, der auf ihm ruhte – um in seinem Namen dieselben Werke zu tun!

Einige der Dinge, die uns bisher in der Schrift verborgen
waren, werden jetzt offenbart, weil wir sie in unserem
persönlichen Leben richtig zuordnen können.

Jesus war der perfekte Lehrer. Die Zeit, die er mit den zwölf Jüngern verbrachte, war aus vielerlei Gründen von entscheidender Bedeutung. Ein Grund ist der, dass er ihnen für den Rest ihres Lebens praktische Anweisungen gab. Sowohl durch seine Instruktionen als auch durch sein Vorbild offenbarte er die Priorität des wunderbaren Abenteuers mit Gott, dem Heiligen Geist. Aber ehrlich gesagt wirkten einige von Jesu Anweisungen auf mich sehr abstrakt und irgendwie schwer verständlich.

Manchmal empfinden wir bestimmte Lektionen als nicht anwendbar, weil wir nicht in derselben geistlichen Atmosphäre leben, die vorherrschte, als sie gegeben wurden. Denken wir nur daran, als Jesus darüber lehrte, wie man die Gegenwart der Taube behütet. Diese Lehreinheit war für die Jünger weitaus praxisnäher, wenn man bedenkt, dass sie die Realität der Gegenwart Gottes mindestens drei Jahre lang täglich bezeugen konnten. Wenn wir in geistlicher Hinsicht in einem Umfeld aufwachsen, in dem die Gegenwart Gottes kaum offenbar ist, werden wir nicht immer verstehen, was Jesus lehrte. Eine Atmosphäre, die durch seine manifestierte Gegenwart und seinen Lebensstil kreiert wurde, trägt erheblich zum Verständnis einer Lehreinheit bei. Gleichwohl befinden wir uns in einer Phase, in der seine Gegenwart und Kraft zunehmen – das ändert alles für uns.

Heutige Bibellese

Lukas 10,9

Gebet

Zeig mir, wie ich die Botschaft von deinem Königreich ausleben und deklarieren kann. Das Reich Gottes kommt nicht nur in Form von Kraft. Es kommt durch eine Person. Heiliger Geist, du führst das Reich Gottes mit dir und setzt es frei, und du lebst in mir.

Als die Jünger ausgesandt wurden, bestand das Ziel nicht darin, in ihren Heimatorten vollmächtige Versammlungen abzuhalten, wenngleich sie das taten. Das Ziel bestand darin, zu lernen, mit dem Heiligen Geist zusammenzuarbeiten.

Nachdem Jesus siebzig Jüngern Weisung erteilt hatte, sandte er sie jeweils zu zweien in ihre Heimatstädte. Er wies sie an: Tragt weder Börse noch Tasche noch Sandalen, und grüßt niemand auf dem Weg! In welches Haus ihr aber eintretet, sprecht zuerst: Friede diesem Haus! Und wenn dort ein Sohn des Friedens ist, so wird euer Friede auf ihm ruhen; wenn aber nicht, so wird er zu euch zurückkehren. (Lukas 10, 4-6)

Beachte, dass Jesus die Jünger aussandte, ohne entsprechende Vorkehrungen zu treffen. Kein Geld, keine Hotelreservierung, keine angemieteten Auditorien, nichts – außer, dass sie ins kalte Wasser geworfen und informiert wurden, in welche Richtung sie gehen sollten. Ich habe immer versucht, mich hinsichtlich meiner Kinder vorzeitig um jedes nur mögliche Problem zu kümmern, damit sie erfolgreich sein würden. Jesus tat das bei seinen Jüngern nicht. Er sandte sie bewusst in Situationen denen sie auf sich selbst gestellt nicht gewachsen waren. Sie würden mit Situationen konfrontiert werden, in denen sie einander brauchten (sie wurden jeweils zu zweit ausgesandt) und als Team die Führung des Heiligen Geistes erkennen mussten. Jesus war mehr daran interessiert, dass sie lernten, mit dem Heiligen Geist zu kooperieren als an den Resultaten der von ihnen abgehaltenen Versammlungen. Er bildete eine Gruppe von Menschen aus, auf denen der Heilige Geist ebenfalls ruhen konnte.

Heutige Bibellese

Lukas 10, 3

Gebet

Heiliger Geist, so, wie Jesus die siebzig Jünger aussandte, damit sie die Wege und die Wirkungsweise des Geistes lernten, zeige auch mir deine Wege, wenn ich mich aufmache, um deine Werke zu tun. Zerbrich jede Einschüchterung, die mich davon abhält, anderen mit deiner Liebe, Barmherzigkeit und Kraft zu dienen.

Es ist von großem Wert dort zu dienen, wo es nicht wertge-schätzt wird. Das ist einer der Gründe, weshalb wir in unse-rer Heimat lernen sollten, unseren Dienst auszuüben.

Viele notwendige Lektionen können wir nur lernen, wenn wir anderen dienen. Das galt auch für die Jünger. Das Endresultat bestand darin, dass sie auch in ihren Heimatstädten machtvolle Versammlungen abhielten, also dort, wo sich ein erfolgreicher Dienst am schwierigsten gestaltet. Jesus hatte bereits betont: *„Wahrhaftig, kein Prophet gilt etwas in seiner Heimatstadt"* (Lukas 4,24; Neues Leben).

Wir dienen nicht, um Anerkennung zu bekommen. Wenngleich Jesus in seiner Heimatstadt diente, wurde er dort weder gewürdigt noch richtig eingeschätzt. Die Menschen waren zu sehr mit dem Sohn von Maria und Josef vertraut. Das Gleiche trifft möglicherweise auch auf dich zu. Es gibt täglich Menschen in unserem Umfeld, denen wir gemäß unserer Bestimmung dienen sollen. Vielleicht werden sie uns für unseren Dienst niemals Wertschätzung entgegenbringen. Das ist aber auch nicht das Ziel. Wir dienen, weil wir das Wesen Jesu veranschaulichen wollen. Wenn wir dienen, kooperieren wir mit dem Heiligen Geist und empfangen aus der Fülle seiner Kraft die nötige Befähigung. Wir dienen anderen, weil Gott Menschen wertschätzt und wir haben eingewilligt, das Wertesystem des Himmels hochzuhalten.

Heutige Bibellese

Lukas 4,24

Gebet

Ich diene nicht, um Anerkennung zu bekommen. Heiliger Geist, hilf mir, Menschen zu dienen, weil ich sie wertschätze. Ich ehre Menschen, weil du sie liebst.

Wir dürfen uns nicht von der Anerkennung anderer abhängig machen. Wenn wir nicht von ihrem Lob abhängig sind, wird uns ihre Kritik auch nicht umwerfen.

Jesus sandte seine Jünger in Gebiete, wo man weder sie noch ihre Botschaft besonders willkommen heißen würde (siehe Lukas 10,3). Tatsächlich bereitete er sie sogar darauf vor, Feindseligkeit zu erwarten, indem er ihnen erklärte, dass einige Menschen der Demonstration des Reich Gottes widerstehen würden. Beachte, mit welchen Worten er seine Anweisung beginnt: *„Wenn ihr aber in eine Stadt kommt und sie euch nicht aufnehmen ... "* (Lukas 10,10). Er wies sie an, dem Heiligen Geist Raum zu geben und sich durch Kritik und Ablehnung nicht beeinflussen zu lassen.

Wenn die vorrangige Aufgabe der Jünger darin bestand, den Heiligen Geist zu beherbergen und mit ihm zusammenzuarbeiten, um die übernatürlichen Taten zu vollbringen, von denen Jesus sprach – wie beispielsweise Heilungen, Befreiungen, Totenauferweckungen – würde die Kritik der Menschen völlig unerheblich sein. Viele lassen sich von Kritik beeinflussen, obwohl sie doch vom Heiligen Geist bewegt werden sollten. Wir nehmen Kurskorrekturen vor, weil wir auf Widerstand stoßen, anstatt treu an dem vom Herrn empfangenen Auftrag festzuhalten, selbst wenn wir dafür Kritik ernten werden. Wenn seine Gegenwart für uns oberste Priorität hat, relativiert sich alles andere.

Heutige Bibellese

Lukas 10, 1-12

Gebet

Ich werde mich nicht vom Lob der Menschen abhängig machen. Es ist mein Ziel, deinem Beispiel zu folgen und dem Heiligen Geist oberste Priorität zu geben. Ich lasse mich von deiner Gegenwart leiten, und nicht von Lob oder Kritik. Lass mich auf Kritik vorbereitet sein. Bereite mich darauf vor, mit Lob richtig umzugehen.

Bei dem Wort Frieden denken die Menschen in der Welt an die Abwesenheit von etwas – an eine Zeit ohne Krieg, ohne Lärm oder ohne Streitigkeiten. Für einen Christen ist Frieden eine Person – die Anwesenheit von jemandem.

Jesus sandte siebzig weitere Jünger aus, und es ist interessant, was er ihnen auftrug zu tun, sobald sie eine Unterkunft gefunden hatten. Sie sollten ihren Frieden in diesen Haushalt bringen. Handelte es sich hier lediglich um die Anweisung, Menschen mit dem Wort *shalom* zu begrüßen? Das bezweifele ich. Eine solche Lektion hätte man mit deutlich weniger Trara abhalten können. Ich bin davon überzeugt, dass die Jünger diese Lektion erst zu einem späteren Zeitpunkt verstanden haben. Ihnen war aufgetragen worden, Frieden freizusetzen, den sie interessanterweise aber wieder zurücknehmen sollten, wenn sich dort niemand fand, der dieses Friedens würdig war (siehe Matthäus 10, 13).

Unsere Fähigkeit, diesen Befehl Jesu umzusetzen, ist ein ganz zentraler Punkt seiner Anweisung für den Dienst. Diese Anordnung steht in unmittelbarem Zusammenhang damit, inwieweit wir in der Lage sind, die Gegenwart des Heiligen Geistes zu erkennen. Es ist schwierig, beständig etwas freizusetzen, dessen du dir nicht bewusst bist. Wenn wir uns seiner Gegenwart bewusst sind, werden wir unser Umfeld auch stärker beeinflussen können.

Heutige Bibellese

Matthäus 10, 11-14

Gebet

Möge ich stets erkennen, wann, wo und wie du dich erweist, Heiliger Geist. Möge ich augenblicklich reagieren, wenn du mich aufforderst, durch Gebet Frieden über einer Person oder einer Situation freizusetzen. Hilf mir, bereit zu sein, Risiken einzugehen und deinen Frieden überall dort hinzubringen und freizusetzen, wohin du mich führst.

Jene, denen Prinzipien wichtiger sind als die Gegenwart Gottes, trachten nach einem Reich ohne König.

Wenn wir die Freude darüber, Gott zu kennen, auf die Prinzipien reduzieren, die einen Durchbruch bewirken, berauben wir uns selbst. Vieles von dem, was wir tun, basiert auf Prinzipien für den Dienst anstatt auf der Gegenwart Gottes.

Eines der Geheimnisse des Lebens besteht darin, dass die vorrangige Aufgabe eines Christen der richtige Umgang mit einer Person ist – mit der bleibenden Gegenwart des Heiligen Geistes.

Er ist eine Person, kein „es".

Heutige Bibellese

Johannes 14, 26

Gebet

Heiliger Geist, du bist eine Person. Du bist Gott! Das bedeutet, dass ich niemals allein bin. Vater, ich danke dir, dass sich die Verheißung Jesu wegen deines Geistes täglich in meinem Leben erfüllt. Er hat verheißen, mich nicht zu verlassen und mich nicht aufzugeben. Er hat verheißen, mir einen Beistand zu senden, der in Ewigkeit bei mir bleibt. Heiliger Geist, komm. Du bist so willkommen, geschätzt und geliebt!

Jesus wird in der Bibel Friedefürst genannt. Der Heilige Geist ist der Geist Christi – die Person des Friedens. Und dieser Friede, der eine Person ist, ist die Atmosphäre des Himmels.

Das ist der Grund, weshalb Friede wie ein zweischneidiges Schwert ist – für Christen ist er wunderbar und beruhigend, für die Mächte der Finsternis aber äußerst invasiv und zerstörerisch. *„Der Gott des Friedens aber wird in kurzem den Satan unter euren Füßen zertreten"* (Römer 16, 20).

Das ist schon ein beachtlicher Auftrag, der uns Nachfolgern Jesu gegeben wurde – wenn du in ein Haus eintrittst, sollst du die Person des Friedens finden. Indem du das tust, setzt du die Gegenwart frei, die für hingegebene Christen die Atmosphäre des Himmels ist. Gleichzeitig aber schwächt sie auch die Mächte der Finsternis, die in jenem Haus am Werk sind. Diese Atmosphäre wird durch die Person des Heiligen Geistes zum Ausdruck gebracht. Für Jesus war dies das Einmaleins des Dienstes.

Heutige Bibellese

Römer 16, 20

Gebet

Heiliger Geist, durch deinen Frieden setzt du die Atmosphäre des Himmels frei. Danke für diese Gabe, diese wunderbare Frucht des Geistes. Weil du in mir wohnst, habe ich Frieden. Dein Friede bringt deine Kraft mit sich.

Weil der Geist des auferstandenen Christus in uns wohnt, sind Wunder zu erwarten. Aber das ist nicht sein vorrangiges Anliegen für uns. Er will unser Herz.

Eine Haltung der Hingabe kann auf vielerlei Weise zum Ausdruck gebracht werden, aber Gott sucht nach jenen, die ihm vertrauen. Bedenke, ohne Glauben ist es unmöglich, ihm wohlzugefallen (siehe Hebräer 11, 6). Vertrauen ist von zentraler Bedeutung.

Wenn wir ihn ehren wollen, müssen wir uns so sehr von ihm abhängig machen, dass das, was wir zu tun versuchen, ohne sein Wirken zum Scheitern verurteilt ist. Dieses Maß an Hingabe kennzeichnete das Leben Jesu auf Erden und ist jetzt das Kennzeichen von glaubensvollen Gläubigen. So können wir an dem erteilten Auftrag teilhaben. Jesus sagte zu den Jüngern: „Geht in eine Stadt. Sucht einen Platz, an dem ihr bleiben könnt. Nehmt kein Geld mit. Nehmt nur so viel Kleidung mit, dass ihr über einen längeren Zeitraum damit auskommt. Macht euch bei der Umsetzung meiner Aufträge in der Weise verletzlich, dass ihr nur dann Erfolg habt, wenn ich für euch sorge und euch leite."

Heutige Bibellese

2. Mose 33, 14-15

Gebet

Wenn deine Gegenwart nicht mit mir ist, bin ich verloren. Heiliger Geist, du bist die großartigste Versorgung, die ich je bekommen könnte. Du hast mich nicht nur mit Führung, Wahrheit oder Kraft zurückgelassen – du selbst hast dich mir gegeben. Gott, du bist mit mir und du hast mich für jede Situation ausgestattet, mit der ich konfrontiert werde.

Die vordersten Schlachtreihen sind der sicherste Ort.

In der Stunde seines größten Versagens ließ David diese Wahrheit außer Acht. In der Zeit, wenn die Könige zum Kampf auszogen, verhielt sich David nicht entsprechend seiner königlichen Identität und blieb im königlichen Palast zurück. So kam er überhaupt erst in die Situation, durch den Ehebruch mit Batseba in Sünde zu fallen.

Jesus brachte den Jüngern das Konzept nahe, dass man in der Schlacht sicher ist. Er erläuterte, dass wir in Sicherheit sind, wenn wir als Schafe unter Wölfen leben, auch wenn diese uns zu verschlingen suchen. Natürlicherweise geht man davon aus, in einer äußerst unsicheren Position zu sein, wenn man sich einem Risiko aussetzt. Aber das Reich Gottes funktioniert anders. So, wie wir erhöht werden, wenn wir uns demütigen und wahrhaft leben, wenn wir uns selbst verleugnen, sind wir in diesem Königreich am sichersten, wenn wir aus dem Grund am angreifbarsten sind, weil wir zu Gottes Auftrag *Ja* gesagt haben.

Heutige Bibellese

Matthäus 10, 16-20

Gebet

In der Schlacht bin ich grundsätzlich sicher, weil deine Gegenwart auf Schritt und Tritt mit mir ist.

David verlor die Schlacht durch seine Augen. Das war das Einfalls-
tor dafür, den Kampf um sein Herz zu verlieren. Und all das geschah,
weil er nicht in der Schlacht war, für die er geboren wurde.

Und es geschah bei der Wiederkehr des Jahres, zur Zeit, wenn die Könige
ins Feld hinausziehen ... David aber blieb in Jerusalem. Und es geschah zur
Abendzeit, dass David von seinem Lager aufstand und sich auf dem Dach des
Königshauses erging. Da sah er vom Dach aus eine Frau baden. Die Frau aber
war von sehr schönem Aussehen. Und David sandte hin und erkundigte sich
nach der Frau. Und man sagte: Ist das nicht Batseba, die Tochter Eliams, die
Frau Urias, des Hetiters? Da sandte David Boten hin und ließ sie holen. Und
sie kam zu ihm, und er lag bei ihr ... (2. Samuel 11, 1-4)

Es war die Zeit, in der die Könige in den Kampf ziehen. Während dieser
Zeit wäre David im Krieg sicherer gewesen als auf dem Dach seines Hauses. Weil er die Schlacht mit seinen Augen verlor, brachte er sich in die Situation,
die Schlacht um sein Herz zu verlieren. Das ist eine Mahnung, dass wir in dem
Kampf verharren müssen, für den wir geboren wurden. Ein Schlüssel ist der, dass
wir unsere Augen schützen. Wenn unser Blick nicht auf ihn gerichtet ist, geschieht es leicht, dass wir den Kampf vermeiden, uns falsch positionieren und von
unseren Aufgaben abgelenkt werden. So war es bei David, und es erwies sich als
eine sehr kostspielige Entscheidung.

Hätte er den richtigen Fokus beibehalten, wäre er in den Kampf gezogen,
für den er bestimmt war. Er hätte gekämpft und sich des Sieges erfreut, anstatt
zurückzubleiben und eine seiner folgenschwersten Niederlagen zu erleiden.

Heutige Bibellese

2. Samuel 11, 1-4

Gebet

Du machst mich auf bestimmte Zeiten und Zeitpunkte aufmerksam. Heiliger Geist,
hilf mir, zum richtigen Zeitpunkt am richtigen Ort zu sein, um den richtigen Kampf
zu kämpfen. Vor allem aber hilf mir, auf dich fokussiert zu bleiben. Wenn ich in deiner
Gegenwart bin, bin ich stets zur rechten Zeit am rechten Ort.

*Gefährliche Orte werden sicher, wenn die manifestierte Gegenwart
Gottes bei der Ausführung deines Auftrags mit dir ist.*

Es wäre töricht, zu glauben, dass für den Dienst an vorderster Front keine realen Gefahren lauern. Aber das alles ändert sich, wenn Gott mit dir ist.

Für gewöhnlich werden wir in dem Maße auf ihn aufmerksam, wie wir uns bewusst sind, wie sehr wir ihn brauchen. Tatsächlich dreht sich alles um die Gegenwart Gottes. Es geht darum, ihn zu beherbergen. Das ist es, was die siebzig Jünger entdeckten. Weder ihre Unwissenheit noch ihre mangelnde Erfahrung disqualifizierte sie. Sie waren von dem ausgesandt worden, der mit ihnen ging.

Heutige Bibellese

Matthäus 28, 20

Gebet

Jesus, ich wurde von dir beauftragt. Du hast mich mit deiner Autorität ausgesandt und mich mit deiner Gegenwart ausgestattet. Du wirst mich weder aufgeben, noch wirst du mich verlassen. Du hast mich nicht nur ausgesandt – du bist mit mir und du bist inwendig in mir. Du befähigst mich, den von dir empfangenen Auftrag zu erfüllen.

Zu viele Meinungen unterminieren die Absichten Gottes.

ch bin immer wieder erstaunt, wie anders Jesus denkt. Er sandte die Jünger auf eine Reise, für die alles vorbereitet war, jedoch in mancherlei Hinsicht anders, wie ich mich vorbereite. Alles war vollständig vorbereitet, weil Gott mit ihnen gehen würde. Ein Team von jeweils zwei Personen würde ausreichen; sie würden von dem Prinzip der Einheit profitieren, wären aber nicht den gleichen Konflikten ausgesetzt wie die zwölf Kundschafter, die zur Zeit Mose das Land Kanaan auskundschafteten.

Zwei Kundschafter kamen mit positiven Nachrichten zurück. Ich behaupte nicht, als Zweierteam unterwegs zu sein, sei das einzige Leitbild für den Dienst. Ich sage, dass Jesus sie auf eine Weise vollständig vorbereitet aussandte, die wir nicht immer in Betracht ziehen – Gott würde hinsichtlich ihres Auftrags mit ihnen gehen, um in einem Haus Frieden freizusetzen, die Kranken zu heilen, die Toten aufzuerwecken und so weiter. Jesus sorgte dafür, dass sie auf den Heiligen Geist fokussiert blieben. Sie wurden optimal vorbereitet. Sie hatten gesehen, wie Jesus diese Dinge tat, und jetzt gab er ihnen einen Auftrag, dessen Umsetzung nur möglich war, wenn sie vom Heiligen Geist abhängig blieben.

Heutige Bibellese

Lukas 10, 1-4

Gebet

Vater, hilf mir das Leben aus deiner Perspektive zu sehen. Erneuere meinen Sinn. Hilf mir, so zu denken wie du und entsprechend zu reagieren. Im Bereich des Übernatürlichen ist nichts unmöglich! Daher bitte ich dich, Heiliger Geist, komm und verändere meinen Sinn, damit ich immer mehr so denke wie Jesus.

Die übernatürliche Versorgung durch den Herrn betrifft
nicht nur unsere Nahrung, sondern sie ist auch
Schutz und Unterstützung im Dienst.

Ich hätte für all die natürlichen Dinge gesorgt, welche die Jünger für die Ausführung ihres Auftrags brauchten. Jesus sorgte für Führung und die Gegenwart Gottes, wie daran zu erkennen ist, dass er ihnen Kraft und Autorität gab (siehe Lukas 9,1). Was er ihnen gab, gewährleistete auch die Versorgung mit natürlichen Dingen, weil der Heilige Geist am Werk war. In Matthäus 6, 33 lesen wir, dass Jesus die Volksmenge dieses Prinzip lehrte: *„Trachtet aber zuerst nach dem Reich Gottes …! Und dies alles wird euch hinzugefügt werden."* Sein Reich funktioniert vollständig nach dem Prinzip: das Wichtigste zuerst.

Es geht darum, die Kontrolle über das eigene Leben aufzugeben, um vom Heiligen Geist bevollmächtigt und geleitet zu werden. Jesu Anordnung lautete, sich aufzumachen und zu lernen, wie der Heilige Geist sich erweist. Das hatte für ihn den höchsten Wert, und durch erwähnte Beauftragung machte er die Jünger mit dem Wertesystem des Himmels vertraut.

Heutige Bibellese

Matthäus 6, 33

Gebet

Dein Reich hat für mich oberste Priorität und ist mein vorrangigster Auftrag. Vater, ich vertraue dir für alle anderen Bedürfnisse des täglichen Lebens, da du verheißen hast, alles, was ich bedarf, nach deinem Reichtum in Herrlichkeit zu erfüllen. Du bist treu und ich vertraue dir.

Der Heilige Geist sucht immer noch nach Orten, an denen er
verweilen kann – und diese Orte sind Menschen.

Ich erinnere dich daran, dass in der Bibel eine Taube den Heiligen Geist symbolisiert. Das sehen wir besonders deutlich in dem Bericht von der Taufe Jesu. Und auch in folgender Geschichte findet sich ein interessanter Hinweis darüber, welche Bedeutung die Taube für Noah hatte:

Und es geschah am Ende von vierzig Tagen, da öffnete Noah das Fenster der Arche, das er gemacht hatte, und ließ den Raben hinaus; und der flog aus, hin und her, bis das Wasser von der Erde vertrocknet war. Und er ließ die Taube von sich hinaus, um zu sehen, ob das Wasser weniger geworden sei auf der Fläche des Erdbodens; aber die Taube fand keinen Ruheplatz für ihren Fuß und kehrte zu ihm in die Arche zurück; denn noch war Wasser auf der Fläche der ganzen Erde; da streckte er seine Hand aus, nahm sie und holte sie zu sich in die Arche.

(1. Mose 8, 6-9)

Die Taube wurde freigelassen, weil sie nach einem Ruheplatz suchen würde. Als sie keinen Ruheplatz fand, kehrte sie zu Noah und zur Arche zurück. Ich glaube, die meisten von uns empfinden diese Lektion als abstrakt, weil wir so wenig Lehre darüber bekommen und nur wenig Erfahrung haben, wie man lernt, die Gegenwart Gottes zu erkennen. Die meisten würden in einer Situation während des Dienstes nicht wissen, ob die Taube überhaupt freigelassen wurde, geschweige denn, ob sie zurückgekommen ist. Wir täten uns schwer, zu erkennen, ob der von uns freigesetzte Heilige Geist dann auf jemandem ruht. Ich sage das nicht, um irgendjemanden zu beschämen, sondern um einen Hunger für die Dinge zu wecken, die rechtmäßig unser Vorrecht und unsere Verantwortung sind. Wir sollten die Wirkungsweise und die Gegenwart des Heiligen Geistes kennen, um mit ihm so kooperieren zu können, dass unser Umfeld verändert wird. Das ist wahrer geistlicher Dienst.

Heutige Bibellese

1. Mose 8, 6-12

Gebet

Heiliger Geist, mach mein Leben zu deinem Ruheplatz.

Große Sünder haben in vielen Bereichen ihres Lebens ihre Unschuld verloren. Aber die meisten von ihnen haben sich gegenüber dem Heiligen Geist im tiefsten Innern ihres Herzens eine gewisse Unschuld bewahrt.

Für die meisten Menschen, die in tiefer Sünde gefangen sind, gilt, dass dieser Teil ihres Herzens immer noch unberührt ist. Ich habe das immer wieder erlebt. Die korruptesten, lasterhaftesten und unmoralischsten Menschen werden augenblicklich verändert, wenn der Heilige Geist auf sie kommt. Unter dem dicken Fell der durch Sünde verursachten Gefühlskälte liegt ein Bereich äußerster Empfindsamkeit verborgen. Diesen weichen Kern kann niemand von uns ohne die Hilfe des Heiligen Geistes erkennen.

Erstaunlicherweise reagiert das Herz dieser Menschen auf Gott, wenn dieser sich erweist. Diese Menschen schloss Jesus mit ein, als er sagte: *„Ihre vielen Sünden sind vergeben, denn sie hat viel geliebt; wem aber wenig vergeben wird, der liebt wenig"* (Lukas 7, 47). Genau diese Reaktion sagt aus, dass sie der Taube würdig sind.

Heutige Bibellese

Lukas 7, 40-50

Gebet

Heiliger Geist, hilf mir, täglich darüber zu staunen, wie umfassend mir vergeben wurde.

Man kann Jesus nicht häppchenweise ausprobieren. Man muss sich ihm vollständig und von ganzem Herzen übergeben. Ein geringeres Maß an Hingabe wird oftmals das Gegenteil dessen bewirken, was Jesus sich für uns wünscht.

Häufig entwickeln gerade jene eine gewisse Abwehrhaltung Gott gegenüber, die übermäßig mit kirchlichen Dingen konfrontiert wurden. Oftmals kommt es dazu, wenn jemand viel Lehre aus dem Wort Gottes hört, aber nie an den Punkt kommt, sich vollständig Gott auszuliefern. Das war das Problem bei den Pharisäern. Jene, mit den besten Voraussetzungen, den Messias zu erkennen, versagten auf ganzer Linie.

Vollständige Hingabe führt zu Begegnungen mit Gott, die wiederum bewirken, dass wir geistlich sensibel bleiben. Nehmen wir diese Haltung nicht ein, verhärten wir uns für die Impulse von Gott, die uns gegeben wurden, um uns zu verändern. Es ist so ähnlich wie bei einer Schutzimpfung. Kleinen Dosen von Krankheitserregern bewirken, dass sich in unserem Körper Abwehrkräfte gegen eben diese Krankheit bilden.

Heutige Bibellese

1. Korinther 6, 19-20

Gebet

Jesus, ich will dich voll und ganz. Ich will dich nicht nur ausprobieren. Ich will nicht die Möglichkeiten ausloten. Ich liefere dir mein Leben vollständig aus. Heiliger Geist, hier bin ich. Ich bin dein Gefäß und dein Tempel – erfüllt von deiner Gegenwart. Gebrauche mich. Forme mich. Verwandle mich in das Bild deines Sohnes, von Herrlichkeit zu Herrlichkeit. Vater, möge ich dich mit meinem Leben verherrlichen.

Wir werden immer die Realität der Welt freisetzen,
der wir uns am meisten bewusst sind.

Im Himmel gibt es keinen Gedanken, der nicht Gott beinhaltet. Er ist das Licht, das Leben und das Herz seiner Welt. Der Himmel ist erfüllt von vollkommener Zuversicht und Vertrauen in Gott. Hingegen ist unsere Welt erfüllt von Misstrauen und Chaos.

Sich der Gegenwart Gottes bewusst zu sein, ist ein wesentlicher Aspekt des Befehls, in ihm zu bleiben. Bruder Lorenz (1614-1691) erläuterte diesen Lebensstil außergewöhnlich gut. Seine Gedanken zu diesem Thema wurden in dem Buch *Leben in Gottes Gegenwart* (Teamwork 17.12) zusammengefasst. Man sagte über ihn, dass es kein Unterschied war, ob er sich gerade einer Gebetszeit widmete oder in der Küche arbeitete. Er war sich der Gegenwart Gottes und der Gemeinschaft mit ihm bei der praktischen Arbeit genauso bewusst wie im Gebet. Möge das Gleiche über uns gesagt werden, indem wir uns stets danach ausstrecken, Träger seiner Gegenwart zu sein.

Heutige Bibellese

2. Korinther 4, 18

Gebet

Richte meinen Blick stets auf die unsichtbare Realität deines Reiches. Alles, was ich sehe, ist zeitlich begrenzt und der Veränderung unterworfen; alles in deinem Reich ist unerschütterlich und ewig. Ich halte mir die unerschütterlichen Realitäten deines Reiches vor Augen, damit ich darin fest gegründet bin, wenn ich mit unterschiedlichen Widrigkeiten und Situationen konfrontiert werde.

Ich habe Bedenken, wenn Menschen nach Heiligkeit streben, ohne
um den Grundpfeiler unserer Theologie zu wissen: Gott ist gut.

Jeder, der darum weiß, was für ein Privileg es ist, dass Gott in ihm wohnt, sollte das vorrangige Ziel haben, sich beständig seiner Gegenwart bewusst zu sein. Er ist der Heilige Geist, und er wird das Thema Heiligkeit in unseren Fokus rücken. Er ist jedoch ebenso gut, wie er heilig ist.

Ich habe festgestellt, dass all mein Streben, meine Disziplin und meine tiefe Buße nur wenig zu einem heiligeren Wandel beitrugen. Ein heiliger Lebensstil ist das natürliche Ergebnis davon, dass ich mich an dem Einen erfreue, der heilig ist – an dem Herrn, der mich annimmt, wie ich bin. Sämtliche Bemühungen haben nichts verändert, was es wert wäre, erwähnt zu werden – außer dass ich dadurch stolz wurde und mich jämmerlich fühlte. Ich wünschte, ich hätte diesen Aspekt des christlichen Lebens schon wesentlich früher entdeckt. Das hätte mir gewiss einige Jahre der Frustration erspart.

Heutige Bibellese

Römer 12, 1-2

Gebet

Herr, angesichts dessen, wer du bist und was du für mich am Kreuz getan hast, über-
gebe ich dir mein Leben. Das ist die einzig akzeptable Reaktion. Wenn ich sehe, wie
du wirklich bist, sehe ich mich aufgrund deiner Schönheit und Güte veranlasst, dir
alles zu geben. Bewahre mich vor Gesetzlichkeit. Halte mich davon ab, zu versuchen,
für dich zu arbeiten und hilf mir stattdessen, zu deiner Freude zu leben.

*Jeder Christ weiß um die Realität Gottes, aber nicht in der
Weise, dass er sich der Gegenwart Gottes ständig bewusst ist.
Einer der wichtigsten Aspekte unseres Lebens als Christen
besteht darin, dieses Gewahrsein zu entwickeln.*

Jeder Gläubige erlebt Gottes Gegenwart auf irgendeine Weise, aber häufig bleiben wir in dieser Hinsicht ungeübt. Das gilt besonders in Kulturen, in denen kognitive Fähigkeiten einen höheren Stellenwert haben als geistliche und sensitive Fähigkeiten. Beispielsweise wurde unser Körper mit der Fähigkeit ausgestattet, Gottes Gegenwart zu erkennen. Der Psalmist sagt, dass selbst sein Leib nach dem lebendigen Gott schreit (siehe Psalm 84, 3; Gute Nachricht Bibel). Der Schreiber des Hebräerbriefs lehrt, dass es ein Zeichen von Reife ist, wenn wir durch unsere Sinne zwischen Gut und Böse unterscheiden können: *„Die feste Speise aber ist für die Gereiften, deren Sinne durch Übung geschult sind zur Unterscheidung des Guten und des Bösen"* (Hebräer 5, 14).

Jene, die geschult sind, Falschgeld zu erkennen, analysieren nicht die auf unterschiedliche Weise hergestellten „Blüten". Sie beschäftigen sich intensiv mit dem Original. So fällt ihnen Falschgeld nahezu automatisch auf. Genauso ist es, wenn wir unsere Sinne schärfen, um zwischen Gut und Böse zu unterscheiden. Wenn wir uns intensiv damit beschäftigen, dass Gottes Gegenwart auf uns ruht (der Geist, der ohne Maß gegeben wurde), wird uns alles auffallen, was dem entgegensteht.

Heutige Bibellese

Hebräer 5, 12-14

Gebet

Heiliger Geist, bewirke, dass ich mir deiner Gegenwart stärker bewusst werde. Hilf mir, sowohl auf dich als auch auf das, was du tust, fokussiert zu bleiben. Bewirke, dass mein Herz hinsichtlich deines unveränderbaren Wesens und deines Charakters fest gegründet ist, damit ich erkenne, wann du dich bewegst und wann nicht.

Am besten beginnen wir den Tag damit, den Abend und die Nacht
dem Heiligen Geist zu widmen. Viele von uns würden sich tagsüber
besser schlagen, wenn wir ihm unsere Nächte geben.

Seit vielen Jahren ist es meine Gewohnheit, folgendes zu tun, wenn ich abends schlafen gehe: Ich zeige ihm solange meine Zuneigung, bis ich spüre, dass seine Gegenwart auf mir ruht. Da ich aber gerne schlafen möchte, singe ich während dieser Zeit weder Lobpreislieder noch gehe ich wegen irgendeiner großen Not in Fürbitte. Ich zeige ihm einfach so lange meine Liebe, bis seine Gegenwart mein Herz erwärmt. Wenn ich nachts aufwache, wende ich ihm erneut mein Herz zu und denke an ihn, bis ich wieder einschlafe.

Es ist wichtig, zu wissen, wie das Leben funktioniert. Als Gott alles erschuf, wurde es Abend, *„und es wurde Morgen: ein Tag"* (1. Mose 1, 5). So heißt es häufig in 1. Mose, Kapitel 1. Der Tag beginnt am Abend. Viele müssten sich nicht länger mit schlaflosen Nächten herumquälen, wenn sie diese einfache Veränderung vornähmen: Beginne deinen Tag am Abend, indem du ihm solange deine Zuneigung zeigst, bis er dein Herz erwärmt. Sei dir auch während der Nacht seiner Gegenwart bewusst – das wird sich auf den neuen Tag auswirken.

Heutige Bibellese

Psalm 119, 148

Gebet

Heiliger Geist, ich übergebe dir meine Nächte. Weil der Tag bereits abends beginnt, zeige ich dir in den Nachtstunden meine Zuneigung. Ich bringe Anbetung dar und strecke mich nach deiner Gegenwart aus. Du kommst und erwärmst mein Herz. Du bestimmst meinen Schlaf. Ich bitte dich, meine Träume mit deinen Gedanken zu erfüllen. Mit deinen Absichten. Mit deiner Bildsprache. Mit deinen Überlegungen. Und mögen die Samen, die ich in den Nachtstunden säe, tagsüber eine Ernte hervorbringen.

Jesus kommt oftmals anders als erwartet.

Nach seiner Auferstehung traf Jesus seine Jünger in einem Raum, in dem sie sich versteckt hielten. Dieses Treffen hatten sie nicht geplant. Sie versteckten sich, weil sie fürchteten, sie seien die Nächsten, welche die religiösen Führer töten würden. Entweder ging Jesus durch die Wand oder er erschien einfach in diesem Raum. Das war hinsichtlich ihrer Furcht bestimmt nicht förderlich. Jesus reagierte auf ihre Panik mit den Worten: *„Friede euch!"* (Johannes 20, 19).

Sie empfingen nicht, was Jesus ihnen zur Verfügung stellte. Wenn Friede weitergegeben wird, muss er empfangen werden, um davon zu profitieren. Anschließend zeigte Jesus ihnen seine Hände und seine Seite, damit sie die Narben sehen konnten. *„Da freuten sich die Jünger, als sie den Herrn sahen"* (Johannes 20, 20). Erst nachdem sie die Narben gesehen hatten, realisierten sie, wer er war. Dann sprach er abermals Frieden über ihnen aus.

Heutige Bibellese

Johannes 20, 19-20

Gebet

Vater, ich bitte dich um geöffnete Augen. Möge ich beständig auf das Handeln deines Geistes achten, selbst wenn dieses für mich keinen Sinn macht oder anscheinend anders aussieht, als ich erwartet habe.

*Es ist die Auferstehung, die unser christliches Leben und unsere Be-
vollmächtigung veranschaulicht. Aber es ist das Kreuz, das uns dahin
bringt. Ohne das Kreuz gibt es keine Auferstehung.*

Sowohl auf dem Weg nach Emmaus als auch im Obersaal realisierten die
Jünger erst dann, wer dort vor ihnen stand, als er ihre Aufmerksamkeit auf
das Kreuz gelenkt hatte – er konfrontierte sie mit der Narbe von dem Lanzen-
stich in seiner Seite, den Malen in seinen Händen sowie dem Brot, das seinen
gebrochenen Leib symbolisiert.

Im Mittelpunkt jeder geistlichen Bewegung muss das Kreuz stehen, damit die
Echtheit dieser Bewegung erhalten bleibt. Auch hier gilt: das Wichtigste zuerst.
Der Thron ist das Zentrum des Reiches Gottes, und das Lamm Gottes sitzt auf
diesem Thron. Sein Blutopfer wird in alle Ewigkeit geehrt und gefeiert werden.

Heutige Bibellese

Johannes 20, 24-29

Gebet

*Ich danke dir für das würdige Lamm, das man in alle Ewigkeit preisen wird. Dein
Geist befähigt mich, ein Auferstehungsleben zu führen, und dafür bin ich sehr dankbar. Ich möchte mich immer daran erinnern, dass es ohne das Kreuz kein Auferstehungsleben gibt.*

Wir haben Autorität über jeden Sturm, bei dem wir schlafen können.
„Friede sei mit euch!" (Johannes 20, 19).

In Johannes 20 lesen wir, dass Jesus wieder an die Lehreinheit anknüpft, die er den Jüngern bei ihren ersten Auftrag gegeben hatte (siehe Matthäus 10, 8-12). Er lehrte sie, beim Betreten eines Hauses Frieden freizusetzen. Wir sehen auch, dass Jesus einen Sturm durch Freisetzung von Frieden stillte. *„Dann stand er auf und bedrohte den Wind und sagte: Friede! Sei still! Und der Wind legte sich und es herrschte eine völlige Stille"* (Markus 4, 39; frei übersetzt nach der englischen King James Version). Bedenke, dass es sich um den Sturm handelte, bei dem er geschlafen hatte. Der Schlüssel für Jesus war, dass er sich mehr einer Welt bewusst war, die von Frieden bestimmt ist, als jener, die aufgrund von dessen Abwesenheit verunstaltet ist.

Um Frieden weitergeben zu können, musst du Frieden haben. Wenn du im Frieden bleibst, macht dich das zu einer Bedrohung für jeden Sturm. Hier beauftragte Jesus die Jünger, die Währung des Himmels – Frieden – in jedes Haus und in jene Stürme zu tragen, die eine Freisetzung seiner Gegenwart erforderlich machen.

Heutige Bibellese

Markus 4, 35-41

Gebet

Deine Gegenwart gibt mir den Frieden, um während eines Sturms zu ruhen. Danke, Vater, für diesen Frieden, der höher ist als alle Vernunft. Du gibst mir Frieden in Situationen, wo es im Natürlichen keinen Sinn ergibt. Dieser Friede gibt mir während eines Sturms sowohl Schutz als auch Macht über diesen Sturm.

Ich kann mir vorstellen, dass Jesus durch diese eine Handlung die grundsätzliche Natur jeglichen Dienstes veranschaulichte. Um das zu tun, was er tat, ist es erforderlich, die Taube (den Heiligen Geist) freizusetzen, bis sie einen Ruheplatz (Menschen) findet.

Nachdem Jesus den Jüngern seine Narben gezeigt hatte, glaubten sie. Er sprach abermals Frieden über ihnen aus, denn er ist der Gott, der uns immer eine zweite Chance gibt. Offensichtlich waren sie jetzt offen dafür, denn unmittelbar darauf gibt Jesus ihnen den größten Auftrag, der je einem Menschen erteilt wurde: *„Jesus sprach nun wieder zu ihnen: Friede euch! Wie der Vater mich ausgesandt hat, sende ich auch euch"* (Johannes 20, 21). Da haben wir es schwarz auf weiß: *„Wie der Vater mich ausgesandt hat, sende ich auch euch."* Das ist erstaunlich. Es gibt keine größere Berufung, als in der Berufung Jesu zu wandeln. Doch als ob das nicht genug wäre, kommen wir jetzt zu dem Teil, der diesen Auftrag möglich macht: *„Und als er dies gesagt hatte, hauchte er sie an und spricht zu ihnen: Empfangt Heiligen Geist!"* (Johannes 20, 22).

Wenn Jesus gesagt hätte, dass er uns aussendet, wie der Vater ihn ausgesandt hat und unmittelbar darauf ein Festmahl für die Armen gegeben hätte, würden wir betonen, dass die Speisung der Armen der zentrale Dienst Jesu sei, den wir jetzt praktizieren sollen. Hätte er nach Erteilung dieses großartigen Auftrags einen zweistündigen Lobpreisgottesdienst abgehalten, würden wir sagen, dies sei unsere vorrangige Aufgabe. Die Handlung, die unmittelbar auf die Anweisung folgt, wird immer als die wichtigste angesehen – es sei denn, sie ist abstrakter Natur, wie es in dieser Situation der Fall war. Weil dieses Handeln Jesu so ungewöhnlich war, geht es in der langen Liste der Handlungen verloren, die nur Gott tun kann – die Freisetzung des Geistes Gottes. In dieser einzigen Handlung fasst Jesus das Leben jener zusammen, die ihm in diesem größten Auftrag folgen – „Wie der Vater mich ausgesandt hat, sende ich auch euch" – *setzt jetzt den Geist Gottes frei.*

Heutige Bibellese

Johannes 20, 19-22

Gebet

Das Ziel des Dienstes besteht darin, deinen Geist freizusetzen. Gleichwie Jesus die Jünger anhauchte und sie mit dem Geist bevollmächtigte, habe auch ich denselben Geist empfangen. Er ist die großartige Gabe, die ich umsonst empfangen habe, um deine Gegenwart umsonst weiterzugeben.

Jeglicher Dienst sollte aus unserer Beziehung zu der Person fließen, die um unsertwillen in uns wohnt, aber um anderer willen auf uns ruht.

Jesus hatte seinen Jüngern bereits Kraft und Autorität gegeben, während er noch auf Erden lebte. Sie kooperierten mit dem Geist sowohl auf ihren „Missionsreisen" als auch während der Zeit, in der Jesus seinen Dienst hier auf Erden ausführte. Interessanterweise würde ihnen nach seinem Tod und seiner Auferstehung das, was er ihnen gegeben hatte, nicht mehr ausreichen. Er ließ sie an seinen Erfahrungen teilhaben und er befähigte sie, unter dem Schirm seiner Vollmacht und Kraft zu agieren. Und das machten sie gut. Jetzt würden sie ihre persönliche Erfahrung mit Gott machen müssen, um sich in dieser notwendigen Ausrüstung (Kraft und Vollmacht) bewegen zu können.

Kraft und Autorität zeugen von der Natur des Heiligen Geistes immer unter dem primären Aspekt, dass wir Träger seiner Gegenwart sind. Während seines Dienstes auf Erden zeigte Jesus den Jüngern genau, was ihnen nach seinem Tod am Kreuz zur Verfügung stehen würde. Wenngleich sie eine vorübergehende Bevollmächtigung erfahren hatten, als Jesus noch bei ihnen war, dienten ihre spezifischen Aufträge vor allem als Gelegenheit, um zu lernen, wie der Heilige Geist sich bewegt und wirkt.

Heutige Bibellese

Apostelgeschichte 1, 4-8

Gebet

Ich bin auf eine persönliche Begegnung mit deiner Gegenwart angewiesen, um die vorbereiteten Aufträge und meine Berufung zu erfüllen. Ich kann mich nicht auf die Erfahrung, die ein anderer mit dir, Heiliger Geist, gemacht hat, verlassen, um meine Bestimmung zu erfüllen. Danke, für die entscheidenden Momente in deiner Gegenwart, die mich auf ein neues Level bringen werden – in puncto Salbung, Berufung und um dein Reich in dieser Welt freizusetzen.

Autorität kommt mit der Beauftragung, aber Kraft kommt aus der Begegnung mit Gott.

Als die Jünger den Heiligen Geist empfingen (siehe Johannes 20, 22) wurden sie von neuem geboren. Sie bekamen von Gott einen Auftrag, der später in Matthäus 28 bestätigt und erweitert wurde: *„Geht nun hin und macht alle Nationen zu Jüngern, und tauft sie auf den Namen des Vaters und des Sohnes und des Heiligen Geistes, und lehrt sie alles zu bewahren, was ich euch geboten habe! Und siehe, ich bin bei euch alle Tage bis zur Vollendung des Zeitalters"* (Matthäus 28, 19-20).

Nach dieser Erfahrung wurde ihnen aufgetragen, Jerusalem nicht zu verlassen, bevor sie nicht mit Kraft aus der Höhe angetan waren: *„ ... und siehe, ich sende die Verheißung meines Vaters auf euch. Ihr aber, bleibt in der Stadt, bis ihr bekleidet werdet mit Kraft aus der Höhe!"* (Lukas 24, 49). Ihnen wurde aufgetragen, diesen Ort erst dann zu verlassen, wenn sie eine Begegnung mit dem Geist Gottes hatten.

In Matthäus 28 empfingen sie Autorität, aber in Apostelgeschichte 2 empfingen sie Kraft. Selbst Jesus machte die gleiche Erfahrung. Als Sohn Gottes empfing er vom Vater Autorität, die Werke zu tun, für die er während seines Dienstes auf Erden bestimmt war. Als er jedoch im Wasser getauft wurde, hatte Jesus eine Begegnung mit dem Heiligen Geist, welcher ihn befähigte, das zu tun, wozu er autorisiert worden war.

Heutige Bibellese

Lukas 24, 44-49

Gebet

Ohne deine Kraft kann ich meine Berufung nicht erfüllen. Ich bin mir darüber im Klaren, dass ich getrennt von deiner Gegenwart deinen Auftrag nicht erfüllen kann. Es bedarf deiner Fähigkeit, um die Mission zu erfüllen. Ich bin autorisiert. Ich bin gesalbt. Aber durch die persönliche Begegnung mit dir werde ich befähigt, erfüllt und immer wieder neu erfüllt.

Ich weiß von keinem größeren Privileg, als die Gegenwart des Heili-
gen Geistes in diese Welt zu tragen und dann nach offenen Türen zu
schauen, um ihn freizusetzen.

Ein befreundeter Prophet sagte einmal zu mir: „Sag mir, wenn du eine
Gemeinde kennst, von der du glaubst, dass ich dorthin gehen sollte, und
ich werde es tun. Im Grunde sagte er zu mir: „Du hast Gunst in meinen Augen.
Und wenn du möchtest, dass ich in eine bestimmte Gemeinde gehe, werde ich
den Menschen dieser Gemeinde die gleiche Gunst erweisen, die ich auch dir
erweisen würde."

Das beschreibt irgendwie die Natur dieser höchsten Berufung. Wenn wir die
Gegenwart des Heiligen Geistes in richtiger Art und Weise auf der Grundlage
unserer Beziehung zu ihm verwalten, wird er uns in zunehmendem Maße er-
lauben, seine Gegenwart in unterschiedlichen Situationen und im Leben von
Menschen freizusetzen. Er wird ihnen dieselbe Gunst erweisen wie uns.

Heutige Bibellese

Lukas 4, 18-19

Gebet

Dein Geist ist auf mir, damit ich die gute Nachricht predige und offene Türen finde,
um seine Gegenwart freizusetzen. So, wie du mir die Gegenwart des Heiligen Geistes
umsonst gegeben hast, hilf mir, sie umsonst jenen zu geben, die das brauchen, was nur
er geben kann. Was für eine wunderbare Verwalterschaft, ein Träger deiner Gegenwart
– deiner selbst – zu sein!

November

EINIGE SCHLÜSSEL, WIE MAN EIN TRÄGER DER GEGENWART GOTTES SEIN KANN.

Gottes Gegenwart durch Worte freisetzen.

esus handelte häufig auf diese Weise. Er sagte nur das, was sein Vater sagte. Das bedeutet, dass jedes von ihm gesprochene Wort dem Herzen des Vaters entsprang. Als er seine rätselhafteste Botschaft verkündigte, verließen ihn die Menschen scharenweise. Wir lesen davon in Johannes 6.

In dieser Botschaft sprach er darüber, dass die Menschen sein Fleisch essen und sein Blut trinken müssten, um seiner teilhaftig zu werden. Niemals zuvor hatte Jesus über etwas so Groteskes gelehrt. Für seine Zuhörer klang das nach Kannibalismus. Wir wissen, dass er das nicht beabsichtigte. Aber wir haben inzwischen auch die Information über das Abendmahl. Am erstaunlichsten finde ich, dass Jesus es nicht für nötig hielt, genauer zu erklären, was er meinte. Wahrscheinlich gibt es heutzutage keinen Pastor oder Lehrer, der nicht sicherstellen würde, dass seine Zuhörer verstehen, was er meint – besonders dann, wenn ein Raunen durch die Reihen geht und die Zuhörer letztlich die Versammlung verlassen. Doch da sie Jesus gewaltsam zum König machen wollten, erfüllte diese Botschaft ihren Zweck.

Als er seine Jünger fragte, ob sie auch gehen wollten, antwortete Petrus: *„Herr, zu wem sollten wir gehen? Du hast Worte ewigen Lebens ...“* (Johannes 6, 68). Ich glaube, Petrus wollte damit sagen: „Wir verstehen deine Lehre ebenso wenig wie jene, die gegangen sind. Aber wir wissen, dass wir von Leben erfüllt werden, wann immer du sprichst. Wenn du sprichst, verstehen wir, weshalb wir leben!“

Heutige Bibellese

Johannes 6, 68

Gebet

Vater, du hast die Worte ewigen Lebens. Wenn ich meine Worte mit deinen in Einklang bringe, werde ich erleben, dass sich dein Wille sowohl in meinem Leben als auch im Leben der Menschen in meinem Umfeld erfüllt. Solche Worte sind von deiner Gegenwart erfüllt, weil sie dir entspringen.

Worte, die Geist und Leben freisetzen.

Jesus erklärte einen besonders wichtigen Aspekt des Dienstes von Christen, als er sagte: *„Die Worte, die ich zu euch rede, sind Geist und sind Leben"* (Johannes 6, 63). Jesus ist das fleischgewordene Wort. Aber wenn er sprach, wurde das Wort Geist. Genau das geschieht, wenn wir das sagen, was der Vater sagt.

Wir alle haben das schon erlebt: Wir befinden uns in einer schwierigen Situation und plötzlich betritt jemand den Raum und sagt etwas, das die Atmosphäre vollständig verändert. Das geschieht nicht nur deshalb, weil dieser Mensch eine großartige Idee hat. Er sagt etwas, das sich materialisiert – die gesprochenen Worte werden zu einer Substanz, welche die Atmosphäre verändert. Was ist geschehen? Das Gesagte war zielgerichtet und es kam zur rechten Zeit. Diese Person sagte das, was der Vater sagte. Worte wurden Geist.

Worte sind die Werkzeuge, mit denen Gott die Welt erschuf. Das gesprochene Wort ist das entscheidende Mittel, um in uns Glauben zu kreieren (siehe Römer 10, 17). Es liegt in der Natur des gesprochenen Wortes, schöpferisch zu sein. Schöpferisches Wirken und die Gegenwart Gottes werden in der jeweiligen Situation freigesetzt und eine Veränderung bewirken, wenn wir das sagen, was der Vater sagt.

Heutige Bibellese

Johannes 6, 63

Gebet

Deine Worte setzen die Gegenwart und das Leben des Heiligen Geistes frei. Hilf mir, das zu sagen, was du sagst, damit meine Worte mit deiner übernatürlichen Kraft erfüllt werden.

Die Gegenwart Gottes durch Glaubenshandlungen freisetzen.

Gottes Gegenwart geht mit seinen Handlungen einher. Glaube bewirkt eine substanzielle Freisetzung der Gegenwart Gottes. So geschah es wieder und wieder im Dienst von Jesus. Eine Glaubenshandlung ist jede äußerliche Handlung, die den Glauben im Innern eines Menschen demonstriert.

Beispielsweise habe ich Menschen aufgefordert, trotz einer gravierenden Knöchel- oder Beinverletzung zu laufen. Sobald sie das tun, werden sie geheilt. Wie? Die Gegenwart Gottes wird durch das Handeln freigesetzt. Dazu würde ich allerdings niemals allein auf Grundlage des Glaubensprinzips auffordern. Ich bin nur dann bereit, so eine Anweisung zu geben, wenn ich mich aufgrund der Gegenwart Gottes so geleitet sehe. Viele Leiter machen an diesem Punkt einen großen Fehler. Ich würde nie von jemandem verlangen, sich aufgrund eines bestimmten Prinzips in Gefahr zu bringen. Wenn ich den Eindruck habe, dass es hinsichtlich meines persönlichen Wandels mit Christus eine Blockade gibt, werde ich mir selbst gelegentlich aufgrund des erwähnten Glaubensprinzips eine kühne Glaubenshandlung abverlangen – aber das verlange ich niemals von anderen.

Heutige Bibellese
Markus 2, 1-5

Gebet

Vater, ich bitte dich, mir die Bereiche meines Lebens zu zeigen, in denen ich eine Glaubenshandlung vollziehen muss, um eine Zunahme deiner Gegenwart zu erleben. Ich danke dir für den Durchbruch, der mir auf der anderen Seite des Glaubenswagnisses zur Verfügung steht, wenn ich im Glauben handle.

Gottes Gegenwart durch prophetische Handlungen freisetzen.

Die prophetische Handlung ist ein einzigartiger Aspekt des christlichen Lebens, erfordert sie doch ein Handeln, das augenscheinlich nichts mit dem gewünschten Resultat zu tun hat. Hingegen zielt das Laufen mit einer Verletzung am Fußgelenk offensichtlich auf das gewünschte Resultat ab – ein geheiltes Fußgelenk. Eine prophetische Handlung hat diesen unmittelbaren Bezug nicht.

Ein gutes Beispiel dafür ist die Begebenheit, als Elisa von einem geborgten Axtkopf berichtet wurde, der in den Fluss Jordan gefallen war. *„… Da schnitt er ein Stück Holz ab und warf es hinein und brachte das Eisen zum Schwimmen"* (2. Könige 6, 6). Du kannst den ganzen Tag lang Stöckchen ins Wasser werfen und den Axtkopf dennoch niemals zum Schwimmen bringen. Diese Handlung steht scheinbar in keinem unmittelbaren Zusammenhang mit dem Problem. Die Kraft einer prophetischen Handlung besteht darin, dass sie dem Herzen des Vaters entspringt. Eine prophetische Handlung des Gehorsams gründet sich auf eine Logik, jenseits menschlicher Überlegungen.

Ich habe das häufig erlebt, wenn sich jemand nach einem Wunder ausstreckte. Ich forderte die betreffende Person auf, von ihrem Sitzplatz aufzustehen und sich in den Gang zu stellen. Das tat ich nicht, weil die Kraft des Heiligen Geistes dort in einem größeren Maß gewesen wäre. Es war eine prophetische Handlung, welche die Gegenwart des Heiligen Geistes über diesem Menschen freisetzen würde. Jesus handelte häufig auf diese Weise. Einmal forderte er einen blinden Mann auf, sich im Teich Siloah zu waschen (siehe Johannes 9, 7). In diesem Teich war keine Heilungskraft. Das Wunder wurde freigesetzt, als der Mann entsprechend der Anweisung handelte, zu dem Teich ging und sich darin wusch. Es bestand kein logischer Zusammenhang zu dem gewünschten Resultat.

Heutige Bibellese

Johannes 9, 1-7

Gebet

Herr, hilf mir, jegliche prophetische Handlung vorzunehmen, die du mir aufträgst. Vielleicht ergibt es keinen Sinn. Vielleicht wirkt es merkwürdig. Doch wenn du mich so leitest, vertraue ich dir und glaube, dass die jeweilige Handlung deine Gegenwart freisetzen und einen Durchbruch bewirken wird.

Gottes Gegenwart Gottes durch Handauflegung freisetzen.

Das **Auflegen der Hände** ist eine der grundlegendsten Lehren der Gemeinde und wird in der Bibel spezifisch als Lehre Christi bezeichnet (siehe Hebräer 6, 1-2; Neues Leben). Die Praxis der Handauflegung findet sich auch im Alten Testament. Der Priester legte seine Hände auf den Ziegenbock, um symbolisch die Sünden Israels auf ihn zu legen. Anschließend wurde der Ziegenbock in die Wüste getrieben. Dem Ziegenbock wurden die Hände aufgelegt, um etwas freizusetzen, das Israel helfen würde, in seine Bestimmung zu kommen. Handauflegung war auch gängige Praxis, um Autorität zu übertragen, wie bei der Einsetzung der siebzig Ältesten durch Mose.

Der Apostel Paulus legte Timotheus die Hände auf, um apostolische Bevollmächtigung freizusetzen. In der Apostelgeschichte lesen wir, dass Menschen die Hände aufgelegt wurden, damit sie den Heiligen Geist empfingen (siehe Apostelgeschichte 8, 18). Der Punkt ist, dass Handauflegung ein Werkzeug ist, das Gott gebraucht, um die Realität seines Reiches und seiner Gegenwart im Leben eines Menschen freizusetzen.

Heutige Bibellese

Hebräer 6, 1-2

Gebet

Dein Wort sagt, wenn wir Kranken die Hände auflegen, werden sie genesen. Ermutige mich, aktiv zu werden und in diesem Bereich Risiken einzugehen, indem ich Kranken die Hände auflege und so deine Gegenwart freisetze.

Die Gegenwart Gottes durch Schatten und Kleidung freisetzen.

Der Bericht über den Schatten von Petrus zählt zu den großartigen Geschichten darüber, was der Überfluss der Gegenwart Gottes im Leben eines Menschen bewirken kann. Es findet sich weder ein Hinweis, dass Petrus diese Auswirkungen erwartet noch ein entsprechendes Verhalten angeordnet hätte. Aber die Menschen fanden heraus, wie sie Zugang zu der auf ihm ruhenden Salbung bekommen konnten. Unser Schatten wird immer das freisetzen, was uns überschattet.

Wenn wir ein Ruheplatz für den Geist sind, werden sowohl unser Schatten als auch gesalbte Kleidungsstücke oder Tücher zu Instrumenten von großer Kraft. Ich glaube nicht, dass dieses Prinzip irgendetwas mit unserem Schatten zu tun hat. Es hat etwas mit der Nähe zu der auf uns ruhenden Salbung zu tun. Es werden Dinge durch uns möglich, die nichts mit unserem Glauben zu tun haben. Es kommt einzig und allein darauf an, wer auf uns ruht – wem wir Raum geben. Auf diese Weise geschehen mehr gute Dinge zufällig als mit Absicht.

Das Gleiche gilt für Kleidung. Die manifeste Gegenwart Gottes auf einem Menschen macht unvorstellbare Dinge möglich. Gottes Gegenwart durchtränkt Stoffe.

Heutige Bibellese

Apostelgeschichte 5, 12-16

Gebet

Heiliger Geist, überschatte mich in gleicher Weise, wie du es bei Petrus getan hast. Möge deine Gegenwart auf mir so sehr zunehmen, dass jeder Bereich meines Lebens deine verändernde Kraft freisetzt.

Die Gegenwart Gottes durch Barmherzigkeit freisetzen.

Barmherzigkeit ist ein weiteres nicht-intentionales Mittel, um Gottes Gegenwart freizusetzen. Nicht-intentional deshalb, weil Barmherzigkeit unserem Innersten entspringt – ähnlich einem Vulkan. In der Bibel heißt es häufig, dass Jesus von tiefer Barmherzigkeit bewegt wurde, und Menschen heilte (siehe Matthäus 14, 14). Wenn wir bereit sind, Menschen mit der Liebe Christi zu lieben, aktivieren wir das Übernatürliche.

Barmherzigkeit wird häufig mit Mitgefühl verwechselt. Mitgefühl vermittelt einem Menschen in Not eine gewisse Anteilnahme, kann diesen aber nicht befreien. Barmherzigkeit dagegen bewegt uns, Menschen zu befreien.

Heutige Bibellese

Matthäus 9, 35-38

Gebet

Vater, hilf mir, so zu leben, wie Jesus es tat – von Barmherzigkeit bewegt. Barmherzigkeit offenbart dein Herz. Bewahre mich davor, aus Mitleid zu agieren, denn das würde bedeuten, die Probleme über die von dir bereitgestellten Lösungen zu stellen. Barmherzigkeit setzt deine Gegenwart frei und bringt die Gebundenen in Freiheit.

Die Gegenwart Gottes durch Lobpreis freisetzen.

Lobpreis hat ungewöhnliche Auswirkungen auf unsere Umgebung. Wir wissen, dass Gott in unserem Lobpreis wohnt (siehe Psalm 22, 4). Es liegt auf der Hand, dass Gottes Gegenwart durch Lobpreis freigesetzt wird. Die Atmosphäre wird verändert. Tatsächlich bewirkte Lobpreis in der Atmosphäre Jerusalems eine Veränderung. *„Und wir alle hören sie in unserer eigenen Sprache die großen Taten Gottes verkündigen!"* (Apostelgeschichte 2,11; Gute Nachricht Bibel). Diese Art von Lobpreis veränderte die Atmosphäre über der gesamten Stadt, sodass geistliche Blindheit sich förmlich hinweghob und 3.000 Seelen errettet wurden.

Ich habe das selbst erlebt. Als wir für unsere Gottesdienste ein bestimmtes Gebäude mieteten, sprachen jene, die es nach uns nutzten, über die Gegenwart Gottes, die immer noch in dem Gebäude war. Vor einigen Jahren führte ein Freund von mir mit einer Gruppe von Christen Einsätze in den Straßen von San Franzisco durch. Sie trafen auf heftigen Widerstand. Als er schließlich realisierte, dass Gottes Feinde sich zerstreuen, wenn Gott sich erhebt (siehe Psalm 68, 2), wählte er diesen Ansatz für ihren Dienst. Er unterteilte die Gruppe in zwei Teams. Ein Team widmete sich dem Lobpreis und das andere diente den Menschen auf der Straße. Die Polizei erzählte ihm später, dass es während ihrer Einsätze keine Straftaten gab. Das ist ein erstaunliches Resultat dessen, dass die Taube über einem Stadtteil freigesetzt wurde. Die Atmosphäre verändert sich, wenn der Gegenwart Gottes ihr rechtmäßiger Platz gegeben wird.

Heutige Bibellese

Psalm 22, 4

Gebet

Deine Gegenwart erfüllt den Lobpreis deines Volkes und hat gewaltigen Einfluss auf die Atmosphäre. Du bewirkst übernatürliche Transformation, Heilung, Befreiung und Wunder schlicht dadurch, dass du in unserem Lobpreis wohnst.

Das Vorhandensein einer Bibel sollte niemals die Salbung des Geistes Gottes auf seinem Volk ersetzen.

Ich weiß nicht genau, wann es geschah oder wie es dazu kam, aber irgendwann im Laufe der Kirchengeschichte wurde die Predigt zum Dreh- und Angelpunkt unserer Gottesdienste. Ich bin mir sicher, dass es unterschwellig zu dieser Veränderung kam und diese sogar mit dem hohen Stellenwert gerechtfertigt wurde, den wir dem Wort Gottes beimessen. Aber mir reicht dieser Grund nicht aus. Ich sage das nicht, um die Schrift abzuwerten. Leider kann sich etwas so Kostbares wie das Studieren der Bibel negativ auswirken, wenn es losgelöst von der persönlichen Beziehung zu Gott geschieht.

Für uns als Gemeinde, als Familie und als Einzelne muss die Gegenwart Gottes wieder oberste Priorität haben. Das ist Gottes Anliegen für uns, weil uns diese Fokussierung hilft, hinsichtlich des überaus wichtigen Punktes *Vertrauen* zur Reife zu gelangen.

Heutige Bibellese

Johannes 5, 39

Gebet

Gott, dein Wort offenbart, wer du bist, der in mir wohnt. Hilf mir, diese Beziehung niemals durch Bibelwissen zu ersetzen. Dass ich Erkenntnis und Informationen habe, bedeutet noch nicht, dass ich all das umsetze, was du im Geist für mich verfügbar gemacht hast. Ich danke dir, dass du beim Lesen deines Wortes meinen geistlichen Hunger verstärkst, jede Verheißung und jede darin offenbarte Realität zu erleben.

Israel lagerte sich um die Gegenwart Gottes, doch die Gemeinde lagert sich häufig um eine Predigt.

Israel lagerte sich um die Stiftshütte, welche die Bundeslade beherbergte. Dort wohnte die Gegenwart Gottes. Die Stiftshütte war der absolute Lebensmittelpunkt für das Volk Israel. Die Gegenwart Gottes war für sie sehr konkret! Wir sollten die notwendigen Veränderungen vornehmen, um neu zu entdecken, dass die ganz praktische Wirksamkeit der Gegenwart Gottes für alles, was wir tun und sind, von zentraler Bedeutung ist.

Es heißt über die frühe Gemeinde, dass 95 Prozent ihrer Aktivitäten aufgehört hätten, wenn der Heilige Geist von ihr entfernt worden wäre. Aber es heißt auch, dass heutzutage 95 Prozent der Gemeindeaktivitäten wie gewohnt weitergeführt würden, weil seiner Gegenwart so wenig Beachtung geschenkt wird. Glücklicherweise verändern sich diese Werte, weil Gott uns für die intensivierte Ernte und seine manifestierte Gegenwart in der Endzeit ausgestattet hat. Aber wir haben noch einen Weg vor uns.

Heutige Bibellese

4. Mose 9, 17

Gebet

Ich möchte deine Gegenwart in allem, was ich tue, erkennen. Ebenso, wie sich das Volk Israel um die Stiftshütte lagerte, möge auch ich mein Leben voll und ganz auf dich ausrichten. Auf dein Reden. Dein Handeln. Deine Gegenwart. Deine Freundschaft.

Einer der arrogantesten Gedanken ist der, dass sich die Gegenwart
Gottes nicht praktisch auswirken würde.

Diese Lüge hindert uns daran, Gottes Nähe zu entdecken. Er ist der Autor der Bibel, der Designer des Lebens und die Inspiration für ein neues Lied. Er ist in puncto Wirksamkeit das Nonplusultra.

Einer der wichtigsten Aspekte dieses Lebens ist, uns seiner Gegenwart bewusst zu sein. Sein Name ist Immanuel und bedeutet *Gott mit uns*. Den Lebensstil getreu dem Motto „Gott mit uns" haben wir von Jesus geerbt. Bei der Kultivierung dieses Lebensstils muss die Gegenwart Gottes für uns dieselbe Priorität haben, die sie für Jesus hatte. Nur so können wir dieselben Resultate erzielen wie er.

Heutige Bibellese

Psalm 16, 11

Gebet

Vater, zeige mir weiterhin den Weg des Lebens. Weil du mit mir bist und in mir wohnst, habe ich Klarheit, Führung und Weisheit, um alltägliche Entscheidungen zu treffen. Ich danke dir für diese unendliche, ständig sprudelnde Quelle in mir!

Vertrauen bringt uns in Bereiche, die jenseits des menschlichen Verstehens liegen – Bereiche, die nur der Glaube entdecken kann.

Vertraue auf den HERRN mit deinem ganzen Herzen und stütze dich nicht auf deinen Verstand! Auf all deinen Wegen erkenne nur ihn, dann ebnet er selbst deine Pfade! (Sprüche 3, 5-6)

Vertrauen gründet sich auf Interaktion und der daraus resultierenden Entdeckung der Natur Gottes, die in jeder Hinsicht vollkommen und gut ist. Wir glauben nicht deshalb, weil wir alles verstehen. Wir verstehen, weil wir glauben. Die Entdeckung des Wesens Gottes und seiner Gegenwart nimmt durch den Faktor, den wir Vertrauen nennen, exponentiell zu.

Dass wir ihn erkennen, ist eine ganz natürliche Folge unseres Vertrauens in ihn. Wir müssen den Einen in jedem Bereich unseres Lebens erkennen, dem wir mehr vertrauen als unserer eigenen Existenz. Das Wort *erkennen*, bedeutet genau genommen *kennen*. Es ist ein ungewöhnlich vielschichtiges Wort in der Bibel, mit einem breiten Spektrum unterschiedlicher Bedeutungen. Besonders fällt mir auf, dass sich dieses Wort häufig auf den Aspekt der persönlichen Erfahrung bezieht. Es geht um mehr als nur um Kopfwissen. Es geht über das Wissen um bloße Informationen hinaus. Es geht um Wissen durch eine persönliche Begegnung.

Heutige Bibellese
Sprüche 3,5

Gebet

Bewirke, dass mein Vertrauen in dich zunimmt, wenn wir am Ort der Verborgenheit Zeit miteinander verbringen.

Vertrauen ist ein Schlüssel, um Gottes Gegenwart zu entdecken. Er wird wesentlich erfahrbarer für jene, die ihm gegenüber eine Haltung des Vertrauens und der Erwartung haben.

Wie ich bereits erwähnte, ist meine Zuneigung für ihn das wichtigste Mittel, um die Gegenwart Gottes zu erleben. Er ist der Initiator. Er ist der großartige Freund der Menschheit und er wählt es, sich uns in diesen herrlichen Momenten zu nähern. Ich kann mir ein Leben ohne dieses wundervolle Vorrecht, ihn zu lieben, nicht vorstellen. Er kommt uns so unfassbar nah.

Meine persönliche Interpretation von Sprüche 3, 5-6 würde in etwa so lauten: „Erkenne ihn in jedem Bereich deines Lebens, bis daraus eine persönliche Begegnung mit ihm wird. Er wird dein Leben erfüllen." Ich mag es grundsätzlich nicht, wenn Konzepte präsentiert werden, die unseren Wandel mit dem Herrn entwerten, und das will ich hier auch keinesfalls andeuten. Jedoch werden einige Dinge in unserem Leben besser funktionieren, wenn wir Gottes Gegenwart wahrnehmen und ihm begegnen. Es ist unbedingt notwendig, dass wir den Urheber, den Designer und die Inspiration für das Leben an sich an Bord haben und ihm unsere volle Aufmerksamkeit geben.

Heutige Bibellese

Sprüche 3,6

Gebet

Ich halte in jedem Bereich meines Lebens Ausschau nach dir. Vater, du bist stets am Werk. Dein Geist ist ständig wirksam. Hilf mir, zu erkennen, was du tust, bis ich eine persönliche Begegnung mit dir habe.

***Gebrauche deinen Glauben, um Gottes bleibende
Gegenwart in deinem Leben zu entdecken.***

Viele von uns haben sich aus vielerlei Gründen nach einem Lebensstil des Glaubens ausgestreckt. Der Bereich der Wunder ist sicher einer dieser Gründe. Heute sind Wunder regelmäßiger Bestandteil unseres Lebens, und zwar in einem Umfang, den ich nie für möglich gehalten hätte. Es ist wunderbar. Aber ich habe mich kürzlich gefragt, ob wir nicht das, was wir im Bereich des Übernatürlichen gesehen haben, übertreffen könnten, wenn wir unseren Glauben ebenso dafür gebrauchen würden, die Gegenwart Gottes zu entdecken, wie wir es getan haben, um einen Durchbruch für Wunder zu bewirken.

Derselbe Glaube, der uns den Bereich des Übernatürlichen erschlossen hat, ist auch unser Begleiter, um neue Dimensionen der Gegenwart Gottes zu entdecken. Es gibt so viel mehr, was wir über ihn erfahren und mit ihm erleben können. Wenn wir unseren Glauben weiterhin in erster Linie dafür einsetzen, um mit seiner Gegenwart vertraut zu werden, wird sich alles andere relativieren. Seine Gegenwart ist nicht der Schlüssel für unseren Durchbruch; er ist der Durchbruch. Er wird uns niemals enttäuschen. So werden wir vor allem lernen, den Problemen des Lebens in dem Wissen um die Gegenwart Gottes zu begegnen. Das hat Jesus in Perfektion getan.

Heutige Bibellese

Markus 7, 24-30

Gebet

Vater, zeig mir, wie ich Jesus nachahmen kann. Er achtete immer darauf, was du tun und wie du dich erweisen wolltest. Entwickle in mir die Fähigkeit, die Aktivität deines Geistes schnell zu erkennen, damit ich an deinem Wirken teilhaben kann.

Die Gegenwart Gottes ist wie ein Kompass.

Wenn der Kompass meines Herzens die Gegenwart Gottes entdeckt, fügt sich alles andere wesentlich leichter zusammen. Vielleicht weiß ich nicht die Antwort, nach der ich für einen spezifischen Bereich meines Lebens suche, aber ich bin mir der Gegenwart Gottes bewusst. So werde ich vor Furcht und Sorgen bewahrt, die mich hinsichtlich der Antworten blockieren könnten.

Göttliche Ordnung erfüllt das Leben jener, deren Priorität die Gegenwart Gottes ist. Wir sollten in jeder Situation ganz bewusst vor allem nach ihm Ausschau halten. Selbst wenn um uns herum Verwirrung herrscht, wird die uns innewohnende Gegenwart Gottes dafür sorgen, dass wir in dieser unerschütterlichen Wahrheit verankert bleiben: Das Reich des Königs breitet sich aus.

Bedenke, wie das Reich Gottes vorangetrieben wird: durch die Person und die Gegenwart des Heiligen Geistes. Das bedeutet, wenn seine Gegenwart für uns höchste Priorität hat, werden unsere Herzen, solange wir leben, darauf ausgerichtet sein, nach seinem Reich zu trachten und dieses zu demonstrieren.

Heutige Bibellese

Matthäus 6, 31-33

Gebet

Heiliger Geist, ich möchte, dass deine Gegenwart das Hauptziel meines Strebens ist. Du bist die Lösung. Du bist die Antwort. Ich brauche deine Gegenwart mehr als alles andere.

Vertrauen ist der natürliche Ausdruck von tiefer Buße.

Die Besonderheit dieser beiden Realitäten wird in Hebräer 6, 1 treffend beschrieben: „… der Buße von toten Werken und dem Glauben an (hin zu) Gott" (Klammer hinzugefügt). In diesem Vers sehen wir das Wesen sowohl von Buße als auch von Glauben – entscheidend sind hier die Worte *von* und *hin zu*. Hier wird das Bild einer Kehrtwendung gebraucht. Von etwas weg und zu etwas hin. In diesem Fall geht es darum, sich von Sünde abzuwenden und sich Gott zuzuwenden. Seine Gegenwart finden wir in der Buße.

Buße bedeutet, unsere Denkweise zu ändern. Unsere Sichtweise im Hinblick auf Sünde und Gott ändert sich. Unter großer Betrübnis bekennen wir unsere Sünde (wir geben sie ohne Wenn und Aber zu) und wenden uns Gott zu (auf ihn setzen wir unser ganzes Vertrauen).

Heutige Bibellese

Hebräer 6, 1

Gebet

Ich setze mein ganzes Vertrauen auf dich. Ich habe die ultimative Kehrtwendung vollzogen, indem ich mich von alten Denkweisen abgewendet und mich dir zugewandt habe. Ich wende mich von der Sünde ab. Ich wende mich von toten Werken ab, die mich weder retten konnten noch meine Rettung aufrecht halten können. Zerbrich diese alten Denkweisen, damit ich mich täglich allein auf das Werk Jesu stützen kann.

Wenn wir eine enge Beziehung zu Gott haben,
ist Buße ist unser Lebensstil.

In der Apostelgeschichte sehen wir, welche Tragweite Buße hat: *„So tut nun Buße und bekehrt euch, dass eure Sünden ausgetilgt werden, damit Zeiten der Erquickung kommen vom Angesicht des Herrn …"* (Apostelgeschichte 3, 19-20).

Beachte das Ergebnis: *„damit Zeiten der Erquickung kommen vom Angesicht des Herrn."* Hier sehen wir das Muster, die Ordnung, die Gott kreiert hat, um uns zu sich selbst, zu seiner manifestierten Gegenwart, zu führen. Als wir noch Sünder waren, hat Gott uns dazu erwählt ihn zu erfahren, damit wir vollständig entsprechend unseres Originaldesigns wiederhergestellt werden, als Träger seiner Gegenwart.

Wir wandeln entweder in Buße, oder wir müssen Buße tun.

Heutige Bibellese

Apostelgeschichte 3, 19

Gebet

Herr, ich wende mich ab von der Sünde und hin zu deinem Weg des Lebens. Mich verlangt danach, vor dir von Angesicht zu Angesicht zu leben. Meine Identität ist nicht mehr die eines Sünders. Diese alte Natur wurde gekreuzigt und bleibt am Kreuz. Hilf mir, einen Lebensstil der Buße zu führen, indem ich auf dich schaue und mich von der Sünde abwende.

Die Christenheit sollte niemals für ihre Disziplin,
sondern für ihre Leidenschaft bekannt sein.

Die Gegenwart Gottes entdeckt man im Gebet. Und obwohl dies offensichtlich der Wahrheit entspricht, lernen viele Menschen losgelöst von der Gegenwart Gottes zu beten, weil sie glauben, Gott sei an ihrer Disziplin interessiert. Gewiss, Disziplin ist hinsichtlich unseres Wandels mit Christus ein wichtiger Faktor. Dennoch war nie vorgesehen, dass Disziplin der entscheidende Grundstein ist, auf den sich das Leben eines Christen gründet. Unser Gebetsleben wird nicht durch Disziplin, sondern durch Leidenschaft aufrechterhalten. Viele Christen disziplinieren sich dahingehend, grundlegende Praktiken des Reich Gottes einzuhalten. Das Problem ist, dass sie sich disziplinieren, zu dem Einen zu beten, dem sie schon eine Weile nicht mehr begegnet sind. Leidenschaft ist die Frucht einer Begegnung mit Gott.

Disziplin ist keinesfalls etwas Negatives; sie ist ein wichtiger Faktor, wenn es darum geht, unsere Leidenschaft aufrechtzuerhalten. Wenn jedoch keine Leidenschaft vorhanden ist, die wir aufrechterhalten können, müssen wir unbedingt eine Kehrtwendung machen.

Heutige Bibellese

Matthäus 22, 34-40

Gebet

Möge Leidenschaft für dich alles befeuern, was ich tue. Sei es das Lesen in der Bibel, Gebet oder der Dienst – möge meine Liebe für dich die treibende Kraft meines Lebens sein. Und Herr, hilf mir, stets in Erwiderung deiner Liebe zu mir zu reagieren. Ich arbeite nicht für deine Liebe; ich arbeite, weil ich geliebt werde.

**Viele Menschen beten ihr Leben lang zu Gott,
obwohl sie doch mit Gott beten könnten.**

Gebet ist der ultimative Ausdruck unserer Partnerschaft mit Gott. Es ist das Abenteuer, sein Herz zu entdecken und das zu beten, was auf seinem Herzen ist. Diese Partnerschaft mit ihren Antworten und Durchbrüchen sollte die Quelle unserer überfließenden Freude sein.

Ihr aber, Geliebte, erbaut euch auf euren allerheiligsten Glauben und betet im Heiligen Geist... (Judas 20)

Mit allem Gebet und Flehen betet zu jeder Zeit im Geist ... (Epheser 6, 18)

Wer in einer Sprache redet, erbaut sich selbst ... (1. Korinther 14, 4)

Wenn wir gesalbte Gebete sprechen, beten wir das, was Gott auf dem Herzen hat. Wir bringen seine Herzensgesinnung durch Worte, Gefühle und Proklamationen zum Ausdruck. Das Herz Gottes zu entdecken, ist ein sicherer Weg, um sich in seiner Gegenwart zu bergen. Dieses Vorrecht der Zusammenarbeit ist Teil des Auftrags, der jenen gegeben wird, die sich danach ausstrecken, ein guter Träger seiner Gegenwart zu sein.

Heutige Bibellese
Römer 8, 26-27

Gebet

Vater, ich bitte dich, mir zu helfen, gesalbte Gebete zu beten. Gebete, die Resultate bringen. Gebete, die mit deinen Plänen und deinen Absichten kooperieren. Solche Gebete sind in Übereinstimmung mit deinem Herzen und deinem Willen. Heiliger Geist, du wurdest gesandt, mich in meinen Gebeten zu leiten – selbst wenn ich nicht weiß, was ich aus eigener Kraft beten soll. Ich bitte dich, das gerade jetzt zu tun. Möge ich jemand sein, der die Worte des Vaters betet und erlebt, wie sich daraus seine Werke manifestieren.

Die Gegenwart Gottes durch das Beten in Sprachen freisetzen

Das Beten in Zungen baut uns auf und stärkt uns. Bei dieser Art des Gebets überkommt uns die Gegenwart Gottes und schenkt uns große Erquickung. Ich finde es traurig, wenn Menschen betonen, das Sprachengebet sei die Geringste der Geistesgaben, was ihnen scheinbar das Recht gibt, diese zu ignorieren und sich nach den größeren Gaben auszustrecken.

Wenn eines meiner Kinder mein, Geburtstags- oder Weihnachtsgeschenk nicht öffnen würde, weil es meint, es sei weniger wert als die anderen Geschenke, würde es von mir eine Predigt zu hören bekommen, die es so schnell nicht vergessen würde. Jede Gabe Gottes ist wunderbar, herrlich und äußerst wichtig, um entsprechend seiner Pläne für uns leben zu können. Gerade diese Gabe ist besonders hilfreich, um beständig in der Gegenwart Gottes zu leben.

Heutige Bibellese

1. Korinther 14, 1-4

Gebet

Nimm dir heute etwas Zeit, um in Sprachen zu beten.

Wenn du deine Gebetssprache noch nicht empfangen hast, lade den Heiligen Geist ein, zu kommen, um diesen wunderbaren Segen in deinem Leben freizusetzen. Du musst dir das weder erarbeiten noch musst du versuchen, es dir zu verdienen. Du empfängst diese Gabe, wie auch alles andere im Reich Gottes, durch Glauben. Bedenke, er ist ein guter Vater, der seinen Kindern ausschließlich gute Gaben gibt (siehe Lukas 11, 13).

Wenn du nach jeder Gabe hungerst, die im Heiligen Geist verfügbar ist, trete vor deinen Vater und bitte ihn einfach darum.

*Zu sehen, wie die Nachkommen des Schöpfers ihre Gottesdienste
und ihr Leben gestalten, und dabei so wenig Kreativität zeigen,
ist eines der großen Mysterien.*

Ich glaube nicht, dass dieser Mangel durch die Menschen entstanden ist, die sich gerne langweilen oder alles übermäßig kontrollieren müssen. Für gewöhnlich liegt die Ursache in einer Fehleinschätzung des Wesens des Vaters begründet.

In dem Glauben, Gott zu missfallen, fürchten sich Menschen häufig sehr davor, etwas falsch zu machen, sodass sie nichts Neues ausprobieren. Wenn sich mehr Menschen seiner Güte gewiss wären, würden wir wahrscheinlich ein genaueres Bild des Gottes repräsentieren, der nie langweilig ist. Er ist noch immer kreativ. Und es liegt in unserer Natur, ebenfalls kreativ zu sein.

Heutige Bibellese

1. Mose 26-28

Gebet

Ich bin nach deinem Bild – dem Bild des Schöpfers – geschaffen worden. Möge ich dich nachahmen, indem ich ebenfalls kreativ bin. Ich danke dir für übernatürliche Lösungen. Danke für Erfindungen und Strategien, die direkt vom Himmel kommen.

Gott misst Gebet anhand der Zeit, die wir uns für die
Interaktion mit ihm genommen haben.

Wegen der Ideen, die ich während des Gebets empfange, brauche ich während meiner Gebetszeiten Stift und Papier. Früher dachte ich, der Teufel würde mich vom Beten ablenken. Das lag daran, dass ich Gebet danach beurteilte, wie viel Zeit ich mir für mein einseitiges Gespräch nahm.

Wenn wir uns bewusst in der Gegenwart Gottes aufhalten, werden kreative Ideen freigesetzt. Wenn ich Zeit mit Gott verbringe, fallen mit die unterschiedlichsten Dinge ein – zu erledigende Telefongespräche; Projekte, die ich schon längst vergessen hatte und schon länger geplante Unternehmungen mit meiner Frau oder mit meinen Kindern. Ideen fließen in dieser Atmosphäre reichlich, weil es Gottes Naturell entspricht. In seiner Gegenwart bekomme ich Ideen, die ich nirgendwo sonst bekommen würde. Erkenntnisse, wie man Probleme löst oder Menschen helfen kann, die Zuspruch brauchen – all das empfangen wir, wenn wir mit Gott Gemeinschaft haben und uns mit ihm austauschen. Wir müssen aufhören, dem Teufel für diese Unterbrechungen die Schuld zuzuschieben. (Viele von uns machen den Teufel zu groß und Gott zu klein). Wenngleich der Feind unserer Seele tatsächlich daran arbeitet, uns abzulenken, wird er doch häufig beschuldigt, obwohl er gar nicht in der Nähe ist, weil wir unseren Vater und die Dinge, die er wertschätzt, missverstehen. Wenn wir realisieren, dass Gott mit uns kommuniziert, können wir diesen Prozess wesentlich mehr genießen und ihm dafür danken, dass er sich auch um die Angelegenheiten kümmert, von denen wir meinen, sie seien für ihn zu unbedeutend. Was dir wichtig ist, ist auch ihm wichtig. Diese Ideen sind das Ergebnis eines gemeinsamen Gesprächs. Damit Gott während dieser gemeinsamen Zeit auch noch andere Dinge bearbeiten kann, schreibe ich das Empfangene auf, um mich dann wieder der Gemeinschaft mit ihm und der Anbetung zu widmen. Die Notizen enthalten wegweisende Impulse, mit denen ich mich dann später beschäftigen kann.

Heutige Bibellese
1. Thessalonicher 5, 17

Gebet

Ich danke dir für den Segen des Gebets. Möge ich das Gebet niemals als einseitige Aktion ansehen, bei der nur ich allein rede. Hilf mir, zu hören. Ich komme mit dem Verlangen vor dich, von dir zu hören – was auch immer du mir sagen willst.

Unser persönliches Leben muss ein Leben der Anbetung sein, um die Veränderung zu erfahren, nach der wir uns sehnen. Wir werden immer in das Bild dessen verwandelt, den wir anbeten.

In meinen Gebetszeiten geht es immer weniger um meine Bedürfnisse und immer mehr darum, diese wunderbare Person zu entdecken, die immer für mich da ist. Ich erinnere mich, dass ich Derek Prince vor vierzig Jahren über dieses Thema sprechen hörte. Das hat bei mir einen bleibenden Eindruck hinterlassen. Er sagte, wenn du zehn Minuten Zeit hast, um zu beten, nutze etwa acht Minuten für Anbetung. Es ist erstaunlich, wofür du in zwei Minuten alles beten kannst.

Anbetung spielt in meinem Leben eine ganz wesentliche Rolle. Lobpreis in der Gemeinde ist etwas Wunderbares. Aber wenn das nur in der Gemeinschaft mit anderen geschieht, mangelt es uns an Tiefe. Ich glaube immer noch an Gebet und Fürbitte. Es ist mir eine Freude. Doch in meinem Herzen verspüre ich ein größeres Verlangen nach der Gegenwart Gottes als nach den Antworten, nach denen ich suche. Es gibt eine Person, die es täglich zu entdecken gilt. Wir müssen uns stets neu an ihm erfreuen und ihn entdecken. Und das alles ist seine Idee. Ich kann ihn nur deshalb suchen, weil er mich gefunden hat.

Heutige Bibellese

Römer 8, 29

Gebet

Möge mein Leben überfließend sein mit Anbetung für dich. Das ist die einzige angemessene Reaktion auf deinen Charakter und das, was du am Kreuz bewirkt hast. Wenn ich dafür lebe, dich anzubeten, werde ich deine Gegenwart in einem größeren Maße erleben. Möge jede Begegnung mit dir bewirken, dass ich dem Bild Jesu mehr und mehr entspreche.

Es gibt nur zwei grundlegende Emotionen im Leben – Liebe und Furcht. Meine Liebe zu ihm wächst, wenn ich meine Aufmerksamkeit auf seine Liebe zu mir richte.

Ein wichtiger Bestandteil meines Lebens ist mein fünf-Minuten-Urlaub. Dazu kann es jederzeit und überall kommen. Die Dauer dieser „Urlaubs" kann variieren, aber nicht die Sache an sich. Wenn ich beispielsweise in meinem Büro bin, bitte ich meine Sekretärin, meine Anrufe für ein paar Minuten nicht durchzustellen. Ich setze mich dann hin, schließe meist meine Augen und bete in etwa so: „Gott, ich werde hier einfach still sitzen bleiben, um mich deiner Liebe auszusetzen."

Der Strom seiner Liebe ist gewaltig, vergleichbar mit den gewaltigen Wassermassen der Niagarafälle – nur dass die Niagarafälle zu klein sind. Diese Liebe zu erkennen und sie zu erfahren, ist so wunderbar, dass man es nicht in Worte fassen kann. Und es hat den Nebeneffekt, sämtliche Furcht auszutreiben.

Heutige Bibellese

Psalm 46

Gebet

Ich werde stille sein und erkennen, dass du Gott bist. Du bist gut. Du bist treu. Hilf mir gerade jetzt, einen fünfminütigen Urlaub zu nehmen und einfach das Objekt deiner Liebe zu sein. Vater, hier bin ich, – jemand, auf den du deine Liebe gerichtet hast. Ich empfange deine Liebe in einer Haltung des Stilleseins und der Ruhe.

Es wäre mehr Freude im Haus, wenn wir uns dessen
bewusster wären, dass ER im Haus ist.

Viele von uns sind in dem Glauben aufgewachsen, Gebet sei viel Arbeit. Ich schätze dieses Konzept nach wie vor, inzwischen allerdings nur, wenn dem ein Lebensstil zugrunde liegt, der sich auf die Gegenwart Gottes und hinsichtlich der Beziehung zu Gott, auf den Aspekt der Romantik gründet. Gebet ist am effektivsten, wenn ich verliebt bin. Der sicherste Weg, um verliebt zu bleiben, besteht darin, seine Gegenwart täglich neu zu entdecken.

Ich habe den HERRN stets vor Augen; weil er zu meiner Rechten ist, werde ich nicht wanken. (Psalm 16, 8)

Dieser Psalm Davids zählt aus vielerlei Gründen zu meinen Lieblingspsalmen. In diesem Psalm geht es um die Entdeckung der Gegenwart Gottes. Er endet mit den Worten: *„Fülle von Freuden ist vor deinem Angesicht, Lieblichkeiten in deiner Rechten immerdar ... "* (Psalm 16, 11). Fülle von Freuden. Wo? In der Gegenwart Gottes!

Heutige Bibellese
Psalm 16

Gebet

Herr, ich habe dich vor Augen. Weil mein Blick auf dich gerichtet ist, werde ich nicht wanken. Du ziehst vor mir her und du wohnst in mir. Du hast mich vollständig ausgerüstet, um siegreich zu sein. Ich werde dir vertrauen und du wirst triumphieren.

Lies, bis er zu dir spricht.

Gott hat mich vor allem durch Anbetung über seine Gegenwart gelehrt. Doch fast genau so wichtig waren meine persönlichen Begegnungen mit ihm durch sein Wort. Ich liebe die Heilige Schrift so sehr. Das meiste, was ich über die Stimme Gottes weiß, habe ich beim Lesen seines Wortes gelernt. Wenngleich ich das intensive Studium der Schrift für wichtig halte, lese ich sie vor allem, weil es mir Freude bereitet. Eigentlich lese ich sie immer aus diesem Grund.

Im Laufe der Jahre hat Gott unzählige Male durch die Seiten seines Buches zu mir gesprochen. Inzwischen ist es meine Gewohnheit, sofort in seinem Wort zu lesen, wenn ich Führung, Trost, Erkenntnis oder Weisheit brauche. Wenn ich wegen irgendetwas beunruhigt bin, lese ich in den Psalmen. Im Buch der Psalmen wird jede Gefühlslage trefflich beschrieben. Ich lese solange, bis ich mich selbst in einem der Psalmen wiederfinde. Sobald ich darin den Schrei meines Herzens höre, weiß ich, dass ich die Stelle gefunden habe, bei der ich innehalten und die ich auf mich wirken lassen soll. Es ist wahrscheinlich so ähnlich wie bei Schafen, wenn sie eine Wiese gefunden haben, die ihnen reichlich Nahrung bietet. Sie bleiben einfach stehen und genießen. Das beschreibt mein Leben. Ich halte inne und nähre mich von der wunderbaren Interaktion, der Stimme Gottes, der Gegenwart Gottes, die sich in seinem Wort und durch sein Wort manifestiert.

Heutige Bibellese

Psalm 29

Gebet

Heiliger Geist, ich lese in deinem Wort in der Erwartung, dass du zu mir reden wirst. Hilf mir, solange durchzuhalten, bis ich deine Stimme höre und das empfange, was du mir sagen willst.

Manchmal wird Gott zulassen, dass wir seine Gegenwart nur in Gemeinschaft mit anderen wahrnehmen. Das ist keine Zurückweisung. Er hat lediglich den Wunsch, dass wir ihn gemeinsam erleben.

Gott liebt die Gemeinde. Er liebt das Konzept, das Potenzial und alles, was mit der Gemeinde, dem Leib seines Sohnes auf Erden, zu tun hat. Er verkündete, dass der Eifer um dieses Haus ihn verzehrt hat! (siehe Psalm 69,10; Johannes 2,17). Er hat seine Kraft, seine Weisheit und seine tiefen Emotionen diesem Haus auf Erden gewidmet – seiner ewigen Wohnstätte.

Was ich zuhause erlebe – ganz für mich allein – ist unbezahlbar. Ich würde es für nichts in der Welt eintauschen. Aber genauso wenig würde ich die erstaunlichen Augenblicke eintauschen, die ich im Lauf der Jahre in Versammlungen mit Hunderten oder Tausenden erlebt habe. Auch das sind unbezahlbare Momente, die uns auf die Ewigkeit vorbereiten, wenn Menschen aus jedem Volk und jeder Sprache den Herrn preisen werden. Es wird unbeschreibliche Freude sein.

Manche Dinge sind dem Einzelnen vorbehalten. Und doch sind manche Dinge zu kostbar, um sie nur einer Person zu geben. Sie müssen mit einer Gruppe von Menschen, mit der Gemeinde geteilt werden. Und es gibt Aspekte der Gegenwart Gottes, die man nur in der Gemeinschaft mit anderen erfahren kann. Die exponentielle Freisetzung und Wahrnehmung der Gegenwart Gottes entspricht der Größe einer Gruppe von Menschen mit dem gemeinsamen Ziel, Jesus im Lobpreis zu erheben.

Heutige Bibellese

Psalm 109, 30

Gebet

Herr, ich werde dich inmitten der Versammlung preisen. Hilf mir, zu verstehen, dass durch gemeinschaftlichen Lobpreis ein vielfaches an Kraft freigesetzt wird. Bereite mein Herz vor. Hilf mir, zu erkennen, was du während des Lobpreises tust, wenn ich mit deinen Kindern zusammenkomme und wir dich gemeinsam preisen – sei es in der Gemeinde, in einer kleinen Gruppe oder wenn ich mich mit Freunden treffe.

Gaben sind umsonst; Reife hat ihren Preis.

Im Lauf der Jahre sind viele Menschen zu mir gekommen, um nach einem Gebet der Salbungsübertragung zu fragen. Hierbei handelt es sich um die Freisetzung einer Gabe für den Dienst durch Handauflegung, oftmals begleitet von einem prophetischen Wort. Für mich ist es ein großes Vorrecht, zu erleben, wie Gott sowohl den geistlichen Hunger dieser Menschen als auch die Salbung auf meinem Leben gebraucht, um ein weiteres williges Gefäß zu berühren. Wenngleich diese Form der Übertragung in den letzten Jahren zurecht an Bedeutung gewonnen hat, so haben dies einige doch als Abkürzung für die notwendige Reife angesehen, die sich nur durch den treuen Dienst über einen gewissen Zeitraum entwickelt. Jene von uns, die in einer Kultur der sofortigen Bedürfnisbefriedigung aufgewachsen sind, ziehen es fast immer vor, möglichst umgehend eine Antwort zu bekommen.

Ich glaube, das Geben und Empfangen einer Salbungsübertragung ist ein erstaunliches Privileg. Aber wie viele andere, habe auch ich erlebt, wie damit missbräuchlich umgegangen wurde. Das ist wahrscheinlich auch der Grund, weshalb die Generation meiner Eltern das Konzept einer Salbungsübertragung gänzlich ablehnte. Aber die Zeugnisse hinsichtlich dieses großartigen Prinzips bestätigen zweifelsfrei Frucht zur Ehre Gottes. Zu lernen, wie man Zugang zu der starken Salbung auf dem Leben eines Menschen bekommt, ist ein wesentlicher Schlüssel für einen persönlichen Durchbruch.

Heutige Bibellese
Römer 11, 29

Gebet

Ich danke dir für diese erstaunliche Gnade! Wenngleich die Gaben umsonst sind, hilf mir, die nötige Reife zu entwickeln, um sie möglichst effektiv zu nutzen. Herr, hilf mir, mit dir zusammenzuarbeiten, indem ich ein guter Verwalter der Gaben bin, mit denen du mich gesegnet hast. Ich möchte eine Zunahme deiner Salbung auf meinem Leben erleben. Ich möchte erleben, dass deine Gegenwart machtvoller auf mir ruht, damit deine Kraft Auswirkungen auf andere hat.

Ich kann dir die Hände auflegen und dir – so Gott will – eine Salbung übertragen. Aber ich kann dir nicht meine persönliche Geschichte mit Gott übertragen.

Die Freisetzung einer Gabe durch Handauflegung ist ganz und gar Gottes Werk. Geistliche Leiter sind keine geistlichen Warenautomaten, denen du dein Anliegen vorträgst, einen Knopf drückst und dann kommt die gewünschte Gabe heraus. Oft kommen Menschen zu mir und sagen, dass sie das doppelte Maß dessen wollen, was ich habe. Nun, das will ich auch! Wenn das so leicht wäre, würde ich mir selbst die Hände auflegen und beten: „Verdopple es!"

Es gibt etwas Unbezahlbares im Leben eines Menschen, das entwickelt und um jeden Preis bewahrt werden muss – unsere persönliche Geschichte mit Gott.

Heutige Bibellese

2. Korinther 3, 18

Gebet

Danke für die Gabe der Salbungsübertragung und Handauflegung. Ich bete für eine noch größere Freisetzung deiner Gegenwart und Kraft in meinem Leben durch diese wunderbare Erfahrung. Hilf mir jedoch, Herr, mich niemals von der Salbung eines anderen abhängig zu machen, um selbst zur Reife zu gelangen.

Wenn du mit Gott Geschichte schreibst, wird Gott
durch dich Geschichte schreiben.

Diese Art von Geschichte wird kreiert, wenn niemand zusieht – es geht darum, wer wir sind, wenn wir allein sind. Das zeigt sich an dem Schrei unseres Herzens und daran, wie wir denken, aber auch durch das, was wir beten und wie sehr wir Gott wertschätzen. Wir werden geformt, wenn uns niemand für unsere Anstrengungen und Opfer loben kann.

Das sind die Momente, in denen wir am meisten darüber lernen, was es bedeutet, ein Träger seiner Gegenwart zu sein. Dann, wenn niemand da ist, für den wir beten oder dem wir dienen können. In diesen Situationen zeigt sich die Qualität unserer persönlichen Beziehung zu Gott. Diene ich ihm deshalb, weil er mich gebraucht, oder führe ich ein hingegebenes Leben, weil er Gott ist und es keine größere Ehre gibt, als ihm zu dienen? Jesus hatte seine Begegnung mit dem Heiligen Geist, als er im Jordan getauft wurde. Viele Menschen sahen bei seiner Taufe zu. Wahrscheinlich ahnten nur sehr wenige – falls überhaupt irgendjemand –, was tatsächlich geschah. Aber seine größten Durchbrüche erlebte er in den Nächten, die er in den Bergen verbrachte und wo niemand zusah. Geschichte entstand *in* ihm, ehe Geschichte *durch* ihn geschrieben wurde. Zuerst liebte er den Vater, dann konnte er ihn offenbaren.

Heutige Bibellese

Matthäus 6, 5-6

Gebet

Am Ort der Verborgenheit wird Geschichte geschrieben – dort, wo wir Zeit in deiner Gegenwart verbringen. Wo niemand zuschaut – außer dir. Dort formst du mich zu dem Menschen, zu dem du mich eigentlich erschaffen hast. Du sprichst zu mir. Du offenbarst mir meine Bestimmung. Du gibst mir Visionen. Du weckst in mir Träume. Hilf mir, immer wieder an diesen Ort zurückzukehren, um Erquickung zu erfahren und die richtige Perspektive zu behalten.

Dezember

DEINE FEUERTAUFE

Johannes der Täufer brauchte und wünschte sich die Feuertaufe –
die Taufe im Heiligen Geist.

Johannes der Täufer war der größte von allen alttestamentlichen Propheten. Seine Verantwortung, seine Salbung und sein Platz in der Geschichte sind Gründe für seine herausragende Stellung. Jesus selbst betont diese Tatsache mit seinen bemerkenswerten Aussagen über Johannes in Matthäus 11. Mehr als die Hälfte dieses Kapitels ist Johannes gewidmet.

Es sprach so vieles für Johannes – er wandelte im Geist und in der Kraft Elias; er beendete das Schweigen des Himmels mit der Botschaft, dass das Reich Gottes nahe gekommen sei, und er hatte das Vorrecht, dem Messias den Weg zu ebnen. Und doch fehlte ihm gemäß seiner eigenen Aussage etwas ganz Wesentliches – von Jesus getauft zu werden. Dieser Wunsch wurde offenbar, als Jesus zu Johannes kam, um sich von ihm taufen zu lassen. Johannes hatte Mühe, zu verstehen, warum er Jesus taufen sollte, da dieser keine Taufe brauchte.

Aufgrund des überwältigenden Kontrasts zur Vollkommenheit Jesu erkannte Johannes seine Bedürftigkeit. Er brachte sein Verlangen mit den Worten zum Ausdruck: *„Ich habe nötig, von dir getauft zu werden"* (Matthäus 3,14). Interessanterweise geschah das unmittelbar nachdem Johannes geweissagt hatte: *„… Er wird euch mit Heiligem Geist und Feuer taufen"* (Matthäus 3,11). Unter dem Eindruck dieses Gedankens kam es zu seinem Bekenntnis. Jesus war ein Träger dessen, wonach Johannes sich sehnte – die Feuertaufe.

Heutige Bibellese

Matthäus 3,11-12

Gebet

Jesus ist der Eine, der im Heiligen Geist und in Feuer tauft. Die Begegnung, nach der sich Johannes der Täufer sehnte, wurde mir wegen dem Blut Jesu geschenkt. Danke Herr, für diese Taufe. Ich bin mit deinem Geist erfüllt.
Heiliger Geist, du lebst in mir. Ich freue mich darüber, aber ich begehre, dass du dich noch machtvoller durch mich erweist. Du wohnst in mir um meinetwillen, aber du willst auf mir ruhen, um mein Umfeld zu verändern.

Die Taufe im Feuer ermöglicht es jedem neutestamentlichen Gläubigen, größer zu sein als der größte der alttestamentlichen Propheten.

Die Taufe im Feuer ist die entscheidende Gabe Gottes, die es möglich macht, dass „*der Kleinste aber im Reich der Himmel größer (ist) als er (Johannes)*" (Matthäus 11,11; Klammern hinzugefügt). Johannes hatte keinen Zugang zu dieser Taufe. Er war sich dessen bewusst, dass jemand kommen würde, der das austeilen würde, was er selbst nicht gewähren konnte. Wasser repräsentierte die Taufe der Buße. Aber die Feuertaufe würde ein vollkommen neues Level eines übernatürlichen Lebensstils ermöglichen. Das Wasser ist für das Feuer unerlässlich. Eine Taufe der Buße muss einer Taufe im Feuer zwingend vorangehen, denn man kann nicht erfüllt werden, wenn man nicht zuvor gereinigt wurde.

Johannes demonstrierte eine machtvolle prophetische Handlung. Die Wassertaufe war ein prophetisches Bild dessen, was *der wahre Täufer* letztendlich vollbringen würde – eine Reinigung, die kein natürliches Wasser bewerkstelligen konnte. Der Makel der Sünde würde entfernt werden, sodass eine gereinigte Menschheit das Feuer seine Gegenwart empfangen könnte. Das ist der Standard für ein Leben im Reich Gottes. Indem du in das Reich Gottes hineingeboren wurdest, hast du die vollständige Reinigung von deinen Sünden empfangen und die Gegenwart Gottes wohnt in dir. Das würde erklären, weshalb Jesus darauf verweist, dass der Kleinste im Reich Gottes größer ist als der größte der alttestamentlichen Propheten.

Selbst Johannes der Täufer hatte keinen Zugang zu dem, was du durch Christus empfangen hast. Er sprach von einer zukünftigen Realität, in die er aber zu seinen Lebzeiten selbst nicht eintreten konnte.

Heutige Bibellese

Matthäus 11,11-15

Gebet

Herr, ich danke dir für die Taufe im Feuer. Ich bitte dich, mich noch heute neu zu erfüllen. Komm, Heiliger Geist. Erhebe dich in mir. Durchtränke jeden Bereich meines Lebens mit deiner Gegenwart und Kraft. Möge Jesus wegen deines Feuers auf mir stärker durch mich offenbart werden.

Jesus brachte die Jünger in die Autorität und Kraft, in der er lebte.

Als Jesus hier auf Erden wandelte, agierten die Jünger unter dem Schirm seiner Erfahrung, mit dem Resultat, schließlich an seiner statt handeln zu können. Aber bevor er die Welt verließ, um zur Rechten des Vaters zu sein, stellte er sicher, dass die Jünger wussten, dass das Level, auf dem sie sich dreieinhalb Jahre bewegt hatten, zukünftig nicht ausreichen würde. Sie mussten selbst Kraft und Autorität annehmen.

In Matthäus 28 finden wir die bekannteste und umfassendste Beschreibung des Missionsbefehls:

Mir ist alle Macht gegeben im Himmel und auf Erden. Geht nun hin und macht alle Nationen zu Jüngern, und tauft sie auf den Namen des Vaters und des Sohnes und des Heiligen Geistes, und lehrt sie alles zu bewahren, was ich euch geboten habe! Und siehe, ich bin bei euch alle Tage bis zur Vollendung des Zeitalters. (Matthäus 28, 18-20)

Hier proklamiert Jesus, dass er alle Macht hat. Das bedeutet offensichtlich auch, dass der Teufel keine hat. In diesem Moment gibt er seinen Nachfolgern einen Auftrag. Das Geheimnis dieses Augenblicks besteht darin, dass mit der Erteilung des Auftrags auch Autorität gegeben wird. Dann weist er die Jünger an, solange in Jerusalem zu warten, bis sie mit Kraft aus der Höhe bekleidet werden.

Sie hatten Autorität empfangen, wurden aber angewiesen, auf eine Begegnung mit der Kraft Gottes zu warten.

Heutige Bibellese

Matthäus 28, 18-20

Gebet

Jesus, du hast alle Macht im Himmel und auf Erden. Das bedeutet, dass der Teufel keinerlei Macht mehr hat. Er ist ein besiegter Feind, und du regierst als der Siegreiche. Ich gehe heute in dem Wissen voran, dass der in mir wohnt, der ist, der alle Macht hat. Danke, Heiliger Geist, dass du mir hilfst, Jesus in jedem Bereich meines Lebens gut zu repräsentieren. Möge mein Leben dieser Welt eine immer deutlichere Demonstration des Sieges Jesu vermitteln, indem ich täglich danach strebe, ein Träger deiner Gegenwart zu sein.

Eine Begegnung mit Gott ist durch nichts zu ersetzen.
Jeder muss diese Erfahrung selbst machen.

Ebenso, **wie wir** mit dem Auftrag Autorität empfangen, geht mit einer göttlichen Begegnung Kraft einher. Wir sehen das sowohl bei Jesus als auch bei den Jüngern. Und für uns gilt das Gleiche. Weder eine entsprechende Ausbildung, noch unser persönliches Studium, noch die Gemeinschaft mit den richtigen Leuten können diese so wesentliche Erfahrung ersetzen – die Notwendigkeit einer persönlichen Begegnung mit Gott. Sie prägt unsere persönliche Geschichte.

Wenn es darum geht, sich nach „mehr" auszustrecken, sind sich viele nicht darüber im Klaren, dass eine Hingabe an Gott nötig ist, die anziehend wirkt auf etwas, das man nicht erklären, kontrollieren oder verstehen kann. Wir müssen so lange dem Einen begegnen, der in jeder Hinsicht größer ist als wir selbst, bis er unser Leben geprägt hat.

Das ist wunderbar, herrlich und furchterregend.

Heutige Bibellese

Johannes 1, 29-34

Gebet

Ich danke dir für Begegnungen mit dir, die mich befähigen, meinen Auftrag und deine Weisung zu erfüllen. Erhalte mein Herz hungrig, damit ich mir stets darüber im Klaren bin, dass ich deine Kraft brauche, obwohl ich bereits beauftragt und bevollmächtigt wurde, um deine Mission zu erfüllen. Ich brauche deine Salbung. Ich sehne mich nach deiner Gegenwart. Getrennt von dir kann ich nichts tun. Aber mit dir sind alle Dinge möglich. Danke für den Heiligen Geist, der bei mir ist und in mir wohnt.

*Echtes Wissen empfangen wir nicht durch ein bestimmtes Konzept,
sondern durch eine persönliche Erfahrung.*

Tragischerweise strecken sich viele nicht nach einer Begegnung mit Gott aus, weil sie sich mit guter Theologie zufriedengeben. Entdeckt man in der Schrift ein bestimmtes Prinzip, kann man dieses Wissen natürlich auch dann an andere weitergeben, wenn man keine persönliche Erfahrung gemacht hat, um dieses zu untermauern.

Wir können uns in der Weise schuldig machen, dass wir nach einer Erfahrung trachten, die unserer Meinung nach eine „biblische" Begegnung mit Gott ausmacht. Die unterschiedlichen Erfahrungen, von denen wir in der Bibel lesen, enthalten nicht Gott; vielmehr offenbaren sie ihn. Mit anderen Worten: er ist größer als sein Buch und nicht darauf begrenzt, für uns auf exakt dieselbe Weise etwas zu tun, wie er es für jemand anderen getan hat. Er ist kreativ und offenbart jedes Mal das Wunder dessen, wer er ist.

Heutige Bibellese

2. Korinther 3, 4-6

Gebet

In deiner Gegenwart veränderst du mich von Herrlichkeit zu Herrlichkeit. Das geschieht nicht durch meine Werke, mein Abmühen oder meine religiösen Bemühungen. Es ist nicht das Resultat davon, wie viel ich in der Bibel lese, wie viel ich auswendig lerne, wie viel ich weiß oder wie viel ich studiere. Hilf mir, dein Wort als Blaupause dessen anzusehen, was in deiner Gegenwart verfügbar ist. Dein Wort ist lebendig. Es lebt. Es entfacht mein Herz. Dein Wort zeigt mir immer wieder, was mir hinsichtlich meiner Beziehung zu dir zur Verfügung steht und bewirkt, dass ich mich mit neuer Leidenschaft nach dir ausstrecke.

Gott hat die Erfahrungen, die ich andernorts gemacht
habe, benutzt, um mich auf lebensverändernde göttliche
Begegnungen daheim vorzubereiten.

Einmal begegnete mir Gott, als Antwort auf meine Gebete für „mehr" von ihm, mitten in der Nacht – aber nicht so, wie ich es erwartet hatte. Eben noch im Tiefschlaf, war ich plötzlich hellwach. Unerklärliche Kraft pulsierte durch meinen Körper. Ich hatte das Gefühl, als fehlte nicht viel zu einem tödlichen Stromschlag. Es war so, als wäre ich an eine Steckdose angeschlossen und 1.000 Volt würden durch meinen Körper jagen. Meine Arme und Beine zuckten unkontrolliert, so, als ob durch meine Hände und Füße etwas freigesetzt werden würde. Je mehr ich versuchte, das zu stoppen, umso heftiger wurde es. Schnell wurde mir klar, dass dies ein Ringkampf war, den ich nicht gewinnen konnte. Ich hörte weder eine Stimme noch hatte ich eine Vision. Es war schlicht die überwältigendste Erfahrung meines Lebens. Es war pure Kraft – es war Gott. Er kam als Antwort auf ein Gebet, das ich monatelang gebetet hatte – „Gott, ich muss mehr von dir haben, koste es, was es wolle!"

Erwarte, dass er deinen Schrei nach „mehr" beantwortet. Dies ist ein Gebet, das er liebend gern beantwortet. Sei nicht entmutigt, wenn du während deines Gebets das Gefühl hast, keine sofortige Antwort zu bekommen. Gott reagierte mit einer Heimsuchung auf ein Gebet, das ich über einen gewissen Zeitraum beständig gebetet hatte. Sei offen dafür, dass du Gottes Heimsuchung auf die Weise erfährst, wie er sich dir offenbaren will.

Heutige Bibellese

Psalm 84, 1-3

Gebet

Mein Fleisch schreit nach deiner Gegenwart (siehe Psalm 63, 2). Ebenso, wie meine Seele und mein Geist, wurde auch mein Körper geschaffen, um dich zu erfahren. Jegliches Erfahren deiner Gegenwart weckt in mir einen Hunger nach mehr. Jedes Mal, wenn du dich mir nahst, werde ich gesättigt, aber ich bleibe auch mit einem Hunger nach „mehr" zurück. Danke für das Geschenk deiner Gegenwart. Sie erfüllt mich nicht nur in der Tiefe meines Geistes und meiner Seele, sondern sie stillt auch den Schrei meines Fleisches.

Ich wusste nur, dass ich hungrig nach Gott war.
Das war der Schrei meines Herzens – Tag und Nacht.

Ich möchte damit fortfahren, meine Geschichte zu erzählen, um deine Erwartung zu schüren. Bedenke, Gott hat Gefallen daran, die Hungrigen mit Gutem zu sättigen (siehe Psalm 107, 9). Wenn du dich nach mehr von Gott sehnst, wird dieses Zeugnis dich ermutigen, dich erwartungsvoll danach auszustrecken. Er begegnet uns auf unterschiedliche Weise, aber du kannst sicher sein, dass eine solche Erfahrung alles verändert.

Der Abend vor meiner Begegnung mit Gott war einfach wunderbar. Wir hatten Gottesdienste mit einem guten Freund und Propheten, Dick Joyce. Es war das Jahr 1995. Gegen Ende des Gottesdienstes betete ich für einen Freund, der sich schwer tat, Gottes Gegenwart zu erleben. Ich sagte ihm, dass ich glaubte, Gott würde ihn mit einer Begegnung überraschen, zu der es am helllichten Tag oder sogar um 3.°° Uhr morgens kommen könnte. Als die Kraft Gottes in jener Nacht auf mich fiel und ich zur Uhr schaute, war es genau 3.°° Uhr. Ich wusste, dass ich vorbereitet war.

Ich hatte seit Monaten dafür gebetet, dass Gott mich mehr erfüllt. Ich war mir weder sicher, wie ich korrekt beten sollte, noch hatte ich die biblische Lehre verstanden, auf die sich meine Bitte gründete. Ich wusste nur, dass ich hungrig nach „mehr" war. Gott beantwortet unser Flehen nicht deshalb, weil wir perfekt beten oder die richtigen geistlichen Formulierungen gebrauchen. Es ist vielmehr das Verlangen, das unserem Gebet zugrunde liegt, auf das er achtet und worauf er reagiert.

Heutige Bibellese

Psalm 107, 9

Gebet

Herr, du hast Gefallen daran, die dürstende Seele zu stillen. Dein Wort verheißt, dass du die Hungrigen mit Gutem füllst. Herr, ich bin hungrig nach mehr. Mich hungert danach, jeden Aspekt des wunderbaren Erbes zu erleben, das ich an dem Tag empfing, als ich mit deinem Geist erfüllt wurde. Ich weigere mich, das zu begrenzen, was mir hier und jetzt zur Verfügung steht. Du hast gesagt: „wie im Himmel, so auch auf Erden!" (Matthäus 6, 10). Ich mache es mir zum Ziel, soviel Himmel auf Erden zu erleben, wie es durch deinen Geist möglich ist.

Aus der Perspektive des Himmels sieht die Gunst Gottes manchmal anders aus als von einem irdischen Blickwinkel betrachtet.

Diese göttliche Begegnung war wunderbar, aber nicht angenehm. Zunächst war es mir etwas peinlich, obwohl ich der Einzige war, der um meinen Zustand wusste. Als ich so dalag, stellte ich mir vor, wie ich vor der Gemeinde stehe und das Wort verkündige, so wie ich es gerne tue. Aber jetzt sah ich mich in einer Weise mit meinen Armen und Beinen fuchteln, als ob ich ernsthafte physische Probleme hätte. Die Szene änderte sich. Ich ging jetzt die Hauptstraße der Stadt entlang, und als ich vor meinem Lieblingsrestaurant stand, bewegte ich meine Arme und Beine wieder vollkommen unkontrolliert.

Ich kannte niemanden, der glauben würde, dass diese Erfahrung von Gott war. Ich erinnerte mich an Jakob und seine Begegnung mit dem Engel des Herrn. Er humpelte für den Rest seines Lebens. Und dann dachte ich an Maria, die Mutter von Jesus. Sie hatte eine Erfahrung mit Gott, die noch nicht einmal ihr Verlobter glaubte – wenngleich ein Engelsbesuch dazu beitrug, dass er seine Meinung änderte. Das Resultat war, dass sie Christus zur Welt brachte – und dann bis ans Ende ihrer Tage mit dem Makel leben musste, die Mutter eines unehelichen Kindes zu sein.

Meine Bitte um *mehr* von Gott hatte ihren Preis. Auch wenn eine Begegnung wie diese für unseren Verstand häufig wenig Sinn ergibt, bin ich dafür bereit, ganz gleich, welcher Preis damit einhergeht. Bedenke, jeder erforderliche Preis ist belanglos, wenn es darum geht, ihn *mehr* zu erfahren. Warum? Denke an den Lohn, den wir im Gegenzug empfangen: Ihn.

Heutige Bibellese

1. Mose 32, 24-32

Gebet

Gott, hilf mir deine Gunst aus einer himmlischen und nicht aus einer irdischen Perspektive zu sehen. Auch wenn ich von dir Gunst empfange, bedeutet das nicht, dass jeder in meinem Umfeld das versteht oder sich gar darüber freut. Hilf mir, wie Maria zu sein und zu dem, worum du mich bittest, Ja zu sagen – ganz gleich, was es mich kostet oder welchen Makel es für mich bedeutet.

Wenn etwas meinem Ansehen schadet, ich dafür aber ihn bekomme,
lasse ich mich gerne auf diesen Handel ein.

Als ich mich an meine Gebete der letzten Monate erinnerte, wurde mein Kopfkissenbezug von meinen Tränen durchnässt. Ich realisierte vor allem, dass Gott einen Tausch vornehmen wollte – ein größeres Maß seiner Gegenwart gegen mein Ansehen. Es ist schwer zu erklären, wie du erkennst, was Gott mit einer solchen Begegnung beabsichtigt. Ich kann dazu nur sagen, dass du es einfach weißt. Du erkennst seine Absicht so deutlich, dass jeder andere Aspekt in den Hintergrund tritt, wenn Gott seinen Finger auf die eine Sache richtet, die ihm wichtig ist.

Die Kraftwellen hörten nicht auf. Sie währten die ganze Nacht. Ich weinte und betete: „Mehr Herr, bitte gib mir mehr von dir." Um 6.38 Uhr hörte es auf, und als ich um diese Zeit aufstand, war ich vollkommen erfrischt. Diese Erfahrung dauerte die nächsten beiden Nächte an – wenn ich mich ins Bett legte, ging es kurz darauf los.

Unter Tränen kam ich schließlich an einen Punkt, an dem es kein Zurück mehr gab. Ich lieferte mich ihm freudig aus und rief: „Mehr Gott, mehr! Ich brauche mehr von dir, koste es, was es wolle!"

Heutige Bibellese

1. Korinther 3, 18-23

Gebet

Herr, ich werde mit Freuden alles geben, weiß ich doch, dass ich im Gegenzug mehr von dir bekomme. Ganz gleich, was das bedeutet – mein Ansehen, meinen Ruf. Wenn Menschen mich töricht nennen, weil ich mich nach dir ausstrecke, nehme ich das freudig in Kauf, denn ich weiß, dass das, was in den Augen der Welt als Torheit gilt, bei dir Weisheit ist. Jeder von mir gezahlter Preis ist mehr als lohnenswert. Deine Gegenwart ist mein Schatz.

Im Lauf der Jahre hatten viele Menschen eine interessan-
te Begegnung mit Gott. Es wäre falsch, ein Beispiel als
Maßstab für alle anderen zu nehmen.

Die beiden Begegnungen mit Gott, die mein Leben am stärksten veränderten, hätten unterschiedlicher nicht sein können. In den vorangegan-
genen Kurzandachten berichtete ich von der Erfahrung, dass ich die Kraft Gottes
wie einen Stromschlag erlebt hatte.

Die zweite Begegnung war so subtil, dass, anstatt sie zu erleben, man sie auch
ebenso leicht hätte verpassen können. Der Schlüssel war, dass ich *herzutrat*. In der
Bibel heißt es, dass Gott sprach, als Mose herzutrat (siehe 2. Mose 3, 1-4). Mein
brennender Busch war eine Schriftstelle, auf die der Heilige Geist mich besonders hinwies. Ich hielt inne, betrachtete sie, um herauszufinden, was Gott mir
dadurch wohl sagen wollte. Das war im Mai 1979 und seither hat sich mein Leben vollkommen verändert. Es begann recht unscheinbar, ähnlich wie bei einem
Samenkorn. Aber die Auswirkungen nahmen beständig zu, und haben bis heute
einen erheblichen Einfluss auf mein Denken und meinen Lebensstil. (Es handelte
sich um Jesaja 60, 1-19. Anhand dieser Schriftstelle zeigte Gott mir die Bestimmung und die Besonderheit der Gemeinde.)

Erhalte dein Herz in einem Empfangsmodus. Die Besonderheiten der unterschiedlichen Begegnungen variieren, aber sie zielen grundsätzlich darauf ab, dass
wir uns intensiver nach seiner Gegenwart ausstrecken und diese in einem größeren Maß erfahren.

Heutige Bibellese

2. Mose 3, 1-4

Gebet

Gott, bitte gib mir Augen und Ohren, um diese Augenblicke einer Begegnung mit dir
erkennen zu können. Möglicherweise sind sie sehr offensichtlich. Vielleicht sind sie
aber auch so subtil, dass ich sie verpassen könnte, wenn ich nicht herzutreten würde.
Hilf mir, mich nicht nach einer bestimmten Art von Begegnung auszustrecken – eine
solche Erfahrung ist ohnehin nicht das Ziel meines Strebens. Du selbst bist es! Es
geht mir um dich, Vater. Deine Gegenwart ist mein Verlangen.

Entscheidend ist nicht, wie spektakulär eine Begegnung mit Gott ist.
Es geht darum, wie sehr er uns durch eine solche Erfahrung ergreifen
und welches Maß seiner Gegenwart er uns anvertrauen kann.

Deine Begegnung mit Gott entfacht in mir möglicherweise eine heilige Eifersucht. Es ist ungesund, das zu beurteilen, was Gott in mir getan hat, indem du es damit vergleichst, was er für dich getan hat. Während meiner Stromschlag-Erfahrung, von der ich berichtete, wusste ich nicht, ob ich jemals wieder aufstehen könnte. Es war, als sei mein Organismus frittiert worden und als könnte ich als normaler Mensch nicht mehr funktionieren. Das war natürlich nicht der Fall. Aber das erkannte ich erst hinterher – nachdem ich zu „mehr", um jeden Preis" „Ja" gesagt hatte.

Bedenke, dass Jesus als Mensch einen Lebensstil führte, der sehr pragmatisch war. Einen Lebensstil, den wir nicht länger vermeiden oder für unerreichbar halten können. Es ist möglich, die Gegenwart des Heiligen Geistes so vorbildlich auf sich zu tragen, dass der Vater diesem verwaisten Planeten offenbart wird. So wird unser Streben nach göttlicher Bestimmung wunderbar erfüllt. Jesus hatte im Sinn, dass wir es ihm gleichtun, als er uns gemäß Johannes 20, 21 beauftragte.

Heutige Bibellese

Johannes 20, 19- 22

Gebet

Vater, so wie du Jesus ausgesandt hast, sendest du auch mich. Ebenso, wie du ihn für seinen Auftrag ausgerüstet hast, hast du auch mich mit deinem Geist ausgerüstet. Danke, Herr, dass Jesus einen Lebensstil demonstriert hat, der auch mir zur Verfügung steht. Danke, dass ich durch dein Werk auf Golgatha von allen meinen Sünden gereinigt wurde. Danke für den Heiligen Geist, der mich mit deiner Gegenwart erfüllt hat. Nur durch dein Werk bin ich qualifiziert, ein ebenso bevollmächtigter Gesandter zu sein, wie Jesus es war.

Gott möchte sich von uns finden lassen, aber wir müssen ihn dort suchen, wo er auch gefunden werden kann.

Psalm 37 ist einer meiner Lieblingspsalmen. Ich lese ihn regelmäßig, um mich wieder und wieder daran zu erfreuen. Anhand dieses Psalms entdeckte ich, dass auf den Herrn zu warten sich sehr von dem unterschied, was ich ursprünglich dachte. Warten bedeutet nicht, dass man nur still dasitzt. Was es bedeutet, erkennt man deutlicher, wenn man dem auflauert, der verheißen hat: *„… ich werde mich von euch finden lassen"* (Jeremia 29, 14). Wo findet man ihn?

Entscheidend ist eine Position der Ruhe, die aus dem Wissen resultiert, wer dieser Gott in uns ist und wer wir in ihm sind. Aus diesem Grund macht Warten Sinn. In Psalm 37, 7 heißt es: *„Sei still dem HERRN und harre auf ihn!"* Ruhen ist ein wunderbares Bild für Menschen, die nicht länger den Druck verspüren, sich abmühen zu müssen, um sich selbst zu beweisen. Sie fühlen sich wohl in ihrer Identität.

Heutige Bibellese

Psalm 37

Gebet

Herr, ich warte erwartungsvoll auf dich. Dein Wort sagt, dass du von jenen gefunden wirst, die dich suchen. Hilf mir, dich aus einer Position der Ruhe zu suchen und geduldig darauf zu warten, dass du dich mir offenbarst.

Intensive Fokussierung schränkt unsere geistliche Sehfähigkeit ein. Wenngleich diese Herangehensweise dich daran hindern wird, viele Dinge zu sehen, wirst du doch mehr von dem erkennen, wonach du hungerst.

Das hebräische Wort für das in Psalm 37,7 mit „harre" übersetzte Wort hat zwei Bedeutungen: „Geburtsschmerz" oder „sich tanzend in der Luft drehen". Beides erfordert äußerste Fokussierung und Kraft. Wir sollen mit unnachgiebiger Entschlossenheit und Fokussierung auf Gott warten - so wie Jakob, als er mit dem Engel rang.

Um geduldig harren zu können, bedarf es einer intensiven Fokussierung.

Es gibt Phasen im Leben, in denen es nicht nur akzeptabel ist, in viele Aktivitäten involviert zu sein, sondern gut. Aber es gibt auch Phasen, in denen es verheerend ist.

Einmal fuhr ich auf der Interstate 5 von Nord- nach Südkalifornien. Südlich von *Bakersfield* geriet ich in einen heftigen Sandsturm. Ich konnte fast nichts mehr sehen. Der Sandsturm fegte über die gesamte Autobahn. Da direkt hinter mir weitere Autos waren, wusste ich, dass ein abruptes Stoppen katastrophale Folgen haben könnte. Als ich in diese Staubwolke geriet, konnte ich zu beiden Seiten der Autobahn undeutlich Autos und Lastwagen erkennen, aber auch verzweifelt winkende Menschen. Aktivitäten während des Fahrens, wie Unterhaltungen mit Freunden, Musik hören und dergleichen sind durchaus akzeptabel, aber in dieser Situation hätten diese Dinge tödlich sein können. Es herrschte absolute Stille in meinem Auto, als ich mich darauf konzentrierte, meine Geschwindigkeit beizubehalten und mich auf die Fahrbahn zu fokussieren. Allein durch die Gnade Gottes gelang es mir nach ein oder zwei Minuten, diese furchterregende, lebensbedrohliche Wolke hinter mir zu lassen. Selbstbeherrschung und äußerste Konzentration waren erforderlich, um diese gefährliche Situation zu bewältigen.

Selbstbeherrschung ist nicht die Fähigkeit, zu tausend anderen Stimmen „Nein" zu sagen. Es ist die Fähigkeit zu einer Sache „Ja" zu sagen.

Heutige Bibellese

Philipper 3, 7-11

Gebet

Ich strecke mich nach der himmlischen Berufung in Christus Jesus aus. Ich bin auf eine Sache fokussiert. Heiliger Geist, mehr als alles andere, lass mein Leben für dich eine Behausung auf Erden sein.

Gott hat jeden von uns für eine spezifische Begegnung mit ihm ins Visier genommen, durch die unsere Bestimmung auf Erden neu definiert wird.

Ich spreche von der Taufe im Feuer. Wir wurden geboren, um zu brennen. Und wenngleich die Gefahr besteht, sich statt auf die Person, mehr auf die Erfahrung zu konzentrieren, ist es das Risiko wert. Weder die Anzahl von erlebten Wundern, noch umfassende Erkenntnis oder persönlicher Erfolg werden den Schrei unseres Herzens nach dieser Taufe zufriedenstellen können. Und wenngleich viele schnell wieder zur Tagesordnung übergehen möchten, geht mit dieser Erfahrung häufig ein tiefer Prozess einher.

Für die Einhundertzwanzig waren es zehn Tage beständigen Gebets. Bei mir war es eine Phase von acht Monaten, in der meine Gebete mich buchstäblich aufweckten. Ich wachte nicht auf, um zu beten. Ich wachte betend auf.

Eine so starke Fokussierung wird belohnt. Ich persönlich glaube nicht, dass diese Erfahrungen ein einmaliges Ereignis sein sollten. Wir brauchen regelmäßig eine Begegnung mit Gott, durch die unser Herz stets neu justiert wird und Gott uns immer mehr von sich selbst anvertrauen kann. Die Dinge, die wir wertschätzen, werden wir auch beschützen. Gott wird uns seine Gegenwart in dem Maß anvertrauen, wie wir bereit sind, sie eifersüchtig zu schützen.

Heutige Bibellese

Psalm 108, 1-5

Gebet

Herr, hilf mir, dass mein Herz fest bleibt. Möge ich vollständig darauf fokussiert sein, dir nachzujagen. Du belohnst diese Fokussierung mit einer Begegnung. Du sättigst das hungrige Herz. Du offenbarst dich jenen, die fest entschlossen sind, dich zu finden.

*Als Jesus sich zu den beiden Emmausjüngern gesellte,
öffnete er ihnen die Schriften, um ihnen zu erklären,
weshalb der Christus sterben musste.*

Bis jetzt wussten sie noch nicht, wer er war, aber sie überredeten ihn, für ein Mahl zu bleiben. Als er das Brot brach, wurden ihre Augen aufgetan, und dann verschwand er vor ihnen (siehe Lukas 24, 13). Ihre Aussage zählt zu meinen Lieblingsreaktionen in der gesamten Bibel: *„Brannte nicht unser Herz in uns, als er mit uns redete …?"* (Lukas 24, 32).

Genau das geschieht mit mir, wenn ich lese, was derselbe Jesus im Leben jener getan hat, die sich nach *mehr* von ihm ausgestreckt haben.

Mein Herz brennt.

Heutige Bibellese

Lukas 24, 13-35

Gebet

Du bewirkst, dass mein Herz vor Leidenschaft und Verlangen brennt. Möge mein Hunger nach mehr von dir zunehmen, indem ich in deinem Wort bleibe. Ich sehne mich innig danach, dem Einen zu begegnen, der in der Schrift offenbart wird. Ich möchte mich nach jeder durch dein Wort verfügbar gemachten Realität ausstrecken, um diese zu erleben und in meinem Leben freizusetzen.

Für den Rest unserer gemeinsamen Zeit möchte ich deinen Hunger für diese Taufe im Feuer entfachen. Ich werde von einigen historischen Begegnungen mit Gott berichten, die das Leben einiger bemerkenswerter Menschen radikal verändert hat – dazu zählen D.L. Moody, Evan Roberts, John G. Lake und andere.

In den Andachten für die nächsten Tage findest du weiterhin jeweils ein Gebet, nicht aber die Rubrik „Heutige Bibellese". Das Ziel ist, dass die Bibel für dich anhand dieser Zeugnisse lebendig wird und dass du hungrig wirst, ebenfalls diese Taufe im Feuer persönlich zu erleben.

D.L. Moody: Die Erfahrung seiner Feuertaufe.

Es geschah einige Monate später, während Dwight L. Moody durch die Straßen New Yorks schlenderte, als er schließlich den Durchbruch erlebte, für den er und Sarah Cooke gemeinsam gebetet hatten. Es war kurz vor seiner zweiten und wichtigsten Reise nach England.

R.A. Torrey hat über diese bedeutsame Entwicklung in Moodys Leben Folgendes zu sagen:

Kurz darauf, einen Tag vor seiner Abreise nach England, ging er die New Yorker Wall Street entlang; (Mr. Moody sprach nur sehr selten darüber und ich zögere fast, davon zu berichten). Doch inmitten des geschäftigen Treibens in dieser Stadt wurde sein Gebet beantwortet. Die Kraft Gottes fiel auf ihn, als er die Straße entlang ging und er musste sich beeilen, um zum Haus eines Freundes zu gelangen, den er darum bat, ihm ein Zimmer zu überlassen. Darin verharrte er stundenlang. Der Heilige Geist fiel auf ihn und erfüllte seine Seele mit solcher Freude, dass er Gott schließlich bitten musste, seine Hand zurückzuhalten, damit er nicht vor lauter Freude auf der Stelle sterben würde. Als er diesen Ort verließ, ruhte die Kraft des Heiligen Geistes auf ihm. Und als er in London eintraf, wirkte die Kraft Gottes im Norden Londons so mächtig durch ihn, dass den dortigen Gemeinden Hunderte von Menschen hinzugefügt wurden. Das führte schließlich dazu, dass er Jahre später zu dieser wundervollen Kampagne eingeladen wurde.

Gebet

Heiliger Geist, deine Gegenwart ist überwältigend. Danke, Herr, dass ich so geschaffen wurde, dass ich ein Träger deiner Gegenwart sein kann. Obgleich es Momente gibt, in denen ich das Gefühl habe, ich könnte eine Zunahme deiner Gegenwart nicht überstehen. Du hast mich dazu bestimmt, dein Tempel zu sein. Ich bin von deiner Herrlichkeit erfüllt, damit ich sie durch mein Leben freisetze.

D.L. Moody beschreibt seinen Hunger nach der Feuertaufe

Moody beschreibt seine Erfahrung so: Ich flehte unaufhörlich, dass Gott mich mit seinem Geist erfüllen würde. Nun, eines Tages in New York – oh, welch ein Tag! Ich kann es nicht beschreiben und ich spreche nur selten darüber. Diese Erfahrung ist beinahe zu heilig, um darüber zu sprechen. Paulus hatte eine Erfahrung, über die er vierzehn Jahre nicht sprach. Ich kann nur sagen, dass Gott sich mir offenbarte und dass ich seine Liebe auf eine Weise erlebte, dass ich ihn bitten musste, seine Hand zurückzuziehen. Ich fing wieder an zu predigen. Die Predigten waren die gleichen; ich präsentierte keine neuen Wahrheiten und dennoch bekehrten sich Hunderte. Ich würde jetzt nicht mehr dorthin zurück wollen, wo ich vor dieser gesegneten Erfahrung war, selbst wenn du mir die ganze Welt geben würdest – es wäre „wie ein Stäubchen in den Waagschalen" (Jesaja 40, 15).

Gebet

Vater, du antwortest immer auf das Flehen deiner Kinder.
Ich danke dir, dass du mich sättigst, wenn ich um „mehr" flehe.

Evan Roberts: Kämpfen für „mehr".

Evan **Roberts hatte** sich eine Zeit lang nach einer innigeren Beziehung zum Herrn ausgestreckt und diese auch gefunden. William Davies, ein Diakon der *Moriah Chapel*, hatte dem jungen Evan den Rat erteilt, niemals die Gebetsversammlungen zu verpassen, um keinesfalls das Kommen des Heiligen Geistes zu versäumen, falls dieser sie heimsuchte. Also besuchte Evan treu die Gebetsversammlungen – montagabends in der *Moriah-Chapel*, dienstags in der *Pisgah-Chapel*, mittwochs wieder in der *Moriah-Chapel*, und donnerstags und freitags nahm er an anderen Gebetsversammlungen und Bibelstunden teil. So hielt er es dreizehn Jahre lang, und während dieser Zeit betete er treu für eine mächtige Heimsuchung des Heiligen Geistes.

Eines Tages, im Frühjahr 1904, erlebte Evan noch vor Schulbeginn das, was er später als eine „Berg-der-Verklärung-Erfahrung" bezeichnete. Der Herr offenbarte sich auf so erstaunliche und überwältigende Weise, dass Evan von göttlicher Ehrfurcht erfüllt wurde. Daraufhin fing er zeitweise an, unkontrollierbar zu zittern, was seine Familie in Besorgnis versetzte. Über Wochen hinweg wurde Evan Nacht für Nacht von Gott heimgesucht. Als seine Familie ihn drängte, von diesen Erfahrungen zu berichten, sagte er lediglich, dass diese unbeschreiblich wären. Als die Zeit nahte, dass er die Mittelschule in *Newcastle Emlyn* besuchen sollte, fürchtete er sich vor diesem Schritt, da er Angst hatte, die Begegnungen mit dem Herrn zu verpassen.

Gebet

Du offenbarst dich denen, die sich dir nahen. Hilf mir, alle Tage meines Lebens ein Sucher zu sein. Ich will mich niemals zufriedengeben. Möge meine Unzufriedenheit der Grund für meine Freude und Zufriedenheit sein. Es gibt immer „mehr". Ich freue mich an dem, was ich erlebt habe und preise dich für das, was ich bisher geschmeckt habe. Gleichzeitig preise ich dich, Vater, weil du es mir unmöglich gemacht hast, zu stagnieren. Von Herrlichkeit zu Herrlichkeit ist die einzige Richtung, die ich einschlagen kann.

Evan Roberts empfängt das Feuer.

Zu jener Zeit wurde wenige Meilen von Evan Roberts Schule entfernt in *Blaenenerch* eine Konferenz abgehalten. Ein Evangelist namens Seth Joshua leitete die Versammlungen. Am 29. September 1904, einem Donnerstagmorgen, besuchten Roberts und neunzehn weitere Jugendliche, einschließlich seines Freundes Sydney Evans, die Frühversammlung. Auf dem Weg dorthin erwies sich der Herr an dieser kleinen Gruppe. Sie fingen an zu singen: „Sie kommt, sie kommt – die Kraft des Heiligen Geistes. Ich empfange sie. Ich empfange sie – die Kraft des Heiligen Geistes."

Während der Abendversammlung war Evan tief bewegt. Gegen Ende des Gottesdienstes brach er vollständig zusammen. Als Seth Joshua die Worte „Beuge uns, oh Herr" aussprach, fing Evan so flehentlich an zu beten, dass er nichts anderes mehr hörte. Später erklärte er, dass der Geist Gottes ihm zuflüsterte: „Das ist es, was du brauchst."

„Beuge mich, oh Herr", flehte er. Aber das Feuer fiel nicht. Während des 21.00-Uhr-Gottesdienstes erwies sich der Geist der Fürbitte mächtig an den Versammelten. Evan fühlte sich so sehr gedrängt zu beten, dass er das Gefühl hatte, innerlich zu platzen. Der Geist Gottes sagte ihm, dass er dies öffentlich tun solle. Mit tränenüberströmtem Gesicht begann Evan zu schreien: „Beuge mich! Beuge mich! Beuge mich! Beuge uns." Dann kam der Heilige Geist mit einer mächtigen Taufe auf ihn, die Evan sowohl mit der Liebe Golgathas als auch einer Liebe für Golgatha erfüllte.

An jenem Abend wurde die Botschaft vom Kreuz so sehr in Evans Herz gebrannt, dass dies das einzige Thema für die großartige Erweckung werden sollte, die er schon bald leiten würde. Von diesem Abend an konnte Evan Roberts sich auf ein Thema fokussieren: die Errettung von Seelen. Im Hinblick auf diesen Abend sprechen Historiker von „Blaenanerchs großartiger Versammlung".

Gebet

Beuge mich, oh Herr. Möge mein Leben dem Tragen deiner Gegenwart geweiht sein. Du bist mein einziges Verlangen – dir gilt mein ganzes Streben. Geist Gottes, fülle mich mit der Liebe Golgathas und mit einer Liebe für Golgatha, so wie du es bei Evan Roberts getan hast.

Evan Roberts wird befähigt, ein Erweckungsträger zu sein.

Kurz nach diesen Ereignissen betrat Evans Mitbewohner und bester Freund, Sydney Evans, gegen Mitternacht den Raum. Er sah, wie Evans Gesicht in einem heiligen Licht erstrahlte. Erstaunt fragte er, was geschehen sei. Evan antwortete, dass er soeben in einer Vision gesehen habe, wie ganz Wales gen Himmel emporgehoben worden sei. Dann weissagte er: „Wir werden die größte Erweckung erleben, die es jemals in Wales gegeben hat – und der Heilige Geist kommt gerade jetzt. Wir müssen uns vorbereiten. Wir brauchen eine kleine Band und wir müssen überall im Land predigen." Plötzlich hielt er inne und rief mit durchdringendem Blick: „Glaubst du, dass Gott uns jetzt 100.000 Seelen geben kann?"

Sydney wurde so sehr von der Gegenwart des Herrn ergriffen, dass er nicht anders konnte, als zu glauben. Später, als er in einer Kirche saß, sah er in einer Vision einige seiner früheren Weggefährten sowie noch viele andere Jugendliche und hörte, wie eine Stimme zu ihm sprach: „Gehe zu diesen Menschen." Er sagte: „Herr, wenn es dein Wille ist, werde ich gehen." Dann wurde die Kirche von einem so grellen Licht erfüllt, dass er den Prediger auf der Kanzel nur noch undeutlich sehen konnte.

Gebet

Heiliger Geist, deine Salbung befähigt mich, die Verlorenen zu gewinnen. Ebenso, wie du es bei Evan Roberts getan hast, entfache auch in mir das Verlangen, dass meine Stadt und meine Region zu Christus finden. Ich lebe in (nenne deine Stadt) für eine Zeit wie diese. Solange ich hier wohne, habe ich im Gebet besondere Autorität. Ich bin ein weiteres Gefäß, welches in dieser Region ein Träger deiner Gegenwart ist. Herr, gib mir eine Vision, diese Stadt durch deine Kraft und Güte verändert zu sehen – und hilf mir, durch die Befähigung deines Geistes an dem himmlischen Auftrag für meine Region teilzuhaben.

George Whitefield: Eine Begegnung
mit dem souveränen Geist.

Whitefield war während der auf Jonathan Edwards zurückgehenden „Großen Erweckung" einer der Hauptakteure. Viele Menschen wurden durch seine evangelistischen Einsätze errettet. Man schätzt, dass er zu etwa sechs Millionen Menschen gepredigt hat – und das alles ohne Radio und Fernsehen. Whitefields Versammlungen wurden wegen des emotionalen Lobpreises kritisiert.

John Wesley beschreibt eine Gebetsversammlung mit George Whitefield im Jahr 1739, in der sie vom Heiligen Geist ergriffen wurden. „Wir waren beharrlich im Gebet und gegen 3.00 Uhr morgens kam die Kraft Gottes machtvoll auf uns. Viele weinten vor Freude und viele fielen zu Boden. Sobald wir uns von der Verwunderung und der Scheu angesichts seiner spürbaren Majestät erholt hatten, brach es wie aus einem Munde aus uns heraus: ‚Wir preisen dich o Gott. Wir bekennen, dass du der Herr bist.'"

Bedenke, dass wir keinesfalls von einem Hype oder einer emotionalen Herangehensweise sprechen, wenn es darum geht, eine geistliche Erfahrung zu machen. Es geht um die plötzlichen, unbestreitbaren Überraschungen, die er uns in seiner Souveränität beschert.

Gebet

Dein Geist erweist sich, wie er will. Er erweist sich aber auch, indem er auf Glauben reagiert. Hilf mir, dass ich nicht versuche, Dinge durch eigenes Streben herbeizuführen oder indem ich sie künstlich pusche. Zeig mir, wie ich in einer Haltung der Ruhe leben und dir für Begegnungen und Schlüsselmomente vertrauen kann.

William Seymour: Die Ausgießung des Geistes in der Asuza Street.

Der Geist fiel in Los Angeles, und die Menschen wurden mächtig erfüllt und liefen in Sprachen redend auf die Straßen. John Seymour lebte bei einer Gastfamilie und immer mehr Menschen besuchten die dortigen Hausversammlungen. Binnen kurzem waren die Straßen voller Menschen. Schon bald wurde von der Veranda aus gepredigt, da sich viele Menschen auf den Straßen versammelten, um die Botschaft zu hören. Schließlich versammelten sie sich in einem alten Pferdestall in der Asuza Street. Die Pfingstbewegung wurde offiziell 1906 in diesem Stall geboren.

Menschen fielen zu Boden und weinten. Sie sprachen in Zungen. Sie lachten, sie zuckten, sie tanzten und sie riefen. Sie warteten stundenlang auf den Herrn – manchmal ohne ein Wort zu sagen. William Seymour predigte oftmals auf den Knien.

„Es war unmöglich, all die Wunder schriftlich festzuhalten, die dort geschahen", schreibt der charismatische Historiker Roberts Liardon. John G. Lake sagte über William Seymour: „Er hatte mehr von Gott in seinem Leben als irgendjemand sonst, dem ich bis dahin begegnet war."

Gebet

Vater, möge ich einer Welt, die dich dringend sehen muss, ein Repräsentant deines Wesens und deines Charakters sein. Ich bitte dich, dass dein Licht hell auf mir erstrahlt, damit jene, die mein Leben anschauen, dein Leben in mir erkennen. Wecke in ihnen einen Hunger nach dem, was ich habe. Danke, dass du mich in diesen wunderbaren Dienst der Versöhnung berufst.

William Seymour: Die Erkenntnis, dass
die Gegenwart Gottes Priorität hat.

Es wurde Tag und Nacht gebetet. Es wurden sogar Feuerwehrleute in die Asuza Streeet entsandt, weil Menschen ein „Feuer" gesehen hatten – in Wirklichkeit handelte es sich um die sichtbare Herrlichkeit Gottes, die auf dem Gebäude ruhte.

Aus der ganzen Welt kamen Missionare, um das Feuer Gottes zu empfangen. Selbst in Häusern in einiger Entfernung fielen Menschen zu Boden, wurden errettet und fingen an, in Sprachen zu reden – obwohl niemand für sie gebetet hatte und sie nicht wussten, was in der Asuza-Mission vor sich ging. Des Weiteren gingen einige Gemeindemitglieder durch die Stadt. Sie hatten kleine Ölfläschchen dabei, klopften an die Türen und fragten, ob sie für die Kranken beten könnten.

Seymour war vor allem darauf bedacht, in seinen Versammlungen der Gegenwart Gottes viel Freiraum zu geben. Wenn sich jemand so geführt sah, stand er auf und fing an zu beten oder zu predigen. Hatte man den Eindruck, dass auf dem jeweiligen Sprecher keine Salbung lag, tippte man ihm manchmal auf die Schulter, um ihm klar zu machen, dass er schweigen sollte.

Der Geist Gottes war wahrhaft der Leiter dieser Versammlungen.

Gebet

Deine Gegenwart ist mein größtes Verlangen. Ich danke dir für all die Zeichen und Wunder. Danke für die Durchbrüche und Wunder. Danke für die Segnungen. Aber vor allem danke ich dir, Heiliger Geist, für deine Gegenwart. Hilf mir, wie William Seymour zu sein, für den es oberste Priorität hatte, sich an deiner Gegenwart zu erfreuen und ihr jeden Freiraum zu geben.

John G. Lake: Ströme der Kraft erleben.

Wie **John G. Lake** berichtet: Eines Nachmittags rief mich ein befreundeter Prediger an und bat mich, ihn zu einem Besuch bei einer kranken Dame zu begleiten. Als wir bei ihr zuhause eintrafen, fanden wir sie in einem Rollstuhl sitzend vor. Sie litt an entzündlichem Rheuma – alle ihre Gelenke waren davon betroffen. Sie litt bereits seit zehn Jahren an dieser Krankheit. Während mein Freund mit ihr sprach und sie darauf vorbereitete, für sich beten zu lassen, damit sie geheilt würde, saß ich auf der gegenüberliegenden Seite des Raums in einem Sessel. Meine Seele schrie so sehnsuchtsvoll nach Gott, dass Worte nicht ausreichten, als ich plötzlich das Gefühl hatte, ich wäre durch einen warmen tropischen Regen gelaufen, der aber nicht auf mich fiel, sondern förmlich durch mich hindurch ging. Dadurch wurden mein Geist, meine Seele und mein Körper von solch einer Ruhe erfasst, wie ich es noch nie erlebt hatte. Mein sonst so überaus aktiver Verstand kam jetzt vollständig zur Ruhe. Ich war überwältigt vor Ehrfurcht für die Gegenwart Gottes. Ich wusste, das war Gott.

Einige Augenblicke später – ich weiß nicht, wie lange das dauerte – sprach der Geist Gottes: „Ich habe deine Gebete gehört. Ich habe deine Tränen gesehen. Du bist jetzt im Heiligen Geist getauft." Dann wurde ich vom Scheitel bis zur Sohle wie von Stromstößen durchflutet. Diese Ströme der Kraft nahmen sowohl an Schnelligkeit als auch an Intensität zu. Als diese Kraftströme durch mich flossen, war es, als träfen sie zunächst auf meinen Kopf und würden dann durch meinen Körper und meine Füße in den Boden strömen. Diese Kraft war so stark, dass mein Körper zu zittern anfing und ich glaube, ich wäre zu Boden gefallen, wenn ich nicht in einem so tiefen Sessel gesessen hätte.

Gebet

Deine Kraft befähigt mich, anderen besser zu dienen. Zeig mir die Menschen in meinem Umfeld, die mit deiner Gegenwart in Berührung kommen müssen, um Heilung, vollständige Wiederherstellung und Freiheit zu erfahren!

John G. Lake: Freisetzung des Feuers.

Mein Freund signalisierte mir, dass ich zu ihm herüberkommen und gemeinsam mit ihm für diese kranke Frau beten sollte. Er war so in das Gespräch mit ihr vertieft gewesen, dass er nicht bemerkt hatte, dass inzwischen etwas mit mir geschehen war. Ich stand auf, um zu ihm zu gehen, aber mein Körper bebte so heftig, dass ich Mühe hatte, zu der anderen Seite des Zimmers zu gelangen. Besonders schwer fiel es mir, meine zitternden Hände und Arme zu kontrollieren. Ich wusste, dass es unklug wäre, dieser Frau einfach die Hände aufzulegen, da ich sie wahrscheinlich irritieren würde. Ich hatte den Eindruck, dass es reichen würde, wenn ich ihren Kopf lediglich mit meinen Fingerspitzen berührte – dann würde das Zittern sie nicht verunsichern. So machte ich es. Augenblicklich schossen Ströme heiliger Kraft durch mich hindurch und ich wusste, dass sie auch diese kranke Frau durchströmten. Sie sagte kein Wort, aber es war offensichtlich, dass sie über die Auswirkungen auf ihren Körper erstaunt war.

Mein Freund kniete, während er in seiner großen Ernsthaftigkeit mit ihr gesprochen hatte. Nun erhob er sich und sagte: „Wir wollen jetzt beten, damit der Herr dich jetzt heilt." Als er das tat, fasste er sie bei der Hand. In dem Moment, als ihre Hände sich berührten, schoss gewaltige Kraft wie ein Blitz durch meinen Körper und durch den der Frau. Da mein Freund ihre Hand hielt, traf diese Kraft auch ihn wie ein Schlag. Die Kraft, die in seinen Körper strömte, war so stark, dass er zu Boden fiel.

Gebet

Heiliger Geist, du bevollmächtigst mich, Kranken die Hände aufzulegen und zu erleben, dass sie geheilt werden. Du brichst jedes Bollwerk und jede Gebundenheit. Ich schöpfe aus deiner in mir wirkenden Gnade und Kraft. Ich kann niemanden heilen oder befreien – du kannst es, du willst es und du wohnst in mir.

John G. Lake: Die Geistestaufe aufrechterhalten.

Wie **John G. Lake** berichtet: Mein Freund schaute mich freudig überrascht an. Als er aufsprang, sagte er: „Preis den Herrn, John, Jesus hat dich im Heiligen Geist getauft!" Dann umfasste er die verkrüppelte Hand dieser Frau, die schon seit so vielen Jahren versteift gewesen war. Die zusammengeballten Hände öffneten sich und die Gelenke wurden wieder beweglich – zuerst die Finger, dann die Hand und das Handgelenk und schließlich der Ellbogen und die Schulter.

Das waren die äußerlich sichtbaren Manifestationen. Aber das war noch nicht alles! Es ist unmöglich, die Wonneschauer zu beschreiben, die meinen Geist durchfluteten. Wie sollte jemand den Frieden und die Gegenwart Gottes nachvollziehen können, die meine Seele begeisterten? Selbst heute noch, zehn Jahre später, steht meine Seele unter dem Eindruck dieses Ehrfurcht gebietenden Augenblicks. Ich habe tatsächlich die Erfahrung gemacht, über die Jesus sagte, dass der Geist in uns eine Quelle Wassers sein wird, *„das ins ewige Leben quillt"* (Johannes 4, 14). Diese unerschöpfliche Quelle floss Tag und Nacht durch meinen Geist, meine Seele und meinen Leib. Sie brachte Errettung, Heilung und die Geistestaufe in der Kraft Gottes zu einer Vielzahl von Menschen.

Gebet

Vater, ich danke dir für das lebendige Wasser, das in meinem Leben wie ein Fluss fließt. Zeige mir, wie ich meine Begegnungen mit deiner Gegenwart aufrechterhalten kann – so, dass sie für mein christliches Leben Fixpunkte sind, die meine Zukunft prägen. Hilf mir auch, erlebte Begegnungen mit dir nicht zu Denkmälern zu erheben – zu Erfahrungen, an die ich mich lediglich erinnere –, sondern zu Schlüsselmomenten, die mich motivieren, mich nach „mehr" auszustrecken.

Charles Finney: Ein Träger der Gegenwart Gottes.

Charles Finney schreibt in seiner Biografie über eine ungewöhnliche Erfahrung: Eines Morgens betrat er nach dem Frühstück eine Fabrik. In einer Halle, in der junge Frauen an ihren Webmaschinen, Webstühlen und Spinnanlagen arbeiteten, stachen zwei besonders heraus. Sie wirkten etwas beunruhigt, was sie aber durch ihr Lachen zu verbergen suchten. Er sagte nichts, ging aber auf sie zu und bemerkte, dass eine dieser Frauen so heftig zitterte, dass sie ihren Faden nicht einfädeln konnte. Als er sich ihnen bis auf etwa zweieinhalb bis drei Meter genähert hatte, brachen sie in Tränen aus und sackten in sich zusammen. Im nächsten Augenblick waren sämtliche Mitarbeiterinnen in Tränen aufgelöst. Der Fabrikbesitzer, der selbst noch nicht bekehrt war, erkannte, dass dies ein göttlicher Moment war. Er ordnete an, die Fabrik zu schließen, um den Arbeiterinnen die Möglichkeit zu geben, zu Christus zu kommen. Es brach eine kleine Erweckung aus, die mehrere Tage andauerte. Nahezu sämtliche Fabrikarbeiter bekehrten sich während dieser Zeit. Alles begann mit einem Mann, und der Heilige Geist liebte es, auf ihm zu ruhen. Und so geschah es, dass eine Halle voll von Arbeiterinnen unter die Überführung des Heiligen Geistes kam und eine Erweckung ausbrach.

Wenngleich solche Dinge nicht jeden Tag geschahen, kann ich nicht anders, als mich zu fragen, ob der Herr in uns einen größeren Hunger nach *„mehr"* wecken will – jetzt, da wir wissen, was noch möglich ist. Dieses Zeugnis sagt uns etwas über Gott. Es offenbart, dass er bereit ist, das Umfeld jener zu beeinflussen, die gute Gastgeber für seine Gegenwart sind.

Gebet

Heiliger Geist, hilf mir, jemand zu sein, auf dem du gerne ruhst. Ich gebe mich nicht damit zufrieden, lediglich über die Salbung zu lesen oder diese zu studieren. Es ist mein Wunsch, im Alltag einen entsprechenden Lebensstil auszuleben. Möge ich, wie Charles Finney, jemand sein, der von deiner Gegenwart so sehr durchtränkt ist, dass ich, wohin ich auch gehe, spürbare Veränderung freisetzen kann.

Smith Wigglesworth: Eine von Gottes Gegenwart durchtränkte Atmosphäre.

Nun zu der letzten Geschichte, die zu meinen Lieblingsgeschichten der gesamten Kirchengeschichte zählt. Smith war wahrlich ein Mann der Gegenwart Gottes.

Anlässlich einer besonderen Nachmittagsveranstaltung hatten sich zusammen mit unserem Bruder elf christliche Leiter zum Gebet versammelt. Jeder von ihnen hatte einen bestimmten Part übernommen. Dann fing der Evangelist an, für die Region zu beten und während er das tat, verließ jeder der anderen Teilnehmer entsprechend seiner geistlichen Aufnahmefähigkeit nach und nach den Raum. Die Kraft Gottes erfüllte den Raum, und sie konnten nicht länger in einer Atmosphäre bleiben, die so mit der Kraft Gottes aufgeladen war.

Als der Autor dies von jemandem erfuhr, der bei diesem Gebetstreffen dabei war, schwor er sich, wenn er die Gelegenheit dazu bekäme, würde er auf jeden Fall bleiben, ganz gleich, wer den Raum zuvor verlassen würde. Während eines Aufenthalts in den *Marlboro Sounds* wurde ein weiteres Gebetstreffen angesetzt, um für die anderen Städte in Neuseeland zu beten, die Smith Wigglesworth noch besuchen würde. Es entstand nun eine ähnliche Situation wie bei dem anderen Gebetstreffen. Hier war sie nun, die Gelegenheit, die Herausforderung – der Wettstreit hatte begonnen. Einige Teilnehmer beteten. Dann erhob dieser alte Heilige seine Stimme und so merkwürdig es klingen mag, der Exodus begann. Gottes Gegenwart erfüllte den Ort. Der Raum wurde heilig. Die Kraft Gottes fühlte sich zunehmend an wie ein schweres Gewicht. Mit zusammengebissenen Zähnen und fest entschlossen, sich nicht vom Fleck zu bewegen, blieb von all den anderen nur noch dieser eine Teilnehmer zurück. Er hielt solange durch, bis der Druck so groß wurde, dass er sich nicht länger in diesem Raum aufhalten konnte. Seine Seele ergoss sich in einem Strom von Tränen, und unter unbändigem Schluchzen musste er den Raum verlassen, denn er hatte das Gefühl, ansonsten sterben zu müssen. Und ein Mann, der Gott kannte, wie nur wenige es tun, blieb allein in einer Atmosphäre zurück, in der nur wenige Menschen atmen konnten.

Gebet

Vater, mich hungert danach, mehr von deiner spürbaren manifestierten Gegenwart zu erleben. Zeig mir, was es bedeutet, auf Schritt und Tritt ein solches Maß deiner Herrlichkeit zu tragen, damit ich die Atmosphäre dort verändern kann, wo du mich hingestellt hast.

Ganz normale Menschen wurden nicht aufgrund ihrer
Gaben, ihrer Intelligenz oder ihrer Herkunft zu Glau-
benshelden. Sie sind Helden, weil sie erkannten, wie
kostbar ihre größte Gabe ist – der Heilige Geist.

Ich hoffe, dir ist aufgefallen, dass tiefe Gottesbegegnungen zur Folge hatten, dass es zu Ausgießungen, Bewegungen, gesellschaftlichen Veränderungen und letztlich einer stärkeren Wahrnehmung der Gegenwart Gottes kam – manchmal in einer Stadt, in einer Region oder in einer Nation.

Solche Erfahrungen beeinflussten jeden Lebensbereich und schließlich auch das Umfeld der jeweiligen Personen. Die historischen kulturellen Veränderungen geschahen nicht deshalb, weil Menschen ein politisches Amt innehatten und gemäß ihrer Überzeugungen Veränderungen vornahmen.

Wenngleich das eine gute Sache sein kann, gibt es doch etwas wesentlich Besseres: die Gegenwart Gottes.

Gebet

Du machst aus normalen Menschen solche, die Geschichte schreiben. Ich bin so dankbar, dass du nicht auf meine Begabungen oder Fähigkeiten schaust. Diese Dinge sind nicht entscheidend dafür, ob du mich gebrauchst oder nicht. Ich bete, dass mehr noch, als von dir gebraucht zu werden, es für mich den höchsten Stellenwert hat, den Heiligen Geist zu ehren – die größten Gabe, die du der Menschheit gegeben hast.

Wie kann ich mehr von Gottes Gegenwart erfahren, wenn ich den Heiligen Geist bereits empfangen habe?

Ganz einfach. Im Heiligen Geist hast du die Fülle Gottes empfangen. Die Frage ist, wie viel von dieser Fülle du heute erlebst und in deinem Leben freisetzt. Der Heilige Geist ist bereit, dir das Maß zu geben, das du sorgsam bewahren wirst. So etwas wie eine geringere oder herabgestufte Version des Heiligen Geistes gibt es nicht. Wenn du den Geist empfängst, empfängst du Gott. Punkt!

Sich nach *„mehr"* auszustrecken, bedeutet auch, dass du dir mehr der Realität, dass Gott in dir wohnt, bewusst wirst. Die Gegenwart Gottes in der Stiftshütte – die ausschließlich von den Priestern getragen werden sollte – ist dieselbe Gegenwart, die du empfangen hast. Ich bete, dass du dir der Gegenwart des Heiligen Geistes auf deinem Leben mehr bewusst geworden bist, und dass in dir die Entschlossenheit entfacht wurde, dich nach Gott auszustrecken.

Gebet

Heiliger Geist, ich bitte um „mehr". Ich weiß, dass ich deine Fülle empfangen habe – aber ich weiß auch, dass du dich in einem noch größeren Maß durch mich erweisen willst. Danke, dass du mich zu deiner ewigen Wohnstatt gemacht hast. Hilf mir, mich dir mehr auszuliefern, damit ich erlebe, dass jeder Bereich meines Lebens unter dem Einfluss deiner Gegenwart steht.

*In den Gerichtssälen des Himmels wurde ein für
alle Mal beschlossen, dass der gleiche Lebensstil,
der von diesen Glaubenshelden repräsentiert wird,
jedem von uns zur Verfügung steht.*

Durch Zeugnisse von göttlichen Begegnungen fühle ich mich so, als wäre ich noch einmal in die Staubwolke auf der Interstate 5 geraten. Aber dieses Mal ist es nicht die Gefahr eines Unfalls, die mich veranlasst, mich voll und ganz auf die Fahrbahn vor mir zu konzentrieren. Jetzt geht es vielmehr darum, nicht das zu verpassen, wofür Gott in mir einen Hunger geweckt hat, weil ich möglicherweise mit anderen Dingen beschäftigt bin. Mit Unwichtigem. Berichte von Gottesbegegnungen sind Zeugnisse, die weissagen, was Gott uns zur Verfügung gestellt hat. Sie sind sozusagen ein gültiger Präzedenzfall.

Auf uns ruhen die Verheißungen der Zeitalter. Ihre Erfüllung ist abhängig davon, dass wir Menschen sind, die ihre ewige Bestimmung entdeckt haben. Wir wurden erwählt, seine ewige Wohnstatt zu sein. Wir wurden erwählt, Träger seiner Gegenwart zu sein.

Gebet

Vater, ich danke dir, dass der Geist der Weissagung das Zeugnis Jesu ist. Jede einzelne Begegnung, von der ich in der Bibel lese und die Menschen im Laufe der Geschichte erlebt haben, ist eine Prophetie, die offenbart, was mir zur Verfügung steht. Entfache in mir einen Hunger, dass ich mich intensiv nach allem ausstrecke, was dein Geist für mich verfügbar gemacht hat.